OS MAGOS
DESCONHECIDOS
DO MERCADO
FINANCEIRO

JACK D. SCHWAGER

OS MAGOS DESCONHECIDOS DO MERCADO FINANCEIRO

· EDIÇÃO ATUALIZADA ·

SEXTANTE

Título original: *Unknown Market Wizards*

Copyright © 2020 e 2023 por Jack D. Schwager
Copyright da tradução © 2023 por GMT Editores Ltda.

Publicado originalmente no Reino Unido em 2021, pela Harriman House Ltd.
www.harriman-house.com

Todos os direitos reservados. Nenhuma parte deste livro pode ser utilizada ou reproduzida sob quaisquer meios existentes sem autorização por escrito dos editores.

tradução: André Fontenelle
preparo de originais: Ana Tereza Clemente
revisão: Luis Américo Costa e Luíza Côrtes
revisão técnica: Felipe Corleta
diagramação: Valéria Teixeira
ilustrações: Christopher Parker
capa: © Harriman House Ltd.
adaptação de capa: Natali Nabekura
impressão e acabamento: Lis Gráfica e Editora Ltda.

CIP-BRASIL. CATALOGAÇÃO NA PUBLICAÇÃO
SINDICATO NACIONAL DOS EDITORES DE LIVROS, RJ

S426m

Schwager, Jack D., 1948-
　　Os magos desconhecidos do mercado financeiro / Jack D. Schwager ; tradução André Fontenelle. - 1. ed. - Rio de Janeiro : Sextante, 2023.
　　448 p. ; 23 cm.

　　Tradução de: Unknown market wizards
　　ISBN 978-65-5564-708-2

　　1. Investimentos. 2. Bolsa de valores. 3. Investimentos - Análise. I. Fontenelle, André. II. Título.

23-84927
　　　　　　　　　　　　CDD: 332.6
　　　　　　　　　　　　CDU: 330.322

Meri Gleice Rodrigues de Souza - Bibliotecária - CRB-7/6439

Todos os direitos reservados, no Brasil, por
GMT Editores Ltda.
Rua Voluntários da Pátria, 45 – Gr. 1.404 – Botafogo
22270-000 – Rio de Janeiro – RJ
Tel.: (21) 2538-4100 – Fax: (21) 2286-9244
E-mail: atendimento@sextante.com.br
www.sextante.com.br

Para Aspen,
que representa a próxima geração.
Desejo que você tenha o charme, a beleza e o senso de humor
de seus pais, mas não a facilidade deles para gastar dinheiro.

*Não existe essa história de "ter razão" ou
"bater o mercado". Quando você ganha dinheiro,
é porque compreendeu a mesma coisa que o mercado.
Quando perde, é porque errou. Não há outra
forma de analisar os fatos.*

– Musawer Mansoor Ijaz

⚡

*Cada década tem sua loucura característica, mas a causa
fundamental é a mesma: as pessoas insistem em acreditar
que o que ocorreu no passado recente vai continuar
acontecendo em um futuro indefinido, mesmo
quando a terra está tremendo sob seus pés.*

– George J. Church

⚡

*Existem dois tipos de analista: os que não sabem
e os que não sabem que não sabem.*

– John Kenneth Galbraith

SUMÁRIO

PREFÁCIO À EDIÇÃO ATUALIZADA … 9

PREFÁCIO À EDIÇÃO ORIGINAL … 11

PARTE 1: INVESTIDORES EM FUTUROS

CAPÍTULO 1 Peter Brandt: Opiniões firmes, sustentação frágil … 15

CAPÍTULO 2 Jason Shapiro: O trader "do contra" … 64

CAPÍTULO 3 Richard Bargh: A importância do mindset … 100

CAPÍTULO 4 Amrit Sall: O *sniper* de unicórnios … 139

CAPÍTULO 5 Daljit Dhaliwal: Conheça seu diferencial … 176

CAPÍTULO 6 John Netto: "Segunda-feira é meu dia preferido" … 203

PARTE 2: INVESTIDORES EM AÇÕES

CAPÍTULO 7 Jeffrey Neumann: Do centavo ao dólar … 227

CAPÍTULO 8 Chris Camillo: Nem um nem outro … 261

CAPÍTULO 9 Marsten Parker: Não saia do emprego … 309

CAPÍTULO 10 Michael Kean: Estratégias complementares … 339

CAPÍTULO 11 Pavel Krejčí: O office boy que superou os craques … 358

CONCLUSÃO: 46 LIÇÕES DOS MAGOS DO MERCADO FINANCEIRO … 375

UM CAPÍTULO SOBRE ALGUÉM QUE NÃO É MAGO DO MERCADO FINANCEIRO: ENTREVISTA COM JACK SCHWAGER … 399

EPÍLOGO … 429

APÊNDICE 1: PARA ENTENDER O MERCADO DE FUTUROS	431
APÊNDICE 2: MÉTRICAS DE PERFORMANCE	437
AGRADECIMENTOS	443
NOTAS	445

PREFÁCIO À EDIÇÃO ATUALIZADA

Este livro contém um acréscimo inédito na série Os Magos do Mercado Financeiro: novas entrevistas com os traders anos depois, para uma atualização.

As entrevistas originais foram realizadas em 2019. De lá para cá, vivemos tempos incrivelmente agitados, testemunhando uma pandemia mundial, ações governamentais extraordinárias, uma transição da inflação mais baixa para a mais alta em quarenta anos, dois *bear markets* (quando os índices de ações caem mais de 20% em relação às máximas anteriores). A premissa de que os leitores teriam curiosidade em saber como os traders entrevistados navegaram por mercados turbulentos foi o catalisador da minha decisão de revisitá-los para atualizar esta edição.

Como se saíram os traders nos anos que sucederam as entrevistas originais? Como mostra a tabela que acompanha este texto, resumindo os retornos anuais e as maiores baixas vividas pelos traders nos últimos quatro anos, eles mantiveram um desempenho superior. Todos, menos dois, tiveram retornos anuais médios superiores a 20% e alguns excederam de longe esse patamar. Os únicos dois traders abaixo desse retorno médio apresentaram um robusto desempenho retorno/risco. Esse retorno mais moderado foi resultado da opção por portfólios com baixa exposição ao risco. Eles poderiam ter duplicado o nível de exposição – e, em consequência, os retornos – e mesmo assim seus níveis de perda máxima seriam baixos.

Duas estatísticas que exigem uma explicação mais detalhada são o retorno de Chris Camillo em 2022 e o *drawdown* (medida percentual da queda máxima do valor de um portfólio) no período estudado. Esses números, que poderiam dar a entender que Camillo sofreu uma capitulação arrasadora de lucros anteriores, são enganosos. Os dados não levam em conta que, em 2022,

Camillo reconheceu que o ambiente do mercado era desfavorável a sua estratégia e reduziu drasticamente o tamanho de suas posições (discutimos essa estratégia na atualização do capítulo sobre ele), minimizando, assim, as perdas em dólares. Em consequência, apesar do forte declínio percentual em 2022, ele perdeu apenas 13% dos lucros dos três anos anteriores e o período desde nossa entrevista original representou o melhor desempenho de sua carreira. Há aqui uma lição valiosa: reduzir a exposição quando seu trading está em descompasso com os mercados é crucial para o êxito a longo prazo.

O leitor observará que Jeffrey Neumann está ausente da tabela que segue. Essa omissão reflete a relutância de Neumann em divulgar publicamente seus números, o que, de certa forma, é irônico, pois os últimos anos foram os melhores de toda a sua carreira (fato que pude aferir) e, talvez, melhores que os de qualquer trader incluído neste livro.

	Retorno anual (%)				Retorno composto anual médio (%)*	Retorno aritmético anual médio (%)*	*Drawdown* máximo (%)**
	2019	2020	2021	2022	2019–2022	2019–2022	2019–2022
Brandt	37,1	39,4	50,2	52,9	44,7	44,9	-7,0
Shapiro	9,9	18,4	17,3	15,1	15,1	15,2	-3,6
Bargh	166,2	80,0	52,4	119,0	100,0	104,4	-9,7
Sall	121,4	48,6	101,7	273,5	123,1	136,3	-31,0
Dhaliwal	466,0	80,0	50,4	17,2	105,9	153,4	-16,2
Netto	4,4	5,6	53,4	26,9	21,0	22,6	-10,5
Camillo	28,2	356,5	8,4	-52,9	31,5	85,1	-67,1
Parker	15,6	53,7	19,8	-0,4	20,7	22,2	-18,9
Kean	34,1	54,6	23,8	-6,8	24,4	26,4	-16,4
Krejčí	15,0	14,5	9,6	6,9	11,4	11,5	-7,0

* Todos os retornos são brutos (isto é, excluindo descontos de taxas de administração e incentivo, nos casos em que os números de retorno se baseiam em contas de clientes). Os retornos anuais incluem os retornos mensais compostos, exceto para as contas negociadas o ano inteiro em níveis teóricos fixos constantes.
** Maior declínio percentual em relação ao pico de patrimônio anterior, com base no dado de fim de mês.

PREFÁCIO À EDIÇÃO ORIGINAL

Ao começar a escrever *Os magos desconhecidos do mercado financeiro*, descobri que existem investidores isolados, operando discretamente mas com desempenhos que superam em muito a maioria esmagadora dos gestores de ativos profissionais. Localizei esses investidores e confirmei minha descoberta. Detectei também outro fato que me deixou espantado.

Nunca pensei que fosse voltar a encontrar traders cujos históricos se equiparassem àqueles dos investidores do primeiro livro da série Os Magos do Mercado Financeiro. Imaginei que a performance extraordinária obtida por alguns desses investidores, ainda que atestasse um talento excepcional para o trading, tivesse ocorrido em parte devido ao mercado peculiar dos inflacionários anos 1970. As décadas seguintes assistiram a um enorme crescimento na aplicação de técnicas quantitativas poderosas no trading e nos investimentos por parte dos gestores profissionais. Isso indica que tende a ser cada vez mais difícil para um profissional apresentar um desempenho materialmente superior às médias do mercado hoje em dia.

Para minha surpresa, alguns dos traders que entrevistei para este livro podem estar entre aqueles de histórico de performance mais elevado que já encontrei.

A frase de abertura do prefácio do primeiro livro da série, *Market Wizards* [Os magos do mercado financeiro], escrita há mais de trinta anos – "Temos algumas histórias incríveis aqui" –, parece se aplicar a este livro também. Eis os notáveis traders que você conhecerá:

- ⚡ Um universitário recém-formado que começou com uma carteira de 2,5 mil dólares e, ao longo dos 17 anos seguintes, obteve um lucro de 50 milhões de dólares no mercado financeiro.

- Um ex-executivo de publicidade que, em uma carreira de 27 anos como trader de futuros, obteve um retorno médio anual de 58%.
- Um trader de ações que elaborou um método inédito de trading. Sem utilizar a análise fundamentalista nem a análise técnica, ele transformou seu ativo inicial de 83 mil dólares em 21 milhões de dólares.
- Um trader de futuros que, ao longo de 13 anos de carreira, obteve uma média de retorno de 337% por ano sem nenhum ano de perda superior a 10% desde o início.
- Um ex-office boy da República Tcheca cuja estratégia de day trading na compra de ações gerou uma performance de risco/retorno que superou de longe mais de 99% dos fundos de hedge e dos fundos de longo prazo.
- Um trader de futuros que ganhou e perdeu mais de meio milhão de dólares duas vezes antes de elaborar uma metodologia "do contra" que o levou a vinte anos de êxito constante no trading.
- Um ex-fuzileiro naval americano que projetou um software proprietário para monitorar automaticamente eventos do mercado e obteve um histórico de dez anos de performance notável de risco/retorno.
- Um trader de futuros que alcançou um retorno de 280% por ano, com uma perda máxima no fim do mês de apenas 11%.
- Um músico que usou seu talento de programador autodidata para projetar sistemas de negociação de ações que geraram um retorno médio de 20% ao longo dos últimos vinte anos, bem mais que o triplo do retorno do índice S&P 500 no mesmo período.
- Um ex-aspirante a tenista profissional que obteve um notável retorno médio anual de 298% ao longo de quase uma década como trader de futuros.
- Um trader de ações que, combinando investimentos de longo prazo com trading, obteve o triplo da performance do S&P 500, tanto em termos de rentabilidade quanto de risco/retorno.

Caso sua expectativa seja encontrar instruções passo a passo para ganhar 100% ao ano no mercado trabalhando apenas duas horas por semana, largue já este livro – não é indicado para você.

Porém, se o seu objetivo é aprender com alguns dos melhores traders do mundo – o que pensam sobre os mercados; o que assimilaram com o trading; como se aperfeiçoaram; quais equívocos aprenderam a evitar; quais conselhos têm para outros traders –, encontrará aqui muito material instrutivo.

PARTE I
INVESTIDORES EM FUTUROS*

---

* Antes de iniciar, os leitores pouco familiarizados com o mercado de futuros podem se beneficiar da leitura do rápido tutorial apresentado no Apêndice 1.

CAPÍTULO 1

PETER BRANDT

Opiniões firmes, sustentação frágil

Muitos magos que entrevistei fracassaram em sua primeira iniciativa no mercado – mais de uma vez, em alguns casos. Peter Brandt se encaixa nesse perfil. O que há de incomum em relação a Brandt, porém, é que depois de mais de uma década de êxito espetacular, que se seguiu a fracassadas tentativas iniciais, ele perdeu a mão, passou por uma má fase de 11 anos no mercado e retomou o trading por um segundo e longo período de performance notável.

Brandt segue um estilo antigo. Seu trading tem por base a análise clássica de gráficos, cuja origem remonta ao livro *Technical Analysis and Stock Market Profits* [Análise técnica e lucros no mercado de ações], de Richard W. Schabacker, publicado em 1932 e popularizado posteriormente por Robert D. Edwards e John Magee em sua obra *Technical Analysis of Stock Trends* [Análise técnica de tendências das ações], publicada em 1948.

Ele iniciou a carreira em finanças como corretor de commodities no início dos anos 1970, bem na época em que um pico de inflação e um boom dos preços transformaram esses ativos, até então secundários, no mercado mais promissor. Naquela época, o mercado de futuros era chamado de "commodities" porque, de fato, todos os mercados futuros negociavam apenas commodities. Esse período foi o de criação de futuros para moedas, taxas de juros e índices da Bolsa, que viriam a se tornar mercados futuros dominantes, de modo que o nome "commodities" tornou-se inapropriado para fazer referência ao mercado de futuros. Brandt iniciou a carreira no bom e velho tempo em que as transações de commodities eram realizadas em um salão apinhado de corretores gritando, bem diferente da silenciosa eficiência do trading eletrônico dos dias de hoje.

A carreira de Brandt no trading soma 27 anos – um período inicial de 14 anos mais o período atual de 13 – com um hiato de 11 anos separando as duas fases. As razões dessa prolongada interrupção são explicadas na entrevista. Brandt não dispõe mais de seu histórico de performance anterior ao fim de 1981. Ao longo de todos os 27 anos de transações desde então, ele atingiu a impressionante média anual de 58% de retorno composto. O próprio Brandt, porém, apressa-se a explicar que esse retorno está inflacionado pela enorme agressividade com que negocia sua carteira – ressalva evidenciada pela altíssima volatilidade média anualizada (53%) do seu portfólio.

Brandt representa um exemplo perfeito de trader cujo Índice de Sharpe universal não faz jus à qualidade de sua performance. Um defeito inerente ao Índice de Sharpe é que o componente de risco dessa medida (volatilidade) não faz distinção entre volatilidade ascendente e descendente. Nessa medição de risco, grandes ganhos são vistos da mesma forma que grandes perdas, característica que colide com a noção intuitiva de risco da maioria das pessoas. Um trader como Brandt, que obtém ganhos altos e esporádicos, é penalizado pelo Índice de Sharpe, embora seus prejuízos sejam bem controlados.

O Índice de Sortino ajustado é uma métrica alternativa de risco/retorno que utiliza perdas em vez da volatilidade como medida do risco, eliminando, assim, a penalização por ganhos elevados. Pode ser comparado com o Índice de Sharpe (o mesmo não vale para o Índice de Sortino calculado de modo convencional).[1] Um Índice de Sortino ajustado mais alto (se comparado com o Índice de Sharpe) indica que a distribuição dos retornos tem um *viés positivo* (uma tendência maior a ganhos elevados do que a perdas elevadas). E, de maneira semelhante, um Índice de Sortino ajustado mais baixo indica que os retornos têm um *viés negativo* (maior propensão a perdas elevadas do que a ganhos elevados). Para a maioria dos traders, o Índice de Sharpe e o Índice de Sortino ajustado estarão na mesma faixa geral. No caso de Brandt, porém, como seus maiores ganhos são muito superiores a suas maiores perdas, seu Índice de Sortino ajustado (3,00) é quase o triplo do seu Índice de Sharpe (1,11). Outro reflexo da força da performance de risco/retorno de Brandt é que seu Índice Ganho-Perda (*gain to pain*)[2] é muito alto, de 2,81 – nível impressionante considerando a longevidade de seu histórico.

Brandt é o único trader deste livro para quem o adjetivo "desconhecido" não é totalmente adequado. Embora ao longo de sua carreira ele fosse, de fato, ignorado e ainda não seja uma celebridade na comunidade financeira, nos últimos anos, com sua carta *Factor* para o mercado e cada vez mais seguidores no Twitter, ele angariou reconhecimento e respeito de uma parcela da categoria dos traders. Prova disso é que vários traders que entrevistei citaram Brandt como uma influência importante. Porém a forte motivação que eu tinha para incluí-lo neste livro superou meu apego ao rigor do título.

    De certa forma, Brandt foi o catalisador que me fez pular a etapa de "um dia" escrever mais um livro para dar início ao esboço preliminar deste projeto. Eu sabia que, se fosse voltar aos magos do mercado, queria ter Brandt como entrevistado. Ele e eu somos amigos. Já conhecia bem suas opiniões sobre o trading, precisas a meu ver, e senti que ficaria me lamentando para sempre se deixasse de registrar seu jeito de pensar. Na época, Brandt morava em Colorado Springs e me contou que se mudaria para o Arizona em poucos meses. Como eu vivia a apenas 150 quilômetros dali, em Boulder, Colorado, achei que valeria a pena entrevistá-lo antes que fosse embora. Sem falar no benefício adicional de dar o pontapé inicial no livro. Ironicamente, quando consegui marcar a entrevista, Brandt já havia se mudado para Tucson.

    Quando cheguei ao aeroporto, Brandt estava me esperando no pé da escada rolante da saída. Fiquei feliz em revê-lo. Embora pouco mais de um ano tivesse transcorrido desde o nosso último encontro, sua postura ao caminhar havia mudado de maneira visível. As costas estavam ligeiramente curvadas. Trinta e cinco anos antes, Brandt sofrera um acidente estúpido. Tinha se levantado no meio da noite para ir ao banheiro. Ele se recorda de pensar, incomodado: "Quem deixou essa cadeira no meio do corredor?" Brandt não estava bem desperto. A "cadeira" era, na verdade, o guarda-corpo do andar de cima. Brandt passou por cima do obstáculo e, quando retomou a consciência, não conseguia se mexer. Havia caído de 6 metros de altura. Só então percebeu o que tinha acontecido – assim como a esposa, Mona, que, ao ouvir o barulho da queda, discou o número de atendimento da emergência na mesma hora.

    Brandt passou mais de quarenta dias no hospital, engessado e ensanduichado entre dois colchões que giravam com regularidade para trocá-lo de posição. Desde o acidente, foi submetido a meia dúzia de cirurgias nas costas, e hoje, em função da idade, sente dores. Ele convive com elas – sei disso porque perguntei. Brandt é do tipo estoico, que nunca se queixa nem toma medicações para dor, por não gostar da sensação que lhe causam.

Brandt me deu uma carona até sua casa, em um condomínio fechado nos arredores de Tucson. Eu o entrevistei no quintal da casa dele, com vista para o deserto de Sonora, surpreendentemente verdejante, com mais espécies vegetais que qualquer outro deserto do mundo, algumas delas exclusivas da região, como o icônico cacto *saguaro*. Era um lindo dia de primavera. A brisa constante fazia ressoar sinos de vento. "Não vai atrapalhar sua gravação?", perguntou Brandt. "Não, está tudo bem", assegurei. Mal sabia eu das várias e várias horas que passaria repetindo as gravações e tendo que escutar aqueles malditos sinos de vento.

Na juventude, tinha alguma ideia do que queria fazer na vida?
Cresci em extrema pobreza, criado por mãe solteira. Ganhar dinheiro dependia só de mim mesmo. Naquela época, já era extremamente empreendedor. Entregava jornais em duas rotas bem extensas. Acordava às cinco da manhã no domingo para entregar 150 jornais com meu carrinho de mão, ou meu trenó, quando nevava. Catava garrafas. Entregava encomendas da mercearia do bairro.

Quantos anos você tinha?
Comecei a trabalhar com uns 10.

Qual curso você fez na faculdade?
Publicidade. Adorei de verdade.

Como passou da publicidade para o trading?
Duas coisas me apresentaram à ideia do trading. Um de meus irmãos comprava sacos de moedas de prata. Na época, fim dos anos 1960, começo dos 1970, o cidadão comum não podia guardar ouro. Mas dava para guardar moedas de prata. Meu irmão comprava moedas de prata pagando um prêmio de 20% sobre o valor de face [também conhecido como valor nominal]. Era o exemplo perfeito de um risco de transação assimétrico: você perderia, no máximo, 20%, mas, se o valor do metal subisse, os ganhos eram ilimitados.

Você também comprava moedas de prata?
Não, não tinha dinheiro para isso. Mas fiquei curioso. Passei a comprar o *The Wall Street Journal* para acompanhar o preço da prata. Meu irmão começou a comprar moedas quando a onça da prata valia 1,50 dólar. Em 1974, o preço tinha mais que triplicado, passando dos 4,50 dólares. Meu irmão dirige um Mercedes.

Você disse que dois fatores o levaram a entrar no trading. Qual foi o segundo?
Na época, morava em Chicago e conheci um sujeito que negociava no pregão de soja. Meu filho e o dele jogavam hóquei, por isso nos aproximamos. Ele disse: "Peter, venha aqui ver o que eu faço. Pago o almoço." Então fui almoçar com meu amigo na Bolsa de Mercadorias. O restaurante tinha um janelão panorâmico para o pregão. Olhando os traders lá embaixo, minha reação foi: "Uau!" Fiquei fascinado. Algo despertou dentro de mim e eu disse: "É isso que quero fazer." Bombardeei meu amigo com perguntas sobre o trabalho de trader. Aproveitei para pegar todos os folhetos da Bolsa.

Na época, trabalhava em publicidade?
Trabalhava.

Estava feliz no emprego?
Estava progredindo bem rápido na quinta maior agência de publicidade do mundo. Tinha uma série de responsabilidades e entre minhas contas estavam a Campbell e o McDonald's.

Você participava da criação dos comerciais?
Sim, o anúncio do "Pegue o balde e o esfregão" [comercial clássico veiculado em 1971 na TV americana] do McDonald's. Você pode ver no YouTube o filme original, basta digitar *grab a bucket and mop*. Também participei da criação do personagem Ronald McDonald.

Gostava, então, do que fazia?
Gostava. Só não gostava da politicagem do mundo corporativo. Mas aquilo que os caras no pregão estavam fazendo me atraía. Gostava da ideia de já saber o resultado no fim do dia. E eles trabalhavam das 9h30 às 13h15. Parte do atrativo era saber quanto eles ganhavam.

Isso porque você não sabia que 95% dos que tentam virar traders perdem tudo. É o que os estatísticos chamam de amostragem distorcida.

Ah, disso só soube depois. Mas, na época, notei que o estacionamento ao lado da Bolsa de Mercadorias estava cheio de Porsches e Mercedes.

Tendo crescido pobre, a questão da riqueza foi uma parte importante de sua atração pelo trading?

Sim, pesou muito.

Como passou desse desejo para o envolvimento concreto com o trading?

Cheguei à conclusão de que queria participar daquele negócio. Mas a taxa de inscrição no pregão era muito alta. Não tinha nem de longe como pagar. Nessa época, meu irmão me apresentou ao corretor a quem ele recorria para comprar as moedas de prata. Esse corretor era de Minneapolis e trabalhava para a Continental Grain, que então era o segundo nome mais importante da Bolsa de Chicago, depois da Cargill. O corretor do meu irmão me avisou que a Continental Grain estava contratando.

Antes de 1972, havia pouquíssima especulação pública no mercado de grãos, mas isso mudou com o boom das commodities no começo dos anos 1970. A Continental foi a primeira empresa importante da Bolsa que fez um esforço concreto para atrair clientes dos fundos de hedge e especuladores. Criaram uma subsidiária, a Conti Commodities, para os serviços de corretagem.

Você não ficou apreensivo ao aceitar uma vaga de corretor, que é, basicamente, um trabalho de vendedor?

Não, porque era o modo de entrar no setor. Fiz parte do primeiro programa de treinamento da Conti para corretores de commodities. Oito pessoas foram admitidas nesse programa, que durou três meses.

Você recebia salário ou dependia das comissões?

Eles davam um adiantamento de seis meses. Não lembro o montante exato, mas era algo em torno de 1,3 mil dólares por mês. Lembro que ao sair da agência de publicidade meu salário anual era de 28 mil dólares. Portanto, estava abrindo mão de dinheiro.

Depois de terminar o programa de treinamento e começar a trabalhar como corretor, como conseguiu clientes?
A primeira coisa que fiz foi voltar para Nova Jersey, para visitar a Campbell, e depois ir a Oak Brook, visitar o McDonald's.

Ah, por causa do trabalho como publicitário você mantinha contatos na área.
Sim, tinha contatos, e eram de alto nível. Eles me conheciam bem, e nenhuma dessas grandes empresas de processamento de alimentos havia feito hedge para a alta recente do mercado de commodities. Foram pegos de calça curta. Sofreram bastante, porque todos os ingredientes – carne, óleo de soja, açúcar, cacau, etc. – dispararam e eles não tinham se precavido. Naquela época, a Receita americana não sabia sequer como lidar com lucros e prejuízos de hedging.

Isso aconteceu no fim de 1974, logo depois das altas do mercado de 1973 e 1974. Entrei nesse negócio um ou dois anos depois do início do mercado moderno de futuros, tal como o conhecemos hoje. A proposta que fiz à Campbell foi que, se mandassem um de seus agentes de compras a Chicago por dois meses, eu garantiria o treinamento dele em futuros. A pessoa que a empresa encaminhou acabaria se tornando o principal agente de compras da Campbell e a conta fez parte do meu portfólio. Também consegui a conta do McDonald's e de alguns outros hedgers. Eu estava indo bem para um jovem corretor.

Estava autorizado a ter sua própria carteira de especulador?
Sim, claro.

E quando começou no trading?
Por volta de 1976, quando já havia poupado algum dinheiro. Sabia que o trading era o que queria fazer.

Você se recorda de sua primeira transação?
[Ele reflete um pouco e então se lembra.] Foi lá pelo final de 1975. Como já havia feito bastante trabalho de corretagem, a Conti me deu uma credencial para ficar no pregão. John, aquele amigo que despertou meu interesse pelo trading, negociava soja. Um dia, cruzei com John e ele me disse: "Peter, estou em alta no mercado de soja." Por isso, comprei um contrato. Não tinha a menor ideia do que estava fazendo. O mercado subiu cinco ou seis centavos e despencou logo em seguida. Acabei saindo com um prejuízo de 12 centavos

[uma perda de 600 dólares por posição de contrato]. Pouco tempo depois encontrei John e ele me cumprimentou dizendo: "Não foi uma jogada de preço genial?" Só depois vim a entender que para John, que negociava no sentido contrário ao do pregão, um ganho de 1 ou 2 centavos já era um ótimo negócio e um ganho de 6 era "genial". Para mim, a grande lição foi que os termos *bullish* e *bearish* [com tendência de alta e de baixa, respectivamente] nada significam. Qual é o seu horizonte de tempo? Que tipo de lance você espera fazer? Que preços ou acontecimentos significariam que você estava errado?

A partir daí, que rumo tomou sua carreira no trading?
Em três anos, desperdicei três ou quatro carteiras. Existe uma piada antiga que diz que você sabe que sua carteira anda mal quando está negociando aveia [o mercado de aveia costuma ter baixa volatilidade e o tamanho dos contratos é pequeno em termos nominais em dólar, por isso as margens são menores que em outros mercados de grãos].

Como você tomava suas decisões de trading?
Primeiro ia ouvir os caras de fundamentos da Conti, que todas as manhãs vinham falar no sistema de alto-falantes, antes da abertura dos mercados, sobre o que estavam pensando. Falavam de temas como embarque de grãos, processo de semeadura e assim por diante. Também faziam recomendações de trading. Detonei uma carteira pela primeira vez seguindo as recomendações deles. Na filial de Memphis da Conti havia um analista técnico que falava no sistema interno toda manhã. Usava gráficos de ponto e figura [um estilo de acompanhamento de preços em que os intervalos dependem da movimentação do preço, não do período de tempo]. Ele havia tomado uma decisão espetacular no mercado de soja em 1976. Por isso, comprei um livro sobre gráficos de ponto e figura e comecei a brincar um pouco com esse método. Assim se foi a segunda carteira. Depois andei fissurado em usar padrões sazonais. A seguir, tentei trading de *spreads* [negociar a diferença entre dois contratos futuros no mesmo mercado, comprando um contrato que vence em um mês e vendendo outro, que vence em outro mês].

Você estava tentando achar uma metodologia que desse certo para você.
Sim, e isso estava me deixando frustrado. Ao mesmo tempo, me considero um felizardo. Fico olhando esses caras de hoje, que começam negociando criptomoe-

das, atingem o limite do empréstimo que seria para pagar a faculdade e acabam morando no porão da casa da mãe. Eu tinha uma fonte de renda. Perder dinheiro não ia me matar. Queria aprender a negociar e virar um trader vencedor.

O que fez você romper em definitivo com o ciclo de abrir carteiras, tentar metodologias novas, perder dinheiro ao longo do tempo, parar de negociar e recomeçar todo o processo?
Penso em dois fatores. O primeiro foi que aprendi a usar os stops [técnica de encerramento de posições quando os preços atingem um patamar predeterminado, permitindo ao investidor planejar a perda máxima em cada operação], porque não é possível absorver prejuízos muito altos. O segundo foi que, um dia, um colega "grafista" [adepto da análise de gráficos] veio à minha mesa e disse: "Vem comigo." Descemos a escada, atravessamos a rua e entramos em uma livraria. Ele comprou o livro de Edwards e Magee [*Technical Analysis of Stock Trends*] e me deu de presente. Devorei o livro. Pode ser que outra pessoa leia e não extraia nada dele, mas, para mim, foi uma revelação. O conteúdo do livro me deu estrutura para compreender os preços e as ideias de onde e quando entrar em um mercado. Antes de ler Edwards e Magee, não sabia o que estava fazendo. O livro também me ensinou a me proteger em uma operação. E foi responsável por me levar à análise técnica. Vi luz no fim do túnel. Percebi que tinha uma chance de me desenvolver como trader, e a carteira grafista que abri teve bons resultados.

Foi esse, então, o ponto de virada do fracasso para o sucesso no trading?
Foi. Em 1979 tinha uma carteira que estava ganhando impulso. Hoje, quando olho para trás, noto que ela tinha muito mais volatilidade do que devia. Eu ainda não havia dominado a proporção ideal da posição, mas, pela primeira vez desde que começara no trading, a carteira estava se movimentando firmemente para cima.

O corretor que deu o livro de presente para você teve êxito como trader?
Ele nunca deu certo. É um ótimo amigo, mas nunca fez sucesso como trader.

É uma ironia que ele tenha sido decisivo para o seu sucesso, mas nunca tenha sido bem-sucedido no trading. Suponho que o livro foi o melhor presente que você já recebeu.
Foi, sim. Deixe-me mostrar uma coisa. [Ele sai e volta com um livro minutos

depois.] Havia muitos anos que estava procurando um exemplar da primeira edição de Edwards e Magee. Sondei vários negociantes de livros raros até achar um exemplar que o próprio Magee havia autografado e dado a um amigo em Boston.

Imagino que você ainda estava cuidando de suas carteiras de hedge para terceiros nessa época. Quando fez a transição de corretor para trader em tempo integral?
Mais ou menos um ano depois.

Não dava para continuar a ser corretor dessas carteiras e negociar a sua?
Até dava, mas eu não queria. Meu desejo era ser apenas trader.

Ao abrir mão dessas carteiras, você não estava desperdiçando uma enorme receita de corretagem?
Talvez, mas vendi as carteiras mesmo assim.

Não sabia que isso era possível.
Na época era. Recebi uma parte das comissões das carteiras que cedi.

Como você escolheu o corretor a quem confiar as carteiras, já que eram muito cobiçadas?
Repassei-as para o cara que foi meu maior mentor. O nome dele era Dan Markey, talvez um dos melhores traders que já conheci.

Como ele negociava?
Ele costumava dizer: "Enxergo o mercado pelas lentes da história, da economia e da psicologia elementares." Era o menino prodígio da Conti, um autêntico trader, que sabia manter grandes posições de grãos durante meses. Tinha um enorme senso do momento em que os mercados estavam chegando a um ponto de inflexão importante. Dizia: "O milho vai começar a baixar. É o ponto baixo da estação." E acertava.

Era pura intuição?
Sim, intuição. Ele não sabia dizer por quê.

Então ele ficava vendido na alta e comprado na baixa.
Ficava.

Ironicamente, ele fazia o contrário do que você imaginava.
Sim, o oposto total.

Mas você disse que ele foi seu mentor. O que aprendeu com ele?
Gestão de risco. Quando ele comprava na baixa, entrava só com uma parte e a mantinha. Continuava acompanhando o mercado em busca da baixa. Saía de qualquer operação que desse prejuízo no fim da semana e tentava de novo quando achava que o timing estava correto. Acompanhava, acompanhava, acompanhava o tempo todo.

É interessante, porque ouvi você dizer que, ao terminar a semana no prejuízo, você pula fora. Isso me leva a supor que essa prática vem da observação de como Dan negociava quarenta anos atrás. Você aplicou essa ideia praticamente em toda a sua carreira.
Sim. Dan costumava dizer: "Todo trade tem duas partes, o sentido e o timing. Se você errar em qualquer uma delas, vai errar no trade."

O que mais aprendeu com Dan?
Notei que ele assumia posições muito menores do que podia. A lição é que, se você puder proteger seu capital, terá sempre uma segunda chance. Mas é preciso proteger suas fichas.

E você tinha perdido as suas várias vezes.
Tinha, sim.

Todos os conselhos de Dan estão relacionados à gestão de risco. Nenhum tem a ver com a entrada no trade, algo que desperta a curiosidade da maioria das pessoas. Você teve outros mentores importantes?
Dan foi, de longe, o mais importante. O outro conselho fundamental que recebi veio de um trader grafista. Ele dizia: "Peter, você precisa de um diferencial para ganhar dinheiro, e os gráficos não são um diferencial." Na ocasião, foi um comentário que me marcou, mas não fazia qualquer sentido para mim. Fez cinco anos mais tarde.

Suponho que ele quis dizer que qualquer um pode analisar os mesmos padrões dos gráficos.
Sim, e os padrões dos gráficos também estão sujeitos a erro. Uma coisa com a qual tanto você quanto eu concordamos é que uma falha no padrão do gráfico é um indício ainda mais confiável que o próprio padrão [não apenas concordo com Peter como discuto exatamente esse conceito[3] em um capítulo do meu livro *A Complete Guide to the Futures Market*, sobre a análise do mercado de futuros]. Os padrões dos gráficos mudam de forma. Quando você acha que pegou o jeito de um padrão, ele muda para outro padrão. Um gráfico em mutação nada mais é que diversos padrões que dão errado e não reagem como você esperava.

O que aconteceu depois que você repassou suas carteiras a Dan para se concentrar com exclusividade no trading?
Em 1980 criei a Factor Research and Trading e aluguei uma sala.

Por que você escolheu o nome Factor?
Era uma piada interna. De 1975 a 1978, fiz um ótimo trabalho fornecendo à Campbell informações sobre fundamentos e ajudando-os a tomar decisões de hedge. Em 1979, já havia pegado o jeito da análise de gráficos e comecei a ver alguns movimentos potenciais de preços relevantes nos mercados de grãos. Não dava para eu dizer à Campbell que achava melhor que a empresa fizesse hedge porque tinha visto um ombro-cabeça-ombro invertido [padrão de análise gráfica em que o preço faz três fundos, sendo o segundo o mais baixo, como se fossem dois ombros e uma cabeça invertidos] se formando no mercado. Por isso, ia até Dan Markey ou algum outro cara de fundamentos quando a soja estava a 6 dólares e dizia: "Estou achando que a soja vai a 9 dólares. O que você está vendo nos mercados?" E eles me forneciam algum tipo de narrativa de como um movimento assim poderia acontecer.

Os caras da Bolsa de Chicago me ouviam falar com a Campbell coisas como "Pode ser que a anchova dê alguns problemas no litoral". [Anchovas servem para produzir ração de peixe, substituindo a ração de soja.] Por mais que eu estivesse interpretando os gráficos, dava minha opinião avaliando os fundamentos. Então batizaram isso com o nome de "Fator Brandt de Papo-Furado".

Qual era a sua intenção com a empresa? A ideia era gerir dinheiro?
Não, só negociar com minha carteira.

Você não precisava ter uma empresa para isso.
Mas eu gostava da sensação de ter minha própria firma de trading.

Sua metodologia mudou em relação ao que você fazia quando começou a atuar como trader em tempo integral?
Há algumas diferenças substanciais. Naquela época, fazia trades-pipoca.

Trades-pipoca? O que significa isso?
Sabe quando o milho de pipoca estoura, pula na panela e depois cai de novo no fundo? Um trade-pipoca é o nome que dou à operação em que você lucra e depois segura até voltar ao ponto em que entrou. Hoje em dia, tento evitar esse tipo de operação.

O que mais mudou?
Os gráficos se tornaram muito menos confiáveis. Era muito mais fácil negociar com gráficos nos anos 1970 e 1980. Os padrões eram cristalinos. Havia menos mercados *whipsaw*. [Um mercado *whipsaw* (motosserra) é aquele em que os preços oscilam bastante, levando os traders que seguem as tendências a se posicionar de modo equivocado bem antes da reversão abrupta do sentido do mercado.] Naquela época, quando você via um padrão em um gráfico, podia levar o dinheiro para o banco. Os padrões eram muito confiáveis.

Tenho minha própria teoria em relação a isso. Qual é a sua explicação?
Acho que as operações de trading de alta frequência criaram uma volatilidade em torno dos pontos de *breakout* dos gráficos. [Um *breakout* (ruptura) é uma movimentação do preço abaixo ou acima de uma *faixa de trading* (movimento lateral dos preços) ou um padrão consolidado (por exemplo, triângulo, bandeira, etc.). O conceito por trás disso é que a capacidade de o preço superar uma faixa de trading precedente ou um padrão consolidado indica uma tendência potencial rumo ao *breakout*.]

Mas essas operações são de tão curto prazo. Por que impactariam a volatilidade?
Porque criam volatilidade nos pontos de *breakout*. É uma volatilidade de curtíssimo prazo, mas pode derrubar a posição de um trader como eu. Acho que os mercados amadureceram mais, hoje em dia, com players maiores. E qual é a sua visão para a mudança dos mercados?

Minha percepção é que, uma vez que muitas pessoas passam a fazer a mesma coisa, é impossível, por definição, que aquela técnica continue a funcionar como antes.
Acho que você tem razão. Na época, não tinha tanta gente olhando para os gráficos.

O que mais mudou em seu método desde aquele período?
Costumava negociar padrões de uma a quatro semanas. Agora negocio padrões de oito a 26.

Porque são mais confiáveis?
Sim.

Alguma outra mudança nos tipos de sinal que você leva em conta?
Antes eu negociava sempre que enxergava um padrão. Em um mês, eram de trinta a 35 padrões. Hoje em dia, sou bem mais seletivo. Negociava padrões como triângulos e linhas de tendência simétricas, algo que deixei de fazer. Só negocio padrões em que o *breakout* atravessou uma fronteira horizontal.

Qual a razão disso?
Com fronteiras horizontais, é possível saber de maneira muito mais rápida se você acertou ou errou.

Algum episódio provocou essa mudança?
Não, foi só uma constatação gradual de que eu vinha obtendo os melhores resultados negociando retângulos, triângulos ascendentes e triângulos descendentes. Dê-me um retângulo de dez semanas com uma fronteira bem definida, que termine com um *breakout* amplo, de barra diária, fora desse padrão e então temos um jogo.

Mas você ainda tem que lidar com a questão de que o mercado volta a despencar mesmo nos *breakouts* autênticos. O que acontece quando você está comprado em um *breakout* e o mercado reage o suficiente para acionar seu *stop*, mas então se mantém, e a longo prazo o padrão continua promissor?
Assumo o risco pela segunda vez, mas nunca mais do que duas vezes. E não assumo o risco pela segunda vez no mesmo dia. Lembro que os caras da

Bolsa de Chicago reclamavam: "Perdi 30 centavos de dólar em uma faixa de 10 centavos de dólar." Não quero perder 30 centavos de dólar em uma faixa de 10 centavos de dólar e sei que isso pode acontecer.

Se você atinge o *stop* pela segunda vez e o padrão acaba sendo uma base de preço forte antes de uma tendência de longo prazo, isso faz você desistir de entrar?
Não necessariamente. Ainda posso vir a entrar de novo se o mercado formar um padrão de continuidade [uma consolidação dentro da tendência]. Mas eu veria como um trade novo.

Você não se sente incomodado, então, com comprar a 1,50 dólar depois de dois *stops* em 1,20 dólar?
Não, isso nunca me incomodou. Acho que pensar desse jeito é uma armadilha em que as pessoas caem. Meu trade é de variação de preço, e não de nível de preço.

Tem algo mais que mudou em você com o passar dos anos?
Sim, o risco que assumo hoje é muito menor. Sempre que faço um trade, limito meu risco a 1% a 2% do meu patrimônio no ponto de entrada. Meu ideal é que o *stop* ocorra no *breakeven*, ou acima, dois ou três dias depois da entrada. Ano passado, minha perda média foi de 23 pontos-base.

***Stops* de proteção são uma parte fundamental de sua metodologia de trading. Uma curiosidade: você mantém os *stops* no *overnight?* [Com o advento do trading eletrônico, os mercados de futuros negociam a noite toda. O dilema intrínseco é que, se uma ordem de *stop* de proteção não for definida na sessão noturna, uma movimentação de preço forte durante a noite pode resultar em uma perda significativamente maior de um trade em relação ao pretendido pelo ponto de *stop*. Por outro lado, manter um *stop* na sessão noturna gera o risco de que seja ativado por um movimento pouco importante do preço em um volume de negócios diminuto.]**
Depende do mercado. Não usaria um *overnight stop* para o peso mexicano, mas usaria para o euro, porque tem muita liquidez. Da mesma forma, não usaria um *overnight stop* para o cobre, mas sim para o ouro.

Qual foi o primeiro ano ruim que você teve atuando como trader em tempo integral?
Foi 1988.

Então você teve nove anos bons antes de encarar um prejuízo. O que deu errado em 1988?
Estava displicente. Entrava cedo demais nos padrões dos gráficos. Ficava a reboque dos mercados. Não apregoava as ordens na hora que devia.

Por que, para usar sua expressão, seu trading estava "displicente" em 1988?
Acho que porque 1987 foi um ano excelente. Ganhei 600%. Foi meu melhor ano de todos os tempos. Nunca mais vou chegar a tanto. Saí de 1987 um tanto complacente.

Quanto você perdeu em 1988?
Ah, uns 5%.

Quando voltou para os trilhos?
Em 1989. Esse ano de prejuízo me fez entender que precisava voltar ao básico.

O que você sabe agora que gostaria de ter sabido quando começou como trader?
A principal coisa é me perdoar. Vou cometer erros.

E que mais?
Aprendi que, por mais que você ache que sabe para onde vai o mercado, não faz a menor ideia de fato. Hoje sei que sou meu maior inimigo e que meu instinto natural muitas vezes me tira do bom caminho. Sou uma pessoa impulsiva. Se não tivesse um processo de trabalho e apenas procurasse na tela onde apregoar as ordens, me autodestruiria. É somente quando ignoro meus instintos, por meio do processo de entrada disciplinado, que me coloco na posição em que os gráficos podem funcionar para mim. Meu jeito de fazer trade tem que ser muito consciente. Meu diferencial vem do processo. Minha especialidade é a hora de entrada. É meu momento de glória; não sou um trader. Algumas das minhas ordens contrariam a minha inclinação natural em relação ao mercado. Sofro para respeitá-las.

Por quê?
Faz um ano que o cobre está em uma faixa de trading de 40 centavos de dólar, e hoje mesmo comprei cobre perto de uma nova alta recente. É difícil de fazer. [No fim das contas, Brandt havia comprado cobre no dia da alta e fez o *stop out* no dia seguinte. Esse trade era bastante típico para Brandt. A maioria de seus trades resulta em perdas rápidas. Ele tem êxito porque seu ganho médio é muito mais alto que sua perda média.]

Acho que a maioria dos meus grandes lucros veio de trades que eram contraintuitivos. Meu feeling não é um bom indicador de onde vai acabar. Acho que, se fizesse minhas maiores apostas nos trades da minha zona de conforto, meu desempenho teria sofrido uma queda substancial. Um exemplo é que faz um ano que queria apostar em grãos.

Por quê?
Porque o nível de preço do grão está muito baixo. Está raspando no chão. Acho que meu primeiro trade com milho, mais de quarenta anos atrás, foi por um preço mais alto que o atual.

Considerando toda a inflação desde então, é um preço extraordinariamente baixo.
Sim, e tentei comprar grãos várias vezes este ano, e esses trades resultaram em prejuízo líquido. Meu melhor trade com grãos este ano foi quando fiquei vendido em trigo de Kansas City. Foi, inclusive, meu terceiro melhor trade do ano. E só fiz porque não tinha como ignorar o gráfico. Senti que, se não ficasse vendido *naquele* padrão de gráfico, de que adiantaria olhar o gráfico? Precisava ir contra meu instinto, porque os grãos estavam formando um piso fortíssimo.

Ironicamente, seu melhor trade nesse setor, ao longo do ano, foi no sentido oposto à sua expectativa. É como se você tivesse que apostar contra o seu time do coração.
Fiz isso, sim.

Tem sido uma característica ao longo dos anos a tendência de que seus melhores trades sejam aqueles em que você menos acreditava?
É verdade. No mínimo, acho que pode existir uma correlação inversa entre como me sinto sobre um trade e como ele se revela.

Por que você acha que isso acontece?
Porque é fácil acreditar em um trade que se encaixa no senso comum. Antes eu ficava incomodado quando errava em um trade. Levava para o lado pessoal. Hoje me orgulho de poder me equivocar dez vezes seguidas. Entendi que meu diferencial vem do fato de ter me tornado tão bom em aceitar perdas.

Em vez de se sentir incomodado com o prejuízo em um trade, você se orgulha da capacidade de tolerar essas perdas pequenas, que evitam que uma grande vá se acumulando. Sob esse prisma, aceitar a perda em um trade não é sinal de defeito, e sim reflexo de um ponto forte, que explica por que você foi bem-sucedido a longo prazo.
O trabalho do trader é aceitar perdas. Um trade perdedor não significa que você fez algo errado. O mais difícil do trading é fazer a coisa certa e mesmo assim perder dinheiro. Não existe um ciclo de feedback direto que diz: "Bom trabalho." Só posso controlar as transações que inicio. Não tenho controle sobre o desfecho delas. Sempre que faço um trade, penso: "Daqui a um ano, quando olhar para o gráfico passado, vou conseguir identificar nele o dia e o preço em que me posicionei?" Se a resposta for afirmativa, então o trade é bom, independentemente do ganho ou da perda.

O que mais teria sido útil saber quando você começou como trader?
Se eu fosse tão avesso a risco nos meus primeiros anos quanto sou hoje, nunca teria tido a série de ganhos gigantescos nos anos 1980.

Que nível de risco você assumia?
Ah, chegava a assumir um risco de 10% em um único trade. Não em todo trade, é claro, mas às vezes chegava a ser alto assim.

Ou seja, vinte vezes mais o risco por trade que você assume hoje.
Isso.

A impressão é de que operar com base em concepções equivocadas do risco aceitável, naqueles tempos iniciais, acabou sendo benéfico para você. Sempre acreditei que pessoas vitoriosas atingiam o sucesso por conta de algum dom, talento ou impulso inato, apesar de haver sempre sorte envolvida. A pessoa pode ter todo o potencial do mundo e nada acontecer. Sua história ilustra isso.

Você errou no começo, fazendo trades amplos demais, mas tudo acabou dando bastante certo. Sua carteira bem que poderia afundar de novo.
Ah, você está certo, Jack. Só nos últimos dez anos passei a refletir sobre o fato de que meu sucesso como trader se deve sobretudo àquilo que chamarei de "soberania cósmica". Comecei nessa área quando tinha que começar. Contei com certas pessoas que me orientaram quando eu precisava ser orientado. Estava na empresa certa quando iniciei na carreira. Tinha as contas certas por causa de meu emprego anterior em publicidade. Comecei no trading em uma época em que os mercados estavam em perfeita sintonia com meu estilo de análise gráfica. Apostei 10% a 15% da minha carteira comprado em posições do franco suíço e do marco alemão, o que gerou um lucro gigante em vez de me destruir. Não posso levar o crédito por nada disso. Nada disso se deveu à minha inteligência ou capacidade. Nada se deve a quem sou. Isso é a soberania cósmica.

Como você conseguiu se tornar gestor do dinheiro da Commodities Corporation? [Empresa de trading de Princeton, em Nova Jersey, que adquiriu status legendário porque alguns traders formados ali se tornariam os melhores do mundo. Dois deles, Michael Marcus e Bruce Kovner, talvez os maiores, figuram no primeiro livro da série Os Magos do Mercado Financeiro.[4]]
Não lembro como começou, mas foram eles que me procuraram. Talvez alguém na Bolsa de Chicago tenha me recomendado. Voei até Newark para a entrevista e uma limusine estava à espera para me levar até o "castelo". [A Commodities Corporation não ficava literalmente em um castelo, mas Brandt usa o termo para ressaltar quão ostentatórias eram as dependências da empresa.]

A sede deles era mesmo atraente. Era como caminhar por uma bela galeria de arte. [Trabalhei na Commodities Corporation como analista de pesquisas.]
Ah, era fabulosa.

Você se recorda de algo do processo de seleção?
Todos os traders eram esquisitões. Acadêmicos, um enorme contraste em relação aos traders com quem eu convivia na Bolsa de Chicago.

Quanto dinheiro deram para você gerir?
Deram 100 mil dólares para começar, mas depois aumentaram para 1 milhão de dólares e posteriormente para mais de 5 milhões de dólares.

Como foi a sua experiência fazendo trading para a Commodities Corporation?
O principal problema é que eu nunca fui muito bom na dimensão do trading. Cuidar de mais de cem títulos ao mesmo tempo me deixava nervoso. Lembro-me da primeira vez que fiz uma ordem de cem contratos. Tremia. Surtei. Acho que até hoje não superei aquela experiência.

Depois de quantos anos gerindo a carteira da Commodities Corporation você começou a negociar posições de cem títulos?
Cerca de três anos depois.

Esses tradings maiores impactaram seu desempenho?
Sem dúvida. Fiquei mais intimidado. Quando você tem uma posição de cem contratos e o mercado aposta contra você um ponto inteiro, isso dá 100 mil dólares. Comecei a pensar em termos de dólares. Parei de negociar o mercado e comecei a negociar meus ativos. Isso teve um impacto visível sobre meu trading, e minha performance piorou drasticamente a partir de 1991. Hoje vejo tudo com muito mais clareza. Na época, não tinha tanta noção do que estava acontecendo, mas, em retrospecto, compreendo o que houve.

Como terminou a relação com a Commodities Corporation?
Em 1992, meu trading estava ficando para trás e eu não vinha atingindo as metas que eles haviam imposto.

Mas no geral seu desempenho na Commodities Corporation não foi excelente?
Foi. E não tive nenhuma perda substancial. Era mais uma questão de minha performance ter caído para perto do *breakeven*, uns pontos percentuais para lá ou para cá. Eu também havia reduzido o tamanho do meu trading e não estava usando boa parte do que me era alocado. A atitude deles foi: "Ei, você tem uma carteira de 10 milhões de dólares e só está negociando posições de vinte lotes?"

A Commodities Corporation encerrou sua carteira de trading ou você saiu por vontade própria?
Foi mais uma decisão de comum acordo. Eu não estava mais com a mesma mira dos anos anteriores.

Continuou negociando sua carteira?
Sim, por mais dois anos.

Sentiu-se melhor por não ter mais o fardo de gerir a carteira da Commodities Corporation?
Não. Eu não estava me sentindo bem comigo mesmo como trader. Àquela altura, o trading havia perdido a graça para mim. Tinha se tornado um suplício. Incomodava a discrepância entre a minha performance e aquela que eu sabia que podia atingir. Era emocionalmente difícil conviver com esse abismo.

E por que havia esse abismo?
Acho que porque eu havia me tornado medroso. Tinha a sensação de ter perdido a mão e não sabia como recuperá-la.

Mas não houve certa sensação de alívio por não precisar negociar a carteira da Commodities Corporation?
O alívio maior foi não ter que negociar minha própria carteira.

Como se sentiu no dia em que fechou a sua carteira?
Foram muitas sensações. Parte era: "Graças a Deus acabou." E parte era: "Isso é uma admissão de fracasso." No fim do dia, eu estava quase desmaiando de tanta tensão. Qual era a diferença entre mim e qualquer outro cara que sai da Bolsa?

Quando voltou para o trading?
Onze anos depois, em 2006. Lembro-me do momento e do lugar exatos. Estava sentado à mesa, minha mulher, Mona, estava em pé à minha esquerda, e a ideia do trading voltou a circular na minha cabeça. Virei para Mona e disse: "O que você acha de eu voltar para o trading de commodities?" Ela não gostou.

Suponho que tenha sido porque os últimos anos de trading haviam sido muito sofridos para você.
Ela recordou aquele tempo. Disse: "Sério, você quer fazer aquilo de novo?" Respondi: "Preciso." Pouco tempo depois, abri uma carteira.

Você parou com o trading em 1995 e recomeçou em 2006. Em todos esses anos de intervalo, chegou a acompanhar os mercados?
Não tive carteira de futuros.

Não olhou para um gráfico?
Não tinha nem mesmo software de análise técnica.

Durante 11 anos você nem olhou para um gráfico. E, de um dia para outro, decidiu recomeçar a negociar. Houve algum gatilho para que isso acontecesse?
Acho que sentia falta. E parte disso era por ter terminado mal. Comecei a remoer aquele fim. Pensava: "Peter, você não pode deixar a maneira como encerrou aquilo ser o seu último ato."

O que aconteceu depois que você recomeçou no trading?
Eu estava afastado do trading havia tanto tempo que não tinha ideia de que o mundo havia feito a transição para o trading eletrônico. Lembro-me até de tirar do armário minha impressora de ordens e imprimir uma porção de ordens de compra. [Ele ri do arcaísmo desses atos.] Não sabia nem sequer se aquilo que eu fazia antes, análise técnica, ia funcionar. Quando comecei, fiz alguns bons trades, que me deram a sensação de que os gráficos ainda funcionavam. Gostei disso. Tive dois anos muito, muito bons.

Psicologicamente, você tinha voltado ao ponto anterior?
Sim, estava gostando de verdade.

Sua segunda carreira de trader deu muito certo, mas você teve um ano de perdas, em contraste radical com todos os outros anos desde que retornou ao trading. [Em 2013 Brandt perdeu 13%, índice comparável ao retorno médio anual de 49% nos demais anos do período entre 2007 e 2019. Seu segundo pior ano teve um ganho de 16%]. O que houve de diferente em 2013?
Não é coincidência que 2013 tenha sido o ano em que decidi aceitar dinheiro de terceiros.

Depois de tantos anos negociando apenas sua carteira, o que o levou a diversificar e aceitar o dinheiro de investidores?
Conhecidos não paravam de me pedir para gerir o dinheiro deles. Eu relutava

em aceitar, mas, depois de algum tempo, tantos pedidos foram me convencendo e pensei: "Está bem, vou experimentar." Hoje olho para aquela decisão e penso: "Por que fui fazer isso?" Não havia razão para aceitar.

Gerir o dinheiro de terceiros fez você ter seu único ano de perdas desde que retomou o trading em 2007, assim como sua pior baixa desde então?
A baixa teria acontecido de qualquer maneira, mas não teria sido tão profunda nem tão longa. A análise que faço hoje é que quando estava negociando minha carteira, era como se fosse dinheiro do Banco Imobiliário. Meu capital de trading era apenas algo que eu monitorava. Tinha um distanciamento emocional.

Para a maioria das pessoas, o dinheiro na própria carteira é bem real, não é dinheiro de Banco Imobiliário. Por quanto tempo você foi capaz de manter um olhar distanciado em relação ao dinheiro em sua carteira?
Ah, foi algo que consegui desenvolver nos primeiríssimos anos de trading, na década de 1980.

Concluo que seu ponto de vista em relação ao capital para trading mudou quando você começou a gerir o dinheiro de terceiros.
Mudou, claro. Assim que comecei a negociar o dinheiro de amigos, de uma hora para outra era dinheiro de verdade. Isso mexeu com a minha cabeça.

Por quanto tempo você geriu o dinheiro de terceiros?
Comecei a negociar a primeira carteira de cliente em janeiro de 2013 e em junho de 2014 já havia devolvido todo o dinheiro aos investidores.

Junho de 2014 foi seu momento de maior baixa?
Sim. E não acredito que tenha sido uma coincidência. Acho que foi o fundo do poço porque devolvi todo o dinheiro dos investidores.

Seu comentário dá a impressão de que você não teria tido a enorme recuperação subsequente em sua carteira se não tivesse devolvido o dinheiro.
É mais que uma impressão, é um fato. Se não tivesse feito isso, teria cavado um buraco ainda mais fundo.

Qual foi o gatilho para sua decisão de devolver o dinheiro dos investidores?
Tive a sorte de ter colegas de trading com quem podia conversar de maneira bastante franca. Eles sabiam o que eu estava passando e perceberam que gerir o dinheiro de terceiros atrapalhava meu trading. O conselho que recebi deles foi que eu precisava devolver o dinheiro dos investidores e voltar à minha carteira, como costumava fazer.

Àquela altura, você tinha noção de que gerir o dinheiro alheio estava mexendo com seu estado mental de trader?
Até certo ponto, sabia qual era o problema, mas tinha dificuldade em admitir para mim mesmo. Estava evitando encarar os investidores quando a carteira deles estava em baixa e dizer que estava devolvendo o dinheiro porque não conseguia fazê-lo render.

Qual foi o percentual de perda nas carteiras de terceiros na época em que foram fechadas?
Acho que a carteira com a maior perda foi em torno de 10%.

Mas sua perda percentual nesse período foi maior, não?
É porque negociei minha carteira de maneira mais agressiva que as dos investidores.

Para além de gerir o dinheiro de terceiros, qual foi o outro fator em 2013 que fez você mudar?
Quando entro em um trade, minha tendência é seguir regras, mas minhas decisões de entrada são idiossincráticas. Existem períodos com muitos *breakouts* e movimentos *whipsaw* das cotações que são falsos, e os mercados não se importam com o que os gráficos dizem. Essa é uma amostra de como meu método não anda em compasso com os mercados. Mas também pode haver períodos em que estou em descompasso com meu método. Não sou disciplinado. Não sou paciente. Queimo a largada nos trades. Assumo posições antes de o mercado validá-las. Assumo trades com padrões inferiores. E, é claro, pode haver períodos em que ocorrem ambas as situações: minha metodologia está em descompasso com os mercados e eu estou em descompasso com minha metodologia. Foi assim de 2013 até meados de 2014.

Na época, todos os CTAs estavam perdendo dinheiro. [CTA é a sigla de

Commodity Trading Advisors, termo jurídico para os gestores inscritos nos mercados futuros.⁵] Falava-se muito em como o comportamento do mercado havia mudado e como era preciso mudar para sobreviver como trader. Engoli essa conversa. Comecei a ajustar o que fazia.

De que forma?
Acrescentei indicadores. Tentei trades de reversão à média [aqueles em que se vende na alta e se compra na baixa].

Mas a reversão à média é o contrário do que você faz.
Exatamente [ele pronuncia a palavra como se estivesse cantando]. Por puro desespero, porque nada estava dando certo, tentei abordagens diferentes. Virou um círculo vicioso. Por isso, o que deveria ter sido um período normal de baixa, de três ou quatro meses, com um prejuízo de 5%, se transformou em uma baixa de um ano e meio e 17%. Esse período de perda durou muito mais do que deveria porque caí no buraco negro.

Você teria começado a mudar o jeito de negociar se não tivesse gerido dinheiro de terceiros durante essa baixa?
De jeito nenhum.

Falamos sobre a recuperação de sua carteira depois que você devolveu o dinheiro dos investidores. Houve algum outro fator por trás dessa reviravolta da performance?
Eu tinha caído no engano de que precisava mudar porque o jeito antigo não funcionava mais. Acabei percebendo que devia voltar ao básico. O processo mental foi mais ou menos assim: "Estou pulando de um método para outro. Estou perdido no escuro. Nem faço ideia de onde estou. Se é para cair, que eu caia fazendo o que sei fazer."

O que aconteceu quando retomou a metodologia padrão?
Tive um ano excelente, mas o mercado estava a meu favor.

A experiência da baixa de 2013-2014 mudou seu modo de agir, para além de você ter chegado à conclusão de que nunca quis gerir dinheiro de terceiros? Essa fase conturbada consolidou a convicção de que devia apegar-se à sua metodologia?

Depois da baixa de 2013-2014, comecei a olhar para meus ativos de outro modo. Antes, via o ativo total da minha carteira, incluindo os trades abertos. Essa é a maneira tradicional de analisar ativos, e, claro, é como o fisco olha para o ativo. Hoje, porém, não quero saber quanto tenho em trades abertos. Traço o gráfico do meu patrimônio com base apenas nos trades fechados.

Em termos psicológicos, que diferença isso faz para você?
Na realidade, os lucros dos trades abertos não são meus. Não me pertencem. Por isso, não importa se eu os perco. Assim, é mais fácil aceitar quando um mercado se rebela contra mim.

Ainda que seus pontos iniciais de *stop* estejam muito próximos, uma vez que você esteja ganhando, dá mais liberdade ao mercado.
Muito mais liberdade. Quando os lucros do trade equivalem a 1% do meu ativo, tiro metade da posição. Assim, posso dar mais espaço à outra metade.

E ainda aciona o *stop* na metade restante da posição?
Aciono, mas de maneira muito menos agressiva. No entanto, depois que ultrapasso 70% do meu objetivo, antecipo meu *stop*. Essa parte da minha metodologia de trading remonta à época de trades-pipoca. Se tenho um lucro aberto de 1,8 mil dólares por contrato em um trade com 2 mil dólares de objetivo, por que arriscaria perder tudo só para ganhar 200 dólares a mais? Por isso, quando o trade chega perto dessa meta, aciono o *stop*.

Quando você atinge 30% de sua meta, como decide em que ponto acionar o *stop*?
Uso uma regra de *stop* mecânica de três dias.

Como é essa regra?
Supondo uma posição comprada, o primeiro dia seria o do pico do movimento. O segundo seria o dia em que o mercado fechou abaixo do ponto mais baixo do dia de pico. O terceiro seria o dia em que o mercado fechou abaixo do ponto mais baixo do segundo dia. Eu sairia no terceiro dia.

Esses três dias não precisam ser consecutivos.
Isso mesmo. O terceiro dia pode ser duas semanas depois do primeiro dia. Elaborei essa regra de *stop* de três dias não por achar que é a melhor – tenho

certeza de que não é –, e sim porque, como trader independente, odeio a indecisão. Odeio o arrependimento. Odeio suposições. Por isso, queria criar uma regra que fosse automática e me protegesse de devolver a maior parte do lucro nos trades abertos.

Seu risco inicial é de 1% a 2% do seu patrimônio. Quão longe isso é da sua meta?
Um ponto equivale a aproximadamente 2% do meu ativo.

E, se chegar a esse ponto, você terá lucro na posição inteira?
Em geral, só fico com o lucro. Pode haver exceções ocasionais em que opto por um *stop* bem próximo, sobretudo em posições vendidas, porque os mercados podem desabar muito mais rápido do que sobem.

Em que ponto você cogita reentrar no trade depois de exercer o lucro?
Não cogito reentrar. Tem que ser um trade novo.

E quanto às tendências de mercado?
Ignoro a maior parte dessas tendências. Sinto-me mais confortável dando passes curtos do que tentando fazer o gol com chutões para a frente. Perco alguns desses grandes lances.

A metodologia que você adotou o impede de aproveitar, ainda que de modo remoto, a maior parte dessas tendências.
Impede.

Você negocia ações da mesma forma que negocia futuros?
Negocio do mesmo modo.

Você não acha que há uma diferença entre o comportamento do gráfico das ações e dos futuros?
Não.

Estou surpreso, porque minha impressão sempre foi de que as ações estão sujeitas a um comportamento muito mais inconstante que os futuros.
Acho que é verdade, mas, quando há fuga de uma ação, o comportamento é o mesmo.

Em uma de suas cartas, vi que você se referia a uma "linha do gelo". O que vem a ser uma linha do gelo?

Quando vivi em Minnesota, morávamos perto de um lago que congelava no inverno. O gelo dá sustentação, mas, se por acaso você cair na água, ele passa a agir como resistência. A analogia com os gráficos de cotações é que a "linha do gelo" é a área de cotação difícil de superar, mas, uma vez superada, dá sustentação. Quando acho um mercado com um *breakout* de preço em que pelo menos metade da faixa daquele dia está abaixo da "linha do gelo", então esse ponto de baixa pode funcionar como um ponto de risco relevante.

Se menos da metade da faixa de preço do dia estiver abaixo da linha do gelo, é possível usar o ponto baixo do dia anterior?

É o que faço.

A impressão é de que bastaria ignorar, na análise do gráfico de longo prazo, o ponto baixo da barra de cotação do dia de entrada sem qualquer consequência. Entendo a ideia de que manter o risco bem baixo é um ingrediente essencial do sucesso, mas você já fez um estudo para saber se seu risco não é baixo demais? Você estaria melhor, por exemplo, se arriscasse o ponto baixo de algumas barras em vez de apenas uma?

Fiz esse estudo. Descobri que, se eu desse ao mercado um pouco mais de espaço para respirar nos primeiros dias de um trade, teria lucrado mais a longo prazo. Portanto, se meu objetivo fosse obter o retorno máximo, eu usaria um *stop* mais amplo. Porém, minha meta não é maximizar meu retorno, e sim maximizar meu fator de lucro. [O fator de lucro é uma medida de risco/retorno definida como a soma de todos os trades vencedores dividida pela soma de todos os trades perdedores.]

Você costuma usar o *trailing stop*? [*Trailing stop* é uma ordem de saída de uma posição sempre que o mercado se movimenta até certa quantia abaixo do pico de alta de preço ou acima do ponto baixo de movimento de queda do preço.]

Nunca. Quando ouço alguém dizendo "Vou usar um *trailing stop* de 500 dólares", penso: "Qual o sentido disso? Quer dizer que você quer vender na hora em que deveria comprar mais?" Isso nunca fez sentido para mim. Tampouco quando alguém usa o lucro aberto de um trade para acrescentar contratos. Para mim, essa é a maior asneira de trading que já ouvi. Se você fizer isso, pode ter razão no trade e ainda assim perder dinheiro. No meu trading, minhas posições só vão diminuindo. Minha maior posição é a do dia em que entro no trade.

O que é a "regra do fim de semana" que já ouvi você comentar?
Essa regra remonta a Richard Donchian, nos anos 1970. Diz que, se o mercado fechar em alta ou baixa recorde em uma sexta-feira, é provável que esse movimento se acentue na segunda-feira e no início da terça. A relevância, para mim, é que, quando acontece um *breakout* em um mercado na sexta-feira, tenho um padrão completo, e a regra de Donchian opera em favor desse trade.

Você já checou a validade da regra do fim de semana?
Nunca a analisei estatisticamente, mas posso lhe afirmar que muitos dos meus trades mais lucrativos vieram de *breakouts* de sexta-feira, sobretudo nos fins de semana prolongados. Também posso lhe afirmar que os trades que segurei mesmo quando o fechamento de sexta apresentava perda líquida me causaram mais prejuízo que qualquer outro tipo de perda. Aprendi que o ideal é liquidar qualquer trade que mostre prejuízo aberto no fechamento de sexta.

Por que você acha que essa regra funciona?
O fechamento da sexta é a cotação mais crítica da semana, porque é o preço pelo qual as pessoas se comprometem a aceitar o risco de reter uma posição ao longo do fim de semana.

Hoje você obedece à regra da sexta-feira?
Às vezes não cumpro, mas, quando faço isso, levo um tapa na cara do mercado. Meu único arrependimento é não fazer um registro dos diferentes tipos de decisão de trading.

Sua forma de negociar, com um controle tão rígido dos riscos a partir do ponto de entrada, dá a impressão de que você nunca estaria exposto a prejuízos substanciais. Mas houve trades bastante doídos em sua carreira, não houve?
Ah, sim. Estava comprado em petróleo bruto em janeiro de 1991, quando os Estados Unidos começaram o ataque ao Iraque, na Primeira Guerra do Golfo.

Antes da divulgação da notícia do ataque, o barril do bruto fechou em torno de 29 dólares em Nova York. Embora fosse antes da época dos mercados 24 horas, havia negociação de petróleo no Kerb [um mercado da madrugada em Londres], e naquela noite a cotação estava 2 ou 3 dólares mais alta. Por isso, fui dormir pensando: "Rapaz, amanhã vai ser um dia daqueles." E foi mesmo, mas não do jeito que eu imaginava. No dia seguinte, o bruto abriu 7 dólares abaixo do fechamento de Nova York – uma oscilação de 10 dólares em relação ao patamar da noite. Foi, de longe, a maior perda que já tive em um trade [outro relato de uma experiência de trading relacionada a essa mesma reversão inesperada do mercado figura em minha entrevista com Tom Basso em *The New Market Wizards* (Os novos magos do mercado financeiro)[6]].

Com o mercado tão mais baixo na abertura, você saiu assim que abriu ou esperou antes de liquidar sua posição?
Não fico sentado especulando prejuízos. Aprendi muito tempo atrás que, quando você especula um prejuízo para ter menos prejuízo, acaba tendo mais prejuízo [apesar do forte declínio daquele dia, o mercado de petróleo bruto caiu significativamente no dia seguinte e ainda levaria um mês para atingir o ponto mais baixo]. A mesma disciplina de trading se aplica aos erros. Nunca fiquei especulando um erro.

Quanto você perdeu nesse trade?
Por volta de 14% do meu patrimônio.

Você se lembra de como reagiu?
Foi um choque. Fiquei anestesiado.

Qual a sua motivação para escrever uma carta semanal para o mercado? Parece que dá muito trabalho.
Para ser bem sincero, a *Factor* é escrita para um público de uma pessoa. É para mim que escrevo a *Factor*. É meu jeito de pregar para mim mesmo todas as coisas que preciso lembrar o tempo todo.

Você não teme que, ao divulgar seus trades, haja um excesso de trades nos mesmos pontos de cotação, o que afetaria de modo negativo o trade?
Não, acho que não faz nenhum efeito.

Sei que você faz quase toda a sua análise de gráficos e toma decisões de trading para a semana seguinte após o fechamento de sexta e antes da abertura de domingo à noite. Durante a semana, toma decisões novas de trading?
No fim da semana, tenho minha lista de mercados para monitorar possíveis trades. Em raras ocasiões, chego a acrescentar um mercado durante a semana, mas procuro minimizar trades. Quando não está na minha lista do fim de semana de trades potenciais, não gosto de pegar. Esse é outro exemplo de um tipo de trade que gostaria de ter registrado ao longo do tempo. Aposto que, se você analisasse todos os trades que já fiz e que não estavam na minha lista do fim de semana, o resultado seria uma perda líquida.

Você chega a fazer trade *intraday*?
Durante os dois ou três primeiros dias depois de realizar um trade, fico de olho em oportunidades para aperfeiçoar meu *stop*, mesmo no *intraday*. Tirando isso, porém, não faço *intraday*. Se ficar sentado olhando o dia inteiro para a tela do computador, estarei sabotando a mim mesmo. E, é inevitável, acabarei tomando as decisões erradas. Vou sair de trades ganhadores. Vou duvidar de ordens que coloquei antes da abertura do mercado, decisão tomada somente com base nos gráficos, e não no feitiço das cotações piscando na tela. O que dá certo comigo é uma abordagem disciplinada: tome a decisão, redija a ordem, envie a ordem e assuma as consequências.

Seu comentário sobre como a tomada de decisões nos horários do mercado tende a atrapalhar seu trading me faz lembrar um diálogo que tive com Ed Seykota. Eu disse a ele: "Reparei que na sua mesa não há uma máquina de cotações." Ed respondeu: "Ter uma máquina de cotações é como ter um caça-níqueis na mesa – você acaba voltando a ela o dia inteiro."[7]

Na manhã seguinte, durante o café da manhã em um lugar chamado The Black Watch (excelente café da manhã; não deixe de ir se um dia visitar Tucson), demos continuidade à entrevista. Brandt começou a conversa dizendo que, embora tenha feito tudo certo, não estava no mesmo patamar de alguns dos grandes traders dos outros livros da série Os Magos do Mercado Financeiro. Ele começou a listar nomes para comprovar sua tese. Brandt concluiu dizendo que, se eu resolvesse não o incluir no livro, ele entenderia e não ficaria chateado. Brandt é uma pessoa franca; não estava, portanto, usando de falsa modéstia – embora fosse uma modéstia indevida. Disse a ele que não havia hipótese de ele ficar fora do livro. Expliquei que não apenas ele contava com um longo histórico de performances espetaculares, mas também tinha ideias preciosas sobre trading, que eu considerava importante dividir com os leitores. Brandt trouxe alguns gráficos para ilustrar certos trades do passado e retomamos desse ponto a conversa.

Esse foi o trade mais lucrativo que já fiz. Depois do *breakout*, nunca mais voltou ao que era. [Brandt me entrega um gráfico do índice Composite da Bolsa de Nova York, apontando sua entrada comprada em 1987, em um *breakout* acima de uma consolidação horizontal prolongada. Esse *breakout* deu início a um movimento de alta imediato e quase ininterrupto.]

Eis um trade grande que fiz em 2008, quando a libra esterlina despencou de 2 dólares para 1,40 dólar em questão de meses. De novo, o mercado teve um *breakout* e nunca mais voltou ao que era. [No gráfico que ele me entrega, o *breakout* de queda, depois de uma consolidação ombro-cabeça-ombro formada na alta, leva a um súbito e forte declínio, interrompido apenas de maneira breve por uma leve recuperação depois da queda inicial. Ele comenta essa leve recuperação.] Descobri que, se você tiver uma queda acentuada, o primeiro rally nunca dura. Se há um caso em que quero vender na alta, é no primeiro rally depois de uma queda em linha reta. Muitas vezes esse rally dura apenas dois dias depois da reversão. [Ele me mostra outros gráficos semelhantes de *breakouts* a partir de consolidações de longo prazo e que levaram a fortes movimentações de preço.]

Em todos esses exemplos, você comprou ou vendeu depois de *breakouts* a partir de consolidações de longo prazo. Acontece de você entrar em trades depois de *breakouts* "de flâmula" ou "de bandeira"? [Flâmulas e bandeiras são consolidações estreitas, de curto prazo – em geral menos de duas semanas –, formadas após oscilações de preço.]

Acontece, caso eles se formem durante uma grande movimentação de preço, com um objetivo muito mais distante e com base na terminação de um padrão no gráfico semanal. Mas, quando é apenas um acidente em um gráfico qualquer, a resposta seria não.

Lembro-me de que certa vez retuitei uma de suas observações sobre o mercado e recebi um comentário mais ou menos assim: "Por que perder tempo com alguém como Brandt, que recomendou ficar vendido no índice S&P quando estava mil pontos mais baixo?" Qual a sua reação a esse tipo de comentário?
Minha filosofia é "Opiniões firmes, sustentação frágil". No instante em que o trade entra no meu bolso, passa a ser uma posição de sustentação frágil, que posso abandonar como uma batata quente. Posso passar de uma opinião firme a sair do mercado de um dia para outro. Mas no Twitter as pessoas só se lembram da opinião firme. É como se qualquer coisa postada representasse sua opinião pelo resto da vida. Elas se lembram da recomendação, mas esquecem que saí um ou dois dias depois com uma perda de 50 pontos, ou mesmo com um ganho de 50 pontos. No mundo do Twitter, existe uma tendência a reagir de modo negativo quando você passa de comprador a vendedor, ou vice-versa. De minha parte, acho que a flexibilidade de mudar de ideia é um trunfo importante para um trader.

Os mercados viveram enormes mudanças durante sua carreira no trade. Passamos de uma época em que era preciso um supercomputador do tamanho de uma sala para criar e testar sistemas simples de trading para o enorme poder de processamento atual, com acesso fácil a softwares de trading. Passamos de praticamente zero a quantidades enormes de trading informatizado. Assistimos ao surgimento do trading com base na inteligência artificial e do trading de alta frequência. Passamos de um tempo em que a análise técnica era considerada um divisor de águas complicado na análise do mercado para um tempo em que o trading de base técnica – tanto a análise de gráficos, do tipo que você faz, quanto os sistemas técnicos informatizados – disseminou-se. Apesar de todas essas alterações, você continua a usar as mesmas técnicas do início de sua carreira, com base em padrões gráficos descritos de forma detalhada no livro de Schabacker quase noventa anos atrás. Você acha que essas técnicas ainda funcionam, apesar de todas as mudanças?
Não, não funcionam. Não funcionam de jeito nenhum.

Então como você conseguiu continuar a ter êxito usando metodologias que vêm de uma época tão diferente?
Refleti muito sobre esse assunto. Se fosse realizar trades em cada ponto de entrada dos padrões dos gráficos rotulados por Schabacker, teria sido bem difícil ganhar dinheiro, porque os mercados já não obedecem a todos esses padrões. Houve um tempo em que bastava negociar pelos padrões dos gráficos e ganhar dinheiro. Acredito que esse diferencial desapareceu.

Então você acha que a análise de gráficos clássica, por si só, já não funciona.
Sim, acho que é isso. Os grandes padrões de longo prazo não funcionam mais. As linhas de tendência não funcionam mais. Os canais não funcionam mais. Os triângulos simétricos não funcionam mais.

Então o que funciona, se é que existe algo?
Concluí que os padrões que tendem a ser de curto prazo – inferiores a um ano, e de preferência inferiores a 26 semanas – ainda funcionam com uma fronteira horizontal. Entre esses padrões podem estar as formações ombro-cabeça-ombro, os triângulos ascendentes e descendentes e as consolidações retangulares.

Os padrões que você citou não são tanto os que funcionam, e sim os que lhe permitem escolher entradas com pontos de *stop-risk* bem definidos, relativamente próximos e relevantes, não?
Sim, os gráficos dão uma ideia do caminho com menos resistência, mas não são previsões. É perigoso quando se começa a pensar nos gráficos em termos de previsão. Eles são maravilhosos para encontrar pontos específicos de trades assimétricos no retorno/risco. É isso. Meu foco está na probabilidade de ser capaz de sair do trade no *breakeven* ou acima, e não na probabilidade de me antecipar a uma movimentação de preço. Por exemplo, estou vendido em ouro agora. Estou apostando na possibilidade de um declínio de 60 a 70 dólares no ouro. Se alguém me perguntasse "Até que ponto você confia em uma queda de 60 a 70 dólares no ouro?", seria a pergunta errada. A certa seria: "Até que ponto você confia que conseguirá sair do trade não muito abaixo do *breakeven*?"

Você usa uma metodologia de sinalização de trading que reconhece não ter muito diferencial. Qual o seu diferencial?
Não são os gráficos que me dão o diferencial, é a gestão de risco. Consigo

meu diferencial pela disciplina, paciência e execução das ordens. Um leitor da minha carta *Factor* disse: "Peter, seu diferencial vem da disposição em observar um mercado durante semanas antes de entrar e de pular fora antes do fim do dia porque o mercado não se comportou do jeito certo." Eu pensei: "Meu Deus, uma pessoa me entendeu." Tudo que os gráficos me fornecem é um ponto no qual estou disposto a apostar. Eles me permitem dizer: "Neste preço exato deve começar uma tendência de mercado." Outro jeito de enxergar é: "Posso encontrar uma barra no gráfico de preço onde exista uma chance razoável de o ponto mais baixo não ser superado?"

A questão não é que você descobriu onde entrar em trades, mas sim que descobriu onde pode executar trades assimétricos com uma chance de 50%-50% de dar certo.
Acho que é uma boa descrição. Todos os meus lucros vêm de 10% a 15% dos meus trades; todos os outros trades são perdedores. Esse mesmo padrão parece se repetir de forma constante, ano sim, ano não. O problema é que nunca sei quais são os trades que estarão nesses 10% a 15%.

O seu trading se situa quase que de modo pleno no terreno da análise técnica. Mas você acha que a análise fundamentalista tem algum valor, mesmo que não seja o método certo para você?
Dan Markey, meu mentor, tinha uma filosofia interessante sobre os fundamentos. Ele considerava que a maioria das notícias sobre fundamentos era absurda. Dan tinha aquilo que chamava de "teoria do fator dominante fundamentalista". Seu postulado era que, a longo prazo, de um a cinco anos, existiria um fundamento subjacente que seria o motor do mercado. Todas as demais notícias provocavam mera agitação em torno da tendência movida pelo fundamento dominante. E, na maioria das vezes, o senso comum não faria a menor ideia de qual seria esse fundamento relevante. Por mais que você assistisse à CNBC uma semana a fio, nunca mencionariam esse fator. Na verdade, ainda que as pessoas tivessem alguma consciência de qual seria esse fator dominante, apostariam contra ele na maioria das vezes. Um grande exemplo dessa tendência foi o *quantitative easing*, implementado na esteira da Grande Recessão e grande motor da alta da Bolsa que se sucedeu. As pessoas diziam: "Os bancos centrais não têm como continuar fazendo isso. Está gerando dívida demais. É preciso vender esse mercado."

Você chega a usar esse conceito de Dan?
Não, mas muitas vezes me pergunto o que Dan, que morreu em 1998, pensaria ser o motor de determinado mercado.

Qual conselho você daria a alguém que queira seguir carreira no trading?
A primeira coisa que perguntaria a essa pessoa é: "Se você perdesse tudo que investiu, alteraria seu padrão de vida de forma significativa?" Se alterar, não seja trader. Se não for um bom solucionador de problemas, não seja trader. Se acha que seu lucro no trading deve aumentar seguindo um cronograma fixo, não seja trader. Mercado não é fundo de previdência. Diria aos aspirantes a traders que aguardem três anos para ter alguma noção de como negociar e cinco anos para atingir certo grau de competência. Caso o aspirante não disponha de três a cinco anos para atingir esse nível de competência exigido, é melhor que não seja trader. Subestima-se o tempo necessário para se tornar um trader lucrativo. Não vire um trader porque quer ganhar dinheiro. Eu diria que, se o objetivo é ganhar a vida como trader, a probabilidade de êxito está em torno de apenas 1%.

Você percebeu que, ao ser perguntado que conselho daria a quem quer ser um trader, você deu uma série de razões para não se tornar um trader?
Claro que sim.

Se, apesar de todas essas dicas, alguém disser "Entendi, mas ainda assim quero tentar", qual orientação você daria?
Aprenda a não levar um prejuízo para o lado pessoal. O mercado não está nem aí com você.

E o que mais você diria?
É preciso encontrar um jeito próprio de trabalhar. Se achar que pode copiar o estilo de trading de alguém, nunca vai dar certo para você.

Essa é uma das principais mensagens que tento passar aos traders. Mas gostaria que você me explicasse por que pensa assim.
Um dos maiores perigos para o trader que tenta se espelhar em outros é que, mais cedo ou mais tarde, atravessará um período de baixa significativa. Quando passo por um período mais complicado, tenho a mais

absoluta compreensão disso. Se perder em dez trades seguidos, tenho o claro entendimento de que não fiz nada de errado, desde que tenha seguido um planejamento. Outra pessoa que esteja tentando copiar minha metodologia não terá tanta convicção. Se, como é inevitável, houver um período difícil, ela não conseguirá aguentar até o fim. É por isso que o trader precisa saber por que está entrando em um trade. É o único jeito de sobreviver a períodos complicados.

O que você faz nesses momentos em que tudo parece dar errado e você parece estar fora de sintonia com os mercados?
Antigamente, durante esses períodos, eu perguntava a mim mesmo: "O que preciso mudar no meu trading?" Esse tipo de reação acabava me levando a um labirinto que não tinha uma boa saída. Adaptar o método de trading em relação à última série de trades não é a solução e só faz você se desviar do seu caminho. Tento continuar negociando do mesmo jeito. É a única forma de sair de uma baixa e voltar aos trilhos.

Que outra sugestão você daria a quem busca uma carreira no trading?
É preciso aprender a esperar pelo lance certo. No comecinho, o mais difícil para mim era descobrir a resposta à pergunta: "Qual é o meu lance?" Todo trader precisa encontrar uma resposta a essa pergunta. Você é capaz de definir, com alto grau de detalhamento, o trade que está disposto a fazer? Só quando puder responder a essa pergunta é que estará pronto para lidar com outras questões cruciais, como o tamanho, a alavancagem, a escala e a gestão do trade.

Você já disse que a motivação para se tornar um trader não deve ser ganhar dinheiro. Qual seria uma boa motivação?
Os mercados são um tremendo desafio. Você precisa ter gosto pelo processo de solução dos problemas. No fim das contas, uma grande satisfação é poder dizer: "Achei um jeito de fazer e estou satisfeito com o resultado."

Qual o seu conselho em relação a trades desperdiçados?
Aceitar. Dou a isso o nome de "trades podia-faria-devia". Em um ano normal, vou ter uns dois trades podia-faria-devia importantes. E tenho que aceitar o fato de que vai acontecer.

Esses trades doem mais do que as perdas?
Antes, eram esses. Eles me deixavam louco.

E o que você fazia para superar esses momentos de raiva?
Reduzia o número de trades desperdiçados com planejamento e antecipava as ordens em vez de esperar um *breakout*. Só então decidia o que fazer a seguir. Com a experiência, aprendi que sempre virá outro trade. Acho incrível que, se você esperar tempo suficiente, vai aparecer outro ótimo trade. Sempre. Fico mais preocupado com os erros que cometo do que com os mercados que deixo passar.

Compare as características dos traders vencedores às dos perdedores.
Os vencedores têm algumas coisas em comum. Respeitam o risco. Limitam o risco por trade. Não pressupõem automaticamente que terão razão em um trade. Ao contrário, supõem que estarão errados. Não se empolgam demais com trades vencedores nem desanimam demais com os perdedores.

E os perdedores?
Eles se arriscam demais. Não têm uma metodologia. Estão a reboque dos mercados. Têm medo de ficar de fora. Não conseguem manter as emoções sob controle, oscilam muito entre empolgação e depressão.

Chega a ser uma ironia que, para a maior parte das pessoas, o fator mais importante para se tornar um trader bem-sucedido – a metodologia de entrada nos trades – seja o elemento menos essencial para Brandt. Ele reconhece que a análise de gráficos clássica perdeu praticamente toda a sua vantagem. O crucial é a gestão de risco. A metodologia – a análise técnica – não passa de uma ferramenta para identificar, ao longo do tempo, pontos convenientes para a execução de seu método de gestão de risco. Ele posiciona seus *stops* de modo a garantir que nunca sofra uma perda grande em nenhum trade, a não ser naquelas raras circunstâncias em que o *stop* é executado bem abaixo do nível pretendido, como ocorreu no trade da Primeira Guerra do Golfo – o único do gênero em sua carreira.

A essência da estratégia de Brandt é arriscar-se muito pouco em qualquer trade específico e restringir os trades àqueles que oferecem um potencial razoável para um objetivo que seja o triplo ou o quádruplo da magnitude do risco. Ele usa os gráficos para identificar pontos nos quais é possível definir um *stop* protetivo que também seja significativo – pontos em que um movimento de preço relativamente baixo seria suficiente para desencadear um sinal relevante de que o trade está errado.

Um exemplo desse tipo de trade seria ficar comprado em um dia de fechamento forte do mercado depois de um *breakout* importante para cima, em que o ponto baixo do dia fique bem abaixo da "linha do gelo", para usar a terminologia de Brandt. Seu método é mais um exemplo de uma característica comum entre vários traders que observei: eles têm uma metodologia fundamentada na identificação de oportunidades assimétricas – em que o potencial de alta percebido exceda de maneira significativa o risco exigido.

Alguns leitores podem ficar perplexos por Brandt escolher uma estratégia de *stop* protetivo tão rígida, como ele próprio admite, que reduz seu retorno total. Por que não usar um método que maximize o retorno? A resposta é que um método que aumente o retorno, mas também aumente o risco *numa proporção ainda maior*, está abaixo do ideal. Matematicamente, ao aumentar o tamanho da posição, um método com maior retorno sobre o risco sempre pode produzir um retorno maior no mesmo nível de risco que um método com menor retorno sobre o risco (ainda que o retorno seja maior).

Para ser bem-sucedido como trader, você precisa desenvolver um estilo próprio. O que mais chama atenção é que, embora o principal mentor recorresse à análise fundamentalista e fizesse trades de longuíssimo prazo, Brandt elaborou uma metodologia de trading com base na análise técnica, realizando trades de duração bem menor, sobretudo no caso de trades perdedores. Brandt aprendeu com o mentor a importância da gestão do dinheiro, mas a metodologia que criou é estritamente sua.

Ao longo de toda a carreira, Brandt foi bastante disciplinado na aplicação da própria metodologia de trading, com uma importante exceção. Em 2013, na esteira de vários meses de prejuízo líquido em que seu método parecia fora de sintonia com os mercados, Brandt se deixou influenciar pelo comentário geral entre os traders técnicos de que os mercados haviam mudado. Em um momento de fraqueza, abandonou o método que lhe servira tão bem durante tantos anos e resolveu experimentar novas abordagens. Todos esses flertes só serviram para prolongar e ampliar perdas. Em consequência disso, Brandt terminou o ano com prejuízo, pela primeira vez desde que voltara a operar, no final de 2006. E, como ele mesmo reconhece, aquilo que seria uma perda de 5% se transformou em uma perda de 17%.

O corolário de fazer trading com sua metodologia é: não faça trade com base em recomendações alheias. No primeiro trade de Brandt, ele acatou a recomendação do corretor do pregão que o influenciaria a seguir carreira na área. Embora o trade tenha se mostrado lucrativo para o corretor, Brandt acabou perdendo dinheiro, porque não entendeu que o timing do trade para o corretor era muito mais curto que o dele. É impressionante a frequência de resultados desfavoráveis quando se segue conselhos ou recomendações de outros. Pode-se aprender princípios sensatos com traders bem-sucedidos, mas entrar em um trade com base na recomendação de alguém em vez de usar a própria metodologia costuma ser uma tese perigosa. Da próxima vez que você perder dinheiro ao seguir uma dica de trading, lembre-se: eu avisei.

Quando perguntei a Brandt o que gostaria de ter sabido ao começar no trading, ele respondeu: "Que sou meu maior inimigo." Brandt não está sozinho. As emoções e os impulsos humanos muitas vezes levam os traders a tomar decisões erradas. Brandt explicou que é uma pessoa impulsiva; se ficasse sentado, olhando para a tela, e seguisse seus instintos ao entrar em trades, se autodestruiria. Ele acredita que só obtem sucesso porque emprega um processo rigoroso, que exclui reações emocionais. Nas palavras de Brandt: "Tome a decisão, redija a ordem, envie a ordem e assuma as consequências." Brandt evita olhar para a tela por muito tempo e restringe suas novas posições de trading àquelas identificadas depois de uma exaustiva análise de gráficos e de um planejamento realizado a cada semana entre o encerramento de sexta-feira e a abertura na noite de domingo, período em que os mercados estão fechados.

Os comentários de Brandt sobre o impacto negativo das emoções humanas sobre o trading me lembraram de uma observação de William Eckhardt em *The New Market Wizards* [Os novos magos do mercado financeiro]: "Quando você prioriza a satisfação emocional, está pronto para perder, porque o que causa uma sensação boa é, em geral, a coisa errada a fazer."[8] De fato, os melhores trades às vezes são os mais contraintuitivos ou os mais difíceis de ser aceitos. Um dos melhores trades de Brandt, em 2019, foi uma posição vendida em grãos que ia no sentido contrário ao que ele desejava para operar naquele mercado.

Seguir um processo específico é essencial para evitar decisões emocionais, em geral prejudiciais, e também um pré-requisito para o êxito no trading.

Todo trader bem-sucedido que entrevistei tinha uma metodologia particular; o bom trading é a antítese de ser rápido no gatilho. Brandt seleciona trades de acordo com critérios precisos, e o timing desses trades é bem definido desde o dia de entrada. Depois de entrar, Brandt tem um ponto predeterminado de saída, caso o trade esteja perdendo dinheiro, e um plano de realização de lucros quando é bem-sucedido.

Muitos traders, se não a maioria, em especial os novatos, não conseguem compreender a distinção fundamental entre trades ruins e trades perdedores – não são a mesma coisa. Brandt afirma que, se puder olhar para um gráfico um ano depois do trade e for capaz de apontar o dia e o preço em que assumiu uma posição, então esse trade foi bom, tendo ganhado ou perdido. Na concepção de Brandt, o fator determinante de um bom trade é se ele seguiu sua metodologia, e não se deu dinheiro (o pressuposto implícito nesse ponto de vista é que você esteja empregando uma metodologia lucrativa, com um grau de risco aceitável a longo prazo). A verdade é que, em qualquer metodologia, certo percentual de trades perderá dinheiro, por melhor que o método seja, e não existe maneira de saber a priori quais serão os ganhadores.

Muitos traders terão uma zona de conforto em relação ao tamanho do trading. Podem se sair bem em posições menores e então constatar uma deterioração significativa da performance em posições maiores, *mesmo quando os mercados em que atuam ainda têm alta liquidez nas posições maiores*. Brandt teve essa experiência quando a Commodities Corporation elevou sua alocação até o ponto em que ele estava negociando ordens de cem lotes em títulos do Tesouro americano. Até então, suas ordens tinham o tamanho máximo de vinte contratos. Embora o risco percentual por trade não tenha mudado, ele se surpreendeu pensando em prejuízos em dólar, e não em percentual de ativo. Pode não fazer sentido que o tamanho do trading produza alguma diferença se o risco percentual por trade não sofreu alterações e o mercado ainda tem plena liquidez em ordens maiores. Mas as emoções humanas e seu impacto nas operações não dependem da lógica. A lição, aqui, é que os traders devem ter cautela com aumentos súbitos e importantes em seu nível de trading. O ideal é que o aumento no ativo em carteira seja gradual, para que o trader se sinta à vontade com ele.

O êxito da própria carteira não se traduz necessariamente em êxito na gestão do dinheiro de terceiros. Alguns traders se sentem confortáveis e se saem bem operando com o próprio dinheiro, mas veem a performance desabar quando mexem com o de outros. Esse fenômeno pode ocorrer porque, para alguns traders, o sentimento de culpa ao perder dinheiro alheio tende a afetar o processo de decisão normal de trading. Não é coincidência que as piores perdas de Brandt, desde sua volta ao trading no fim de 2006, tenham ocorrido quando ele geriu o patrimônio de outros. Curiosamente, o mês em que Brandt devolveu todo o dinheiro dos investidores foi o ponto mais baixo de sua queda, seguido por vinte meses consecutivos de lucro. Os traders que fazem a transição da gestão da própria carteira para a gestão da de terceiros precisam observar se gerir patrimônio alheio afeta o próprio grau de conforto na tomada de decisões.

Brandt melhorou sua performance eliminando o que chama de "trades-pipoca" – aqueles que dão um lucro significativo, mas ficam retidos até o lucro inteiro ser perdido, ou, pior ainda, até o lucro se transformar em prejuízo líquido. A experiência negativa dessas operações, no início da carreira, levou Brandt a instituir regras para evitar esse tipo de resultado:

1. Quando um trade gera um lucro líquido equivalente a 1% de seu ativo total, Brandt realiza parcialmente os lucros.
2. Quando um trade atinge 30% de sua meta de lucro, Brandt adota um *stop* protetivo muito mais próximo.

Outra regra de Brandt é: se um trade aberto apresentar uma perda líquida no fechamento de sexta, pule fora. Parte do raciocínio aqui é que carregar uma posição ao longo do fim de semana embute mais risco do que reter uma posição da noite para o dia em um dia útil. E, pressupondo que a posição teve perda líquida no fechamento de sexta, para um trader com um limite de risco mais baixo, como Brandt, liquidar a posição nesse cenário é uma gestão de risco prudente. Porém o motivo primordial para liquidar no fechamento de sexta é que Brandt enxerga esse fechamento como bastante significativo: para ele, é mais provável que a movimentação dos preços de acompanhamento no início da semana seguinte aprofunde o fechamento forte ou fraco na sexta. Sendo verdadeira essa premissa, ainda que o trade se revele correto no fim das contas, há uma boa probabilidade de que ocorra uma oportunidade de reentrada no trade, por um preço melhor, na semana seguinte.

Um dilema que todo trader tem que encarar diz respeito ao que fazer quando seu método de trading está fora de sintonia com o mercado. Brandt desaconselharia trocar uma metodologia que vem dando certo por outra. No entanto, pode haver momentos em que uma mudança radical seja aconselhável, mas somente depois de substancial análise e pesquisa que respaldem essa atitude. Uma transformação de estilo nunca deve ser feita de modo irrefletido só porque um trader está passando por uma fase ruim no mercado. Qual deve ser, portanto, a decisão apropriada naqueles momentos em que tudo que o trader faz parece errado? A resposta de Brandt seria: corte o tamanho do seu trading, substancialmente se for preciso, até restabelecer a sintonia com os mercados.

Vale notar que o primeiro ano de prejuízo de Brandt depois de se tornar um trader em tempo integral ocorreu logo depois de seu melhor ano. Isso me faz lembrar um comentário de Marty Schwartz: "Meus maiores prejuízos sempre vieram depois dos meus maiores lucros."[9] As maiores baixas costumam seguir períodos em que tudo parece funcionar à perfeição. Qual a razão dessa tendência de as maiores perdas virem depois da melhor performance? Uma explicação possível é que as boas fases levam a acomodação, e a acomodação induz a um trading descuidado. Em períodos de fortes ganhos, há menor probabilidade de o trader levar em conta o que pode dar errado, sobretudo os piores cenários. Uma explicação extra é que períodos de excelente performance também são os de maior exposição ao risco. Moral da história: quando seu portfólio atingir novos patamares quase diariamente e todos os seus trades derem certo, cuidado! Essa é a hora de se resguardar contra a complacência e ser bem vigilante.

Qualquer que seja sua metodologia, como é possível saber quais os tipos de trade que dão certo ou errado a longo prazo, e quais circunstâncias são favoráveis ou desfavoráveis? Traders mais sistemáticos podem responder a esse tipo de pergunta categorizando as operações. Já os operadores mais discricionários não conseguem testar diferentes alternativas porque, por definição, não são capazes de elaborar um algoritmo que defina seu histórico de operações. Para esses, a única forma de definir que tipo de trade funciona melhor ou pior é classificar e registrar em tempo real os resultados. Com o tempo, esse processo manual vai gerando os dados necessários e as ideias de trading pertinentes. Brandt lamenta não ter feito esse registro. Ele acredita que os trades que fez e que estavam fora de sua lista de monitoramento da análise de fim de semana (aqueles formulados como reação a uma movimentação de preços *dentro da semana*) foram inferiores, quem sabe até perdedores. É uma hipótese em que ele acredita, embora não seja verificável. Brandt queria ter feito um registro por categoria, que lhe permitisse responder a esse tipo de pergunta. A lição aqui é que o trader discricionário deve classificar seus trades e monitorar os resultados para cada tipo, de modo a dispor dos números concretos para saber o que dá certo e o que não dá.

A paciência é uma característica comum aos traders bem-sucedidos, mas não necessariamente um dom de nascença. No caso de Brandt, seu instinto natural tende à impaciência, mas ele tem autodisciplina para obrigar-se a ser paciente. Segundo ele, a paciência é um ingrediente essencial para a entrada em um trade – "esperar o lance certo", como diz. Ele foge da tentação de embarcar em todas as ideias. Espera por um trade convincente – em que o potencial de alta pareça três ou quatro vezes maior que o risco exigido se as probabilidades de alta ou baixa forem equivalentes. Na entrevista que fiz com Joel Greenblatt, fundador da Gotham Capital, ele usou um argumento bem parecido. Referindo-se a um comentário de Warren Buffett, "Em Wall Street não tem bandeirinha para marcar impedimento", Greenblatt observou: "Você pode assistir a quantos lances quiser esperando a bola e chutar apenas quando ela quicar no seu pé."[10]

O maior prejuízo de Brandt foi sua posição comprada em petróleo bruto no começo da Primeira Guerra do Golfo. A cotação do petróleo bruto despencou por volta de 25% da noite para o dia. Brandt liquidou sua posição na abertura a valores muito abaixo do *stop* pretendido. Não cogitou esperar uma possível recuperação que lhe propiciasse um ponto de saída melhor. Especular desse jeito com o prejuízo só teria aumentado a perda, uma vez que o preço do petróleo bruto continuou caindo nas semanas seguintes. Embora essa amostragem de um único caso não prove nada, a lição implícita de "Não especule com o prejuízo em um trade" é um conselho sensato. Regra semelhante se aplica aos erros de trading. Em ambos os casos, é melhor liquidar a posição em vez de fazer apostas com a perda.

Ganhar a vida no trading, como Brandt, pode parecer atraente para muitos, mas é um objetivo bem mais difícil de atingir do que a maioria imagina. Muitos dos aspirantes a trader carecem de capital e subestimam o tempo necessário para criar uma metodologia lucrativa (três a cinco anos, na estimativa de Brandt). Ele desaconselha o trading caso o valor investido possa afetar de modo significativo o padrão de vida. Também é impossível ter êxito no trading quando se depende do lucro para pagar as despesas do dia a dia. Como observa Brandt: "Mercado não é fundo de previdência" – não se deve esperar do trading um fluxo constante de renda.

O lema de Brandt é "Opiniões firmes, sustentação frágil". Tenha uma razão forte para fazer um trade, mas, depois que tiver entrado, saia rapidamente caso ele não se comporte como esperado. Não há nada de errado em se equivocar com um mercado, caso você saia dele apenas com um pequeno prejuízo. E não tenha medo de parecer tolo por mudar de opinião. Reverter a opinião sobre um mercado indica flexibilidade, que é um atributo, e não um ponto fraco, para um trader.

Uma das características essenciais de um trader bem-sucedido é amar o trading. É uma perspectiva que se aplica a Brandt, em seus primeiros dez anos ou mais. É perceptível quando ele descreve seus primeiros dias, em que o trading significava uma compulsão. Do início a meados dos anos 1990, Brandt já não se divertia tanto. Em suas palavras, o trading tinha se tornado um "suplício". Essa mudança radical com o passar do tempo, do amor ao horror, o fez perder aquele que talvez seja o ingrediente mais importante para o êxito no trading, e ele sentiu como se tivessem tirado o chão de sua performance. Mais de uma década depois, o desejo ressurgiu e ele voltou a ser bem-sucedido.

Moral da história: certifique-se de que você quer ser de fato trader. E não confunda querer ficar rico com querer ser trader. A menos que você seja apaixonado pela missão, é improvável que seja bem-sucedido.

TRÊS ANOS MAIS TARDE

Desde nossa última entrevista, alguns anos atrás, houve alguma mudança em seu jeito de operar?
Sempre fui rápido em fechar trades perdedores, mas me tornei mais obcecado ainda com a gestão de risco. Fiz isso de duas maneiras: reduzindo o risco máximo por trade a 50 a 60 pontos-base e me livrando do risco assim que possível. Tornei-me mais agressivo, antecipando *stops* protetores em pelo menos metade da minha posição. Esses *stops* costumam mudar no mesmo dia do trade, e a ideia é chegar ao *breakeven* na metade da posição em poucos dias.

Você comentou ter ficado ainda mais radical em sua gestão de risco desde aquela primeira entrevista. Esse timing é uma coincidência ou estava de alguma forma relacionado ao que falamos em nosso encontro?

Quando você passa um dia inteiro falando de trading como eu fiz naquela entrevista, acaba vivenciando um pouco de descoberta pessoal nesse processo. Em algum momento posterior – não lembro exatamente quando –, analisei meus trades desde muito tempo atrás. Seguindo o princípio de Pareto, concluí que quase metade dos meus lucros veio de 15% dos trades. Isso significa que minha meta tem que ser a de garantir que os outros 85% se aproximem ao máximo de um desempenho líquido zero, permitindo assim que os 15% contribuam para o superávit final.

Mas acaba havendo uma barganha: se você reforça o controle de risco para limitar ainda mais o prejuízo nos trades perdedores, vai mexer também com o percentual de trades vencedores importantes. Em consequência de *stops* mais rígidos, transformaria alguns desses vencedores em perdedores.

É verdade, mas olhei bem se havia algo diferente, do ponto de vista comportamental, nos 15% em relação aos outros 85% dos trades, e havia.

Que diferença era essa?

Os trades vencedores relevantes funcionavam de imediato. No ano passado, tive 17 trades que representaram quase todo o meu resultado do ano. Catorze desses 17 não tiveram um só fechamento no vermelho. Os outros três só tiveram fechamento negativo em um ou dois dias. Evidentemente, alguns dos trades que sofreram *stop* acabariam dando certo. Mas os 17 vencedores se comportaram de outro jeito. O *breakout* aconteceu e eles decolaram. Com eles, nunca tive que suportar um período no vermelho.

Houve alguma outra mudança no seu trading?

Uma coisa que comecei a fazer – e não faço ideia de onde isso vai dar – foi acrescentar uma terceira "fatia" a esses trades que têm como gatilho os padrões semanais dos gráficos. Se um trade cujo gatilho é o gráfico diário não for óbvio no gráfico semanal, eu fico só com duas fatias – uma que negocio com *stops* mais rígidos que a outra. Dou uma margem maior para a terceira fatia, cujo gatilho é o gráfico semanal, do que para as outras duas, que caracterizam meu processo de trading normal.

Eu me sinto atraído pela ideia de usar gráficos semanais para assinalar trades, porque me comprometi com minha mulher e meus filhos a parar o trading em 2025, quinquagésimo aniversário da minha primeira ida à Bolsa de Chicago. Mas quero continuar atuando. Minha ideia é que, se conseguir operar apenas com gráficos semanais, posso continuar sem que isso interfira no restante. Em vez de passar repentinamente dos gráficos diários para os semanais em 2025, estou começando as experiências agora, concedendo a mim mesmo alguns anos para ver se consigo fazer o trading com gráficos semanais funcionar. Não tenho certeza se vai.

Se recuar minha atividade de trading de diária para semanal, não tenho como esperar uma taxa de retorno nem de longe igual à minha média anual. Mas estaria bem se conseguisse ganhar apenas 10% a 15% por ano, o que não quer dizer que tenha uma meta de retorno, porque considero isso bobagem.

Bobagem porque você não tem como saber quais oportunidades o mercado vai proporcionar?
Exatamente. Como trader, as metas têm que ser orientadas para o processo, e não para o retorno.

Notei que você conquistou muitos seguidores no Twitter. Qual de seus tuítes gerou a maior resposta?
Os que tiveram mais respostas foram os tuítes com conselhos de uma frase só. Alguns exemplos: "Não carregue uma posição pelo fim de semana se ela apresentar perda no fechamento de sexta-feira", "Não arrisque mais de 15% do capital em nenhum trade".

Em um de seus tuítes você disse que um mercado estava em um padrão de "espreguiçadeira". Era brincadeira?
Não, não era brincadeira. Vi esse padrão pela primeira vez em um gráfico de açúcar, alguns anos atrás. Pensei comigo mesmo: "Que negócio é esse?" Nem Edwards e Magee nem Schabacker fizeram qualquer menção a esse padrão. Por isso inventei esse nome.

Há algum exemplo recente do padrão espreguiçadeira?
Um exemplo recente foi uma espreguiçadeira na baixa do ouro. A parte da "cadeira" se formou entre 28 de setembro e 21 de outubro [de 2022]. O "apoio para os pés" se formou entre 21 de outubro e 4 de novembro, quando o ouro fez um *breakout* no topo do padrão, o momento em que fiquei comprado. De qualquer forma, eu estava acreditando na alta do ouro.

Por qual razão?
O sentimento baixista no ouro estava muito forte. O relatório do Compromisso dos Traders mostrou que, no ponto mais baixo do ouro no fim de setembro de 2022, os *commercial traders* estavam com as menores posições vendidas desde maio de 2019, enquanto os especuladores tinham as menores posições compradas desde maio de 2019. Além disso, tinham ocorrido grandes liquidações de posições longas em ETFs de ouro, como o GLD. Os investidores do varejo simplesmente não queriam mais ficar comprados em ouro.

Se você pudesse operar em um só mercado, qual seria?
Eurodólares,* quando não estivermos em uma política de taxa de juros zero com o Fed. Sempre amei o mercado de eurodólares.

Você gosta tanto desse mercado porque ele tem tendências melhores que os outros?
Tem tendências maravilhosas, e, quando começa a se mexer, tende a continuar a andar naquela direção. Gosto de óleo de soja pelo mesmo motivo. O iene japonês às vezes tem tendências muito boas.

Há algum erro que você tenha cometido, desde a nossa última entrevista, que possa ser instrutivo?
Sim, um que cometi muito recentemente. Na semana passada comprei *T-notes* de cinco anos. Foi uma compra boa, ou seja, comprei as *T-notes* de cinco anos por um bom motivo. Alguns dias depois, o Fed soltou um comunicado que fez o mercado ficar volátil e isso me assustou. Ao reagir, me enrolei com o *stop*. Tenho regras legítimas para mexer com os *stops*, mas aquele não era o caso. Subi meu *stop* por razões emocionais, e não com base em alguma regra clara. Foi uma atitude desnecessária, porque eu já havia apertado *stop* no meu primeiro dia naquele trade.

É muito mais difícil lidar com um trade vencedor que com um trade perdedor. Para mim, a receita para lidar com um trade perdedor é simples: o ideal é não estar nele. Se estiver sangrando meu bolso, a melhor saída é não

---

* Em abril de 2023, os contratos futuros de eurodólares passaram por uma conversão e começaram a ser negociados como derivativos baseados na taxa SOFR (Secured Overnight Financing Rate, "taxa de financiamento overnight garantida").

deixar sangrar mais. Mas, em um trade vencedor que esteja distante da minha meta, posso sair correndo por alguma razão.

Fiquei aborrecido por ter reagido de maneira emocional, e não por conta do resultado do trade. Quando olho para trás e digo a mim mesmo "Que lance idiota", não há ligação alguma com a lucratividade. Posso fazer um lance imbecil e tirar dele um trade lucrativo, ou posso fazer tudo certo e acabar com prejuízo. Sinto mais satisfação emocional e intelectual com um trade que deu prejuízo mas em que fiz tudo certinho do que com um trade em que ganhei dinheiro acidentalmente por ter sido estúpido.

Por mais que fique chateado quando as coisas dão errado, reconheço que, como trader, preciso ser capaz de me perdoar. Se não for possível, estamos diante de um problema, porque um erro pode impactar o trade seguinte, que tende a impactar o seguinte, e assim por diante.

CAPÍTULO 2

JASON SHAPIRO

O trader "do contra"*

Jason Shapiro obteve êxito constante como trader por ter aprendido a fazer o contrário daquilo que seu instinto lhe sinalizou em sua primeira década de trading. Em trinta anos de carreira, fez um pouco de tudo, desde negociar a própria carteira até portfólios de vários fundos e gestão de contas de investidores em diferentes versões de seu próprio CTA (escritório de assessoria de investimentos em commodities e futuros). Shapiro geriu carteiras de até 600 milhões de dólares, mas atualmente se contenta em cuidar do próprio escritório, em carreira solo, sem planos de ir além dessa operação.

O histórico de Shapiro remonta a 2001 e abrange quantias geridas em firmas diferentes. Nesse período, seus retornos dependeram do nível de volatilidade-alvo definido pelo dono do ativo, que variou. Para obter um histórico mais consistente, ajustei o cálculo dos retornos como se o nível de volatilidade-alvo tivesse sido o mesmo em todo o período. A uma volatilidade-alvo de 20%, seu retorno médio anual composto foi de 34%, e a maior baixa que ele teve no período foi de menos da metade de seu retorno médio anual, de 16,1%. Como a volatilidade de Shapiro é inflacionada por diversos ganhos mensais elevados, seu nível superestima o risco implícito, como demonstra a maior perda de capital relativamente modesta, mesmo com um nível de volatilidade de 20%. Os números de retorno/risco são bem poderosos, com um Índice Sortino *ajustado* de 2,83 e um Índice Ganho-Perda mensal de

---

* Neste capítulo, os nomes a seguir são pseudônimos: David Reed, Walter Garrison, James Vandell e Adam Wang. Os nomes de empresas também são fictícios: Cranmore Capital, Walter Garrison and Associates, The Henton Group e Bryson Securities.

2,45 (veja o Apêndice 2 para definições e explicações dessas métricas). Desde que retomou o trading, em 2016, depois de um hiato (que ele comenta na entrevista), suas estatísticas de performance superaram a média de toda a carreira. Uma característica incomum no histórico de Shapiro é que seus retornos têm uma correlação negativa com os índices da Bolsa, dos fundos de hedge e dos CTAs.

Descobri Shapiro por meio de um e-mail que recebi que dizia: "Você precisa muito falar com Jason Shapiro. Ele tem um histórico impressionante e uma abordagem do mercado única, que faz pensar." Foi uma mensagem intrigante o bastante para me instigar. Enviei a Shapiro o seguinte e-mail: "Estou trabalhando em um novo livro da série Os Magos do Mercado Financeiro e Bill Dodge sugeriu que você seria um candidato perfeito. Diga-me se teria interesse em participar."

Shapiro respondeu: "Estou hesitante por imaginar que vão colocar minha história no papel, mas tenho que dizer que os dois primeiros livros da sua série definiram o rumo da minha vida. Por isso, terei prazer em falar e ver o que acontece, se você estiver de acordo."

Pedi a Shapiro que me enviasse seus dados de retorno, para me certificar de que ele cabia no livro antes de me comprometer em viajar para uma entrevista. Comentei que morava em Boulder e talvez tivesse de ir a Nova York; aproveitaria a ocasião para visitá-lo em sua casa, em Rhode Island. Shapiro comentou que na semana seguinte iria a um casamento em Boulder e propôs que nos encontrássemos para almoçar. Respondi: "É bem conveniente para mim!"

No entanto, na troca de e-mails para marcar o encontro, recebi a seguinte mensagem de Shapiro: "Para não fazer você perder seu tempo, quero que saiba que, depois de refletir muito sobre a sua proposta no fim de semana, decidi que não quero aparecer em um livro neste momento. Tenho muito respeito por sua obra, que teve uma influência positiva em minha trajetória profissional. Por isso, gostaria muito de me encontrar com você e conversar sobre mercados, vida, etc., desde que você esteja ciente dessa restrição."

Fiquei desapontado, mas concordei em encontrar Shapiro no escritório de minha casa. Tive a tentação de perguntar se poderia ligar o gravador enquanto falávamos, só para o caso de ele mudar de ideia. Mas como ele estava decidido a não aparecer em livro algum – nem mesmo no meu –, não fiz a pergunta. Durante as duas horas que se seguiram, ele me contou sua história.

Não apenas tinha uma narrativa persuasiva como desenvolvera um ponto de vista singular em relação ao trading, oferecendo ideias e conselhos bem interessantes.

Depois do nosso encontro, lamentei não ter sequer tentado pedir permissão para gravar a conversa. Enviei a Shapiro o seguinte e-mail: "Que bom que conseguimos nos encontrar durante a sua passagem por Boulder. Até a primavera, tenho material de entrevistas suficiente para ficar ocupado. Quem sabe, tendo tempo para refletir, você reconsidere sua participação. Garanto a você o direito de revisar e aprovar o capítulo que eu escrever. Acho que temos uma ótima história e gostaria de registrá-la para a posteridade. Voltarei a fazer contato para ver em que pé você está em relação a uma possível participação."

Quatro meses depois enviei outro e-mail a Shapiro: "Espero que esteja tudo bem com você nestes tempos malucos. Como mencionei antes, acho que sua história daria um ótimo acréscimo ao livro da série Os Magos do Mercado Financeiro em que estou trabalhando – tem muito material interessante e boas lições. Como também apontei, sempre deixo meus entrevistados revisarem o manuscrito final do capítulo, propondo correções e sugestões (com concordância mútua) antes de o texto ser publicado. Ou seja, você tem que aprovar o produto final antes que eu possa usá-lo. Portanto, não há nenhum risco em me contar a sua história. Tempos atrás, para entrevistá-lo eu seria obrigado a marcar uma viagem a Rhode Island. O coronavírus facilitou as coisas para mim. As poucas entrevistas que me restam fazer para o livro serão realizadas via Zoom. Você estaria, então, disposto a me dar uma chance?"

Shapiro respondeu que poderia me conceder a entrevista desde que eu reservasse a ele o direito de impedir sua inclusão no livro. Temendo fazer um trabalho pesadíssimo por nada, respondi: "Sim, o acordo é esse. Mas saiba que 98% do trabalho são transformar a entrevista em capítulo (2% são a entrevista). Se você achar que há um risco significativo de decidir pela negativa, gostando ou não do texto que eu escreva, gostaria que me informasse logo. A questão de não aprovar se não gostar do produto acabado é o que menos me preocupa."

Uma hora depois Shapiro me deu sua resposta: "Tenho quase certeza de que não gostaria de estar no produto final, Jack. É só uma esquisitice minha. Por isso, não quero, francamente, fazê-lo perder seu tempo." Um minuto depois recebi outro e-mail: "Ah, dane-se, vamos fazer."

Você alimentava alguma aspiração profissional em particular na adolescência?
Não, na adolescência eu era um show de horrores. Faltava às aulas e, quando ia, não prestava atenção no que era ensinado. Fui expulso de três escolas no ensino médio.

Por que você foi expulso?
Não fazia nenhum trabalho, não me interessava por nada. Quando me metia em encrenca, não dava ouvidos a ninguém.

Havia algum motivo especial para essa atitude rebelde?
Não sei. Achava que toda criança tinha que odiar a escola. Então eu odiava. Achava que toda criança tinha que se rebelar contra os professores. Então eu me rebelava.

Como seus pais reagiram quando você foi expulso várias vezes da escola?
Meu pai praticamente desistiu de mim quando eu tinha 15 ou 16 anos, porque não sabia lidar com minha rebeldia. Minha mãe era psicóloga infantil e, por incrível que pareça, sua atitude era – e agradeço a ela até hoje por isso – "Deixa estar", porque logo eu cresceria e saberia o que queria fazer da vida.

Considerando que você não tinha interesse pela escola e suas notas eram ruins, você se deu ao trabalho de se candidatar a alguma faculdade?
Fui criado em um subúrbio de classe média alta. Acho que nem conhecia alguém que não tivesse feito faculdade. Quando terminei o ensino médio, minha média era 1,7.

Com uma nota tão baixa, em que tipo de faculdade você conseguiu entrar?
Fui para a Universidade do Sul da Flórida. A USF não é Harvard. Havia uma política de admissão em que, se a sua nota fosse a mesma no vestibular e em duas provas de avaliação, você entrava automaticamente, não importava o desempenho no ensino médio. Sempre fui bom de testes. Fiz o suficiente para entrar. Porém, quando receberam minhas notas finais do ensino médio, me colocaram em regime de apoio acadêmico.

Em que você se formou?
Finanças.

Sua atitude na faculdade mudou em relação ao ensino médio?
No primeiro ano, não. Em algum momento do segundo ano, um amigo e eu fomos presos por causa de uma bebedeira estúpida. Passamos a noite numa delegacia no centro de Tampa. Saí dessa experiência pensando: "Não é isso que quero para a minha vida." Daí em diante, só tirei A.

O que aconteceu depois de se formar?
Na faculdade, peguei gosto por economia. Fez todo sentido para mim. Nos dois últimos anos, lia um livro novo de economia ou negócios quase todos os dias. No último ano, trabalhei em tempo quase integral no setor imobiliário. Estava levando bem a sério estudo e trabalho, e achei que daria para entrar em um dos melhores MBAs. Fiz o teste GMAT e quase gabaritei; só errei uma pergunta. Acreditava que daria para entrar em Harvard, Chicago ou Wharton. É claro, porém, que nenhuma universidade me aceitou. Queriam que eu tivesse vários anos de experiência profissional.

Eu sabia que não conseguiria um emprego no Goldman Sachs com um diploma da USF e não tinha muita certeza do que fazer. Formei-me em 1988, quando o Japão estava em plena expansão. Na faculdade, fiz aulas de japonês e alguém me disse que precisavam de professores de inglês no Japão. Fui para lá com minha namorada e dei aulas de inglês durante um ano, mais ou menos. Enquanto morava no Japão, me candidatei a uma vaga no HSBC. Fui a Hong Kong para uma entrevista no programa de desenvolvimento de executivos e consegui o emprego. Era um programa de cinco anos, em que você passava por diferentes departamentos.

Disse ao HSBC que queria trabalhar no setor do Tesouro, porque havia chegado à conclusão de que era ali que se fazia o trading. Mas o objetivo do programa era outro: capacitar banqueiros generalistas que pudessem virar gerentes seniores da empresa. Trabalhei lá por um ano, mais ou menos, até que me mandaram embora. Eu era odiado desde o começo. Era um judeuzinho metido a besta de Nova Jersey, trabalhando em uma instituição de origem escocesa que fazia as coisas do mesmo jeito havia 125 anos, sem a menor intenção de mudança. Não tinha como dar em casamento.

Por que você foi demitido?
Pela mesma razão que me expulsaram de várias escolas: insubordinação absoluta.

Como você se envolveu com o trading?
Enquanto estava no HSBC, no meu posto de Hong Kong, jogava em um time de softbol de americanos. Um dos caras era corretor e me apresentou ao trading de futuros. Comprei um contrato do Hang Seng (o índice da Bolsa local), mas não entendia nada do assunto. Desde a faculdade era um leitor voraz. Por isso, minha primeira ideia foi sair e comprar um livro, para ter algum insight do que fazer. Ainda me lembro de ter ido à livraria do outro lado da rua, na hora do almoço, para procurar alguma obra sobre trading. Encontrei um livro com um mago na capa, com entrevistas com traders. Achei legal.

O primeiro livro sobre trading que você leu foi escrito por mim?
Havia lido vários livros sobre finanças e economia, mas sobre trading era o primeiro. Comprei o livro na hora do almoço, comecei a ler no escritório e terminei antes de dormir. Acordei no dia seguinte pensando: "Agora sei o que quero fazer da vida. Isso faz todo o sentido para mim."

O que fazia todo o sentido para você?
Eram caras que trabalhavam em seu próprio ritmo. Eram totalmente do contra. A opinião dos outros não importava em absoluto. A política não importava. Eu disse a mim mesmo: "É isso que quero fazer."

Algum dos traders entrevistados chamou sua atenção em particular?
Os que me influenciam até hoje são os traders da Commodities Corporation, especialmente Jones, Kovner e Marcus.

O que aconteceu com o seu trading depois que você comprou o índice Hang Seng?
Acho que o índice Hang Seng estava em 4 mil pontos quando comprei e seis meses depois tinha subido para 7 mil. Um mercado em alta desenfreada é um ótimo período para ser um trader jovem, burro e ignorante. Eu era como um menino de 22 anos comprando ações da Nasdaq em 1999, não havia meios de ter prejuízo, era só não ficar vendido.

O que você fez depois de ser demitido do HSBC?
Continuei em Hong Kong, trabalhando para algumas corretoras locais. Passava a noite em claro, ligando para contas nos Estados Unidos, tentando convencê-los a negociar. Recebi algumas ordens, mas o fato é que era só trading o que eu fazia.

Do meu lado sentava uma jovem sino-malaia esperta, chamada Jacqui Chan, que negociava a própria carteira e já tinha feito trade para o Morgan Stanley. Ela financiou minha conta de futuros com 100 mil dólares. O mercado ainda estava em alta e, depois que consegui um ganho suficiente, Jackie recuperou seus 100 mil. Levei a conta até 700 mil dólares. Comprei um Porsche e comecei a planejar uma vida de bilionário.

E então a alta chegou ao fim. Em questão de seis meses, detonei a conta inteira. Só sobrou o Porsche. Mudei de emprego, fui para outra corretora. Por fim, comecei de novo a negociar minha própria carteira. Ganhei muito dinheiro quando Nick Leeson quebrou [Leeson era um trader do banco Barings que conseguiu esconder uma série crescente de prejuízos. No momento em que suas trapaças foram descobertas, ele já havia perdido 1,4 bilhão de dólares, levando o Barings ao colapso].

Como você ganhou dinheiro com aquele episódio?
Quando foi pego, Leeson tinha uma enorme posição vendida de opções de futuros no índice Nikkei, da Bolsa de Tóquio. O governo de Singapura anunciou que ia liquidar a posição inteira naquele dia. Os futuros do Nikkei foram negociados com desconto de 15% a 20% contra o índice à vista. Fiquei comprado em futuros e vendido em espécie. No dia seguinte, o índice à vista e os contratos futuros se realinharam. Em um só dia ganhei quase 20% naquele trade.*

Àquela altura, já estava cansado de morar em Hong Kong. Fui a um brunch de apresentação do mestrado de finanças da London Business School. Achei interessante, me candidatei e fui aceito. Tinha um semestre até o início do programa. Larguei o emprego e passei os cinco meses seguintes viajando pela Ásia. Passei por Singapura, Malásia, Tailândia, Mianmar, China e Índia.

---

* Os futuros de índices são contratos negociados em preços atrelados à cotação de um determinado índice de ações. Por vezes, e especialmente em situações caóticas de mercado, a diferença entre a cotação do contrato e a do índice subjacente – chamada de *spread* – cresce muito. Um *spread* de 15% a 20% entre um contrato futuro e um índice é notadamente alto. (N. do E.)

Morei por nove meses em Londres, o tempo que durava o programa. Passei 10% do tempo estudando e 90% negociando futuros do Hang Seng e do S&P. Foi durante esse período de trading que aprendi uma lição preciosa. A internet já existia, mas ainda estava nos primórdios. Lembra? Levava cinco minutos para carregar uma página. Por isso, eu pedia ao meu corretor para me mandar por fax os gráficos todos os dias. Entrava e saía dos trades e comecei a ganhar dinheiro.

Em determinado momento, fiquei fortemente comprado no índice Hang Seng, com uma posição enorme. Estava com férias marcadas para a África, com um amigo, no feriado de fim de ano. Ia me ausentar por um mês e não teria nenhuma forma de comunicação com o mercado. Não queria sair da posição no Hang Seng, mas não teria como acompanhá-la. Por isso, disse ao meu corretor que vendesse metade da posição se o Hang Seng caísse abaixo de determinada cotação e a outra metade se caísse abaixo de outra, ainda mais baixa.

Viajei pela África. Três semanas depois, liguei para meu corretor e fiquei sabendo que o Hang Seng tinha subido 15%. Eu tinha ganhado 300 mil dólares enquanto viajava. Não deixa de ser irônico que eu, que vivia pedindo gráficos por fax todos os dias, negociando todos os dias, tenha ganhado bem mais dinheiro sem ver ou fazer nada, lá nos confins da África. Essa experiência teve forte impacto sobre mim. Foi como Jesse Livermore costumava dizer: "O dinheiro se ganha parado." [Shapiro se refere a uma frase do livro *Reminiscências de um operador da Bolsa*, de Edwin Lefèvre, cujo protagonista, acredita-se, é inspirado em Livermore. A frase exata é: "Depois de passar muitos anos em Wall Street, e depois de ganhar e perder milhões de dólares, quero lhes contar o seguinte: quem ganhou mais dinheiro para mim não foi meu raciocínio. Sempre foi ficar parado. Entendeu? Ficar bem paradinho!"]

Houve algo instrutivo em relação ao mestrado em finanças da London Business School?
O programa me deu uma base sólida de teoria financeira. Foi assim que aprendi os conceitos e a matemática por trás do *value at risk* e outras métricas de risco. Mas, pelo fato de estar no programa, passei por outra experiência memorável e impactante. Uma professora da minha faculdade era casada com o chefe de renda fixa global do Salomon Brothers. A meu pedido, ela teve a generosidade de marcar um encontro com ele. Era um cara muito simpático e amistoso. Perguntou qual era meu método nos mercados. Respondi: "Tento

descobrir o que todo mundo está fazendo e faço o contrário, porque, quando todo mundo está no mesmo trade, perde dinheiro."

Ele sorriu diante da minha aparente ingenuidade e disse: "Há situações em que todo mundo ganha dinheiro. Pegue a convergência da taxa de juros da Europa neste momento. Todo mundo está investindo nisso, e, desde que o euro venha a existir, todo mundo vai ganhar dinheiro."

Seu raciocínio era direto: se o euro viesse a existir, o que parecia bastante provável, as taxas de juros europeias teriam que convergir. Era uma certeza matemática. O trade implícito era comprar os títulos dos países que pagavam mais, como a Itália, e vender os títulos dos países que pagavam menos, como a Alemanha. Tão certo parecia esse trade de convergência que todos os espertalhões de Wall Street, inclusive a Long-Term Capital Management (LTCM) e o Salomon Brothers, colocaram o trade no maior tamanho possível.

Outro trade em que a LTCM e outros fundos de hedge tinham posições importantes na época era em títulos da Rússia, por conta das taxas de juros bem altas. Em agosto de 1998, a Rússia deu *default* em seus títulos. Para ajudar a cobrir as posições compradas via derivativos marginais nesse trade que deu muito errado, os detentores dessas posições tiveram que vender outras posições, que eram, principalmente, os trades de convergência das taxas de juros europeias. Quando todos tentaram liquidar esse trade ao mesmo tempo, descobriram que não havia comprador, porque todos que poderiam querer a posição já estavam nela. Esse trade acabou detonando a LTCM e o Salomon Brothers.

O mais fascinante em relação a todo esse episódio é que, no fim das contas, o trade de convergência deu certo. O euro de fato veio a existir e as taxas de juros europeias convergiram. Mas, por ter sido tão ampla a participação, a maioria dos que entraram nesse trade perdeu dinheiro, e em alguns casos o prejuízo foi grande o bastante para destruir as empresas.

O que aconteceu depois que você completou o programa na London Business School?

Passei em todas as matérias, mas nunca entreguei o trabalho de conclusão de curso, porque não tive vontade de fazer. Só por isso. Estava sentado em 500 mil dólares, achando que era o rei do mundo. Tinha 27 anos, muito, muito dinheiro, e achei que podia fazer o que bem entendesse. Sabia que não queria procurar outro emprego. Tinha uma namorada na Tailândia, então me mudei para lá. Aluguei uma casa de praia em Phuket, comprei uma antena parabólica e dei início à minha autodestruição. Em oito meses perdi todo o dinheiro da minha carteira.

Como foi isso?
Responder a essa pergunta traz à tona outra lição importante que aprendi e teve efeito duradouro sobre mim. Hoje em dia vejo gente cometendo esse mesmo erro o tempo todo e reconheço nessas pessoas o que fiz na ocasião. Naquela época, a Bolsa americana estava subindo sempre, portanto resolvi ficar vendido, para virar o herói. Não parei de apostar na baixa e fui fazendo *stops* o tempo todo, até a Bolsa chegar ao topo. Lembro-me do mercado vendendo depois que Greenspan fez seu discurso da "exuberância irracional" e pensei: "Veja como sou esperto. Só eu e o Greenspan percebemos isso." No mesmo dia, o S&P reagiu e fechou o dia ainda mais alto. Lembro que olhei para a minha namorada e disse: "Me dei muito mal."

Pelo menos você percebeu a importância de o mercado inicialmente vender, por conta de uma má notícia, e depois fechar mais alto.
Percebi, mas eu estava vendido o tempo todo e caí na armadilha psicológica de pensar: "O quê? *Agora* vou ficar comprado, depois de ficar vendido esse tempo todo e perder tanto dinheiro?" Era o medo de ficar de fora na baixa quando ela de fato acontecesse. Nunca mais pensei desse modo, mas vejo outras pessoas caírem o tempo todo na mesma armadilha.

Depois que perdi todo o meu dinheiro, ainda pensei: "Eu consigo." Sentei-me e escrevi páginas e mais páginas sobre o que tinha dado certo e o que não tinha.

Na essência, o que você colocou no papel?
Em Hong Kong tínhamos um lema: "Deveria ter subido, mas caiu, então fique vendido; devia ter caído, mas subiu, então fique comprado." Essa filosofia de trading tornou-se a base do que eu queria fazer: quando a balança lhe diz uma coisa, não brigue com ela. Aceite-a.

O que aconteceu depois que você acabou com a sua carteira?
Eu me mudei para o Havaí, para ser sócio de um novo CTA. Nesse meio-tempo, casei com minha namorada, e ela não ficou muito empolgada em morar nos Estados Unidos.

Àquela altura, você já tinha ganhado dinheiro e explodido a própria conta, depois ganhou dinheiro e de novo perdeu tudo. O que lhe dava confiança para achar que podia gerir o dinheiro alheio?

Não era uma questão de confiança, era o que iria fazer. Não havia uma segunda opção. Tinha de pegar o jeito. Abrimos uma carteira de futuros com o dinheiro do outro sócio, que eu negociava. Eu me saí muito bem, e usamos esse histórico para levantar meio milhão de dólares. Geri essa conta por um ano e meio, mais ou menos. Estava indo até bem, especialmente em termos de retorno/risco, mas esse período coincidiu com o mercado em alta da Nasdaq, entre 1998 e 1999. Eu dizia aos candidatos a investidor: "Ganhamos 12% este ano." Eles não se impressionavam com essa porcentagem e diziam: "E daí? Ganhei 12% esta semana." Fui a alguns simpósios para tentar levantar fundos e eles me olhavam como se eu fosse louco. "O quê? Vamos te dar dinheiro para você poder voltar ao Havaí? Desapareça daqui." Por isso, nunca chegamos a lugar algum com o CTA, e ficou claro que nunca chegaríamos. No fim do ano 2000, mudei-me para Chicago para assumir uma vaga de trader proprietário no Gelber Group. Negociei para eles durante um ano, mais ou menos.

Por que você saiu?

Recebi uma proposta de emprego de um fundo de hedge em Nova York. Mas, antes de falar disso, quero voltar para o CTA, porque pulei uma parte fundamental da história. Foi na época em que cuidava do CTA que fiquei sabendo dos relatórios do COT [Commitment of Traders]. Passei a segunda metade de 1999 sendo "do contra", tentando ficar vendido na Bolsa, porque ela apresentava todos os sinais típicos de uma bolha de mercado – aquela famosa euforia em que até o engraxate dá dicas de ações. Sabia que era para ficar vendido, mas a Nasdaq subiu mais 50% entre agosto e janeiro. Fiz um bom trabalho de gestão de risco, porque, embora estivesse vendido em futuros de ações, não perdi dinheiro, pois estava ganhando em outros lugares e cortando meus prejuízos rapidamente. Por isso, enquanto o mercado atingia novos picos, eu não insistia no *short*. Essa lição, ao menos, eu havia aprendido. Tempos depois, quando já estava na Gelber, peguei o pico e ganhei dinheiro administrando a baixa. Analisando os relatórios do COT, vi que os dados nunca sinalizavam venda até janeiro de 2000. Pensei: "Esses dados são poderosos."

[O Commitment of Traders é um relatório semanal divulgado pela Commodity Futures Trading Commission (CFTC), decompondo as posições de futuros detidas pelos especuladores e *commercials* (participantes setoriais). O relatório também fornece subdivisões mais refinadas. Por exemplo, para os futuros de commodities físicas, o Relatório COT Desagregado apresenta quatro categorias: Produtor/Comerciante/Processador/Usuário, negociantes de *swaps*, dinheiro gerido e outros reportáveis.

Como, por definição, sempre haverá o mesmo número de posições *long* e *short* em cada contrato de futuros, as posições do especulador e do *commercial* andarão em sentidos inversos. A premissa subjacente de traders como Jason Shapiro, que usam o relatório como indicador de mercado, é que os *commercials* tendem a ter razão (porque são mais bem informados) e, por extensão, os especuladores tendem a estar errados. Não existe consenso em relação a que métrica específica (nível, alteração ou duração) constitui um sinal de alta ou de baixa. Grosso modo, porém, uma posição comprada relativamente alta dos *commercials* (em relação aos níveis históricos ou a eventuais tendências sazonais), ou, de maneira análoga, uma posição vendida relativamente alta dos especuladores seria considerada *bullish* (com tendência de alta) e a configuração inversa seria considerada *bearish* (com tendência de baixa).]

Seria de supor, então, que as pessoas estão compradas, mas será que estão mesmo? Embora os peixes pequenos tenham comprado ações e ganhado dinheiro no fim de 1999, os grandes especuladores sabiam que era uma bolha e estavam vendidos. A alta do mercado só teve um fim quando eles foram espremidos. Depois disso, o mercado chegou ao pico, porque não restava mais nenhum comprador. O relatório COT detectou essa tendência. É por isso que desde então passei a ler esses relatórios muito atentamente.

Seu método, então, mudou, passando a só procurar o pico do mercado quando os dados do COT lhe diziam que o ambiente estava maduro para um possível pico – ou seja, quando os *commercials* estavam fortemente vendidos?
É exatamente isso. Comecei a usar os dados desse momento em diante.

Não se chega a um ponto em que os *commercials* ficam muito tempo vendidos e o mercado continua subindo? Ou que os *commercials* ficam muito tempo comprados e o mercado não para de cair?
Com certeza, mas não negocio só com os números do COT. Antes de tudo, preciso de confirmação do movimento de preços; depois, tenho *stops* bem

rígidos. Por exemplo, fiquei comprado em óleo para aquecimento um ou dois meses atrás, o que significa que os *commercials* estavam muito comprados e os especuladores muito vendidos. Tive que fazer o *stop*. Coloquei de novo a posição e tive que fazer um segundo *stop*. De repente, o posicionamento mudou por completo – os *commercials* deixaram de estar comprados –, o que significava que eu não podia mais comprar naquele mercado. Foi então que o mercado começou a cair de fato. Dois meses atrás o COT sugeriu ficar comprado no mercado. Mas em poucas semanas já tinha voltado a se tornar neutro, e foi nessa hora que o colapso do preço começou de verdade.

Nos relatórios COT, você só procura os níveis de posição ou também usa a alteração semanal das posições?
Uso só os níveis de posição.

Existem alguns mercados, como os de ouro e de petróleo bruto, em que os *commercials* estão vendidos quase o tempo todo. Suponho que você analise níveis *relativos* e não níveis *absolutos*. É correto afirmar que, nesse tipo de mercado, a zona de compra para o COT seria quando os *commercials* estão vendidos, mas numa posição *short* relativamente pequena, comparada com a faixa histórica?
Está correto. Olho os níveis relativos.

O que aconteceu com o fundo de hedge nova-iorquino que o contratou?
Descobri que não era bem um fundo de hedge, e sim um bando de ladrões e traders incompetentes reunidos em uma sala. Naquela época, comecei a usar os números do COT não de forma sistemática, mas apenas analisando o relatório. Nem precisava. Os outros caras da firma eram tão amadores que bastava eu ouvir o que estavam fazendo para fazer o contrário. No ano que passei lá, tive retornos excelentes, enquanto eles perderam todo o dinheiro. No fim do ano, me deram um pé na bunda.

Por que eles lhe dariam um pé na bunda se você foi o único a ganhar dinheiro?
Aqueles caras me odiavam. Na essência, eu estava apostando contra eles e ganhando dinheiro, enquanto eles perdiam.

Quem demitiu você?
Um cara chamado Leno, que geria a firma.

Qual foi o motivo que ele lhe deu?
Ele me disse que não iam mais negociar futuros.

Por que você disse que eles eram um bando de ladrões?
Alguns anos depois que saí, o FBI pegou o Leno por *insider trading* [crime de manipulação de mercado com operações baseadas em informações privilegiadas].

O que você fez depois que saiu de lá?
Estava sem emprego, com minha mulher me dizendo que eu era um perdedor. Ela me odiava e queria se divorciar. Na época, eu estava morando em Princeton. Fui ver um advogado e ele me perguntou o que eu fazia. Quando respondi que era trader, ele me perguntou se eu já tinha ouvido falar de Helmut Weymar. Disse a ele que já, porque tinha lido o primeiro livro da série Os Magos do Mercado Financeiro [Helmut Weymar foi cofundador da Commodities Corporation, a firma que tinha contratado alguns dos maiores traders entrevistados por mim, assim como Peter Brandt (ver Capítulo 1)]. O advogado me disse que a mulher dele era a melhor amiga de Helmut. Respondi que, se ele quisesse tratar do meu divórcio, teria que convencer a mulher a me apresentar a Helmut.

Dois dias depois, eu estava sentado diante dele em seu imenso escritório com lareira. Embora Helmut tivesse acabado de vender a firma à Goldman Sachs, ainda tinha esse escritório no prédio da Commodities Corporation. Contei que eu era um trader do contra e usava os relatórios do COT como guia para posicionamento de mercado. Helmut me deu apoio e 2 milhões de dólares para gerir. Também me apresentou à nova direção da Commodities Corporation, e eles me entregaram mais 2 milhões de dólares. Comecei um pequeno CTA com 4 milhões. Me saí bem, ganhando 22% no primeiro ano de gestão da conta. Fiquei esperando que me dessem mais dinheiro, mas isso nunca aconteceu. Acho que era uma questão política, porque o pessoal novo da Goldman Sachs não queria receber ordens de Helmut, que supostamente ia sair da firma.

Na época, recebi uma proposta de emprego de David Reed, que tocava a Cranmore Capital Management, para negociar uma conta para eles. Não sabia então, mas conhecendo David como conheço hoje, ele me contratou por um motivo: percebeu que Helmut me queria, então ele também iria querer. Ofereceu um bônus para eu entrar na empresa. Fechei meu CTA e fui para Connecticut trabalhar para Reed.

Quanto dinheiro ele lhe deu para gerir?
Para começar, uma conta de 5 milhões de dólares, que já era mais do que eu geria para Helmut e a Commodities Corporation, e sabia que ele tinha o capital para levar a conta a níveis muito mais altos se eu me saísse bem.

E funcionou?
Foi um pesadelo. Por mais que, ao me contratar, Reed tivesse dito que entendia tudo aquilo que eu havia apresentado a ele, uma vez que eu estava lá, ele não conseguia compreender minha forma de trabalho. Os seis meses que passei com ele foram um ótimo período para acompanhar tendências.

A estratégia da firma de Reed – pelo menos nessa época – era seguir tendências. Seu método – trading do contra – era praticamente o oposto disso.
Deveria ter sido complementar, porque meu método teria uma correlação negativa com as estratégias de seguimento de tendências deles. Depois de passar seis meses lá, Reed me chamou na sala dele. Eu estava perdendo, talvez, 1% ou 2% no máximo, mas no mesmo período o seguimento de tendências estava em uma grande fase. Ele disse: "Não entendo como suas estratégias vão funcionar. Eu ganho dinheiro 70% do tempo. Isso quer dizer que você vai perder dinheiro 70% do tempo."

Eu respondi: "Falamos sobre isso durante um mês, na época em que você estava me recrutando. Expliquei por que não funciona assim e você concordou." Tivemos outras conversas parecidas durante um mês e fui ficando cada vez mais frustrado. Nessa época, a firma mudou-se para uma sede nova e Reed fez um discurso para os funcionários dizendo como era importante nunca se sentir satisfeito. Foi o conselho mais ridículo que eu já tinha ouvido. Quando viajei por Mianmar, passei um mês em um mosteiro, e minha visão é de que você sempre deve se sentir satisfeito. Pensei comigo mesmo: "Vou me mandar daqui." No dia seguinte, entrei na sala de Reed, devolvi meu bônus de assinatura e fui embora.

Conte-me sobre sua experiência no mosteiro de Mianmar.
Na época, o país estava começando a se abrir para estrangeiros. O mosteiro está localizado no meio do lago Inle, o maior de Mianmar. O único modo de chegar até lá era a bordo de um escaler. O barqueiro remava de pé com a perna. Lembro que fiquei sentado no chão do mosteiro, comendo uma

tigela de amendoins que havia por lá. Um monge sentou-se ao meu lado e conversou comigo em inglês perfeito. Depois ele me convidou a permanecer ali. Acabei ficando um mês.

Raspei a cabeça e sentava em uma sala para meditar, sem falar com ninguém. O que mais me impactou foram as saídas com os monges, toda manhã, para receber esmolas. Eles não trabalham nem cozinham. Dependem das pessoas, que lhes dão comida. Tínhamos que sair com nossas tigelas, caminhando pelos vilarejos, e as pessoas as enchiam com arroz e peixe, e era isso que comeríamos naquele dia. Essa experiência teve um grande efeito sobre mim. Nasci numa família de classe média alta, tive tudo de que precisava e aproveitei ao máximo. E lá estava eu, caminhando por Mianmar, recebendo comida todos os dias de gente que não tinha nem 2 dólares no bolso. É uma lição de humildade.

A experiência no mosteiro transformou você?
Inquestionavelmente. Quando você fica um mês sentado no mesmo lugar, sem fazer nada além de pensar e comendo só o que lhe dão, isso muda sua atitude em relação ao que é importante. Naquela altura da minha vida, o que parecia importante era o êxito profissional e comprar uma mansão. Depois da temporada no mosteiro, parei de me importar com isso. Ajudou a me distanciar da ideia de que o dinheiro é tudo – porque não é.

O que é importante, então?
A felicidade – passar o dia fazendo o que você quer fazer. Se eu for bom naquilo que faço, ganharei dinheiro, e isso é ótimo, mas não é o que me move. O que me move é a satisfação que obtenho ao ser bom em alguma coisa. Há quem diga: "É fácil para você dizer isso agora que tem dinheiro." É verdade, mas houve mais de um período em que eu estava falido. Quando comecei a gerir dinheiro para Helmut, tinha dois filhos e morávamos em um apartamento de dois quartos – e um deles era meu escritório! Não tinha dinheiro nem para uma mesa de trabalho e usava uma mesinha de TV da Ikea. Meus filhos eram pequenos na época. Uma vez, tentei comprar uma filmadora. Custava 700 dólares e eu não tinha como pagar.

Por mais que não ter dinheiro gerasse certa pressão, eu era tão feliz quanto sou hoje. Mal podia acreditar: Helmut Weymar, que tinha contratado alguns dos maiores traders que já existiram, me pagava; eu estava ganhando a vida no trading. Felicidade é acreditar que o futuro vai ser melhor que o passado.

Acabei de comprar esta casa, ela é ótima e eu a adoro, mas não é uma mansão na praia. Ando em um Toyota 4Runner 1998. Não significa nada para mim, é só um meio de transporte. Não preciso andar por aí em um Land Rover. Acho que isso tudo começou com minha estada naquele mosteiro em Mianmar.

O que você fez depois de sair da Cranmore Capital?
Voltei para o Helmut e ele me deu um dinheiro para gerir. Também consegui capital de outro investidor e retomei meu CTA com 3 milhões de dólares. Fiz isso durante quase dois anos, ganhando de 10% a 15% ao ano. Gerindo apenas 3 milhões de dólares, é complicado arrecadar mais dinheiro. Você precisa de infraestrutura, e eu não tinha como bancar infraestrutura. É semelhante ao "efeito Tostines". Além disso, não sou propriamente um cara de marketing.

Então um conhecido se tornou CIO da Walter Garrison and Associates, um enorme fundo de hedge multiestratégia. Me ofereceu um emprego de trader na firma com um salário anual de 250 mil dólares, uma carteira inicial de 50 milhões para gerir, um analista quantitativo em tempo integral para mim e uma sala imensa com janela panorâmica para a Park Avenue. Fechei de novo meu CTA e fui trabalhar para a Walter Garrison.

Ter um analista quantitativo à minha disposição em tempo integral me permitiu realizar muita análise do que eu estava fazendo. Rodávamos o programa, na maior parte do tempo seguindo o sistema, mas às vezes eu desautorizava trades recomendados pelo sistema, outras fazia trades que o sistema não recomendava.

Esses trades não sistemáticos foram úteis ou prejudiciais?
Deram dinheiro. Meu trader brigava comigo o tempo todo, dizendo: "Por que estamos fazendo isso?" E eu respondia: "Porque dá dinheiro." Monitorávamos o que acontecia quando eu passava por cima do sistema. Se não estivesse ganhando dinheiro, teria parado de fazer isso.

Quais eram os tipos de trade que você colocava e não faziam parte do sistema?
Na maioria eram trades do índice da Bolsa. Eu falava regularmente com James Vandell, um ex-colega. James era um pessimista permanente. Sempre que ficava

supervendido, eu ficava comprado, e quando ele ficava comprado, o que raramente acontecia, eu ficava vendido. É difícil dizer que cara tem um vencedor, mas é fácil ver que cara tem um perdedor. Eu pensava comigo mesmo: "Já passei por isso." As coisas que James dizia e fazia eram exatamente o que eu pensava e fazia quando quebrei a cara na Tailândia. Reconheci porque havia feito o mesmo antes. Não estou dizendo que fui mais esperto que ele, e sim que ele fazia exatamente o que eu havia feito, e eu sabia como ia acabar, porque quebrei. Por isso, dessa vez, ia fazer o contrário daquilo que era, basicamente, uma cópia de mim mesmo nos tempos de Tailândia e ganhar dinheiro com isso em vez de perder. Quando o COT não dava uma sinalização de trade e James tinha uma opinião firme, era o meu indicador para ser do contra.

Então, em vez de usar os números do COT como base dos trades, você usava um COT humano.
O que vem a ser exatamente a mesma coisa. O tempo todo me perguntam: "O que você faria se o COT parasse de publicar os números?" Respondo que eu consigo negociar só assistindo à CNBC. Se você assistir à CNBC e à Bloomberg o dia inteiro, dez pessoas vão dizer exatamente a mesma coisa.

Você chegou mesmo a colocar trades apostando na opinião contrária à da CNBC?
Faço isso o tempo todo. Na maior parte das vezes, o COT estará alinhado com as opiniões da TV. Quando todo mundo está lhe dizendo para comprar ouro, não é por acaso que o COT diz que todo mundo está comprado em ouro.

Mas não faço esses trades por capricho. Por mais que todo mundo esteja falando de alguma coisa, ainda preciso que o mercado me dê uma confirmação. Quando todo mundo está supervendido e o Dow Jones cai mil pontos e fecha em baixa, não sou eu que vou sair comprando. Mas se todo mundo está supervendido e aquele foi um dia de notícias negativas, porém o mercado fecha em alta, então sou comprador. Aprendi minha lição. Não brigue com a balança. Seja paciente e o mercado lhe dirá o momento.

Meu *stop* será o ponto baixo da reviravolta. Não vou brigar com ele. Quando estou comprado e o mercado volta ao ponto baixo daquele dia, pulo fora. Minha disciplina nesse negócio é total. Não é só que tenho um *stop* para cada trade, mas tenho um *stop* com base em algum movimento relevante do mercado. A notícia sai, o mercado despenca e depois fecha em alta. Ok, esse ponto baixo será sempre meu *stop*. Quando ele é atingido, pulo fora.

Os indicadores "do contra" que você usa só lhe dizem qual direção esperar em um trade em determinado mercado. Mas para fazer o trade você precisa de um sinal com base na ação do mercado. E, se essa ação do mercado for contrariada depois, a premissa do seu trade deixou de existir e você cai fora.
Isso mesmo. É preciso ter tanto o posicionamento do mercado quanto a ação do mercado. Não sei qual é o mais importante. Ambos são cruciais.

Isso explica como você pode ser "do contra" no mercado sem assumir riscos ilimitados.
Quando você presta atenção tanto no posicionamento quanto na ação do mercado, não é atropelado.

Se entendi bem, quando o mercado retorna ao ponto mais baixo ou mais alto do dia que você considera o da reviravolta, você aciona o *stop* e sai da posição. Mas o que o faz sair se o *stop* não for atingido?
Realizo o lucro quando o posicionamento do mercado que me levou a fazer o trade retorna ao neutro.

E qual o conceito de neutro?
Criei um oscilador [tipo de indicador de análise técnica] com base no sentimento. Quando ele atinge zero, tento ser comprador, mas, se volta aos cinquenta, pulo fora.

Seu oscilador se baseia apenas nos relatórios do COT ou inclui outras fontes?
Prefiro não colocar no livro a resposta a essa pergunta.

Anteriormente você citou a CNBC como um indicador "do contra" que você usa. Tem algum programa em especial no qual você presta mais atenção?
Vejo *Fast Money* religiosamente, às cinco da tarde, hora de Nova York, todos os dias. Nem sei dizer quanto dinheiro já ganhei com esse programa. É o programa de maior unanimidade que já existiu. São quatro pessoas dando opiniões. Só assisto aos cinco primeiros minutos, quando eles vêm com as explicações para o comportamento do mercado naquele dia, e aos últimos

dois minutos, um quadro chamado *Final Trade*, quando todos eles dão uma ideia de trade para o dia seguinte. Tem um cara no programa, Brian Kelly, a que assisto há anos. Ele comete erros em uma porcentagem tão mais alta que o aleatório que é difícil acreditar. Nunca vou deter uma posição recomendada por ele.

Você assiste à CNBC durante as horas do pregão?
Deixo a TV ligada o dia inteiro, bem baixinha. Quando alguém começa a falar sobre um assunto que me interessa, aumento o volume. Já sei tudo que vão dizer, porque todos dizem a mesma coisa. Quando o mercado cai, recomendam vender. Na última retomada depois da baixa de março [março de 2020, depois da venda generalizada provocada pelos eventos relacionados à pandemia da covid-19], só se ouviam frases do tipo: "Não faz sentido o mercado estar nesse ponto", "Ainda não atingimos o ponto mais baixo", "O mercado subiu demais e depressa demais". Nesse meio-tempo, o mercado só se recuperava. Todos eles acham que são mais espertos que o mercado. Repito, já passei por isso. Não são. Ninguém é.

A palavra mais poderosa no mercado é "apesar". Quando você ouve ou lê um comentário como "Apesar do aumento das reservas de petróleo ter sido muito além do esperado, o preço do barril fechou em alta", é a balança dizendo a você o que vai acontecer. Todo mundo viu que as reservas estavam muito acima do esperado. Por que o mercado fechou em alta? A balança sabe mais que todo mundo.

Você estava comprado na retomada depois da queda de março?
Sim. Naquela baixa, os dados do COT previam alta para os futuros do Dow Jones e tivemos uma reviravolta para cima em um só dia de notícias negativas. O mais engraçado é que na noite anterior eu estava em um chat proposto por um ex-colega. Um dos caras da chamada, Adam Wang, é o mais do contra que conheço. Adam é um desses PhDs, mais esperto que os outros, que atua como gestor de risco. Ele não faz trades, porque se fizesse iria quebrar.

Era um dia em que o S&P tinha sofrido outra queda acentuada depois de ter atingido o fundo. Adam entrou no chat e disse: "Não vi nenhum pânico. Esse mercado ainda tem muito chão. Ainda não houve capitulação." Era o mesmo que todo mundo na TV vinha dizendo naquela semana. Esse era o cara que não tinha dito nada antes sobre o mercado cair. Agora que o mercado tinha sofrido uma queda de 30% em três semanas, ele vinha dizer que não é o fundo do poço porque não houve capitulação.

Assim que Adam abriu a boca, eu soube que o mercado ia disparar. Naquela noite o mercado sofreu nova queda recorde e o pregão foi interrompido. Na mesma noite, coloquei uma posição parcial comprada. No dia seguinte, coloquei uma posição integral, enquanto o mercado se recuperava fortemente e fechava o dia em alta, mesmo com a preponderância de notícias pessimistas.

Foi coincidência esse chat ter ocorrido no mesmo dia em que o mercado atingiu uma baixa relativa importante?
Nunca é coincidência. Aí é que está. Adam era uma amostra do conjunto. O fato de o chat ter começado a trazer uma luz foi, por si só, um sinal de que o mercado estava à beira da capitulação. Se todos aqueles caras estavam falando que o mercado estava vendedor, então é porque todo mundo estava dizendo isso.

Acabamos nos desviando um pouco da história da sua carreira. O que aconteceu com a sua posição na Garrison?
Passei de 50 milhões a 600 milhões de dólares em dois anos. Fiquei cinco anos lá e fui muito bem, ganhando dinheiro em todos os anos, inclusive 2008. Acho que a performance em 2008 foi meu melhor momento, já que o acompanhamento de tendências foi excepcionalmente bem naquele ano e usei uma abordagem contratendência. Tudo ia muito bem. Tinha alguns milhões no banco e morava em uma mansão em Westport, Connecticut.

Se tudo estava indo tão bem, por que você saiu da Garrison?
Saí porque a estruturação política da firma mudou de um modo que achei que seria problemático. Àquela altura, estava trabalhando de casa. Ia ao escritório só uma vez por mês, para um encontro dos gestores de portfólio. Não queria ser sócio nem chefe. Tudo que queria era ficar sozinho e gerir dinheiro.

Enquanto tentava resolver o que fazer, o ex-diretor de marketing da Garrison, que havia saído para o Henton Group, entrou em contato comigo. Queria que eu fosse gerir dinheiro para eles. Fui até o Walter e pedi para abrir um CTA à parte, que eu administraria. Ele não quis abrir um precedente, porque outros gestores de carteiras iriam querer ter os próprios fundos. Entendi o ponto de vista dele; não se toca um negócio cheio de exceções. Então fui embora.

Você estava gerindo quase 600 milhões de dólares quando saiu da Garrison?
Não, a Garrison havia perdido muitos ativos depois de 2008. Por isso, quando saí, estava gerindo por volta de 150 milhões de dólares.

Quanto tempo você ficou no Henton depois de sair da Garrison?
Eu não era do Henton; geria a conta deles por intermédio do CTA que montei.

Quanto você estava gerindo?
Por volta de 150 milhões de dólares para o Henton. E levantei mais 60 milhões de dólares com outros investidores. Administrei essas contas durante três anos, até que fechei meu CTA.

E por que fechou?
Por motivos pessoais. Eu me divorciei – o divórcio que não havia acontecido em Princeton.

Suponho que o divórcio tenha sido o catalisador, mas teria havido outras razões para você resolver fechar o CTA?
Não estava gostando nem um pouco do que fazia. Gosto do trading e não estava fazendo trading algum. Só rodava meu programa de trading, totalmente sistematizado, por puro marketing. Os investidores perguntavam: "Você é 100% sistematizado?" Era obrigado a responder "Sim". No começo, até parecia uma boa ideia. Era uma vida tranquila. Não precisava nem pensar. Contratava um trader cuja única tarefa era executar as ordens geradas pelo sistema. Embora os retornos fossem bons, estavam piorando em relação ao que eu havia feito antes. E não podia voltar a passar por cima quando bem entendesse, porque tínhamos divulgado o programa como totalmente sistemático e os investidores nos incluíram em seus fundos totalmente sistemáticos.

Além disso, a piora dos retornos me incomodava de verdade. Meu CTA estava ganhando dinheiro, mas sem fazer nada de especial. Meu índice anual de retorno em relação à maior baixa sempre andou na casa dos três ou quatro e passou a ficar lá pelos dois. Com tantos anos de trading, tinha quebrado tantas vezes e aprendido tantas lições que achava que devia ser um dos maiores traders do mundo. E, se não fosse para ser assim, que se danassem.

Eu tinha seis funcionários e estava infeliz. Não gostava de ser gestor de pessoal nem de ser responsável pelo sucesso deles. Minha equipe esperava que eu fosse para a rua ajudar com o marketing, algo que não gostava de fazer.

Por que você tinha tantos funcionários?
Quando abri o CTA, minha ideia era montar uma firma de gestão de fundos institucional. Ia levantar alguns bilhões de dólares. Então precisava ter um trader, um cara de marketing, um analista quantitativo, etc.

Como se chamava seu CTA?
Perbak.

Perbak tem algum significado específico?
Na noite em que tínhamos que dar um nome ao CTA, estava lendo um livro intitulado *Como a natureza funciona*, do famoso físico dinamarquês Per Bak. Gostava das coisas que ele dizia sobre a natureza. Por isso, dei o nome dele à firma. Pessoas que vinham à nossa sede ganhavam o livro de Per Bak.

Depois de fechar o CTA, você parou totalmente com o trading – até mesmo da sua carteira?
Sim, comprei um sítio em Rhode Island.

Qual era sua intenção?
Nenhuma. Só tinha a sensação de que precisava reavaliar a minha vida. Resolvi que queria viver por algum tempo como Thoreau [Henry David Thoreau (1817-1862), escritor americano defensor de uma vida austera em meio à natureza]. Em seis meses destruí minhas costas cortando lenha.

Por que escolheu Rhode Island?
Para ficar bem perto dos meus filhos e bem longe da minha ex, que morava em Connecticut. Também escolhi Rhode Island por causa de uma oportunidade de negócio. Rhode Island tinha acabado de legalizar a maconha e me

pareceu uma oportunidade incrível. Dava para ganhar muito dinheiro e havia uma barreira de entrada significativa.

Que barreira?
A maioria das pessoas não queria ter o estigma de se envolver com o setor da maconha. Eu não me importava nem um pouco com isso.

Qual foi a oportunidade que você enxergou?
Muita gente queria plantar maconha, mas não tinha dinheiro para iniciar a operação. Não estamos falando de médicos, advogados ou gestores de fundos de hedge querendo plantar maconha, e sim de garotos de 24 anos que não entraram na faculdade e tinham empregos de nível médio. Precisavam de 150 a 200 mil dólares de investimento inicial para montar um local de produção que gerasse 400 mil dólares por ano de receita. Comecei a montar esses locais e alugá-los por 6 mil dólares mensais. Sabia quanto os operadores iriam ganhar e que seria um aluguel bem acessível. Levaria uns dois anos para recuperar o investimento.

Suponho que quem tocou essas operações também se deu bastante bem.
Ganhavam 200 mil dólares por ano, ou mais. Fiz um acordo de *leasing* de seis anos, com a propriedade no fim. Então, depois desse tempo eles se tornavam donos do negócio. Era, com certeza, uma situação em que todos ganhavam. Era uma boa ideia de negócio.

Quantas pessoas participaram desse negócio com você?
Por volta de quarenta.

Quando você retornou ao trading?
Um ano e meio depois de ter fechado meu CTA, mais ou menos. Embora estivesse muito feliz no segundo casamento e tivesse todo o dinheiro de que precisava, passei por uma depressão esquisita. Sentia alguma coisa faltando na minha vida. A única coisa em que conseguia pensar era o trading. Era o que havia feito durante 25 anos e era o que fazia melhor. Achava que podia ser um dos maiores traders do mundo. Por que, então, não ia em frente? Durante todos os altos e baixos da minha vida, nunca tinha sofrido de depressão.

Nunca se sentiu nem um pouco deprimido, mesmo nas vezes em que perdeu todo o seu dinheiro?
Posso ter ficado temporariamente triste, mas nunca deprimido. Minha reação sempre foi: "O que preciso fazer agora para que isso nunca mais se repita?"

Como você descobriu o que estava causando a depressão?
Era óbvio. Eu amava o trading.

Houve um fato isolado que o fez voltar ao trading?
Fui visitar um velho amigo e vizinho e conversei com ele sobre como me sentia. Ele me colocou em contato com um conhecido da Bryson Securities e eles me deram uma conta para negociar. A atitude de Bryson foi: "O que você faz não nos importa; simplesmente ganhe dinheiro." Se você perder dinheiro, o mandam embora; se você ganhar dinheiro, amam você. Nunca questionaram meus trades ou o que eu fazia. Um ano e meio sem negociar limpa a sua cabeça. Usei meu sistema, sobrepus meu critério e coloquei minha gestão de risco por cima disso tudo. Utilizei o que havia aprendido em 25 anos de experiência. Foi incrível.

Fora os momentos em que você quebrou, no início da carreira de trader, houve outros trades que se destacaram como particularmente dolorosos?
Não. Não fico preso a trades ruins, simplesmente faço o *stop*. Posso desperdiçar trades por teimosia. Mas nunca, de modo algum, desobedeço ao meu *stop*. Por isso, não me coloco mais nesse tipo de situação.

Um ingrediente crucial da sua gestão de risco é colocar um *stop* em cada trade, em um ponto que desminta sua hipótese de que o mercado chegou ao topo ou ao fundo do poço. Há outros elementos em sua estratégia?
Quando os investidores falam comigo sobre minha gestão de risco, perguntam: "Você usa o *value at risk*?" Respondo que não, porque acho uma bobagem. O *value at risk* se baseia em correlações históricas, sejam elas de trinta, sessenta, noventa dias ou mais. Quando você tem mercados como o que temos visto recentemente [a entrevista foi realizada em abril de 2020], essas correlações podem deixar de valer em 48 horas. O *value at risk* não tem nada a ver com o risco atual. Quando ele chega a refletir uma mudança abrupta das correlações, já é tarde demais.

Sou minha própria gestão de risco. Olho o mercado o dia inteiro. Presto atenção nas correlações, sobretudo nas correlações das posições em que estou. Quando vejo que estou concentrado em posições se movendo em conjunto, reduzo ou coloco em uma posição com correlação inversa. É por isso que a minha volatilidade não aumentou, apesar de ter explodido nos últimos meses. Vi o que estava acontecendo e quais eram minhas posições, e optei por reduzi-las. Ganhei dinheiro? Sim, mas melhor ainda é minha volatilidade não ter subido um milímetro. Se você observar meus retornos diários, não terá ideia de que aconteceu o que aconteceu com os mercados.

Isso porque você reduziu suas posições ou por ter acrescentado posições em correlação inversa?
Na maior parte por ter reduzido posições. Porém, quando as correlações aumentam de repente, como aumentaram há pouco, fico mais propenso a acrescentar uma posição com correlação inversa, sem que haja necessariamente uma sinalização oficial. Por exemplo, depois do pico de fevereiro de 2020, fiz um trade vendido no índice da Bolsa, mesmo não sendo minha sinalização típica, porque ficar vendido no índice da Bolsa ao mesmo tempo que estava comprado em outros mercados reduziria meu risco.

O pico da Bolsa de fevereiro foi anormal. Em geral, o mercado sobe, sobe, sobe, e os especuladores vão ficando cada vez mais comprados. Nesse caso, a posição dos especuladores no topo não era significativamente comprada. Porém o mercado caiu 5% e todo mundo ficou comprado. E vi a mesma coisa na TV, em que todo mundo dizia que você tinha que comprar a queda. Então saiu o relatório do COT mostrando que todo mundo tinha comprado a queda. Era a maior posição comprada de especulação em anos. Foi nesse momento que me dei conta de que era um mercado totalmente vendido e qualquer que fosse o impacto do coronavírus, iria piorar muito.

Suponho que tenha sido um trade atípico, porque, embora você tivesse uma leitura extrema do COT, não tinha como ter uma sinalização do dia da reviravolta, pois o mercado já tinha caído 5% do topo. Qual foi o gatilho que o levou a ficar vendido? Foi só a leitura do COT?
O gatilho é que eu estava comprado de ponta a ponta. Tenho um sistema de trading de índice da Bolsa que não costumo usar, a não ser como mitigador de risco quando necessário. A ideia é que, se a Nasdaq, um índice beta maior,

está defasada em relação ao Dow Jones, um índice beta menor,* quando o mercado está em alta – o que não é o movimento de preço esperado –, e eu estou comprado em ações, fico vendido em Nasdaq. Depois que saiu o relatório do COT, tivemos um salto de um ou dois dias em que a Nasdaq ficou defasada em relação ao Dow Jones. Esse movimento de preço bastou para eu resolver ficar vendido, porque de qualquer forma estava buscando uma compensação para minhas posições compradas.

Você chega a colocar trades que não tenham base nos números do COT?
Às vezes faço um trade não COT. O COT não é um indicador perfeito. Nunca houve e nunca haverá um indicador perfeito. Porém, por ter perdido tanto dinheiro no mercado e ter feito trades tão terríveis, não consigo, fisicamente, colocar um trade que não seja "do contra".

Há dias em que fico aqui sentado só observando o que todo mundo diz na TV, que é sempre a mesma balela: "O mercado está em queda." De repente recebo a ligação de alguém, que sei que está sempre errado, dizendo que o mercado está em queda. Vejo uma postagem no LinkedIn, de outro cara que se equivoca o tempo todo, dizendo algo muito parecido. Dias assim acontecem algumas vezes por ano. Enquanto está todo mundo apostando que o mercado está vendedor, que o mercado não para de subir, eu penso que não faz nenhum sentido. Coloco esse trade, porque já vi esse filme tantas outras vezes. É só o que faço, e assim adquiri um instinto para esse tipo de situação. Acho que intuição não é nada além de experiência.

Você acha que foi bem-sucedido porque, no íntimo, é uma pessoa do contra?
Sim, com certeza. Ser do contra é instintivo para mim. Sou do contra desde criança. Está no meu DNA. Para minha sorte, é uma característica preciosa para um trader. Tento enxergar quando todo mundo está fazendo uma coisa e vou no sentido contrário. Por definição, não dá para todos obterem retornos desmesurados. Então, quando todo mundo está fazendo algo, a única forma de obter retornos desmesurados é estar do outro lado. O que os mercados

---

* O beta é um fator de correlação entre um ativo financeiro e outro, normalmente um índice de referência. O Nasdaq é um índice de beta maior, pois tem uma variação normalmente maior do que a referência, o S&P 500. Já o Dow Jones é um índice de beta menor, pois tende a variar menos do que o S&P 500. (N. do E.)

têm de bom é que é possível esperar uma confirmação antes de adotar a posição contrária.

As lições que você aprendeu nos mercados transbordam para seu modo de viver?
Elas se espalham por todos os aspectos da minha vida, e esse é o problema [risos]. Ser do contra funciona no mercado, mas não funciona em situações sociais. As pessoas querem ser amadas, querem pertencer a um grupo. Ser do contra não te rende nenhum amigo. É solitário. Minha mulher me chama de "do contra patológico". Não estou dizendo que é sadio. Não recomendo a ninguém viver desse jeito.

Dê um exemplo de como você é do contra fora do trading.
Entro em discussões com meus amigos que apoiam os democratas e todos eles acham que sou um republicano conservador. Entro em discussões com meus amigos republicanos e todos eles acham que sou um democrata de carteirinha. Ficar do outro lado, para mim, é automático. As pessoas adotam pontos de vista tão bitolados que a lógica desaparece. Se você me perguntar se, pessoalmente, acho que Donald Trump é um imbecil, sim, acho que ele é. Mas isso significa que é preciso malhar toda e qualquer coisa que ele diz o tempo todo? Isso é ilógico.

Vou morder a isca. Dê-me um exemplo de algo que Trump foi malhado por ter dito e, na verdade, tinha razão.
Ele disse que ia ganhar a eleição, algo que todo mundo achou ridículo, e se tornou presidente dos Estados Unidos.

Suponho que, ao bater boca com alguém, seja liberal ou conservador, você acredite na opinião contrária sobre um assunto específico. Ou você discute por discutir?
Às vezes discuto só por discutir, porque acho importante que as pessoas ouçam o outro lado.

Então, quando vai a uma festa em que a maioria é de esquerda, você defende o lado conservador, e vice-versa.
Cem por cento do tempo. Já fiz isso tantas vezes que nem sei dizer.

Além de ser do contra, o que foi mais foi decisivo para o seu êxito?
Fui bem-sucedido porque fracassei tantas vezes que fiquei com a mente aberta em relação ao fracasso e pude aprender com ele. Fracassei porque fui otário, não porque o mercado estava errado ou alguém me ferrou, ou qualquer uma das desculpas que se ouvem por aí.

As pessoas fracassam e desistem, sentem medo. Por algum motivo. Eu tenho um instinto para o risco. Odeio fracassar, mas não me importo em correr riscos, mesmo fracassando. Um dos meus melhores amigos é um ser humano maravilhoso. Seu apetite pelo risco é basicamente zero. É advogado, ganha bem, mas odeia o que faz. Ele me liga reclamando: "Sei que esse cara é culpado e é racista, e eu tenho que defendê-lo." Respondo: "Por que você não para, pega seu dinheiro e vai fazer outra coisa?" Mas ele não consegue processar o que eu digo. E eu não consigo processar não tomar esse tipo de atitude. Por que não correr riscos? Você vai morrer um dia, de qualquer forma.

Seu método é tão eficaz hoje quanto vinte anos atrás, quando começou a empregá-lo, ou foi afetado por todas as transformações estruturais do mercado desde então?
Não vejo nenhuma diferença agora em relação a qualquer período histórico. Todo mundo está vendido; o mercado não cai diante de notícias ruins; o mercado começa a subir. É isso que é o fundo do poço do mercado. O mercado não chega ao fundo com boas notícias, chega ao fundo com más notícias. Além disso, existe uma razão subjacente lógica para que o COT tenha permanecido e deva permanecer um indicador útil.

Minha filha acaba de conseguir um emprego em uma das empresas de commodities físicas. Ela não entende nada do assunto. Não estudou finanças, tem formação em relações internacionais. Outro dia, estava conversando com ela. Ela me disse: "Pai, deixa eu perguntar uma coisa. Estou aprendendo hedging. Se eles [a empresa dela] são donos de minas, então eles sabem qual é a oferta, certo?"

Eu respondo: "Sabem."

"E, se eles falam o tempo todo com os clientes, eles sabem qual é a demanda, certo?"

Eu respondo: "Sabem."

"Então eles não teriam informação privilegiada do hedging deles?"

Eu respondo: "Lá vamos nós!" [Ele bate palmas ao dizer isso.] "É exatamente o que faço. Eles são os *commercials*, e eu negocio do mesmo lado deles."

"Mas achei que você atuasse por conta própria", diz ela.

Eu respondo: "*Essa* é a minha conta própria. Sigo o pessoal com maior conhecimento. É disso que se trata."

Você relutou muito em dar esta entrevista. Até se recusou pelo menos duas vezes. O que o fez mudar de ideia?
Minha mulher me diz o tempo todo que preciso escrever um livro com minhas ideias para as pessoas aprenderem comigo. Sei que nunca vou escrever um livro. Por isso, acho uma boa ideia que alguém ponha no papel esses conceitos. O importante não é minha história, e sim a ideia de como os mercados funcionam de verdade. Não quero parecer pretensioso, como se fosse o único que entende como os mercados funcionam. Tem gente que entende, mas não muitos, felizmente, a meu ver. Se todo mundo pensasse igual, estaria tudo acabado.

Se tenho alguma mensagem a passar ao mundo – por isso concordei em dar esta entrevista –, é explicar a importância da participação. Todo mundo compreende que o mercado é um mecanismo de precificação. O que não percebem é que o mecanismo de precificação não é o preço; é a participação. A questão não é o preço passar de 50 para 100, compensando os fundamentos em alta. Em vez disso, todo mundo fica comprado e então os fundamentos em alta são precificados. As ações da Amazon nos dão um excelente exemplo desse princípio. Quando atingiram o nível de 700 a 800 dólares, todos acharam que essa cotação era absurda. Falava-se muito que a Amazon seria uma bolha. Era evidente, porém, que a maioria das pessoas não detinha a Amazon, ou não estariam chamando de bolha. Hoje a ação está sendo negociada acima de 2.300 dólares.

O papel crucial da participação é um conceito que vai muito além do trading. Um exemplo que gosto de usar, e que está fora da esfera do trading, são as apostas no futebol. Se o melhor time do campeonato vai enfrentar o pior, todos sabem quem provavelmente vai vencer. Mas não é nisso que você aposta, você aposta no *spread*. Não sei que tipo de análise poderia existir para determinar se esse *spread* está subestimado ou superestimado. Para mim, a resposta reside na participação. Quando todo mundo está apostando em um lado, o *spread* tem que mudar, e é provável que mude em excesso. Na verdade, tenho um sistema de apostas em futebol que analisa trinta caras que apostam contra o *spread*. Quando 25 ou mais deles escolhem o mesmo time, o que só acontece meia dúzia de vezes por ano, o outro time vence 80% das vezes. Pois bem, será que é porque tenho talento para escolher *spreads* no futebol [risos]? Não, é porque, quando 80% dos caras na minha amostragem escolhem o mesmo time, todos os outros devem fazer a mesma coisa e o *spread* está grande demais.

O conceito de que o mecanismo de atualização do mercado se baseia na participação dos especuladores, e não no preço, é a coisa mais importante que aprendi.

Considerando os desdobramentos das últimas décadas – o trading algorítmico, o trading de alta frequência, a inteligência artificial, a proliferação dos fundos de hedge –, ainda é possível a um trader isolado superar o mercado? Jason Shapiro é a perfeita demonstração do motivo pelo qual acredito que a resposta a essa pergunta é "Sim".

Na essência, o êxito de Shapiro no trading está fundamentado na exploração da falha em decisões que têm por base o emocional dos demais participantes do mercado. Shapiro busca ficar vendido quando a euforia em alta reina absoluta e ficar comprado nos momentos em que o sentimento de desesperança se torna dominante. Vale observar que a eficácia do método de Shapiro não se deteriorou um milímetro nas duas décadas desde que ele começou a utilizá-lo, apesar de todas as importantes transformações desse período. Embora tanto a estrutura dos mercados quanto a natureza dos participantes e as ferramentas de trading disponíveis tenham sofrido mudanças drásticas com o passar do tempo, uma coisa que não mudou é a emoção humana. As oportunidades só continuam existindo graças à imutabilidade do comportamento humano.

Operar como Shapiro exige contrariar nossos instintos intrínsecos. É preciso ser capaz de vender quando o ímpeto natural penderia mais ao medo de ficar de fora de um mercado em plena decolagem e comprar quando parece inimaginável o fim iminente de um mercado em baixa incessante. É claro que, em princípio, ficar vendido em um mercado em plena alta ou comprado em um mercado em queda sem fim é um convite à ruína financeira. Como diz a célebre máxima de origem incerta (atribuída, duvidosamente, a John Maynard Keynes), "Os mercados podem continuar irracionais, desde que você consiga continuar solvente".

Para que um método de trading do contra funcione, é crucial um método de timing de entrada nos mercados. A abordagem de Shapiro tem dois ingredientes essenciais:

1. Assumir posições contrárias aos extremos do posicionamento do mercado especulativo;
2. Ajustar o timing de entrada nessas posições de acordo com os movimentos do mercado.

Shapiro se baseia, sobretudo, no relatório semanal do Commitment of Traders (COT) para entender qual o sentimento do mercado. Ele busca ficar do lado oposto aos posicionamentos especulativos extremos, ou, o que vem a ser o mesmo, do lado do posicionamento dos *commercials*. Como subsídio extra, usa os programas de TV sobre finanças. Portanto, sim, assistir a programas financeiros na TV pode ser útil para o trading – *como indicador do contra!*

Quanto ao timing de suas posições do contra, Shapiro busca reviravoltas que ocorrem no mercado apesar de notícias preponderantes no sentido oposto. O mercado chega ao fundo com notícias pessimistas e ao topo com notícias otimistas. Por quê? Antes de entrevistar Shapiro, minha resposta a essa pergunta seria: os fundamentos são apenas em baixa ou em alta com relação ao preço, e, a uma cotação determinada, essas notícias são integralmente precificadas. Embora essa resposta continue válida, Shapiro tem uma explicação melhor: a participação. O mercado chega ao fundo porque os especuladores já estão posicionados vendidos – condição que ocorrerá em um ambiente infiltrado por um noticiário pessimista. Explicação semelhante se aplica aos picos.

No início de sua carreira de trader, Shapiro quebrou duas vezes sua carteira: em uma delas, supondo que um mercado em alta duraria para sempre; na outra, indo contra um mercado em alta. O denominador comum dessas circunstâncias opostas foi a ausência de gestão de risco que prevenisse uma perda nociva à carteira por causa de uma suposição equivocada.

Se existe uma regra absoluta na metodologia de trading de Shapiro, é que ele tem um *stop* para todas as posições. Essa regra impedirá prejuízos substanciais quando os pressupostos do relatório do COT estiverem errados. Shapiro escolhe um ponto de *stop* que contradiz sua hipótese de que o mercado chegou ao fundo ou ao topo.

A gestão de risco não é apenas essencial para trades individuais, é preciso aplicá-la à carteira como um todo. De modo específico, os traders precisam estar atentos aos momentos em que os mercados ficam fortemente correlacionados. Nesses períodos, o risco para qualquer carteira pode ser muito maior que o normal, por conta da maior probabilidade de movimentos adversos das cotações em várias posições ao mesmo tempo. Shapiro gere o risco ampliado dos mercados de forte correlação reduzindo o tamanho geral de sua posição e buscando acrescentar à carteira trades com correlação inversa.

A fase mais lucrativa do início da carreira de Shapiro ocorreu quando ele tirou três semanas de férias na África – viagem que impossibilitou o monitoramento de sua posição no mercado. Antes de viajar, Shapiro instruiu seu corretor a liquidar a posição caso ocorresse um movimento adverso dos preços. Ao voltar, foi surpreendido pela descoberta de que sua posição acumulara um polpudo lucro durante a sua ausência. Não tendo como monitorar sua posição, Shapiro escapou da tentação de realizar lucros, o que foi bastante benéfico. Ele se deu conta de que "parar quieto" se revelara bem mais lucrativo que seu trading diário. Foi uma lição que se mostrou duradoura e se manifesta na metodologia de trading que Shapiro acabou desenvolvendo. Quando ele não aciona o *stop* em um trade, segura-o até seu oscilador, com base no COT, ficar neutro – método que muitas vezes exige reter uma posição durante meses e ao longo de uma série de ciclos do mercado.

Com frequência alertei os traders a não darem ouvidos aos outros. Como evoca uma frase representativa: "Se você escutar a opinião de todo mundo, por mais inteligente ou hábil que seja como trader, garanto que vai se dar mal."[1] Depois de entrevistar Shapiro, sinto necessidade de agregar um porém a esse conselho do passado. Especificamente, se você sabe ou é capaz de identificar quais traders ou analistas estão sempre errados – tarefa bem mais fácil que localizar aqueles que estão sempre certos –, então suas opiniões podem muito bem ser úteis, *no sentido inverso*.

TRÊS ANOS MAIS TARDE

Sua metodologia identificou o mercado baixista de 2022?
Os especuladores ficaram supercomprados em novembro de 2021. Então, eu buscava ficar vendido. Lembro-me especificamente de uma das minhas apostas favoritas contra a CNBC, que era o tempo todo baixista – foi baixista durante toda a alta posterior ao piso de março de 2020 –, e disse: "O Russell [índice da Bolsa de empresas menores] teve um *breakout*, e é melhor ficar comprado nesse *breakout*." Foi exatamente o pico! Não estou exagerando. O mercado reverteu-se no dia seguinte.

Fiquei surpreso quando vi que você começou a publicar uma newsletter semanal sobre o mercado e, mais recentemente, fez vídeos para o YouTube. O que o levou a assumir esse perfil mais público e fazer esse trabalho extra?
Desde a publicação do livro *Os magos desconhecidos do mercado financeiro*, passei a receber todos os dias pedidos para ser mentor de algumas pessoas. Gosto da ideia de ser mentor, mas não tenho tempo. Respondi que não tinha como dar mentoria a centenas de pessoas. Uma delas disse: "Se tem tanta gente interessada, por que não centralizamos o conteúdo num site?" E se ofereceu para cuidar de toda a mecânica, se eu me prontificasse a escrever. Pareceu-me uma boa ideia. Escrevo a newsletter sobre o mercado todo fim de semana, e já faz vinte anos que me dedico a isso.

Você está dizendo que escreveu uma newsletter sobre o mercado durante todos esses anos?
Começou como algo que eu escrevia para mim mesmo todo fim de semana, para consolidar aquilo que estava procurando nos mercados. Quando trabalhei em um fundo de hedge, minha newsletter era enviada a alguns gestores de portfólios, que pareciam gostar. Por isso, quando geri meu próprio fundo, comecei a mandar para alguns clientes.

Sua análise era semelhante à que você faz hoje para a newsletter?
Era exatamente o que faço hoje. Por isso, concluí que, se alguém estava disposto a criar a página na web e tudo que eu precisava fazer era entregar a ele a newsletter semanal que já escrevia mesmo, por que não tentar e ver o que acontecia?

Suponho que seu sócio cuide da parte comercial.
Sim, ele faz tudo, exceto redigir o conteúdo. Dividimos a receita da assinatura meio a meio. Apenas como registro, a minha metade vai para uma instituição de caridade local. Portanto, não ganho dinheiro algum com esse negócio.

Assisti a alguns de seus vídeos recentes. Notei que você considerou o atual mercado baixista bem diferente dos *bear markets* anteriores. Pode detalhar um pouco essa visão?
Acredito que vamos passar por um longuíssimo mercado baixista. Talvez a estatística mais importante é que em 2021 tivemos um fluxo monetário para a Bolsa maior que nos vinte anos anteriores somados. Portanto, grandes quantidades de dinheiro do varejo fluíram para o mercado. Acho que esse dinheiro não vai gerar retorno positivo a longo prazo. Eu entendo. As pessoas estão condicionadas a pensar que o certo é comprar no mercado fraco. Não fizeram isso em 2002, quando deveriam. Não fizeram isso em 2008, quando deveriam. E agora aprenderam a lição. O mercado reagiu nos últimos anos porque os investidores do varejo não compraram. O mercado não vai reagir desta vez porque eles estão comprando.

O fato de o governo estar imprimindo dinheiro e usando-o para comprar sua dívida não passa de uma gigantesca pirâmide. Para tudo existe um limite, inclusive para a quantidade de dinheiro que o governo é capaz de imprimir. Não sei que limite é esse, mas o mercado vai nos dizer.

Existe alguma analogia histórica com a situação atual?
Diria que a analogia mais próxima é com o Japão, de 1989 em diante. A Bolsa japonesa atingiu o pico em 1989 e, mais de trinta anos depois, o índice ainda não recuperou aquele pico.

A visão baixista de longo prazo afeta sua forma de operar nos mercados atualmente?
Não, porque não sou um trader macro de fundamentos. Opero o processo. É o que faço. Aquilo que vendi aos meus investidores é um fluxo de retorno não correlacionado. É isso que o meu processo produz, e é por essa razão que os investidores me deram dinheiro. Esse compromisso me mantém disciplinado na obediência ao meu processo.

Quando o S&P passa de um pico de mais de 4.300, em meados de agosto, para um piso próximo de 3.500, um mês e meio depois, e eu não estou vendido, mesmo sendo o Sr. Vendido, isso me deixa irritado? Não deixa, não. Era um trade que não se encaixava no meu processo. Não tento aproveitar toda oscilação, mas vou pegar o movimento de baixa em algum ponto. Sei disso porque acredito no meu método e sou disciplinado. Mas não vou perseguir um trade só porque estou baixista na Bolsa e a Bolsa está em baixa e eu não estou dentro.

Você tem opiniões fortes sobre o *day trading*. Pode explicar seu ponto de vista?
Vejo isso o tempo todo; as pessoas querem fazer *day trading*. Acho que é o pior tipo de trading que se pode fazer. Conheço centenas de pessoas que tentaram ser *day traders*; só uma continua na ativa. Quanto mais curto o espaço de tempo, mais aleatório o mercado. Por que você iria querer operar no período mais randômico de tempo?

Quando você fez o vídeo sobre *day trading*, teve retorno negativo de gente dizendo que era *day trader* e ganhava dinheiro?
É claro. Recebi comentários como: "Você não sabe fazer *day trade*", "Fale só do que conhece", "Ganhei um monte de dinheiro no *day trading*". Conheço muitas pessoas que ganharam dinheiro no *day trading* – por algum tempo. No fim, porém, pararam de operar. Muitos começaram no *day trading* depois da covid. Compravam uma porção grande de ações de manhã, o mercado subia e então vendiam no fim do dia. Em um mercado altista, isso funcionava muito bem. Nunca tinham que vender com prejuízo, porque, se uma ação andasse contra, era só segurar que sempre se recuperava. Mas o mercado parou de subir, e em vez de vender eles retiveram os papéis. Agora estão sentados em ações que caíram 70% ou 80%. Subitamente, não estão mais fazendo *day trading*; estão "investindo".

Qual conselho você dá aos traders?
As três coisas mais importantes para dar certo no trading são paciência – a capacidade de esperar pelo trade certo em vez de achar que precisa operar o tempo todo –, disciplina e gestão de risco. Recentemente ouvi uma frase ótima de Caroline Ellison [CEO da Alameda Research, a firma de trading associada à corretora de criptomoedas FTX, supostamente decisiva no colapso espetacular desses ativos digitais]. Ela disse: "*Stop losses* são uma péssima ferramenta de gestão de risco." [Gargalhadas]. Adoro!

CAPÍTULO 3

RICHARD BARGH

A importância do mindset

Embora Richard Bargh tenha lucrado de modo constante desde que começou como trader, esteve à beira de quebrar várias vezes, por razões que ele detalha nesta entrevista. Bargh iniciou a carreira operando uma carteira de terceiros. Oficialmente, o capital inicial dessa conta era zero. Retiradas mensais de quase 3 mil libras em média mantiveram o patrimônio da carteira em no máximo 15 mil libras durante os primeiros 14 meses, o que impossibilita o cálculo dos retornos nesse período. Então um trade ganhador gigante levou de vez o patrimônio da carteira para um forte azul.

O retorno anual de Bargh nos seis anos ou mais desde aquele marco (os últimos quatro anos e meio operando sua própria carteira) são impressionantes 280%. O retorno médio é ampliado pelo fato de que Bargh operou sua carteira de futuros com um alto índice de alavancagem, mantendo na conta um excedente de espécie, em relação à margem exigida, muito menor que o normal da maioria dos traders de futuros. No entanto, essa alavancagem extremamente elevada que Bargh usou de modo comedido amplificou todos os seus indicadores de risco. Vale observar, então, que ele obteve um retorno médio de 280% com uma baixa de fim de mês máxima de apenas 11% (19% usando números diários). Como se pode deduzir desses dois números, as métricas de retorno/risco de Bargh são extraordinárias: um Índice de Sortino ajustado de 25,1; um Índice Ganho-Perda diário de 2,3; e um Índice Ganho-Perda mensal de 18,3.[1] Seu Índice de Sortino ajustado é mais que o sétuplo de seu Índice de Sharpe (para a maioria dos traders, esses dois números tendem a ficar razoavelmente próximos), o que sugere um enorme *viés positivo* na distribuição de seus retornos (ou seja, seus maiores ganhos são muito maiores que suas maiores perdas).

Bargh criou uma planilha com colunas para diversos fatores que ele monitora diariamente, em um ritual de autoconscientização. Entre esses fatores estão foco, energia, gestão de risco, procedimento, trading contrário (contra o movimento da cotação, o que ele considera negativo), ego, medo de ficar de fora e grau de felicidade (sendo que os dois extremos – depressão ou euforia – são prejudiciais ao trading). Alguns verbetes merecem mais detalhamento, como *sugar trades*. Trata-se, explica Bargh, de um trade em que você entra sem saber por quê. Quando considera ter mostrado fraqueza em alguma dessas áreas, Bargh preenche a coluna respectiva daquele dia. Ao fim de cada semana, faz uma revisão da planilha, analisando todas as colunas preenchidas como guia para as áreas em que ele precisa de aprimoramento pessoal.

Bargh registra em um diário o que pensa e o que sente – rotina que considera essencial para identificar pontos fracos em seu raciocínio, que se esforça para lapidar. Ao comentar a importância de fazer um diário, disse: "A tendência é você esquecer com rapidez o mês passado, a semana passada, até mesmo o dia anterior. Ao escrever um diário, é possível ver o que passou por sua cabeça em determinado momento e monitorar a evolução de seu raciocínio ao longo do tempo. Se eu lhe mostrasse as anotações do meu diário de 2015, comparadas às de hoje, você veria um mundo de diferença. Minhas notas de 2015 eram repletas de comentários como: 'Sou uma porcaria de trader. Um traste.' Tudo que eu fazia era me criticar com severidade. Hoje minhas anotações são bem diferentes."

Bargh atribui influência decisiva ao Trading Tribe Process (TTP) – criado por Ed Seykota, que entrevistei para o primeiro livro desta série – para ajudá-lo a atingir o equilíbrio emocional, tanto no trading quanto na vida. O TTP, simplificando muito, tenta harmonizar subconsciente e consciente. É um processo que se concentra nas emoções, evitando, sobretudo, fazer perguntas e dar conselhos. O TTP exige a formação de um grupo, que recebe o nome de *tribo*. Existem tribos praticantes do TTP no mundo inteiro, e Bargh cuida do grupo de Londres. Há uma descrição detalhada do TTP no site seykota.com (em inglês).

A entrevista com Bargh foi a primeira que fiz durante uma semana de trabalho intenso em Londres. Só dormi três horas na noite que antecedeu meu voo para a capital do Reino Unido e depois menos de duas horas na noite seguinte, já na cidade, quando passei pelo pior caso de jet lag da minha vida. Para minha sorte, o jeito franco e direto de Bargh tornou a entrevista interessante, permitindo que eu mantivesse o foco apesar do cansaço.

Entrevistei Bargh em um sábado, em um auditório ao lado do pregão onde ele trabalha. A entrevista durou o dia inteiro. Ao terminarmos, eu estava ainda mais alerta do que seria imaginável. Aceitei o convite de Bargh para jantar e fomos a um excelente restaurante peruano (Coya) perto do escritório dele. O saboroso cardápio do chef, algumas cervejas e o papo informal garantiram uma noitada agradável. Dormi profundamente naquela noite.

Você foi criado em Londres?
Não. Cresci em uma fazenda leiteira em Yorkshire.

Com que idade você soube que queria fazer algo diferente?
Quando tinha 4 ou 5 anos, virei para o meu pai e disse: "Você não tem um trabalho de verdade. Quero um trabalho de verdade." Ironicamente, o que faço hoje não é um trabalho de verdade.

Qual foi a reação de seu pai?
Ah, ele não ficou incomodado. Costumava dizer: "Não seja fazendeiro."

Na sua adolescência, passava por sua cabeça o que gostaria de fazer de fato?
A única coisa que sabia é que queria ficar rico. Morávamos em um vilarejo onde só havia uma família abastada. Um dia, lá pelos meus 7 anos, mamãe me levou para visitá-los. Não tínhamos muito dinheiro, e quando vi a casa deles, achei incrível. Eles tinham uma piscina ao ar livre, o que é ridículo no norte da Inglaterra, porque mal chega a fazer 20 graus Celsius no verão. Lembro que na hora de ir embora eu disse à minha mãe: "Um dia vou comprar esta casa." Essa experiência definiu minha ambição. Não tinha ideia de como, só sabia que queria ser rico.

A outra coisa que me deixou interessado no trading foi o filme sobre Nick Leeson, que quebrou o banco Barings [*A fraude*]. Claro que a parte sobre a personalidade sombria dele não é boa. Mas me lembro de ter pensado, ao vê-lo no pregão, em meio a todos aqueles berros: "Parece ser muito legal!"

Com que idade você estava?
Era o início da minha adolescência.

Você é a primeira pessoa que conheço a mencionar um filme como forte inspiração para se tornar trader.
É, eu sei. Não é bom sinal, né? [Risos] Comecei a perguntar a mamãe e papai como ganhar dinheiro com moedas e eles disseram: "Você é jovem demais para compreender." Nunca passou disso.

Em que você se formou na faculdade?
Fiz mestrado em matemática na Imperial College, em Londres.

Tinha uma facilidade natural com números?
Sim, mas também escrevia mal e não gostava.

Alguma ideia do que queria fazer com um diploma de matemática?
Não, absolutamente.

Tinha alguma meta de carreira?
Continuava interessado no trading e me candidatei a estágios em bancos. Mas logo me dei conta de que havia ficado para trás. Concorria com gente que tinha feito estágio durante a faculdade. Meu esforço não estava dando resultado, por isso desisti depois de algum tempo. Foi na esteira da crise financeira, quando o setor bancário ainda cortava vagas. No ano seguinte à minha formatura, consegui um estágio atuarial em um fundo de previdência.

Suponho que fosse uma extensão natural de um mestrado em matemática.
Era algo que me julgava capacitado a fazer, mas não gostei nem um pouco. Odiei o ambiente corporativo. Não se podia fazer piada, porque era tudo politicamente correto. Devo ter ofendido um ou outro por lá, e não era muito bem-visto. Para piorar, não me dedicava muito ao trabalho que me davam.

Qual a razão disso?
Achava chato o trabalho atuarial. Na verdade, não gosto de estatística.

Que tipo de matemática, então, você estudou? De que gostava?
Matemática aplicada.

O que aconteceu quando terminou o estágio?
Não me ofereceram emprego. Fiquei mal. Era um tanto arrogante. Minha expectativa era que a empresa me proporia um emprego porque eu vinha de uma das melhores universidades do mundo e era inteligente. Pensei: "Como podem não me oferecer um emprego aqui?"

É tão difícil assim entrar na Imperial College?
É. Na época, era a quarta melhor do mundo no ranking.

Disseram a você por que não lhe ofereceram uma vaga?
Sim, disseram algo como: "Você não deu a impressão de estar interessado no emprego."

Bom, mas eles tinham razão, não?
É, eles estavam certos. Acho que ficaram chocados quando me viram chateado por não terem oferecido o emprego. Com minha personalidade competitiva, eu esperava conseguir a vaga. Não lido muito bem com derrota ou rejeição.

O que você fez, então?
Sei que parece clichê, mas pensei que, se era para fracassar, melhor fracassar em algo que quisesse fazer. Decidi pensar melhor sobre o trading.

E sua meta de se tornar trader era motivada, antes de tudo, por um desejo de enriquecer rapidamente?
Sim.

Não me recordo de outros traders que entrevistei para os livros anteriores terem dito que a motivação principal para começar tivesse sido o dinheiro. No entanto, neste livro você é o segundo que menciona ficar rico como motivação principal.
Faço cara de espanto quando alguém diz que foi outro fator a motivação principal para se tornar trader.

Nos livros anteriores, o mais comum era que citassem o amor pelo trading, muitas vezes visto como uma espécie de jogo, e um desejo de derrotar o mercado como impulso motivador.
Nunca enxerguei desse modo. Nunca achei que havia algo a derrotar. Só via como uma forma de melhorar a qualidade de vida. Não considero que exista um mercado a derrotar. Quanto mais negocio, mais me dou conta de que a única coisa a derrotar sou eu mesmo.

Como você conseguiu o primeiro emprego no trading?
Trabalhei feito um louco no último ano da universidade. Candidatei-me a muitos bancos de novo e fui rejeitado por todos. Estava quase desistindo quando vi um anúncio de vaga que me pareceu perfeito. Era para fazer trading desde o primeiro dia. Tinha apoio de capital e participação nos lucros. Achei ótimo, porque se fosse para um banco não começaria fazendo trading, e é bastante provável que não seria do jeito que eu queria. Eu seria enquadrado em um tipo e em um jeito de fazer trade. Preenchi o formulário on-line e consegui uma entrevista.

E como foi a entrevista?
Quase estraguei tudo de novo. Fui entrevistado por um dos três sócios da firma, que queria medir meu grau de interesse no emprego e quão motivado eu estava. Àquela altura, eu parecia um cachorro faminto. Estava desesperado para conseguir o emprego. Disse a ele que eu era o tipo de pessoa que não desistia nunca.

Tudo isso que você disse me parece bom. Por que acha que estaria a um passo de estragar tudo?
Depois da entrevista, ele me levou até a mesa de trading para conhecer os outros dois sócios da firma. Não me lembro direito, mas, aparentemente, enquanto os outros sócios falavam comigo, comecei a morder a gravata. Talvez fosse resquício de um hábito adquirido na faculdade. Quando ficava muito concentrado em alguma coisa, fazia isso. Depois que fui embora, um dos sócios disse: "Não dá para contratá-lo." O cara que me entrevistou convenceu o sócio a me dar uma chance. Assim, me convidaram para outra entrevista e, por sorte, consegui convencê-los de que não era um completo idiota.

Esse vício da gravata é algo que você faz sem perceber.
Sim, totalmente sem perceber. Só me dei conta disso anos mais tarde, quando um deles fez uma piada a respeito.

Você sabia alguma coisa sobre trading, ou sobre mercados, quando foi entrevistado para a vaga?
Não sabia absolutamente nada. Nunca operei minha própria carteira, porque tinha a impressão de que isso criaria vícios. E fico contente por não ter feito isso. Achava que precisava de alguém que me ensinasse a operar.

A firma não se importava com sua absoluta falta de conhecimento e experiência?
Eles estavam mais interessados em encontrar gente sedenta por ganhar dinheiro do que pessoas experientes. Com base no meu currículo, sabiam que eu era inteligente o suficiente para captar tudo que fosse relevante sobre mercados. Acho que acreditavam que, para ser trader, a personalidade era mais importante que o conhecimento técnico.

Depois que começou a trabalhar, como aprendeu a operar?
O procedimento padrão da firma era pegar dois trainees de trading por ano. As duas primeiras semanas foram de um treinamento intensivo. Eu ficava das seis da manhã até as quatro da tarde em aula. Ensinavam a usar o software de trading e os fundamentos, tais como entender quanto os bancos centrais são cruciais nos movimentos do mercado. O modelo de negócio deles era o trading de risco de eventos. Descobriam qual era a expectativa de cada acontecimento, como um anúncio do Federal Reserve, e, caso o Fed fizesse algo inesperado, eles faziam um trade em cima do evento, tentando obter lucro. Na época em que cheguei, porém, a firma estava tentando diversificar, afastando-se desse método, porque todos os traders faziam praticamente a mesma coisa. Anteriormente eles tinham um pequeno número de traders excepcionais na análise técnica *intraday*. Olhando para trás, acho que a expectativa deles era que eu virasse um bom trader de padrão diário.

Ensinaram a você alguma coisa sobre o uso da análise técnica no trading?
Um dos sócios usava a análise técnica. Ele nos ensinou a identificar os níveis de suporte e de resistência usando retração de Fibonacci, linhas de tendência e outros indicadores. O conceito básico era fazer seu lance em um nível técnico de

suporte e colocar um *stop* cinco ou seis *ticks* abaixo, na esperança de tirar daí um topo de 20 *ticks*. A firma dizia: "Foquem na técnica, porque os fundamentos são fáceis." Como eu ainda era um tanto verde naquilo tudo, acreditei. Pensei: "É, vou ganhar dinheiro como trader técnico. Que se danem os fundamentos, são fáceis."

Quais mercados você operava?
A firma negociava futuros, principalmente de câmbio, títulos e índices da Bolsa.

Quando você começou a operar?
Os trainees passavam os seis primeiros meses em um simulador. A firma monitorava nossos lucros e prejuízos diariamente. Queriam ver se tínhamos regularidade antes de nos deixarem negociar dinheiro de verdade. Fizeram uma jogada bem competitiva entre mim e o outro trainee. Passaram o cara que começou comigo para o trading de verdade com apenas dois meses. Me deixaram operando no simulador os seis meses inteiros, o que foi duro de engolir. Apareceram mercados ótimos durante o período em que eu estava operando no simulador e o outro recém-contratado negociava dinheiro real. Nessa época, o banco central da Suíça ancorou o franco, o que foi um tremendo acontecimento, e também houve cortes coordenados das taxas dos bancos centrais.

Suponho que você tenha ganhado dinheiro durante o período de simulação, já que no fim acabaram lhe dando dinheiro para negociar.
Achei muito difíceis os primeiros seis meses, por conta de uma paranoia extrema. A piada que faziam era que em poucos dias eu seria demitido. Era um jeito de me espicaçar, e eu levei a sério.

Como você estava indo no simulador?
Estava ganhando dinheiro, mas não sei se era o suficiente para eles.

Você estava operando tanto com base em fundamentos quanto em técnica?
Meus lucros vinham, sobretudo, da técnica.

Que tipo de análise técnica você usava?
Aprendemos a existência de um padrão chamado *open drive*. Ele se forma quando surge um gap no mercado e depois deriva numa direção. A premissa é que o mercado vai continuar a andar nessa mesma direção.

Esse padrão ainda funciona ou só funcionou naquela época?
Acho que eu tive sorte de usar esse método naquela época, o que me permitiu ganhar dinheiro no simulador. Assim que meu trading se tornou real, não ganhei um tostão com o trading técnico *intraday*. Durante quatro anos tentei fazer funcionar. Foi bobagem. Era tão teimoso!

Mas você ganhou dinheiro durante esses anos.
Embora meu foco principal fosse a análise técnica, ainda fazia trades de fundamentos, e esses trades representaram quase todos os ganhos.

Você era mais atraído pelo trading técnico do que pelo fundamentalista?
No início, sim.

Por quê?
Achava que a firma queria que nos concentrássemos em nos tornar bons traders técnicos.

Talvez porque eles não quisessem gente que duplicasse os mesmos trades?
Sim, eles queriam mais diversificação entre os traders.

Então seu foco inicial na análise técnica era mais para agradar aos chefes?
Acho que era. Além disso, por ser tão inocente, achei que, se meu chefe conseguia operar desse modo, eu também conseguiria. Ele tinha um dom para o trading técnico *intraday* que eu não tinha.

A firma lhe deu uma quantia para operar?
Eles não davam uma linha de dinheiro para operar. No contrato de emprego, havia um ponto de *stop* de 10 mil libras. Teoricamente, se você perdesse 10 mil, estava fora.

Como lhe pagavam?
Recebia 50% do lucro dos trades, mas tinha que pagar aluguel da mesa de 2,5 mil libras por mês. O aluguel da mesa cobria coisas como a Reuters e o software de trading. Eles davam os três primeiros meses de graça.

Uma coisa importante que esqueci de mencionar é que desde o ensino médio [dos 12 aos 16 anos] eu vinha lidando com a depressão. Durante o período de simulação, percebi que só seria bom no trading se estivesse feliz. Reconheci desde o começo como o trading pode ser mentalmente difícil e pensei que, se não estivesse bem, não teria chance de êxito. Desse ponto em diante, passei muito tempo focado em tentar ser feliz.

Como você faz isso?
Li um livro excelente, que recomendo a todos que têm problema com o sentimento de infelicidade: *Depressive Illness: The Curse of the Strong* [Doença depressiva: A maldição dos fortes], de Tim Cantopher. Esse livro tinha um conteúdo muito terapêutico e batia com aquilo pelo qual eu estava passando. Permitiu que eu iniciasse uma jornada rumo a me tornar mais feliz. No livro, o autor descreve como é possível traçar uma saída da depressão. No gráfico, o eixo "x" é o tempo e a felicidade é o eixo "y". A tendência é você ir assim quando está saindo dela. [Bargh traça no ar, com a mão, uma série de curvas ascendentes.] Basicamente, o que o autor tenta explicar é que não se pode esperar sair do zero à felicidade numa linha reta. Leva tempo. Você começa muito infeliz; sua felicidade vai aumentando; você recua um pouco, mas para um nível ligeiramente superior ao de antes. O que me marcou, em especial, é que Cantopher descreve a tendência de muitas pessoas com depressão a serem silenciosas, ambiciosas e esforçadas. Essa descrição se encaixa muito bem na minha personalidade.

Você consegue recordar o que especificamente, no livro, o ajudou a sair de seu estado de infelicidade?
Ele me fez sentir que não estava sozinho. Ajudou-me a compreender que essa situação acontece com outras pessoas e que existe uma estratégia para sair dela.

Como você saiu daquele estado mental?
Saí pela força bruta do diálogo interior. Lembro-me de que sentado no ônibus, voltando do trabalho, eu pensava: "Você tem que ser feliz! Você tem que ser feliz!" Saí daquela amargura sendo meu próprio psicólogo. Concluí que, se não fizesse isso, ia cair em um buraco, e é difícil sair do buraco.

De certa forma, o trading salvou você. Fez com que percebesse que só teria êxito se estivesse em um estado mental apropriado. Isso lhe deu a motivação que não tinha antes?
Com certeza.

Foi o trading que levou você a comprar o livro sobre a depressão?
Foi. Levou muito tempo até eu me livrar completamente da sensação de tristeza. Faz três anos que não tenho episódios de depressão. Mas sei que você nunca se livra totalmente dela.

Qual era o seu estado mental na época em que começou a operar com dinheiro de verdade?
Minha cabeça ficou bagunçada durante anos, sobretudo pela pressão de não receber salário. Em essência, o raciocínio é de que é preciso ganhar dinheiro com o trading.

Quais foram seus resultados no primeiro ano?
Ganhei cerca de 20 mil libras em 2012, mas fiquei no vermelho naquele ano, porque tive de contabilizar todos os custos.

Você ganhou 20 mil libras com uma linha de risco de 10 mil. Para o primeiro ano de trading, não é nada mau.
Suponho que não, mas nunca cheguei a enxergar desse modo. Eu via como: "Não sou muito bom nisso."

Mas você só ficou no vermelho por causa das despesas.
Isso foi uma das coisas que me fizeram seguir adiante. Sempre tive a impressão de que, por estar ganhando dinheiro, tudo que precisava fazer era faturar mais que as despesas. Por isso, sabia que tinha algum talento.

O que aconteceu em 2013?
No começo do ano, meus chefes zeraram minha carteira, de modo a não apresentar mais resultado negativo. Na primeira metade de 2013, meu trading foi lucrativo, mas não o bastante para cobrir integralmente as despesas mensais.

Já que no trading você não ganhava sequer o bastante para cobrir os encargos mensais, como pagava as despesas do dia a dia?
Vivia de economias. Tinha poupado o dinheiro que ganhei com empregos de verão durante muitos anos. Como morava em uma fazenda, não tinha a tentação de gastar muito e economizei a maior parte do que ganhei. Quando

tinha 16 anos, trabalhei como garçom, mas era muito desajeitado. Deixava facas e garfos sujos caírem nas pessoas. Fui demitido. Depois consegui um emprego em uma empresa de montagem de tendas em eventos, como casamentos. Era muito bom no que fazia, até porque sou muito alto [Bargh mede pouco mais de 2 metros].

E dava para viver dessa poupança?
Eu também tinha economizado durante o meu estágio. E meus pais me ajudavam, pagando o aluguel. Com minhas economias, eu pagava as outras despesas.

O que seus pais achavam de você ter um emprego sem renda?
Não gostavam muito.

Tentaram demovê-lo da ideia?
Acabaram fazendo isso. Em meados de 2013, eu havia gastado quase todas as minhas economias. Disse a meus pais que só tinha o bastante para um mês de despesas. Eles ficaram preocupados de verdade. Não queriam financiar algo que consideravam um jogo viciante. Disseram: "Não vamos mais bancar você. Você precisa dar um jeito e arrumar um emprego de verdade."

Qual vinha sendo a sua performance naquele ano?
Até o fim de junho, meu lucro bruto tinha sido de 26 mil libras.

Mas 26 mil libras, em uma linha de risco de 10 mil, é uma performance bastante boa.
Talvez, mas uma coisa que as estatísticas de retorno não mostram são os trades perdidos. Ganhei quase todo o dinheiro fazendo trading de eventos, e, em meio à crise da dívida europeia, não faltavam oportunidades para ganhar dinheiro com esse tipo de trading. Naquela época, a política monetária passava por grandes transformações, com o surgimento do *forward guidance* [ferramenta dos bancos centrais para direcionar as expectativas do mercado] e a retomada do *quantitative easing* [conjunto de ferramentas de estímulo econômico por meio das quais os bancos centrais compram títulos no mercado para elevar o nível de liquidez na economia]. Eram muitos eventos para fazer trade e eu não parava de me dar mal. Não estava preparado para eles. Era um círculo vicioso de perder um trade, me sentir péssimo por perdê-lo

e então assistir a todos os outros ganhando bastante dinheiro com ele. Eu me sentia um fiasco.

É irônico, porque, do ponto de vista objetivo, você estava indo muito bem em termos de retorno percentual, excluindo as despesas cobradas da sua carteira.
Minha teoria é que tudo é relativo para o ser humano. Você fica o tempo todo se comparando com os outros.

Você cogitou desistir e fazer outra coisa?
Ainda que achasse que era um fiasco e incompetente como trader, não conseguia pensar em nada que fosse melhor. Gostava daquilo de verdade e queria que desse certo. Por isso, era doído estar quase sem dinheiro, com a impressão de que meus pais estavam desistindo de mim. Não achava uma boa ideia arrumar um emprego em meio expediente, porque canalizava toda a minha energia para o trading. Minha impressão era de que, se arrumasse um emprego em tempo parcial, iria me dar mal no trading. Conversei com meus chefes e expus a situação. Disse: "Estou sem dinheiro e não sei por quanto tempo mais consigo continuar trabalhando nesse esquema. Tem algo que vocês possam fazer para me ajudar?" Tinha! Foi incrível. Eles responderam: "Vamos lhe pagar um salário. De quanto você precisa?"

Quanto lhe deram?
O suficiente para cobrir as despesas mensais de administração. Vim a saber depois que meus chefes levaram Amrit para jantar e pediram a opinião dele sobre mim. [Amrit Sall, entrevistado no Capítulo 4, tinha começado na mesma firma alguns anos antes.] Disseram: "Parece que ele está sofrendo. Não temos muita certeza sobre a capacidade dele. O que você acha?" E Amrit respondeu: "Acho que ele vai conseguir." Foi o apoio de Amrit que os convenceu a me pagar um salário. Depois que recebi esse dinheiro, me dei até o Natal para fazer o trading ir além de cobrir as despesas mensais. E, felizmente, consegui.

[Entrevistei Amrit no dia seguinte e perguntei-lhe sobre esse episódio e por que ele achava que Bargh teria êxito. Ele respondeu: "Richard é esforçado. Ele tem uma disciplina incrível. Quando você tem esse comprometimento com algo e mantém o foco naquela tarefa, é só uma questão de tempo para começar a dar certo. Ele é determinado e proativo em relação àquilo que o atrapalha."]

Por que foram perguntar a Amrit?
Amrit era um dos traders mais bem-sucedidos, e acho que davam valor à opinião dele. Não que eu conhecesse bem Amrit na época. Ficava sentado em outra parte do escritório. Mal tinha falado com ele.

Muitos anos depois, porém, Amrit tornou-se de fato um mentor. Ele ajudou a incutir em mim a importância do mindset no trading. Amrit me ajudou a perceber que eu estava cavando meu espaço. Sempre fui o tipo de pessoa do copo meio vazio e não parava de me flagelar por erros cometidos. Ele sempre me dizia: "Olha, você não pode ficar pensando desse modo. Só vai operar bem se tiver um bom mindset."

O receio de perder a vaga de trader diminuiu depois que você passou a receber salário?
De imediato, não. Considerei que havia ganhado um pouco de tempo e ainda tinha até o Natal para levar o trading além da simples cobertura dos custos mensais. Lá pelo fim de outubro, eu estava 40 mil libras no azul para o ano, o que pode parecer bom, mas que não me agradava nem um pouco, porque minha carteira continuava negativa depois de contabilizados todos os custos de escritório e minha retirada salarial. Naquela ocasião, achei que não me restava muito tempo para dar certo no trading. Foi um momento decisivo para mim.

Então, no fim de outubro de 2013, você ainda pensava que sua carreira de trader poderia acabar naquele ano.
Sim, salvo algum milagre.

O que aconteceu então?
Em novembro de 2013 a expectativa geral do mercado era que Mario Draghi, o presidente do Banco Central Europeu (BCE), cortaria os juros em dezembro, mas que em novembro era cedo demais. Eu rezava para ele cortar os juros em novembro. Seria um movimento surpreendente, e eu achava que ia ganhar um bom dinheiro se acontecesse. Sei que parece um clichê, mas me lembro de ter pensado: "Se existe Deus, esta poderia ser minha última chance." Quando Draghi anunciou o corte da taxa ao fim do encontro mensal do BCE, comprei de imediato várias centenas de contratos de futuros da taxa de juros europeia de curto prazo.

Como conseguiu assumir uma posição tão grande, considerando sua modesta linha de risco?

Meus chefes atribuíam limites para as posições, com base na confiança no trader e no nível que achavam que o trader era capaz de tolerar. Tinham visto que eu vinha ganhando dinheiro o ano todo e aumentado meu limite. Era um trade simples. Comprei, de forma agressiva, futuros da taxa de juros de curto prazo e saí da posição quando o corte da taxa foi precificado. Ganhei quase 90 mil libras naquele trade.

Pode até ter sido simples, mas foi um trade perfeito. Você antecipou a possibilidade do trade. Estava utilizando a metodologia em que acreditava – apostar em um evento – em vez de usar análise técnica. Estava pronto para o trade e colocou a posição do maior tamanho possível. Fez tudo certo. Foi seu primeiro trade vitorioso. Como se sentiu?

Ótimo. Lembro-me de ter pensado: "Me salvei. Agora posso fazer disso uma carreira." Por incrível que pareça – e é o que tornava aquilo ainda mais doce –, meus pais vieram me visitar naquela noite. E eu os levei para jantar.

Eles sabiam de algo antes da refeição?

Não, não sabiam.

Você estava indo bem. Eles sabiam disso pelo menos?

Não, só sabiam que eu estava recebendo apoio de uns caras no trabalho.

Seus pais deveriam achar que você estava no fim de seu emprego de trading.

Achavam, sim.

Como você contou a eles o que havia acontecido?

Disse a eles que eu tinha ganhado 90 mil libras naquele dia. Eles não conseguiam acreditar. Foi um grande momento.

Isso mudou o ponto de vista deles em relação ao trading?

Acho que sim, mas não falo mais com eles sobre trading porque minha mãe fica muito preocupada.

Depois daquele trade, você sentiu que estava garantido?

Sim, mas, toda vez que sinto que estou garantido nesse jogo, alguma coisa me derruba de novo.

O mercado é assim. Aquele trade fez você desistir de usar a análise técnica ou ainda estava tentando fazer a análise técnica funcionar?
Eu não tinha desistido da análise técnica, mas, àquela altura, o foco era me aprimorar nos fundamentos. No papel, o método é muito simples. Você descobre o que faz o mercado se movimentar. Você encontra o trade e o executa. O que impede os traders de conseguir uma boa performance são eles mesmos. Meu problema era sobretudo psicológico. Tinha um dia bom, me acomodava e me despreparava para o evento seguinte, que se revelava uma oportunidade excelente. Minha pontaria estava errada.

Hoje sou muito melhor e há bem menos oportunidades do que em 2013 e 2014. Naquela época havia muita coisa nova, como o *quantitative easing* e o *forward guidance*, e mais incerteza em relação ao que os bancos centrais iriam fazer e como fariam. Hoje, ao contrário, os mercados estão tão ligados nos bancos centrais que não há tantas brechas para ganhar dinheiro com os atos desses bancos como antes. Os mercados ficaram bons em precificar eventos. Ganho dinheiro com a precificação quando ocorre uma surpresa, e, por haver menos surpresas, há menos oportunidades. Ainda é possível ganhar dinheiro assim, mas é preciso fazer diferente. É preciso ser mais esperto.

Pode me dar um exemplo?
Não quero entrar nessa questão, é algo mais exclusivo.

Você comentou que Amrit veio a atuar como mentor. Você teve outros mentores na firma?
Você vai entrevistar Daljit, não vai? [Daljit Dhaliwal, entrevistado no Capítulo 5, começou como trader na mesma firma alguns anos depois de Bargh.] Eu me sentava ao lado dele. Nos primeiros dias de trading, era a única pessoa com quem eu conversava. Para o bem e para o mal, ele me ajudou, mas, no fim das contas, diria que foi mais para o bem.

O que foi bom e o que foi ruim?
Daljit era um sujeito bastante motivado. Acho que nunca encontrei alguém

mais motivado que ele. Entendia muito bem o que movia os mercados. De vez em quando me dava dicas que me ajudaram.

Pode me dar um exemplo?
Por ter feito pesquisa fundamentalista de forma intensiva, ele era muito bom na antecipação de eventos de mercado. Dizia coisas como: "Vai haver um corte coordenado nas taxas. Prepare-se." Na época, eu estava mais focado no trading de análise técnica, porque os chefes tinham me dito para ficar longe dos fundamentos. Porém, se não tivesse ganhado dinheiro em trades de fundamentos graças à ajuda de Daljit, não teria feito a maioria dos lucros que fiz.

Isso parece muito positivo. Qual era o lado ruim de ter Daljit como mentor?
Não poria a culpa em Daljit, mas fomos incentivados, enquanto grupo, a ser agressivos. Para a carteira crescer, você tem que ser agressivo. Daljit sempre me incentivou a aumentar o tamanho. Eu aceitava seus conselhos de modo literal demais. Assumia uma posição de trinta lotes no Bund [títulos do governo alemão] e ficava lá sentado, petrificado, porque se desse errado estava frito. O que deveria fazer era negociar lotes de cinco e ganhar confiança com o passar do tempo.

Então você colocou trades maiores do que teria colocado, por conta dessa influência?
Funcionou exatamente ao contrário. Acabava não negociando um lote porque tinha a impressão de que, para colocar um trade, tinha que ser grande. Então, quando aparecia o momento, não fazia nada.

Isso acontecia porque você achava que só havia duas opções: fazer um trade grande ou não fazer nada. Era isso?
Exatamente. Acabava não fazendo nada porque tinha medo demais de perder. Não estou pondo a culpa em Daljit por ele me dizer que eu precisava negociar mais. Ele estava negociando muito e aprendendo muito. Um dos meus arrependimentos é não ter negociado mais. Estava operando em níveis acima do que podia tolerar com tranquilidade, o que me dava medo de operar. Eu não operava e, por não operar, não ganhava experiência.

Curiosamente, você, Amrit e Daljit se conheciam, e estou entrevistando os três para este livro. Não acho que isso tenha acontecido antes, a não ser com Marcus e Kovner, no primeiro livro da série.
Recentemente reli a entrevista de Marcus. É interessante como surgem ideias novas quando você lê essas entrevistas anos depois. Parece que, quando se tem mais experiência, você vê as coisas sob uma nova luz. Um dos trades que Marcus discutia na entrevista era uma posição comprada em soja, da qual ele saiu cedo, mas Ed Seykota persistiu e a soja começou a disparar dia após dia.

Embora Marcus tenha perdido dinheiro várias vezes em seus primeiros anos de trading, minha impressão é de que sua experiência mais penosa não foi nesses trades perdedores, mas na oportunidade que ele perdeu.
Nunca entendi a dor de ficar de fora até eu mesmo vivenciá-la. Tive um dia de queda de 12%, e nem isso foi tão ruim. É uma sensação diferente quando você desperdiça uma ótima oportunidade de trading. É horrível.

Houve algum trade desperdiçado que tenha sido particularmente sofrido?
Eu ainda estava no simulador quando o Banco Nacional da Suíça atrelou o franco ao euro. Ironicamente, deixei passar quando eles desatrelaram, em janeiro de 2015. Até aquele momento da minha carreira, trabalhava das 6h30 às 16h30, como um reloginho. Mal saía do escritório durante o dia. Até trazia comida para comer na minha mesa. Naquela noite, tinha um voo marcado para os Estados Unidos, para assistir a um congresso de trading. Saí do escritório na hora da abertura dos bancos, para pegar alguns dólares. Meu cartão estava com um problema e perdi uma hora, mais ou menos, no banco, tentando resolver a questão. Quando voltei ao escritório, todo mundo parecia em estado de choque e um colega que se sentava na mesa ao lado me contou o que havia acontecido. Foi uma das melhores oportunidades de trade com risco/retorno na minha carreira e deixei passar. Fiquei arrasado.

Você citou Daljit como mentor inicial. Algum de seus três chefes lhe deu algum conselho ou outro feedback?
Apesar de fazerem avaliações mensais, eles não eram muito próximos de mim. Tinham começado no pregão da Bolsa de futuros de Londres, antes de passar ao trading eletrônico, e essa experiência teve influência sobre eles. Diziam coisas como: "Você precisa ser mais consistente. Tente ganhar 100

libras por dia." Nunca cheguei a achar que o trading funcionasse desse modo. Seria como ficar um tempo sem ganhar nada e de repente ter um surto.

Nos primeiros anos, o que dava certo para você?
Tive alguns grandes triunfos. O primeiro foi um trade vendido em petróleo bruto. Na época, a cotação do petróleo estava muito alta e eu estava de olho em uma possível liberação da Reserva Estratégica de Petróleo dos Estados Unidos. Não lembro se eles fizeram ou se apenas discutiram a liberação, mas a notícia fez o preço do petróleo cair alguns dólares. Ganhei 7 mil dólares naquele trade. Lembro que cheguei em casa e disse à minha namorada, hoje minha noiva: "Acabei de ganhar 7 mil dólares!" Mas logo aprendi a parar de chegar em casa e relatar perdas e ganhos. Não queria transferir para ela a pressão que sentia. Logo depois tive outro ganho surpreendente. Alguns dados econômicos divulgados pela Europa estavam terrivelmente ruins, então comprei os Bunds e ganhei mais 4 mil libras.

Ironicamente, todos esses trades eram de fundamentos.
Eu sei. Acho que sou lento para aprender. Leva muito tempo para as coisas entrarem na minha cabeça. Mas, quando entram, arraso. Em parte, é porque tenho uma mente científica e vivo em busca de evidências.

É provável que isso o tenha impedido de adotar os fundamentos: não se pode obter um número de observações estatisticamente significativo.
Exatamente. Eu tinha problemas com isso. Um fato que me prejudicou é que sou arrogante demais. Não dava ouvidos a ninguém.

O que as pessoas lhe diziam que você ignorava?
Diziam que eu precisava prestar mais atenção nos fundamentos.

Achei que seus chefes o mandassem prestar mais atenção na análise técnica.
Eles me diziam isso, mas meus colegas falavam exatamente o contrário.

Você recebia conselhos conflitantes. Por definição, tinha que dar ouvidos a um dos lados.
Eu sei, mas não pensava com a minha cabeça. Deveria ter me sentado e refletido a respeito. Nunca fiz isso. Gastava a maior parte da minha energia mental me

preocupando em saber se era bom o bastante, se ia ser demitido. Deveria ter me concentrado no processo. Levou algum tempo para que conseguisse isso, mas no fim me dei conta de que precisava focar mais nos fundamentos.

Hoje seu trading se baseia exclusivamente em fundamentos?
Não. Depois de tantos anos voltei a fazer trade técnico, mas quando faço é em um intervalo de tempo mais longo. Não faço trade só com análise técnica; combino com o conhecimento que tenho dos fundamentos.

O que o levou a voltar a usar análise técnica?
O trading com base em eventos é bem chato quando não há evento a negociar porque não há nada a fazer. Dá a sensação de que você está desperdiçando seu tempo.

Quando está entediado, você fica tentado a fazer trades que não deveria?
Exatamente. Quando não tenho nada além de eventos para operar e não há eventos para fazer trade, minha mente enlouquece. Preciso dirigir minha atenção a alguma coisa; do contrário, acabo me concentrando em coisas erradas. Alguns anos atrás, comecei a dar uma olhada em sistemas de acompanhamento de tendências e a testar alguns deles. Queria ver por conta própria se o *trend following* funcionava. Rodei simulações com muitos parâmetros e períodos diferentes. Fiquei brincando com várias medidas de *stop* e níveis de meta para ver que efeito essas mudanças teriam.

Como você fez esses testes?
Escrevi programas em Python.

Que tipo de sistemas de acompanhamento de tendências você testou?
Testei sistemas de tipo Donchian e sistemas de média móvel. [Richard Donchian foi um pioneiro do trading de acompanhamento de tendências. A regra básica do sistema elaborado por ele era comprar quando o mercado fechava em uma nova máxima de quatro semanas e vender quando fechava em uma nova mínima de quatro semanas. Esse é um sistema chamado *breakout*. A média móvel básica sinaliza a compra quando a cotação do mercado ou a média móvel de curto prazo superam a média móvel de longo prazo, e sinaliza a venda no caso contrário.]

Qual foi a sua conclusão?
Concluí que seguir tendências funciona de fato, mas você pode sofrer baixas pesadas.

Funcionaria muito melhor nos anos 1970 e 1980.
Cheguei a essa conclusão também. Os resultados eram muito, muito melhores naquela época.

As tendências ainda existem, mas os mercados se tornaram muito mais voláteis, tornando irrelevante a performance de retorno/risco dos sistemas básicos de acompanhamento. Como você resolveu essa limitação intrínseca?
Não uso só *trend following*. Combino-o com o meu conhecimento dos eventos. Até aqui, os resultados vêm sendo satisfatórios.

Ao fazer seu teste de sistemas, você deve ter concluído que os sistemas *breakout* de mais curto prazo, como a regra das quatro semanas de Donchian, estão sujeitos a perdas "motosserra" e não funcionam muito bem.
Sim, é verdade.

Imagino que tenha optado por um sistema de tendências de mais longo prazo. Ou a ideia é mais complicada que isso?
Não uso sistema informatizado. Um dos meus princípios, quando iniciei esse projeto de pesquisa, foi que não queria algo feito pelo computador. Meu palpite era de que, se fosse fácil replicar os sistemas básicos de *trend following*, todo mundo teria como fazer.

Nos anos 1970, ou, melhor ainda, nos anos 1960, quando muito pouca gente usava sistemas de *trend following*, eles funcionavam muito bem. Estou pensando em Ed Seykota, que lá atrás, nos anos 1960, rodava sistemas de acompanhamento de tendências em um supercomputador IBM 360. Ele não tinha muita concorrência. Mas, tendo chegado ao estágio em que os PCs se banalizaram e qualquer um pode adquirir software de *trend following*, a eficácia dessa abordagem começa a ruir. Então, como você usa o acompanhamento de tendências para um efeito positivo?
O acompanhamento de tendências, por si só, é insuficiente. Os elementos cruciais são como você gere o risco e como obtém lucros depois de entrar no trade.

No começo, quando usava *trend following*, ia para o tudo ou nada. Entrava na tendência e usava um *trailing stop* [limitador de risco que muda de posição conforme os preços sobem ou caem] para pular fora. No entanto, descobri que, quando havia um movimento de alta muito grande e o mercado em seguida voltava para o meu *trailing stop*, precisava devolver uma parte grande do lucro. O trade tem que refletir sua personalidade. Você tem que se sentir em paz com seu modo de operar. Depois que sai de um trade, tendo ou não ganhado dinheiro, tem que esquecer daquilo assim [estala os dedos]. Caso se sinta desconfortável, precisa investigar esse sentimento, porque existe uma razão para o desconforto e é preciso descobrir qual é. Essa sensação de desconforto foi o que me levou a elaborar minha metodologia de saída de trades de tendência.

Então, embora você tenha testado o sistema, suponho que não use a análise técnica como sistema, e sim como *input*.
A única coisa relevante do meu teste de acompanhamento de tendências foi ter me dado confiança de que era possível ganhar dinheiro com os gráficos. Mas não faço trade com sinais automatizados; todo o meu trading é por decisão própria. Descreveria meu método como uma combinação de interpretação de eventos, insights que extraio do acompanhamento de tendências e lições que aprendi com a gestão de risco de Peter Brandt. [Brandt foi entrevistado no Capítulo 1.]

Entrevistei Peter Brandt para este livro. O que você aprendeu com Peter, especificamente?
Aprendi que manter os prejuízos tão pequenos quanto possível é imprescindível para a preservação do capital. No trading, a coisa mais imperativa é o capital mental. Você precisa estar no estado de espírito correto para o trade seguinte. Percebo que, quando sofro uma baixa pesada, meu mindset não é o adequado. Posso começar a forçar trades para recuperar o dinheiro. Acabo ficando com medo de arriscar no trade seguinte.

Peter Brandt tem uma maneira incrível de gerir riscos. Fico muito feliz de ter estudado o que ele faz. [Bargh me mostra uma grossa pasta em que ele guarda páginas cheias de anotações sobre os trades de Brandt.] Quando ele entra em um trade, tem a expectativa de que dê certo de imediato, se tiver razão. Os melhores trades são assim. Quando aparece qualquer indício de que o mercado não vai reagir como ele imaginou, restringe o *stop* para pular fora. É um método que combina com o meu jeito de negociar fundamentos. Quando coloco um trade considerável, espero que dê certo instantaneamente. Se não funcionar de imediato, saio com bastante rapidez.

Quando você está convicto de um trade e coloca muito dinheiro nele, quanto tempo dá para que traga resultado?
Quanto mais tempo perco dinheiro em um trade, mais preocupado vou ficando e mais agressivo me torno em limitar meu *stop*.

Você sabe quanto risco está assumindo ao colocar um trade?
Faço uma conta de padaria. Sei quanto vou perder sempre que o mercado ficar dez *ticks* contra mim.

Você tem um número predeterminado de *ticks* para sair de um trade?
Depende do trade. Quanto mais confiante estou, mais agressivo sou em relação ao risco que assumo, mas, da mesma forma, mais agressivo sou em relação ao *stop*. Ganhei 100% em um só dia em um trade do Brexit. Mas só é possível obter esse tipo de retorno quando se usa uma alavancagem substancial no trade. Por isso, é o tipo de trade que nem quero pensar em sofrer. Se constato sofrimento, é um tremendo sinal vermelho.

Ao colocar um trade importante, você tem a expectativa de ficar no azul instantaneamente?
Tenho que ter. Às vezes posso ficar no vermelho por uma fração de segundo, mas na maior parte do tempo, se estou no vermelho nesses trades, não me sinto seguro em persistir.

Você pula fora na mesma hora?
Pulo.

É uma questão de minutos?
Segundos. Às vezes, quando não é uma posição tão grande, posso dar alguns minutos. Mas, se é uma posição importante e não funciona em 20 ou 30 segundos, estou fora. As pessoas têm dificuldade em reduzir os prejuízos porque têm medo de sair do trade e então vê-lo caminhar na direção que tinham imaginado. É uma questão de ego. Cometi o mesmo erro durante

anos. Entrava em um trade, colocava meu *stop* e via a posição ficar milênios no vermelho sem acionar o *stop*. Esperava o *stop* ser atingido, mesmo sabendo que em 90% dos casos o trade não ia dar certo. Mas não conseguia me forçar a pular fora, porque podia sair e depois ver o trade funcionar. E às vezes, quando saía, o trade convergia para a meta. Quando isso acontece, a lição é que você fez a coisa errada, que foi segurar. O problema é que você só se lembra das vezes que saiu e o trade caminhou para a meta; não se lembra de todas as vezes que pulou fora e com isso economizou dinheiro.

Por que você acha que isso acontece?
É da natureza humana ter o viés do pessimismo. Os traders fracassam por se aferrarem a seu *stop*, mesmo quando o trade não está dando certo. Os piores traders nem sequer têm *stop* ou só acionam o deles bem distante do mercado.

É o que chamo de *stop order* "CIC" – de *cancel if close*, cancele se o mercado chegar perto. Você está dizendo, então, que não basta ter um *stop* para cada trade.
Isso mesmo. Os traders se agarram a um trade que está afundando há cinco dias, só esperando o mercado acionar o *stop*. Para mim, quanto mais tempo um trade dá errado, maior a probabilidade de haver prejuízo.

Você comentou que ganhou 100% em um trade do Brexit. Conte-me a história por trás dessa experiência.
Todos os traders do escritório, inclusive eu, estávamos na expectativa de que o Brexit não ganhasse o plebiscito, mas negociamos por volta da meia-noite na pequena probabilidade de que ganhasse.

Suponho que, se o Brexit tivesse perdido, não teria havido trade algum.
Exatamente. Os resultados foram sendo anunciados região por região. À medida que a noite avançava, foi ficando cada vez mais claro que o Brexit ia vencer. O mercado não tinha precificado essa situação. Então havia dinheiro a ganhar. O trade óbvio era ficar vendido na libra esterlina. O problema, porém, era que a libra andava muito volátil e eu temia que, se meu timing estivesse só um pouquinho errado, perderia metade da minha carteira.

É um receio bem compreensível. Lembro que a libra esterlina estava variando bastante naquela noite. Não era o tipo de situação em que a notícia é divulgada e o mercado inteiro anda na mesma direção.
Exatamente. Uma região divulgava um resultado dando a entender que o Brexit ia acontecer, em seguida outra região divulgava um resultado sugerindo o contrário. Eu poderia ser pego com as calças na mão e perder muito dinheiro.

O que você fez, então?
Comprei títulos do Tesouro americano, os T-bonds. Concluí que o choque do Brexit causaria um movimento do mercado em direção a trades sem risco, desencadeando uma corrida pelo Tesouro americano. A diferença é que, se eu estivesse enganado, provavelmente perderia apenas alguns *ticks* em uma posição vendida em libras esterlinas – diferença crucial, considerando que eu estava colocando uma posição bastante alavancada.

Quanto subiram os T-bonds?
Acho que foi algo em torno de 60 a 100 *ticks*.

Considerando esses números, a posição comprada em T-bonds oferecia um perfil de retorno/risco melhor que ficar diretamente vendido na libra esterlina.
Os títulos do Tesouro pareciam bem mais fáceis de operar que a libra.

Pode me dar um exemplo de um trade em que você combinou seu trading de eventos com a análise técnica?
Em 2019 o ouro não estava rendendo muito. Quando Trump tomava atitudes como impor tarifas sobre a China, o ouro era o mercado menos reativo. Então, certo dia Trump resolveu aumentar as tarifas sobre produtos chineses. Na manhã da segunda-feira seguinte, o ouro teve uma forte alta. Pensei comigo mesmo: "Isto é diferente." O movimento da cotação coincidia com o *breakout* que eu estava esperando para negociar. Então coloquei uma posição comprada.

Você ainda está nessa posição?
Não, saí.

O que o fez sair?
Tenho regras predefinidas em relação ao ponto de realização de lucro e ao jeito de lidar com tendências.

Essas regras de realização de lucros são porque o trade atingiu certo nível de lucratividade ou em razão de alguma mudança de padrão?
Um pouco dos dois. Monitoro diariamente a situação. O que quero é ganhar o máximo possível com a tendência. Quando há uma alta explosiva, minha tendência é realizar o lucro, porque qualquer *stop* relevante correria o risco de devolver muito do lucro aberto. Quando, no entanto, o mercado tem uma tendência estável, vou subindo aos poucos meu *stop*. Cada situação é única.

Nesse trade com ouro, o que você fez?
Realizei parte do lucro durante a tendência de alta e tirei o restante quando começou a cair. Sempre tento conservar um pouco da posição quando saio em meio a uma tendência em andamento.

Anteriormente, você falou da importância de ter um bom mindset ao operar. Pode falar mais do lado mental do trading?
Como trader, meu objetivo é sempre estar em harmonia com o processo. Por isso, uso meu feeling como *input* para o trading. Tento identificar em tempo real quando estou operando mal. Ao analisar minhas baixas anteriores, constatei que começava a operar mal mas persistia, por medo de perder o trade seguinte. Hoje, tenho um método bem direto para lidar com essa situação. Quando sinto que algo não está indo bem, vou para casa mais cedo ou tiro a manhã seguinte de folga. Faço qualquer coisa que me ajude a entrar no mindset certo. Quero operar em estado de serenidade e paz interior, sem conflito interno.

Então, quando você sente que seu trading está em descompasso com o mercado, é uma espécie de *circuit breaker*.
Isso. Antes não conseguia fazer isso, por medo de desperdiçar um trade.

Qual foi seu pior trade de todos os tempos?
O que considero meu pior trade não tem a ver com prejuízo, mas com meu jeito de lidar com o trade. Na época, os dados do PMI [Purchasing Managers'

Index, indicador que mede o vigor econômico] vinham fazendo o mercado se movimentar muito. Em um mês, o PMI da Alemanha ou da França – não me lembro qual – superou, e muito, as expectativas do mercado. Achei que o mercado de títulos ia cair drasticamente e que as ações iam se recuperar com rapidez. Vendi 200 Bunds e comprei 200 Euro Stoxx. De cara, saí perdendo cerca de 20 mil libras. Disse a mim mesmo "Não posso levar esse prejuízo" e segurei o trade. Por sorte, o mercado reagiu e consegui sair com um prejuízo de só 3 ou 4 mil libras. Pouco tempo depois que saí, os mercados se movimentaram com violência contra meus trades originais. Foi horrível.

O trade acabou não sendo tão ruim, mas se você não tivesse feito aquela correção...
Estaria ferrado.

É uma dessas situações em que o desfecho não é ruim – acabou sendo bem melhor do que se você tivesse assumido o prejuízo de imediato –, mas poderia ter sido um desastre. Você fez a coisa errada, mas o erro trabalhou a seu favor. No entanto, como você batizou isso de seu "pior trade", reconhece que, embora tenha tido sorte, foi a decisão errada.
Sim, aquele trade mexeu comigo, porque me fez perceber o que era capaz de fazer. Me assustou porque pensei: "Posso vir a fazer isso de novo."

Você extraiu a lição correta dessa experiência. A maioria das pessoas teria aprendido a lição errada: "Rapaz, fui esperto por ter esperado a correção em vez de entrar em pânico." Aquilo que você rotula como seu pior trade foi apenas uma pequena perda e, ironicamente, o que fazia dele um trade ruim levou a um prejuízo menor do que poderia ter sido. Acho que a capacidade de distinguir entre a ação e o resultado é uma das razões de seu êxito como trader.
Eu nunca, jamais, esquecerei aquele trade. Nunca pensei que agiria daquele jeito. A simples constatação de que era capaz de pensar em "Não posso levar esse prejuízo" me fez surtar de medo. Devo ter ficado com muito medo mesmo, porque nunca mais cometi aquele erro.

O que você chama de "pior trade" não o fez perder muito dinheiro. Qual foi seu pior prejuízo em um único trade?

Em setembro de 2017, estava escutando a entrevista coletiva do Banco Central Europeu e Mario Draghi deu uma declaração em que, nos parágrafos iniciais, mencionava a força do euro. Achei relevante aquele comentário e que ele iria desvalorizar o euro. Havia me preparado para aquele trade e na mesma hora vendi 200 contratos do euro. Lucrei muito rapidamente, que é o que busco nesse tipo de trade. Mas fiquei ganancioso e comprei 200 Bunds. Não era um trade para o Bund, porque o comentário de Draghi era sobre desvalorizar o euro, e não aliviar as taxas de juros.

Na prática, então, você estava tentando "piramidar" a posição de uma forma menos arriscada adicionando um trade indireto.
Exatamente. Assim que comprei o Bund, o euro começou a reagir, o que era um enorme sinal de alerta para o meu trade original. Enquanto me preparava para sair da posição do euro, o Bund fez um movimento forte contra mim. Saí de imediato, com prejuízo nas duas posições, e a maior parte dessa perda veio da posição em Bund adicionada de forma impulsiva.

Se você tivesse mantido a posição originalmente prevista...
Teria sido um prejuízo pequeno. Foi pura ganância. No dia seguinte surgiu uma oportunidade de trade de evento quando o Banco da Inglaterra mudou para um viés de alta e fiquei muito tímido para puxar o gatilho, tendo acabado de perder 12% na véspera. Mentalmente, não havia me recuperado desse prejuízo e não podia assumir o risco de outro. O mercado fez um movimento grande e os outros traders do escritório tiveram um dia ótimo, enquanto eu ainda estava lá, sentado, remoendo o desastre anterior. Foi um sofrimento em dobro. Para piorar o cenário, os traders do escritório foram para a Espanha comemorar a despedida de solteiro de Amrit. Foi como se meu mundo tivesse caído, e eu não estava com vontade de comemorar.

Sua performance mais fraca parece ter ocorrido entre janeiro e julho de 2018, quando você ficou praticamente zerado. Não há nada horrível nisso, mas, para você, representou uma performance muito abaixo do normal. Nesse período aconteceu algo diferente?
Eu tive um 2017 muito bom e entrei em 2018 com o pensamento de que podia forçar mais. Comecei a correr riscos demais. Retornei ao trading depois de uma parada e resolvi voltar a ter o tamanho que tinha antes. Meu mindset

passou de "Preciso ir mais longe" para "Só preciso focar em manter meu capital onde está, sem sofrer mais prejuízos significativos".

Trabalhar com Steve Goldstein [coach de trading londrino que trabalhou com vários traders deste livro e foi minha fonte para localizar alguns] ajudou você?
Steve me ajudou a enxergar uma característica da minha personalidade que não havia notado. Eu vivia me comparando com os outros, avaliando minha performance em relação à deles. Quando perdia um trade grande, mas ninguém mais no escritório estava negociando aquilo, não me importava. Mas quando alguém negociava, eu odiava, porque ficava achando que ele tinha, de certa forma, ganhado de mim. Era essa sensação que me fazia continuar tropeçando. Tinha a impressão de ter ficado para trás e tentava compensar aumentando demais o tamanho dos trades seguintes. Esse defeito explica, em grande parte, por que me saí mal na primeira metade de 2018. Steve me ajudou a perceber o que eu estava fazendo.

Você não tinha conhecimento disso antes?
Eu meio que sabia, mas não tinha plena consciência disso.

Qual conselho Steve lhe deu?
O estranho é que ele não me deu solução alguma. Apontou, porém, o que eu estava fazendo, e foi essa a parte valiosa. Iluminou a situação e me ajudou a ver como aquilo que eu fazia era um problema.

A consciência de como você respondia à perda de um trade que outra pessoa pegou ajudou a mudar sua forma de reagir?
Ajudou. Minha reação arraigada à perda de um trade e a ver alguém se sair melhor que eu era um mau hábito, e os maus hábitos podem ser modificados. Uma vez ciente do problema, consegui mudar. Por exemplo, no dia em que perdi o trade do atrelamento ao Banco da Suíça, outros traders do escritório tiveram um ótimo dia graças ao mesmo trade. Antigamente minha reação teria sido: "Odeio eles. Eles são sortudos." Agora penso: "Que azar o meu, mas que sorte a deles." Processo a ideia e sigo em frente.

Sua metodologia de trading mudou com o passar dos anos?

Sim, agora lido melhor com os lucros. Uma coisa que eu fazia era tirar um retrato do tamanho de todos os meus trades. Então eu voltava e analisava diferentes formas de sair deles.

O que você descobriu?
Por muito tempo, não tive regras de saída. Era mais como: "Estou ganhando tanto, hora de obter lucro." Descobri que melhor seria reter uma parte da posição.

Por quanto tempo você chega a reter essa posição extra?
Depende da força da tendência, mas pode chegar a um mês.

Quanto da posição você retém?
Seguro de 5% a 10% da posição. Ainda saco a maior parte do risco, porque não quero lidar com a volatilidade implícita na retenção de posições grandes da noite para o dia, que dirá por períodos mais longos.

Suponho até que esse pequeno percentual faça diferença.
É uma sensação boa acrescentar alguns pontinhos percentuais em um trade sem qualquer risco significativo.

Quais foram as lições que você aprendeu como trader?
- Para ser um bom trader, você precisa conhecer a si mesmo em elevado grau. Precisa ser capaz de enxergar seus pontos fracos e fortes e lidar de maneira eficaz com ambos – alavancando suas forças e se protegendo das próprias fraquezas.
- Não importa se você desperdiçar um trade, porque sempre haverá outra oportunidade.
- O capital mental é o aspecto crucial do trading. O mais importante é como você reage quando comete um erro, desperdiça um trade ou sofre um prejuízo significativo. Reagir mal só vai fazê-lo cometer mais erros.
- Quando você faz um trade que resulta em prejuízo, mas não cometeu um erro, precisa ser capaz de dizer: "Faria de novo esse trade."
- As oportunidades estão dispersas. Hoje você pode ter uma e depois ter que esperar três meses pela próxima. É uma realidade difícil de aceitar, porque sua vontade é ter uma renda constante com o trading, mas não é assim que funciona. Em 2017 quase todos os meus lucros vieram de duas

semanas em junho e um dia em dezembro. Foi isso. O restante do ano não resultou em nada.
- Ajuda muito ter um foco de longo prazo e tentar ampliar o capital aos poucos em vez de tudo de uma vez.
- Perdoar-se por cometer erros. Durante muito tempo, eu me flagelava toda vez que cometia um erro, o que só piorava as coisas. É preciso aceitar que você é humano e vai errar. Demorei quatro ou cinco anos até entender isso. Não sei por que levei tanto tempo.
- Olhar o dia inteiro para essas telas é como um cassino convidando-o a clicar. É preciso ter cuidado com a tentação de fazer trades impulsivos.
- Quando um trade ruim ou desperdiçado me desestabiliza, tenho algumas regras para dar a volta por cima: tirar uma folga, fazer exercícios, sair para desfrutar a natureza, me divertir. Antes, sempre que perdia dinheiro nos mercados tinha o hábito de gastar menos. Dizia à minha namorada: "Não quero sair esta noite porque hoje perdi dinheiro." Esse tipo de atitude só faz com que seu mindset e seu corpo fiquem travados, o que o impede de operar bem, porque você deixa de querer correr riscos. Um conceito paradoxal que Amrit me ensinou foi que preciso gastar mais quando estou perdendo dinheiro. Depois de um dia de prejuízo, ele dizia: "Saia de casa e se dê algum prazer." A ideia é empoderar-se, saindo e gastando dinheiro. Achei esse conselho muito difícil de aceitar e ignorei-o durante muito tempo.

Hoje em dia você faz isso?
Estou em um estágio em que o trading não afeta nada mais.

Uma palavra final?
Com a depressão, adquiri consciência de como é importante ser feliz. Quero uma vida feliz. Antes minha meta era ganhar muito dinheiro. Agora meu foco é levar uma vida plena. É curioso porque continuo ganhando dinheiro. Mas acredito piamente em focar primeiro na felicidade. Nada mais importa.

Uma lição recorrente nas entrevistas com os grandes traders é a necessidade de encontrar uma metodologia que combine com sua personalidade. Em seus primeiros anos de trading, Bargh tentou fazer a análise técnica funcionar, embora gravitasse com mais naturalidade em direção aos fundamentos. Mesmo gastando a maior parte do tempo na análise técnica, concluiu que todo o seu lucro vinha de trades com fundamentos. No fim das contas, ele mudou o foco para sua metodologia preferida e seu trading teve grande melhora. Com o tempo, achou um jeito de incorporar a análise técnica de maneira eficaz, usando-a como um auxílio.

Bargh acredita que o mindset é crucial para um trading bem-sucedido. Ele diz: "Quero operar em um estado de calma e paz interior." Quando percebe que está operando mal e fora do mindset correto, faz uma pausa. Prejuízos trarão mais prejuízos se você continuar a operar quando está fora de prumo por causa de trades perdedores recentes. O melhor conselho pode ser tirar uma folga temporária do trading e retomá-lo apenas quando se sentir pronto para isso.

Em seus primeiros anos, operando com uma posição maior do que seu padrão e sentindo-se desconfortável, Bargh acabou deixando passar excelentes oportunidades por medo. Se estivesse operando uma posição de tamanho mais alinhado com sua zona de conforto, teria feito mais trades e lucrado com muitos deles. A lição é não operar com posições tão grandes que o medo acabe dominando o trading.

Caso se sinta pouco à vontade, você deve tentar identificar a fonte do desconforto e então alterar a metodologia de modo a eliminá-la. O incômodo que Bargh sentia ao devolver elevados lucros abertos em trades de tendência, quando o mercado se movia fortemente em seu favor, levou-o a alterar a metodologia de saída de trades desse tipo. Em vez de usar *trailing stops*, ele adotou uma abordagem mais sensível ao preço – modificação que melhorou sua performance geral.

Bargh recomenda cautela com a tentação de fazer trades impulsivos. Muitas vezes eles ocorrem por impaciência – a ânsia de fazer algo enquanto se espera por um trade que atenda genuinamente a seus critérios. O mercado premia a paciência, e os trades que nascem da impaciência são, em geral, prejudiciais.

Operar para obter uma renda constante pode ser uma meta louvável, mas não realista. As oportunidades de mercado são esporádicas. Pode haver meses sem uma boa oportunidade de trading. Bargh comentou que, em um ano de muito sucesso, todos os seus lucros vieram de um período de duas semanas e de um único dia. Quando se tenta forçar uma lucratividade constante, fica-se mais propenso a fazer trades abaixo do ideal, o que pode prejudicar o desempenho geral.

Quando um trade não se comportar da forma esperada, corte imediatamente os prejuízos. Bargh pula fora em segundos quando um trade importante não está funcionando como previsto. Esse corte instantâneo de risco não se aplica à maioria dos traders, mas é um conselho crucial.

Usar *stops* em todas as operações é uma maneira de controlar os prejuízos. Mas, quando um trade não apresenta lucro após um período razoável (a definição de "razoável" dependerá da metodologia específica), Bargh insiste que não há motivo para esperar que se acione o *stop*. Ele acredita que a redução das perdas, obtida ao não esperar o *stop* ser atingido, supera os ganhos com trades que começam negativos e depois se recuperam, sem acionar o *stop*.

Não é preciso sair de um trade lucrativo de uma só vez. Mesmo que o trade atinja sua meta, faz sentido manter uma parcela pequena da posição, de modo a obter um lucro extra se o mercado continuar andando na direção do trade original. Bargh costuma manter de 5% a 10% de uma posição liquidada quando a meta é atingida. Ele considera que preservar essas pequenas posições parciais aumenta o lucro geral sem incrementar o risco de maneira significativa.

Trades desperdiçados podem ser mais penosos – e mais caros – que trades que dão prejuízo. Bargh desperdiçou uma grande oportunidade ao, numa situação atípica, deixar o escritório para cuidar de um problema bancário. A longo prazo, o êxito no trading depende não apenas dos trades, mas também de minimizar as oportunidades desperdiçadas.

Nem sempre o modo óbvio de executar uma ideia de trade é o melhor método. Às vezes um mercado conexo pode propiciar um trade com melhor retorno/risco. Por exemplo, quando a apuração dos votos foi indicando cada vez mais uma surpreendente vitória do Brexit no plebiscito, o trade mais previsível teria sido vender a libra esterlina. O problema, porém, é que a libra estava oscilando violentamente à medida que a apuração avançava, o que significava que um trade vendido nela poderia levar a um *stop*, mesmo que se mostrasse correto. Bargh concluiu que outra consequência de uma vitória inesperada do Brexit seria um movimento do mercado em favor de posições menos arriscadas. Por isso, em vez de vender a libra esterlina, Bargh comprou títulos do Tesouro americano, muito menos voláteis e que podiam ser negociados com muito menos risco. De fato, a posição comprada em T-bonds (o trade indireto) representava um retorno/risco muito melhor que o trade direto e óbvio da venda da libra esterlina. A lição é que a forma de implementar uma ideia de trade pode ser mais importante que a ideia de trade propriamente dita.

O maior prejuízo de Bargh ocorreu quando ele tentou duplicar sua exposição no mercado adicionando uma enorme posição em um mercado relacionado – posição que não tinha uma justificação para o trade semelhante à original. Foi um ato motivado por ganância – Bargh é o primeiro a reconhecer isso. Essa posição não planejada acabou transformando o que seria um prejuízo pequeno e aceitável em um enorme prejuízo, sendo que a maior parte dessa perda veio do trade adicional, que desde o início carecia de critério em sua implementação. Trades motivados por ganância costumam acabar mal.

No dia seguinte ao seu maior prejuízo, consequência direta de um erro, uma alteração na política monetária do Banco da Inglaterra propiciou o tipo de oportunidade que Bargh sempre busca. O trade deu muito certo, exceto pelo fato de que Bargh não o fez. Ele ainda estava desestabilizado pelo custoso erro da véspera e não teve coragem de correr um novo risco. Essa experiência ilustra uma importante lição de trading: o dano de um trade ruim muitas vezes se espraia muito além do prejuízo em si. Ao abalar a confiança de quem negocia, trades assim podem levar à perda daqueles vencedores, que normalmente poderiam ser feitos. Os lucros desperdiçados tenderiam a superar, muitas vezes, o prejuízo do trade original.

Os traders precisam fazer a distinção entre o resultado do trade e as decisões de trading. Em alguns casos, uma boa decisão pode ter um resultado ruim, enquanto uma decisão ruim pode ter um desfecho positivo. O trade que Bargh rotula como seu "pior" foi aquele em que não conseguiu suportar um prejuízo importante e aferrou-se à posição. O trade teve uma recuperação temporária e Bargh liquidou-o. Pouco tempo depois, o mercado moveu-se violentamente no sentido contrário ao de sua posição original. Ao hesitar em vez de agir logo para estancar suas perdas, Bargh transformou um prejuízo grande em um prejuízo pequeno. Embora o desfecho de sua decisão tenha sido favorável, ele reconheceu que foi pura sorte e que, se não tivesse ocorrido uma recuperação efêmera, seu enorme prejuízo original poderia ter se transformado em uma catástrofe. Bargh se deu conta de que havia cometido um grande erro de trading, embora esse erro no fim das contas tenha se mostrado benéfico.

Muitos traders avaliam, erroneamente, o trading com base nos resultados. Uma avaliação relevante deve se basear na consistência das decisões com sua metodologia e suas regras de controle de risco. Trades ganhadores (ou que perdem pouco, como nesse exemplo) podem ser ruins quando violam as regras do trading e do controle de risco responsáveis pelo sucesso do trader. De maneira análoga, trades perdedores podem ser bons caso o trader siga um procedimento de eficácia comprovada na geração de lucros com risco aceitável.

TRÊS ANOS MAIS TARDE

Com o advento da covid e, mais recentemente, o ressurgimento da inflação, os mercados andaram bem agitados desde a nossa primeira entrevista. Como foi o seu trading nos últimos três anos?
Tanto em 2020 quanto em 2021 ganhei em torno de 50%. Este ano [2022], o começo foi incrível. Cheguei a ganhar cerca de 100% até maio e então tudo despencou. Ainda estou tentando entender o que deu errado. Acho que parte do problema é que, com tanta coisa acontecendo, passei mais tempo na minha mesa e não tanto longe dela. Na primeira metade do ano fui obrigado a me afastar do trading porque estava tentando tirar a carteira de motociclista e sempre levava bomba no exame. Fui reprovado quatro vezes até que finalmente consegui passar no teste. Treinar para o exame me obrigou a fazer várias pausas no trading.

Quando você diz "tudo despencou", de qual resultado estamos falando? Você perdeu uma parte significativa do lucro do começo do ano?
Não, estou com uma alta de 10% desde maio.

Seu tom negativo me confundiu. Até agora seu ganho percentual está nos três dígitos. Isso deixaria a maior parte dos traders empolgada.
Pode parecer bobagem dizer que passei por um período ruim quando estou ganhando 10%, mas meço qualquer desempenho em relação ao conjunto de possibilidades. No segundo semestre houve tantas oportunidades quanto no primeiro. Estabeleço padrões elevados para mim mesmo. O que busco é consistência na minha performance.

A impressão é de que você tem uma visão distorcida de sua performance. O começo do ano foi espetacular e no restante do ano você se manteve liquidamente no azul. Está sendo rigoroso demais com você mesmo, não?
Se você for um trader de patrimônio exclusivamente comprado, vai estar no vermelho. Mas sou um trader de eventos, e evento é o que não faltou este ano. Fiquei decepcionado com a forma como acabou. Se tivesse sido um ano estável, sem muitos eventos para operar, talvez me sentisse de outro modo. Mas houve muitas oportunidades, e para ter êxito como trader é preciso capitalizar o suficiente quando as chances aparecem.

Ao longo dos últimos anos houve algum trade que tenha contribuído particularmente para a sua performance?
Na verdade, não. Quase todos os meus trades vencedores ficaram abaixo dos 10%.

Então, ao contrário dos anos anteriores, em que você teve um número bastante razoável de trades vencedores gigantes, seu desempenho nos últimos anos foi mais em consequência de vários ganhos moderados.
Fico o tempo todo lembrando a mim mesmo que não preciso marcar um golaço em cada trade. De certa forma, é até melhor ganhar só um pouco em cada um.

Isso quer dizer que você está operando posições de tamanho menor, em relação ao tamanho da sua conta, do que em seus primeiros anos?
Totalmente, e por conta disso minhas perdas também são menores. Minha última perda significativa foi de 7%, em março de 2020. Resolvi reduzir minha volatilidade por conta da sensação de que meus períodos de baixa eram, até certo ponto, autossabotagem. Às vezes fico confiante demais, assumo um risco excessivo na hora errada e sofro uma grande perda. Então passava a me sentir menos confiante na série seguinte de trades, que poderiam ter sido bastante lucrativos. Orgulho-me bastante de ter evitado a repetição desse tipo de situação.

A perda de março de 2020 foi causada primordialmente por algum evento específico?
Foi. Em reação à covid, o Fed anunciou um programa de *quantitative easing* em um domingo e resolvi ficar comprado nessa notícia. Comprar na abertura

depois de um evento no fim de semana é sempre arriscado, porque o mercado vai precificar o evento logo cedo. Mas eu estava contando com o impulso extra de alta, porque ainda havia muita gente insegura com o mercado. Além disso, o anúncio do Fed ocorreu poucas horas antes da abertura do mercado no domingo à noite. Por isso imaginei que a informação não chegaria a um número suficiente de players do mercado para estar totalmente precificada de manhã. Minha estratégia era comprar o S&P na abertura com um *stop* rigoroso. Esse trade aconteceu na última semana do contrato de março, antes de vencer, quando a maioria dos contratos abertos é rolada para o contrato seguinte, em junho. Eu estava ciente do vencimento próximo, mas achei que ainda haveria volume suficiente no contrato de março, de modo que não faria diferença comprar este ou aquele. Fiquei comprado no contrato de março na alta da abertura. A reversão foi imediata, travando no *limit down*, e não pude sair. Liquidei assim que o trading retomou, mas a essa altura já havia perdido 6% ou 7%.

Foi só o contrato de março que parou de operar?
Essa é a parte frustrante. O trading não foi suspenso no contrato de junho. Se eu estivesse no contrato de junho em vez de no contrato de março, teria perdido apenas 1% na operação.

Quando conversamos pela primeira vez, você estava na transição para incorporar trades de orientação técnica, que você reteria mais que os trades de eventos, entrando e saindo no mesmo dia. Você continuou nessa linha?
Ainda estou no processo.

Que tal foram os trades de base técnica?
Deixe-me ver: 19% em 2019; 18% em 2020; zero em 2021; 14% em 2022.

A impressão é de que ainda é um componente menor de seu trading.
Acho que dá para chamá-lo de menor em termos de perdas e ganhos, mas é importante em termos de impacto psicológico. No trading de eventos pode-se passar por períodos em que nada está acontecendo, o que pode ser um tanto chato. Em períodos assim, é bom ter outra estratégia para continuar ocupado.

Lançar mão dessa estratégia técnica para continuar ocupado o ajuda a fugir de trades inferiores quando as oportunidades para trading de eventos andam esporádicas?
Um pouco, talvez, mas lutei muito, ao longo dos anos, para me tornar mais disciplinado e desmamar esses trades inferiores. Sinto-me muito mais à vontade sabendo que meu diferencial é no trading motivado por eventos e sou bom em não operar quando acho que não há um diferencial. Ainda estou tentando descobrir qual é o meu diferencial do lado técnico. O maior benefício que conquistei com o trading técnico é que ele me acostumou a surfar nos vencedores durante semanas, e até meses, o que antes eu nunca fazia.

Às vezes tento combinar os dois tipos de trading. No começo do ano [2022], eu estava baixista no S&P e à procura de um lugar para vender. O S&P reagiu um pouco, dando a impressão de ter chegado a um ponto bom para venda no gráfico. Ao mesmo tempo, Lael Brainard, vice-secretário do Fed, deu uma declaração ligeiramente *hawkish* [agressiva com a inflação]. Esse evento, por si só, não era suficiente para fazer um trade. Porém, considerando a configuração técnica, usei essa declaração como gatilho do trade. Fiquei vendido, com um *stop* no pico do dia. Arrisquei nesse trade somente uns 13 pontos-base. Então era um trade de quase 50 para 1.

Parece que você assume posições bem menores nos trades técnicos que nos trades de eventos.
Sim, de propósito, porque não me sinto nem de longe tão à vontade com meu diferencial nos trades técnicos em relação aos trades de eventos.

Qual a proporção do tamanho dos trades de eventos em relação aos trades técnicos?
Arrisco 0,5% nos trades técnicos. Nos trades de eventos, o risco é muito mais variável, indo de 0,25% a 5%, dependendo da minha convicção.

Do lado técnico, há algum padrão ou evento que você aprecia em especial?
Meus trades favoritos são aqueles em que o mercado passa de períodos de baixa volatilidade para alta volatilidade. Quando você está em um regime de baixa volatilidade, a distância para o seu *stop* pode ser bem menor e o tamanho do lote muito maior, se comparado ao regime de alta volatilidade. Assim, se o mercado passa da baixa para a alta volatilidade, isso proporciona

uma taxa de risco/retorno altamente assimétrica – o ganho potencial ultrapassa de longe o risco exigido, por conta da volatilidade aumentada. Quando o mercado está supervolátil, seu *stop* acaba tendo a mesma amplitude de sua meta e o risco vai ser mais ou menos igual ao lucro. O ambiente perfeito, para mim, é quando os mercados estão calmos e os traders "desligam" porque a falta de volatilidade os deixa entediados, e então acontece um aumento da volatilidade. Esse aumento pode ser desencadeado por cotações que saem da zona de consolidação ou por um evento que sacode tudo, como a covid ou a invasão da Ucrânia pela Rússia.

Mais algum conselho particularmente importante do lado técnico?
O ideal é estar sempre alinhado com a tendência dominante.

CAPÍTULO 4

AMRIT SALL

O sniper *de unicórnios*

Amrit Sall tem uma das melhores trajetórias que já vi. Ao longo de 13 anos de carreira, Sall obteve um retorno médio composto anual de 337% (sim, é anual, e não acumulado). E o retorno nem é o aspecto mais impressionante de sua performance. Seus números de retorno/risco são nada menos que espantosos: um Índice de Sortino ajustado de 17,6, um Índice Ganho-Perda mensal de 21,1 e um índice Ganho-Perda diário de 3,6. São números dez vezes superiores aos que seriam considerados uma excelente performance (veja o Apêndice 2 para definições e contexto desses números).

Sall também representa um exemplo perfeito da deficiência do Índice de Sharpe. O dele é 1,43, um nível excelente, mas não particularmente excepcional. A armadilha primordial do Índice de Sharpe é que seu componente de risco (o desvio padrão) penaliza ganhos elevados em relação a perdas elevadas. Para um trader como Sall, que teve ganhos bastante altos, a punição é severa. O Índice de Sortino ajustado[1] de Sall, estatística que só penaliza a volatilidade para baixo, é 12 vezes maior que seu Índice de Sharpe. Esse desequilíbrio entre os dois índices é extraordinário. A maioria dos traders tem uma proporção entre o Índice de Sortino ajustado e o Índice de Sharpe mais próxima de 1 para 1. Mesmo traders com retorno/risco excelente têm a proporção entre o Sortino ajustado e o Sharpe mais próxima de 2 para 1 ou 3 para 1. Uma proporção de 12 para 1 indica que os ganhos elevados de Sall são tremendamente maiores e bem mais predominantes que seus prejuízos elevados. Pode-se ver a forte assimetria entre ganhos e perdas nos retornos diários de Sall: ele teve 34 dias com retornos acima de 15% (três deles com retornos maiores que 100% – não é um erro de digitação) e apenas um dia com perda de dois dígitos. E até mesmo esse prejuízo de dois dígitos (discutido nesta entrevista) deveu-se sobretudo a circunstâncias fora de seu controle.

Sall é membro graduado de um grupo de traders que operam de modo independente, mas compartilham informações e opiniões. Seus pares o têm em alta conta. Richard Bargh (ver o Capítulo 3) diz: "Amrit tem um mindset inacreditável. Ele sabe de verdade qual é o seu limite e sabe quando ir além e quando não ir. Por isso, mantém suas perdas muito reduzidas. Não tem nenhum ponto fraco aparente como trader." Outro colega descreve a forma de Sall executar seus trades como "bonita de ver".

Sall tem um estilo inigualável de trading, que não vi em nenhum dos traders que entrevistei nos livros anteriores desta série, embora neste livro haja outro trader com um estilo semelhante, Richard Bargh, similaridade que tem a ver com o fato de Sall ter sido um dos mentores de Bargh no início de sua carreira como trader. Sall se concentra no trade de eventos que mexem com o mercado, buscando abocanhar lucros elevados em intervalos curtos – em geral, de apenas minutos – pela identificação de momentos que sinalizem uma alta probabilidade de oscilações aceleradas das cotações na direção prevista. Ele implementa essa estratégia de base em posições de grande porte porque sua preparação para esses trades lhe dá muita confiança na direção de curto prazo do mercado indicada pelos diversos cenários.

Sall é meticuloso na anotação de relatórios abrangentes de todos os trades que já realizou e daqueles importantes que tenha deixado de fazer. Ele agrupa esse histórico em categorias, arquivando-o em várias pastas conforme a descrição do trade. Esses relatórios proporcionam modelos para comparação, que ajudam Sall a decidir se um trade em potencial tem maior probabilidade de ser uma oportunidade importante ou abaixo da média. Essa base de conhecimentos propiciada pela compilação de resumos dos trades passados também permite que Sall elabore um planejamento, tanto para a execução quanto para a gestão dos trades antecipados. Depois da realização de uma operação, Sall sintetiza aquilo que fez e em que ponto acertou e errou. Ao fim de cada mês, repassa os resumos dos trades do mês anterior. Antes de qualquer movimento importante que planeja, ele revisita os relatórios anteriores e análogos, para saber qual reação esperar do mercado.

Depois que termina toda a pesquisa, Sall faz um "ensaio mental" da preparação para um trade, de modo a poder reagir sem pestanejar a qualquer detalhe de um evento previsto que venha a acontecer. Ele descreve assim: "Passo certo tempo visualizando e internalizando como o trade pode se desenrolar. Esse ensaio mental me permite agir de imediato. E inclui não apenas os gatilhos para iniciar o trade, mas também um planejamento para geri-lo. Imagino ainda diversos cenários em que o trade sai bastante errado ou em que ponto ele vai muito bem. Assim, sei como reagir em cada caso."

Entrevistei Sall em um domingo, no dia seguinte à minha entrevista com Richard Bargh, no mesmo auditório vizinho à sala do pregão. Parece que Bargh avisou Sall que eu tomo litros de água com gás, porque havia várias garrafas grandes por perto. A entrevista durou o dia inteiro. Quando terminamos, Sall me levou para jantar em um restaurante cuja melhor descrição seria *Indian fusion*. Uma vez que como absolutamente de tudo, deixei Sall, que é indiano, fazer o pedido. Uma de suas escolhas me fez vacilar – asinhas de frango no molho barbecue – porque odeio pratos adocicados. Mas não precisava me preocupar; o barbecue indiano não tem nada a ver com o americano. Mesmo tendo conversado o dia inteiro, foi relaxante poder falar de coisas sem nenhuma relação com o trading enquanto saboreávamos uma refeição deliciosa.

Você alimentava alguma aspiração de carreira na infância ou na adolescência?
De jeito nenhum. Era totalmente disperso. Não tinha sequer ideia se queria fazer o ensino superior. Tropecei na economia. Minhas notas na faculdade não eram excelentes, o que não chega a surpreender, considerando que nem olhava para os livros. Naquela época a vida acadêmica não me motivava. Estava mais interessado em jogar futebol com os amigos. Minha primeira opção foi seguir uma graduação em sistemas de informações de negócios, porque era o que meus amigos estavam fazendo, mas era um curso concorrido e minhas notas não eram boas o suficiente para ser admitido. No entanto, consegui entrar no curso de economia. Ironicamente, olhando para trás, aquilo que na época via como um fracasso – não ter notas melhores na escola – foi o gatilho que facilitou minha transformação em trader.

A vida tem dessas coisas: você nunca sabe o que vem para o bem ou para o mal. Às vezes fatos que parecem ruins acabam se revelando positivos e vice-versa. Como você passou da graduação em economia para a carreira de trader?

Eu me inscrevi em um mestrado em bancos de investimento e *securities* estrangeiras na Universidade de Reading e me dediquei ao máximo. Havia uma sala de simulação de trading, que foi meu primeiro contato com os mercados e o trading, e me apaixonei. Durante meu período em Reading, aconteceu uma apresentação de dois ex-traders da Bolsa de futuros de Londres, da Refco. Depois da apresentação, cheguei junto deles com lápis e papel e disse: "Contem-me tudo que preciso saber. Que livros e artigos preciso ler? Que blogs devo acompanhar? Tenho interesse em tudo e em qualquer coisa sobre as questões práticas do trading." Um deles me deu o cartão e disse: "Ligue-me na segunda." Antes de me formar, fui aceito em um programa de treinamento de traders.

Conte-me sobre o programa de treinamento.

No começo, era em sala de aula o dia inteiro. A firma nos ensinou análise técnica, análise de fundamentos e psicologia do trading. Depois de dois meses de curso, fizeram a transição para o trading em simulador.

Quantas pessoas havia em seu programa de treinamento?

Perto de vinte.

E quantas concluíram?

Duas.

Esse seria mais ou menos meu palpite. No começo você se sentia mais à vontade operando com análise técnica ou fundamentos?

Nem um nem outro. No primeiro ano não me sentia à vontade com nada. Tentava de tudo, e é isso o que se deve fazer. Negociava *breakouts* de linhas de tendência e consolidações *intraday* em busca de um dinheirinho rápido.

E funcionou?

No começo ganhei dinheiro, mas a longo prazo, em termos líquidos, foi uma estratégia negativa. É um método que reforça sua natureza impulsiva. Você fica tentando ganhar dinheiro fácil. No fim das contas, percebe que não é assim que vai dar certo.

Considero os *breakouts* de linhas de tendência um dos sinais menos confiáveis. O que derruba a pessoa é que, quando se olha para o gráfico, a impressão é de que esse *breakout* funciona. Mas a percepção vem de se saber previamente onde traçar a linha de tendência. A maioria não percebe que, em tempo real, houve várias outras linhas que se revelaram falsos *breakouts*, o que, na prática, redefine a própria linha de tendência. Para onde você derivou depois de desistir disso?
Experimentei várias outras abordagens técnicas, nenhuma delas atraente para mim. Não gosto de colocar um trade onde, assim que entro, tenho a sensação de que vou precisar de sorte para dar certo, e os trades de base técnica me davam esse sentimento.

Considerando que na época você não chegava a ter uma metodologia, qual foi sua sensação quando começou a operar com dinheiro de verdade?
Lucrei desde o pontapé inicial.

Já que suas incursões usando diversos sinais técnicos não foram muito longe, como você ganhava dinheiro?
Negociava muito com fundamentos. Via o potencial de volatilidade em torno dos eventos e não me intimidava. Pulava de cabeça quando achava que alguma coisa era um trade, enquanto a maioria dos traders iniciantes tende a hesitar quando encontra muita volatilidade. Dão preferência a trades como compra e venda em *breakouts*.

A volatilidade, então, o atraía.
Era atraído pela volatilidade e agressivo em relação a ela.

Na época, quando surgia uma notícia relevante, como você a negociava?
Se fosse uma surpresa que o mercado não tinha precificado, eu entrava o mais rápido possível e com o maior tamanho possível, antecipando que o mercado teria que se ajustar às novas informações. Com o tempo, as oportunidades para realizar esse tipo de trade foram diminuindo e tornou-se necessário

recorrer mais a trades em que o desfecho esperado, como a reação ao fluxo noticioso, não era tão claro.

Essas manchetes eram esperadas, como relatórios econômicos ou anúncios com data marcada, ou inesperadas?
Ambas.

Em relação a estas últimas, suponho que você precisava acompanhar o tempo todo o feed de notícias durante o horário de trading. Além disso, tinha de estar tão informado sobre os fundamentos por trás de determinado mercado que era capaz de avaliar instantaneamente os impactos de qualquer notícia sobre as cotações.
Sim. Existe apenas um punhado de fatores movendo qualquer mercado específico em qualquer momento. É uma questão de estar ciente daquilo que é relevante para um mercado e o que está precificado. Quando o diretor de um banco central importante dizia algo que ia contra o que estava precificado, acionava um gatilho importante. Eu reagia sem vacilar e colocava um trade agressivo.

Por quanto tempo você retinha esse trade?
Qualquer período entre alguns minutos e algumas horas.

Qual era o tamanho da carteira que lhe deram para operar?
Não havia uma quantia específica, mas eu tinha uma linha de risco de 30 mil libras.

Então, se você perdesse essa quantia, mostrariam o caminho da porta.
Foi o que nos disseram.

Você disse que lucrou de imediato. Quanto ganhou no primeiro ano?
Em meados do ano, tinha ganhado 150 mil libras. Àquela altura, saquei 50 mil e a empresa sacou a mesma quantia. Nosso arranjo era dividir os lucros meio a meio; sempre que você realizava, a companhia sacava a mesma quantia.

Depois dessa retirada, sua carteira voltou para 50 mil. O que aconteceu na segunda metade do seu primeiro ano de trading?
Consegui detonar os 50 mil e voltei a ficar no vermelho.

Aconteceu algum fato que explique uma reviravolta tão drástica de sua performance no seu segundo semestre de trading em relação ao primeiro?
Acho que nos primeiros seis meses não encarei mercados muito desafiadores.

Nos primeiros seis meses de trading, período em que se saiu tão bem, você se tornou arrogante?
Ah, sim. Tinha acabado de sair da escola e pensei: "Que coisa incrível. É tão fácil isto." Quando o mercado me fez comer o pão que o diabo amassou, me serviu de alerta.

Considerando que sua conta tinha ido para o vermelho e a "nota de corte" eram 30 mil libras, você ficou com medo de levar um cartão vermelho?
Esse era um medo constante. Mesmo que não quisesse sair, sempre poderia ser mandado embora. Lembro que na época me senti bastante mal. O trading era a única coisa que queria fazer de verdade. Não tinha plano B. É como o antigo ditado: "Se quiser conquistar a ilha, queime os navios." Tinha apostado tudo nessa carreira. Não podia fracassar de jeito nenhum.

Estar tão perto do nocaute tornou seu trading mais cauteloso?
É preciso ser cuidadoso, sim. Quando sua baixa atinge certo nível, você tem que reduzir o tamanho. Dito isso, minha praia é caçar unicórnios. Não se acha um em cada esquina. Quando um unicórnio aparece – um trade em que tudo se alinha do jeito que eu quero –, tenho que atacar agressivamente, mesmo em um período de baixa. Só vou ter cerca de dez desses trades por ano e não posso me dar ao luxo de deixar passar uma boa oportunidade. Nunca estou a mais de um ou dois trades de distância de reverter minhas perdas.

Você fez algo de errado durante a segunda metade do ano? Estava perdendo dinheiro por conta de equívocos de trading ou o mercado não favoreceu sua estratégia, embora você estivesse seguindo sua metodologia?
Eu me tornei arrogante e relaxei minha disciplina. Afrouxei meus critérios de entrada, deixando de lado meu estilo de trade. Foi o erro clássico de quem se sai bem logo de início. Na época fiquei vulnerável a passar por *drawdowns* depois de períodos de desempenho particularmente bom. Por sorte, superei esse padrão.

Os prejuízos vieram mais de trades que eram cervos em vez de unicórnios ou de trades unicórnio que não deram certo?

Com certeza, do primeiro tipo. Foi por ser impaciente e tentar forçar trades. Estava tentando ganhar dinheiro do nada. Certa vez, durante o período de baixa, reagindo a um anúncio do Banco Central Europeu, coloquei minhas posições de limite de risco nos Bund, Bobl e Schatz [contratos de taxa de juros da Alemanha de dez, cinco e dois anos, respectivamente]. O gerente de risco se agachou ao lado da minha mesa e disse: "Amrit, o que você está fazendo? O que você vai fazer com essas posições?" Fiquei paralisado por um instante e na mesma hora pulei fora. Foi a primeira vez que me dei conta de como é perigoso relaxar no trading.

Você atingiu sua posição máxima permissível em três contratos correlacionados. Na prática, tinha uma posição tríplice. Qual foi o catalisador para adotar uma abordagem tão agressiva?

Foi algum comentário de que nem me lembro mais hoje, um comentário paralelo. Estava em um *drawdown* significativo e tinha esperança de me recuperar.

Então você não apenas colocou um trade marginal que era questionável, mas logo três. Como você reagiu ao comentário do gerente de risco?

Eu me dei conta de que estava *na esperança* de que desse certo. No mesmo segundo em que percebi que estava torcendo e não mais operando, liquidei tudo. É uma lição que guardo comigo até hoje. Nunca me interesso por posições que *espero* que deem certo. Entendi a diferença entre um trade em que tenho plena convicção e um trade em que estou esperançoso.

A lição óbvia dessa experiência é tomar cuidado com trades que nascem da esperança e não da convicção. Houve outras lições?

Aprendi a importância de ter paciência. As oportunidades de mercado sempre vão aparecer. Hoje, com a vantagem de ter experiência e poder olhar para trás, consigo afirmar que os maiores trades são bem simples. Não é preciso procurá-los, é preciso estar à espera deles. As oportunidades de trading no mercado vêm e vão. Podem desaparecer em certos períodos e não haverá nada a ser feito. Nesses momentos sem nada, se você ficar procurando algo para fazer, pode causar dano real à sua carteira. Era o que eu estava fazendo: tentando executar alguma coisa quando não estava acontecendo nada. Deveria ter ficado à espera de oportunidades. É como Jim Rogers escreve em um de seus livros: "Só fico ali esperando até o dinheiro aparecer na esquina e tudo que tenho a fazer é ir até lá e pegá-lo. No meio-tempo, não faço nada."

Gosto de citar uma frase de Debussy, "Música é o espaço entre as notas", porque uma frase análoga sobre o trading – trading é o espaço entre trades – tem muito a ver.
Acredito que é verdade. Para possibilitar os trades mais notáveis, é preciso não fazer nada no meio. Sempre pergunto a mim mesmo: estou em estado de prontidão? Estou plenamente preparado? Ou estou gastando meu capital financeiro e mental em trades irrelevantes, em vez de esperar com paciência pelas verdadeiras oportunidades?

Em sua frase de que os grandes trades são simples está implícita a ideia de que o difícil é *não* operar, enquanto realizar bons trades é fácil.
Concordo. Qualquer idiota pode complicar as coisas. Quando olho para os trades que me trouxeram os melhores retornos mensais, percebo que eles ficaram gritando no meu ouvido: "Esta é uma grande oportunidade." Se eu tivesse feito apenas esses trades e nenhum outro, meu retorno teria sido o dobro do que foi. Mas o trading não funciona assim. Você tem que aprender a não ser impulsivo e não fazer coisas estúpidas nesse meio-tempo – "o espaço entre as notas", para usar sua expressão. Um dos erros que cometi naqueles primeiros anos foi que, quando não estava acontecendo nada, forcei trades marginais, desperdiçando capital mental e financeiro, em vez de esperar pelo unicórnio que em alguma hora acabaria aparecendo. Foi uma das lições decisivas da minha carreira de trader. Hoje sei que em 90% do tempo o mercado não vai proporcionar nenhuma oportunidade e em 10% vou ganhar 90% dos meus lucros.

O tempo passou e estamos sentados aqui, aliviados de saber sua história subsequente. Porém lá em seu primeiro ano de trading, quando sua carteira ficou negativa, não havia como saber que você acabaria tendo sucesso. Houve certo êxito inicial, seguido de fracasso, e você correu o risco de ser excluído do jogo. Como estava seu estado mental naquela altura da vida?
Pode ser estranho dizer isso agora, mas eu sabia que teria êxito. Sabia que iria dar certo. Só precisava continuar no jogo.

Então, mesmo naquela época, com sua conta em maus lençóis, você ainda estava confiante.
Sim, porque tive um gostinho do que era conseguir bons trades e sabia que haveria outros iguais. Precisava permanecer no jogo tempo suficiente para as minhas estrelas se realinharem.

Estamos falando das lições que você aprendeu na segunda metade de seu primeiro ano de trading. Você se deu conta dessas lições já naquela época ou só veio a compreender mais tarde e cita agora em retrospecto?
Já naquela época sabia que não poderia seguir fazendo o que estava fazendo. Sabia que estava perto da porta de saída e não podia me dar ao luxo de fazer nenhum trade marginal. Parei de operar com análise técnica. Não fazia nenhum trade a menos que estivesse muito convicto.

Para acompanhar o diálogo que se segue, você precisa compreender o que significa quantitative easing. *A seguir, uma brevíssima explicação para quem eventualmente ainda não entende o termo.*

Em geral, o Federal Reserve [o Banco Central dos Estados Unidos] busca ajustar as taxas de juros mexendo com a taxa-alvo de fundos Fed, a taxa *overnight* pela qual os bancos emprestam dinheiro entre si. O instrumento básico do Fed para alterar a taxa-alvo é chamado de *operações de open market* – compra e venda de títulos do Tesouro de curto prazo para aumentar ou reduzir a quantidade de dinheiro e reduzir ou aumentar as taxas de juros. Quando o Fed queria baixar a taxa-alvo de fundos Fed, por exemplo, "imprimia" (criava eletronicamente) dinheiro para comprar títulos do Tesouro de curto prazo, aumentando o preço desses títulos, o que equivale a reduzir as taxas de juros.

De certa forma, o *quantitative easing* é uma extensão das operações de *open market* normais. Quando a taxa de juros de curto prazo cai até quase zero, o instrumento padrão de compra de títulos do Tesouro de curto prazo para proporcionar estímulo econômico deixa de fazer efeito, porque os juros de curto prazo já estão perto de zero. Foi o dilema vivenciado pelo Fed durante e logo após a crise financeira de 2008. O Fed reagiu com o *quantitative easing*, o que representava aumentar a oferta de moeda, como nas operações de *open market* normais, mas sem o objetivo de reduzir os juros de curto prazo. Em termos práticos, o *quantitative easing* significava criação de moeda pelo Fed para adquirir ativos não tradicionais (isto é, que não fossem títulos do Tesouro de curto prazo). Especificamente, o Fed comprava títulos de prazo mais longo e ativos não governamentais, como *securities* com lastro hipotecário. Ao adquirir títulos do Tesouro de prazo mais longo, o Fed reduzia a taxa de juros de longo prazo – atitude que ainda poderia gerar estímulo econômico. A motivação do Fed para comprar outros tipos de ativo era minorar a crise nesses outros setores em meio ao pânico financeiro.

O primeiro lance de *quantitative easing* do Fed ocorreu em novembro de 2008, quando, para ajudar o mercado de habitação e hipotecas, comprou ativos de agências do governo relacionados às hipotecas e ativos financeiros com lastro hipotecário, para os quais a demanda de compradores havia praticamente desaparecido. Àquela altura, o Fed ainda não havia aplicado o *quantitative easing* na compra de títulos do Tesouro de longo prazo, embora houvesse expectativa de que isso ocorreria em algum momento.

Seu histórico de trading inclui muitos dias de ganhos excepcionais. Contei 34 dias em que você teve um retorno acima de 15%, 15 dias com retorno acima de 25% e cinco dias com retorno acima de 50%. Mas, mesmo com esse histórico de ganhos elevados, há um dia que se destaca: 18 de março de 2009, quando seu retorno ultrapassou inacreditáveis 800%! Como isso é possível? Qual é a história por trás desse trade?

Em novembro de 2008, quando o Fed anunciou pela primeira vez o *quantitative easing*, comprou *securities* com lastro hipotecário para estabilizar os mercados durante o derretimento financeiro. Minha expectativa era que o Fed fosse aos poucos expandindo o *quantitative easing* para incluir a aquisição de títulos de prazo mais longo. Achava que, se e quando tal anúncio ocorresse, desencadearia uma corrida instantânea e maciça por T-bonds. Em 18 de março de 2009 o Fed anunciou a expansão do *quantitative easing*, o que, pela primeira vez, incluiu a compra dos títulos de prazo mais longo.

Você assumiu uma posição elevada logo depois que o anúncio foi feito?
Não tão grande quanto gostaria. Na época, meu limite autorizado de futuros em *T-notes* era de trezentos contratos. Antecipando o que ia acontecer, expliquei ao gerente de risco por que eu queria um aumento do meu limite para seiscentos contratos. Estava requisitando o aumento somente para aquele trade previsto. Cheguei a propor reduzir ou abrir mão de meus limites de posição em outros mercados para compensar esse pedido de nível de risco maior. Mas o gerente se recusou, porque eu era um trader relativamente novo e em período de baixa na época. Por conta dessa limitação, assumi uma posição limítrofe em Bund [títulos alemães], como forma indireta daquilo que queria ter feito: duplicar a posição em *T-notes*. Mesmo não sendo tão lucrativo, o trade em Bund contribuiu de forma significativa para meu retorno excepcional naquele dia.

Qual o tamanho do movimento dos *T-notes* depois do anúncio?
[Amrit saca o gráfico relevante e me mostra o dia do anúncio. A barra de preços daquele dia tem uma largura de quatro pontos inteiros. Duas observações me chamaram atenção: primeiro, a corrida se deu em meio a uma tendência de queda do mercado de *T-notes*. Segundo, o pico do dia do anúncio ficou a alguns *ticks* do pico da retomada e foi seguido por uma forte e contínua queda da cotação.]

Ironicamente, ficar comprado foi um trade excelente para aquele dia, mas, se fosse um trade de prazo mais longo teria sido como comprar perto do pico. Por quanto tempo você segurou o trade?
Minutos. Fui muito rápido para entrar, porque estava de prontidão para aquele trade específico. A ordem estava feita e meu dedo estava pronto para clicar. Minha mente estava bem concentrada. Não havia nada no caminho entre mim e o feed de notícias. Não havia dúvida pessoal ou empolgação para prejudicar minha ação no trade. Eu estava em um estado de fluxo. Estava de olho em um só trade, sem me importar com mais nada. Quando o mercado disparou depois da notícia, intuitivamente eu sabia que o movimento da cotação seria tão rápido e tão forte que precisava realizar os lucros imediatamente. Acabei vendendo a posição bem perto do pico.

Portanto, o pico do movimento se deu apenas alguns minutos depois do anúncio.
Isso mesmo.

Quanto você ganhou nesse trade?
Ganhei mais de 1 milhão de dólares em dois ou três minutos de trading! Esse foi o instante que abriu meus olhos para o trading de oportunidade que se oferecia a alguém jovem, faminto e disciplinado para assumir riscos.

Você se lembra de seu estado emocional depois de completado o trade?
Hoje tenho até vergonha de pensar, mas minha reação foi muito ingrata. Foi meio confusa. Claro, era bacana ter tido um dia tão bom. Porém quase na mesma hora recaí em um mindset negativo.

Por quê?
Não tinha a sensação de ter ganhado 1 milhão de dólares, mas de ter deixado de ganhar 1 milhão. Foi um trade tão fácil que fiquei querendo mais, e de fato tentei.

Então você ficou chateado por não ter duplicado a posição como queria?
Olhando para trás, me sinto plenamente grato, mas não foi assim que me senti na época. É parte da jornada.

Quando coloca uma posição importante em um trade de *quantitative easing*, você usa um *stop*?
Na época, não necessariamente, mas hoje, sim. Ter um *stop* posicionado é uma regra absoluta.

Você define o *stop* no mesmo momento em que coloca a ordem?
Não, porque não quero que o mercado dê uma chicotada e force imediatamente meu *stop*. Depois que já houve uma movimentação suficiente da cotação para evitar um *stop* artificial, defino meu *stop*. É essencial ter essa proteção porque, depois que você se posiciona, sempre há a possibilidade de surgir uma notícia contrária à sua posição sem que você possa sair de imediato. Ter um *stop* elimina esse risco de cauda.

Quando você começou a usar *stops* religiosamente?
Depois da minha pior perda diária, um golpe de 24%.

Quando e como isso aconteceu?

Foi um trade em junho de 2013, uma comédia de erros. O BCE vinha aventando a possibilidade de taxas de juros negativas por algum tempo. Achava que, se e quando adotassem juros negativos, o euro ficaria muito em baixa.

Você pensou nisso, mesmo com a possibilidade de a taxa de juros negativa ser amplamente debatida e, de certa forma, esperada?
Sim, porque ainda assim teria sido um choque para o mercado, dentro do meu cronograma. Confirmaria a ação e, quando o BCE entrasse no território de juros negativos, qualquer que fosse o número, levantaria a questão de juros ainda mais negativos à vista. Abriria a caixa de Pandora. Estou sempre à procura de um gatilho. Busco o instante preciso que me permite colocar uma posição alavancada naquilo que considero um movimento *intraday* com potencial de ser grande. Quando o gatilho parece ser o início de um movimento de preço de mais longo prazo, tento reter parte da posição. Esse meu método não me impede de colocar uma posição em um evento que já esteja mais ou menos precificado, porque ainda assim pode desencadear um movimento maior no dia do evento, que é tudo de que necessito para colocar o trade.

O que deu errado nessa situação específica?
Mario Draghi, presidente do BCE, estava dando uma entrevista coletiva e eu esperava que ele anunciasse a passagem à taxa de juros negativa. Quando lhe perguntaram se o BCE estava pronto para caminhar para os juros negativos, ele iniciou a resposta dizendo: "Eu lhe disse que estamos tecnicamente prontos…" Nessa hora fiquei vendido antes que ele terminasse a frase. Não era necessariamente um erro ficar vendido antecipando sua resposta, porque eu sabia que podia sair na hora se estivesse equivocado no trade. Porém, no instante em que executei a ordem de venda, meu computador desligou repentinamente. Até hoje ouço Draghi na TV falando as palavras mágicas: "… mas não vamos nos comprometer antes da hora". Soube ali que o euro ia decolar e arrancar meu couro.

O que você fez?
Entrei em pânico. Disse em voz alta: "Meu computador parou! Meu computador parou!" O gerente de risco veio até minha mesa e disse calmamente: "Consigo ver qual é a sua posição. Venha até minha mesa, você pode operar de lá." Estou acostumado a entrar e sair rapidamente dos trades, e teria saído

de imediato daquele porque, assim que ouvi Draghi terminar a frase, soube que era um trade ruim. Pior ainda, sabia que muito dinheiro especulativo ia ser pego no contrapé e eu ficaria comprado depois que Draghi disse "mas não vamos nos comprometer antes da hora". Meus melhores trades provêm do fato de estar do outro lado do tipo de trade em que estava – ou seja, trades em que os especuladores de curto prazo se enganam e eu posso me posicionar contra eles.

Você está dando a entender que, se o computador não tivesse saído do ar, você teria revertido sua posição?
Com toda a certeza, bem rápido.

O que aconteceu depois que você foi até a mesa do gerente de risco para sair de sua posição?
Vi que o euro estava sendo comprado de forma bastante agressiva e eu estava sem *stop*. Esse momento incutiu em mim a regra de que tenho que definir meu *stop* o mais rápido possível. [Sall bate na mesa a cada palavra da frase "tenho que definir meu *stop*".] Se eu tivesse um *stop* naquele trade, meu prejuízo teria sido mínimo. Além disso, agora que o tamanho dos meus trades é muito maior, não faço trades antecipatórios.

Você saiu da posição assim que foi para a mesa do gerente de risco ou ficou esperando e observando a posição?
Saí imediatamente, mas o mercado estava caminhando tão depressa que eu já tinha sofrido um enorme impacto.

O que fez seu computador pifar?
Acho que foi algum problema no Windows.

Deve ser a pior história de falta de sorte no trading que já ouvi. Como você se sentiu depois desse prejuízo?
O que poderia fazer? Ou aceitava e seguia em frente, ou deixava aquilo me afetar emocionalmente de uma maneira que não me faria nada bem. Tentei esquecer o golpe o mais rápido possível. Saí do escritório e, horas depois, fui encontrar os amigos no bar da esquina. Fizemos o que chamei de "comemoração", porque queria mudar o foco para os aspectos positivos da situação em vez

de ficar remoendo o prejuízo. Sentia-me grato por estar em uma posição que me propiciava um potencial de ganhos tão grande. O fato de ter perdido tanto dinheiro tão depressa só reforçava quantas oportunidades havia. Sabia que estava no emprego certo e que tinha tido somente um instante de falta de sorte.

Sua escolha do termo "comemoração" me faz lembrar minha conversa com Richard [Bargh, entrevistado no Capítulo 3] ontem. Ele disse que sua tendência natural, depois de um dia ruim, era parar de gastar dinheiro. E uma das coisas que ele aprendeu com você foi que devia sair e se divertir.
Richard e eu conversamos sobre isso. Depois de um dia de trading ruim, tenho duas opções: ficar ali sentado, remoendo, deixando aquilo me tolher, ou virar a coisa de cabeça para baixo e assumir o controle. Depois de um abalo, tento minimizar o impacto sobre meu capital emocional retornando a um estado sereno e centrado o mais rápido possível. Faço uma análise do trade recém--encerrado, aprendo as lições e estou pronto para a oportunidade seguinte. Depois de processar um prejuízo ou um *drawdown* importante, procuro me dar prazer, pensando na gratidão por tudo que já alcancei até hoje. Assim, fujo da armadilha de ficar repassando sem parar a mesma história negativa, revivendo várias vezes a mesma dor e desgastando meu capital mental.

Instintivamente você percebeu desde o começo que era uma boa ideia se permitir algum prazer ou comemorar após um prejuízo no trading?
Acho que me dei conta depois de fazer isso algumas vezes. No escritório havia um sujeito que dizia: "Depois de um bom período de trading, não deixe de se permitir algum prazer, para lembrar por que você faz isso."

Mas você estava se dando prazer depois de um período ruim. É exatamente o contrário.
É verdade. Para mim, é tudo questão de mudar o mindset. O ideal é que sua mente volte a um estado tranquilo e racional em vez de ficar estressada e negativa. O ideal é que suas decisões sejam guiadas pelo córtex pré-frontal e não pela amígdala. Quando percebo que estou passando por uma fase complicada, tento ficar com os pés no chão e agradecer pela jornada. Então posso sair e me dar prazer.

Uma boa analogia é o oceano. A superfície do oceano é repleta de ondas e turbulência, mas quando você mergulha tudo fica calmo. Todos nós somos capazes de mergulhar nessa zona de tranquilidade. Quando você está com medo de deixar passar um trade, fica sujeito a entrar em trades ruins. Quando você está emocionalmente agitado, pode arrebatar lucros em vez de deixá-los crescer, ou pode se apegar aos trades perdedores. É preciso se afastar dessas reações primitivas em busca de um eu mais elevado – uma pessoa serena e centrada.

Sua reação aos períodos negativos de trading está em oposição de 180 graus à reação natural que a maioria dos traders teria. Muitos se sentem péssimos quando têm um dia terrível, como aquele em que você sofreu um forte prejuízo porque seu computador desligou em uma hora crucial.
O trading é isto: ir contra as emoções padrão do ser humano. Como trader, você está o tempo todo se opondo a suas limitações emocionais. É por isso que tão pouca gente dá certo no trading.

Quanto tempo levou para você se reequilibrar depois daquele golpe de 24% provocado pela falha do computador?
Instantaneamente. Recuperei todo o dinheiro em sete dias.

Houve algum grande trade que o ajudou a recuperar o prejuízo?
Não, foi mais um efeito acumulado da realização de diversos trades que se encaixavam nos meus critérios.

Você citou a importância de mudar o mindset para um estado de serenidade. Como você chegou a essa conclusão?
Percebi que, de tempos em tempos, passava por períodos de prejuízo sem um motivo perceptível. Por isso, comecei a registrar meus erros em trades marginais que estavam resultando em perdas.

Pensamentos subconscientes, emoções e comportamentos subjacentes podem guiar nossas ações, com um impacto negativo no trading. Venho de uma família da classe operária, em que o dinheiro não era abundante como é hoje para mim. No começo tive a sensação de que me sabotava, pegando trades inferiores depois de períodos de ganhos, como uma espécie de autorregulação para "recolocar os pés no chão". Fazer o registro desses trades inferiores me permitiu perceber esses padrões de reação automática.

[Sall mostra um gráfico para ilustrar a relação entre as emoções e os prejuízos. O estado emocional é o eixo "x", com descrições que vão de "calmo", à esquerda, até "medo de ficar de fora", na extremidade direita. A dimensão da perda nos trades marginais, que Sall batizou de "vazamento" para indicar prejuízos evitáveis, é o eixo "y". O gráfico mostra um padrão claro no tamanho dos prejuízos, indo de quase zero na região calma a níveis cada vez maiores à medida que o estado emocional vai ficando mais agitado.]

O gráfico me ajudou a perceber a causa profunda desses períodos de prejuízo. Para extrair o máximo das oportunidades de trading e minimizar os trades ruins, tudo depende, no fim, do seu estado de espírito, provavelmente o fator mais crucial para o sucesso depois que você define sua metodologia. Tento me manter na região calma – a zona em que as coisas fluem através de mim. Só poderia ter êxito na tomada de decisões em milésimos de segundo, em relação a somas elevadas de dinheiro, acessando esse estado de serenidade.

Li certa vez que os fuzileiros americanos usam neurofeedback e biofeedback para atingir estados de fluxo durante o combate, quando exigido. Também li que a parte mais difícil da missão de um fuzileiro é saber a hora de não atirar. São duas observações que entendo. Passei a achar que, se conseguisse aprender a acessar um estado mental semelhante quando precisasse, isso me permitiria processar muito mais informação e saber melhor a "hora de não atirar". Esse objetivo me levou a uma jornada de compreensão da interconexão entre corpo e mente, e à exploração da meditação e dos estados de fluxo.

Explique como você entra em estado de fluxo e como isso impacta o trading.
Antes de um evento de trading importante, faço um trabalho de respiração e meditação, para centrar no momento presente e transcender o diálogo interno da mente. Com o tempo, aprendi a acessar o estado de fluxo em poucos minutos. Essa capacidade é fundamental para o êxito no trading e em muitas outras atividades, como o esporte profissional. Quando estou bem presente, tudo parece mais fácil. Nesse estado de "agora profundo", reajo a partir de um nível subconsciente, que representa 95% do potencial da mente contra 5% do consciente. Nesse estado, sou criativo e consigo processar volumes elevados de informação, reagindo sem vacilar. Fico aberto a informações novas e minhas posições evoluem de acordo com isso. O trading parece fácil, sem que eu tente forçar nada. Não me apego à minha posição ou a um resultado.

Corto os prejuízos sem hesitação e deixo meus trades vencedores caminharem sem qualquer impulso de realizar lucros.

Em compensação, quando tenho dificuldade em me abstrair antes de um evento, tudo que faço parece complicado. Deixo passar pequenas informações preciosas, hesito em colocar posições acertadas, por estar em dúvida, e saio de trades vencedores demasiadamente cedo.

Com a experiência, aprendi que, quando meu intestino diz que há algo errado, por mais que a pesquisa indique o contrário, ele costuma ter razão. Aprender a confiar no meu intestino foi decisivo para o êxito; ele me diz quando um trade é unicórnio e tenho que entrar com tudo, e, quando pode existir um risco oculto, devo segurar o fogo.

Você já disse que o lado contrário de seu pior trade perdedor, causado pela falha do computador, foi o exemplo de seu melhor tipo de trade. Pode me dar um exemplo de um grande triunfo?
Sempre busco situações em que o mercado vai na direção errada em resposta a um evento, de modo que eu possa ir no sentido contrário. Esse é o mesmo tipo de trade em que estive do lado errado quando meu computador desligou. Um exemplo perfeito aconteceu este ano [setembro de 2019], quando o BCE anunciou um pacote de medidas de *quantitative easing*.

O dinheiro especulativo estava fixado em aquisições mensais, com as expectativas girando em torno de 30 a 40 bilhões de euros. Mas a minha avaliação era de que a quantia total de aquisições se mostrava mais importante que o fluxo mensal. Meu intestino me dizia que o dinheiro rápido estava à procura de uma desculpa qualquer para vender decepção. Quando o noticiário apontou que as aquisições tinham chegado a 20 bilhões de euros por mês, o dinheiro rápido reagiu com decepção, com o Bund vendendo e o euro recuperando-se. Havia resolvido que, numa situação assim, era melhor esperar e revisar todas as informações antes de fazer um trade, e fiquei em um estado calmo, de total concentração, digerindo o texto integral do anúncio. Quando vi que o compromisso de aquisição mensal era aberto na ponta, compreendi que todos os vendidos mais fracos teriam que corrigir rapidamente suas posições especulativas. Naquele momento, e só naquele momento, o mercado estava mal precificado. Então, bum, dei o tiro matador e fui contra a manada. O trade funcionou por algumas horas, antes que a decepção se instalasse de novo e o mercado voltasse a reverter. Àquela altura, porém, já havia ganhado meu dinheiro e estava fora do trade. Você pode alegar que no fim das contas eu estava do lado errado do trade, mas operava contra uma precificação errada das posições especulativas. Dentro do meu prazo, estava certo.

A questão com o trading de curto prazo é que você pode estar "certo" e perder dinheiro. Os traders que ficaram vendidos em resposta ao anúncio inicial estavam certos, mas, a menos que fossem capazes de sustentar suas posições mediante uma forte baixa, teriam perdido dinheiro. Olhando esse trade de uma perspectiva de mais longo prazo, eu estava tecnicamente do lado "errado" dele. No entanto, por ter uma análise de como o posicionamento dos trades de curto prazo poderia impactar os preços, fui capaz de executar uma operação muito lucrativa.

Que percentual de seus lucros vem de trades de um dia?
Por volta de 75%.

Qual é a característica da parcela minoritária de seus trades que você sustenta por um período mais longo?
Os trades de mais longo prazo ainda são desencadeados pelo mesmo tipo de evento que os de curto prazo, mas um pequeno percentual desses trades tem potencial mais longo.

Mas que característica desses trades indica potencial de longo prazo?
Eventos inesperados, que tenham consequências mais demoradas para a economia, podem alimentar movimentações de longo prazo dos preços. O desfecho inesperado do plebiscito do Brexit e seus desdobramentos são um exemplo perfeito de um trade de mais fôlego.

Como você escolhe a hora de sair de um trade?
Tenho um faro único para escolher pontos de liquidação relativamente bons. Venho trabalhando para consolidar minhas decisões isoladas de liquidação em regras mais sistemáticas, mas ainda não cheguei lá. Além disso, quando há um movimento parabólico da cotação em um prazo *intraday* em uma posição que estou sustentando, garanto meu lucro. Aprendi essa regra do jeito mais doloroso quando segurei esse tipo de posição achando que iriam bem mais longe e acabei devolvendo parte dos lucros.

Com exceção daquele trade em que seu computador caiu, você tem sido muito eficaz na gestão de risco, sobretudo se considerarmos a dimensão de seus retornos. Sei que um elemento essencial do seu controle de risco é pular fora imediatamente quando um trade não age como você esperava. Quais são os outros ingredientes da sua gestão de risco?

Em relação aos trades individuais, vario meu risco entre 1% e 5%, conforme meu grau de convicção. Como já expliquei, defino os *stops* das minhas posições assim que possível. Também tiro lucros parciais nos trades em vez de segurar a posição inteira até a saída. Fazer isso me permite garantir "trades livres", que só têm o lado bom e nenhum lado ruim, depois que realizei o lucro de parte da posição. É como ser dono de uma opção de compra livre em um mercado que, acredito, vai ter uma forte alta.

Em termos de carteira, quando chego a uma baixa de 6%, *posso* começar a reduzir meu tamanho e ficar muito mais seletivo nos trades que coloco. Depende das circunstâncias. Às vezes perco 5% em um trade, mas me sinto ok e mantenho inalterado o tamanho do trade. Outras vezes, venho sangrando dinheiro lentamente por um período prolongado, o que significa que o mercado anda adormecido ou estou fora de sintonia com ele. Nessas situações, começo a cortar o tamanho e tornar mais rígidos os critérios, para fazer só os trades que me dão certeza absoluta.

Você fez alterações significativas em seu método de trading nos últimos anos? Em caso afirmativo, por quê?

No passado, minha tendência era implementar ideias de trading em um único mercado. Agora tento executar ideias de trading em diversos mercados correlatos. Por exemplo, coloco posições simultâneas no Bund, no índice Euro Stoxx e no euro, ou em pelo menos dois desses três, em vez de apenas em um desses mercados. O motivo dessa alteração é que às vezes, quando o trade não está dando certo em um desses mercados, pode ser apenas que algo esteja acontecendo naquele mercado que impede o trade de dar certo. Um bom exemplo aconteceu depois de uma reunião do Federal Open Market Committee, indicando o potencial de juros mais baixos. Comprei *T-notes* e S&P. A posição em *T-notes* não rendeu nada no início e chegou a cair um pouco. Isso não quer dizer que não era um trade válido. Se eu estivesse somente na posição de *T-notes* e não estivesse também na S&P, que reagiu, teria me inclinado a concluir que minha hipótese de trade estava errada, o que se mostrou não ser o caso. O que aconteceu é que havia um leilão marcado pesando no mercado de juros. Depois que o leilão saiu da frente, as *T-notes* não pararam de subir. Por isso, aprendi a não concentrar minhas ideias de trading em um mercado só.

Com o passar do tempo, a automação cada vez maior do mercado e os algoritmos de trading de alta frequência tornaram a execução mais difícil e comeram um pouco da minha vantagem em certas estratégias de curtíssimo prazo. Em razão disso, foco primordialmente em trades de alta convicção e opero com frequência menor ao longo do mês, mas assumo mais risco por trade, como reflexo do grau de confiança.

Quais equívocos sobre trading você testemunhou que impelem as pessoas ao fracasso?
Vários traders perdedores que conheci achavam que tinham que ganhar dinheiro de maneira constante. Tinham uma mentalidade de contracheque; queriam receber certa quantia todos os meses. A realidade é que você pode atravessar longos períodos sem ganhar nada, ou até ter um *drawdown*, e de repente obter um ganho importante. Empreendedores entendem isso. Investem em uma empresa por muito tempo e a compensação vem de uma vez só, depois de muitos anos de trabalho árduo. Caso você esteja à procura de lucros desmesurados, não pode abordar essa meta com um mindset de regularidade. No máximo, acerto 50% do tempo, e às vezes só acerto 30% do tempo. No entanto, quando estou certo apenas 30% do tempo, faturo oito vezes mais nos meus vencedores do que perco em meus perdedores. Os traders precisam perguntar a si mesmos se conseguem aguentar ter razão só 30% do tempo ou acham que precisam ter razão um dia após outro. É esse último ponto de vista que tolhe muita gente.

O que mais faz os traders fracassarem?
O trader perdedor fica preso em um estado de negatividade. Deixa que os prejuízos o afetem. É o efeito bola de neve. Ele tem um prejuízo, outro prejuízo e ainda outro prejuízo e, de repente, se vê nesse lugar sombrio mentalmente; aí já é tarde demais para escapar, porque ele somatizou todos esses pensamentos negativos. Se tivesse matado na raiz o processo de reforço negativo, controlando as emoções depois da primeira perda, estaria em uma posição muito melhor.

Por ter trabalhado em uma firma de trading durante 13 anos, vi muita gente só negociando e esperando; esses não duram muito. É preciso gerir o risco.

Quais características os traders bem-sucedidos têm em comum?
- Cuidam do lado ruim e têm consciência de que o lado bom cuidará de si mesmo.
- Nunca desistem. Mesmo quando as coisas vão mal, acham uma maneira de seguir em frente e sabem que tudo vai dar certo.
- São competitivos, sempre buscando formas de melhorar a performance de um mês para outro.
- Acreditam no próprio diferencial e se dão conta de que cada trade é único – perspectiva que permite apertarem o gatilho todas as vezes, qualquer que seja o desfecho dos trades anteriores.
- Encaram o fracasso como feedback. Compreendem que o fracasso é uma necessidade na rota para o sucesso em qualquer empreendimento. Percebem que só existe fracasso quando não há oportunidade de aprender.

Sua performance de retorno/risco representa um dos melhores históricos que já encontrei. Quais talentos ou qualidades pessoais você acredita que lhe permitiram atingir esses resultados?
- Tenho plena consciência das características de um bom trade e não vacilo quando um assim se apresenta.
- Estou sempre à procura de perfis de trade com retorno/risco assimétrico. O ideal é ter um teto para o risco. Quando laço um unicórnio, quero cavalgá-lo até que me derrube.
- Não estou em busca de gratificação instantânea; estudo e espero com paciência pelo trade certo. Posso ficar em estado de prontidão, para não vacilar quando chegar o grande trade. Posso ir do zero ao cem instantaneamente. É um método que dá certo comigo. Outros podem achar que precisam fazer algo todos os dias, eu não.
- Sou rigoroso em relação à gestão dos pontos fracos e preservo meu capital mental no intervalo entre trades ganhadores importantes.
- Não me apego ao resultado de um trade. Mantenho o foco na obediência ao procedimento.

- Levo jeito para distinguir entre trades de alta convicção e de baixa convicção, e alterno o tamanho da minha posição de acordo com isso.
- Sou agressivo quando aparece uma oportunidade de trading e pulo fora do mercado com a mesma rapidez quando a oportunidade passa.
- Sou disciplinado, o que me permite alavancar de forma agressiva quando surge uma oportunidade de trading importante.
- Sempre tento aprender com meus erros e tenho um procedimento para evitar repeti-los.
- Nunca desisto. Nos primeiros sete meses deste ano [2019], estava em *drawdown*. Isso não acontecia desde meus primeiros anos de trading. É preciso ter resiliência para aguentar os períodos difíceis.
- Estou disposto a trabalhar mais que todo mundo. Nos meus primeiros anos, costumava me levantar às quatro ou cinco da manhã para me atualizar sobre as notícias da noite. Às vezes trabalhava de 15 a 18 horas por dia.
- Tenho determinação: para ter êxito como trader, é preciso ter uma chama interior. Só assim você se levanta sempre que leva um golpe baixo.
- Acho que o fator mais significativo para qualquer êxito que obtive como trader é ter autorreflexão e consciência de si. Escrever um diário, meditar e trabalhar a respiração; em especial, minha capacidade de entrar em estado de fluxo é a essência de quem eu sou. Ao combinar essa característica com a pesquisa aprofundada, encontro meu diferencial.

O que você sabe agora que gostaria de ter sabido quando começou?
A palavra-chave é paciência. O trading bem-sucedido é a arte de não fazer nada. É aquilo que você não faz entre as oportunidades reais de trading que determina seu êxito a longo prazo. Entre um trade e outro, você pode fazer um estrago tão grande em seu capital mental que não estará pronto quando o trade importante aparecer.

Então o problema não são os prejuízos que você pode sofrer em trades inferiores, e sim as grandes oportunidades de trading que você está propenso a perder por causa do impacto negativo dos trades marginais em seu foco e seu mindset.
É exatamente isso.

Quais são as suas palavras finais?
O trading tem sido uma maravilhosa jornada de autodescoberta e crescimento pessoal para mim. Fico contente por compartilhar a história de meus altos e baixos e aquilo que acredito ser necessário para ter sucesso a longo prazo. Sinto minha última década no trading como apenas um aquecimento e fico empolgado ao pensar em quanto posso crescer nos próximos anos.

O incrível êxito de Sall como trader se deve a um procedimento que combina três elementos essenciais:

1. **Pesquisa e planejamento** – O trading de sucesso não usa uma abordagem de mais rápido no gatilho; é uma questão de trabalho árduo. Sall se prepara com dedicação a cada trade. Compilou milhares de páginas de anotações fazendo a crônica de todos os trades passados. Para cada um deles, detalhou o planejamento, o evento relevante, a reação do mercado e em que momento acertou e errou. Essas notas, divididas em categorias, permitem que Sall identifique e estude analogias históricas para os trades futuros. Ao usar essa biblioteca de pesquisa reunida por ele mesmo, Sall prepara um relatório detalhado de cada trade previsto – planejamento que abrange um amplo leque de cenários sobre como o trade pode se desenrolar em tempo real. Sall também observa com atenção o noticiário o dia inteiro, em busca de quaisquer eventos inesperados que possam propiciar oportunidades de trading.
2. **Execução** – Os tipos de trade que Sall chama de "unicórnios", que representam a esmagadora maioria dos lucros, exigem decisões individuais instantâneas. Não há tempo para contemplação e análise. Sall precisa saber o que vai fazer em cada situação à medida que o evento, como um anúncio do banco central, se desdobra. Demorar um minuto ou dois para ponderar sobre o trade resulta na perda da oportunidade. Para tomar decisões sensatas por puro reflexo quando ocorre um evento, Sall se prepara, realizando pesquisa e planejamento aprofundados, descritos no item 1. Além disso, ele faz uma visualização e um ensaio mental de como reagirá a uma série de circunstâncias, da mesma

forma que certos atletas profissionais fazem antes de um jogo ou de uma competição importante. Ele também entra em estado de "agora profundo" por meio de meditação e respiração.

3. **Serenidade emocional** – Sall considera essencial manter o estado emocional adequado – sereno, centrado, focado – para ser um trader bem-sucedido. Ele tem o cuidado de evitar um mindset negativo ou que um prejuízo ou um erro impacte, ou até prejudique, uma oportunidade posterior. Sall corta qualquer espiral negativa mental antes que ela progrida. Quando está em *drawdown* ou teve um dia ruim, ele rompe qualquer mindset negativo que esteja surgindo, procurando se concentrar nas coisas que lhe inspiram gratidão. Nas palavras de Sall, "é tudo uma questão de mudar o mindset. O ideal é que sua mente volte para um lugar sereno e racional". Manter uma mentalidade positiva e um estado emocional tranquilo não é um ingrediente acessório no processo de trading de Sall, é uma parte absolutamente central.

A ideia de se permitir algum prazer quando o trading vai mal é uma sugestão única, um conceito que nunca foi mencionado por nenhum dos traders que entrevistei nos livros anteriores. Funcionou bem para Sall, mas será que é um bom conselho para os traders em geral? Não sei dizer; alguns podem fazer a experiência. No entanto, uma recomendação de Sall que serve para todos os traders é que o trading bem-sucedido exige uma mentalidade positiva e um estado emocional tranquilo e focado.

A paciência é uma característica intrínseca, compartilhada por muitos dos grandes traders que entrevistei. Para Sall, a paciência representa a verdadeira essência de seu êxito no trading. É uma constatação bem ilustrada pelas palavras dele ao descrever seu estilo de trading em nossa troca de e-mails antes da entrevista: "Muita gente se refere ao meu estilo como o de um *sniper*, um atirador de elite. Estou em constante estado de alerta, à espera do tiro perfeito. Não quero gastar minha munição fazendo mais nada, porque isso vai prejudicar minha capacidade de dar esse tiro perfeito. Espero pelo trade que minha intuição diz ser o certo e então dou o tiro. No restante do tempo, fico quieto, esperando pacientemente."

Sall acredita que não fazer nada entre uma e outra oportunidade é bem mais desafiador do que executar os trades responsáveis pelo grosso de seus lucros. Ter paciência de evitar a tentação de fazer trades subótimos é essencial por duas razões: eles tendem a gerar perdas líquidas e, talvez ainda mais importante, o impacto negativo no estado mental e no foco do trader pode fazer com que ele deixe passar oportunidades de fato boas. A lição é: faça apenas os trades que se enquadrem em suas regras, evitando os marginais.

Ironicamente, lutar por uma performance constante, que soa como um objetivo válido, pode ser um defeito, e não uma virtude. Sall afirma que uma característica comum aos traders que viu fracassar é que eles tinham como meta ganhar dinheiro todos os meses. Por que esse objetivo seria indesejável? A explicação reside no fato de que os mercados não proporcionam oportunidades em um calendário fixo. Em consequência, a meta de lucrar sempre atrai os traders a operações que se baseiam mais em esperança do que em metodologia, quando faltam oportunidades genuínas. Na prática, a busca da consistência leva os traders a agir ao contrário da paciência que a sensatez recomenda.

Os trades em que Sall teve a paciência de esperar contam com duas características essenciais:

1. São trades que ele considera ter uma alta probabilidade de caminharem na direção prevista.
2. São trades assimétricos: o ganho em potencial excede em muito o risco assumido.

Sall assume posições elevadas nesses trades de alta convicção. A enorme variação no tamanho de suas posições – para ser mais preciso, posições muito maiores nos trades de alta convicção – é um fator essencial para sua capacidade de gerar ganhos desmesurados.

Com o intuito de limitar perdas em trades individuais, Sall sempre coloca um *stop* protetor assim que possível. Como ele negocia posições elevadas com base em eventos – quando os mercados são voláteis –, colocar *stops* no mesmo momento de entrada geraria um risco elevado de sair de uma posição por conta de uma oscilação momentânea e sem relevância da cotação. Em vez disso, Sall espera que o mercado se mova o bastante em sua direção, para que o *stop* seja acionado apenas quando a ideia de trade der errado. E se o mercado se mover contra ele antes que dê tempo de colocar um *stop*?

Como Sall é muito rápido na liquidação de posições quando um mercado não reage de imediato como previsto, uma ordem simples de mercado serve para conter suas perdas nesses casos.

As vitórias geram acomodação. Quando o trading está indo bastante bem, muitos traders tendem a relaxar, tanto em relação à entrada nos trades quanto à gestão do dinheiro. Tornam-se mais suscetíveis a entrar em operações em que em geral não entrariam e ficam menos rigorosos no controle de riscos. Depois de um período de fortes ganhos, Sall caiu nessa armadilha ao assumir posições limítrofes em três mercados altamente correlatos em um trade marginal. O questionamento do gerente de risco da firma fez Sall recuperar a razão, e ele liquidou todos os trades. Essa intervenção ajudou a evitar um prejuízo que poderia ter sido significativo. Em todo caso, a experiência ajudou Sall a aprender uma lição: cuidado com a arrogância e com o relaxamento da disciplina de trading depois de longos períodos vitoriosos – lição valiosa para todos os traders.

Se você entrar em um trade com base somente na esperança, pule fora. É preciso ter convicção para permanecer em uma operação. No início da carreira, Sall usou gatilhos da análise técnica, que resultaram em trades de pouca convicção, quando ele tinha apenas esperança de que funcionassem. O desconforto com esses trades o convenceu de que o trading técnico era o caminho errado para ele.

Sall representa um excelente exemplo de trader cujo êxito excepcional foi facilitado por uma dedicação extrema. Muitas vezes me perguntam se basta trabalhar duro para se tornar um trader bem-sucedido ou se os grandes traders dão certo graças a alguma habilidade inata. Embora o trabalho árduo e a gestão de risco sejam cruciais para o sucesso, não bastam para explicar a dimensão da performance alcançada pelos traders excepcionais. Eles também têm talento inato. Atenção ao comentário de Sall sobre como decide sair dos trades: "Tenho um faro único para escolher pontos de liquidação razoáveis." As palavras "faro único" refletem uma habilidade intuitiva, que não se pode aprender ou ensinar.

Uma boa analogia é correr uma maratona. A maioria das pessoas, caso se dedique e treine o bastante, consegue correr uma maratona, tarefa impossível sem muita preparação e treinamento. No entanto, qualquer que seja o grau de dedicação ou a quantidade de trabalho árduo, apenas uma diminuta fração das pessoas tem o tipo físico que permite correr uma maratona no nível do alto rendimento. Da mesma forma, com trabalho e dedicação suficientes, aliados a uma gestão de risco eficaz, um percentual significativo das pessoas pode se tornar pelo menos traders marginalmente lucrativos, mas só uma pequena porcentagem apresenta talento intrínseco para se tornar um mago do mercado.

Sall cria relatórios detalhados de todos os seus trades e faz revisões periódicas desse material. Um dos motivos para essa prática é ter compilado um registro histórico do comportamento do mercado em situações específicas, que sirvam de orientação sobre o que esperar em circunstâncias semelhantes no futuro. No entanto, outra razão crucial para ele criar e revisar essa documentação é aprender com os erros do passado, para evitar repeti-los. Manter e revisar periodicamente uma análise por escrito dos trades, que inclua os motivos de entrada e saída, assim como o que foi feito de certo ou de errado, é um exercício precioso para qualquer trader. Proporciona uma ferramenta útil de reconhecimento de erros, primeiro passo para evitar a repetição no futuro. É aprendendo com os erros que alguém se torna um trader melhor.

Os grandes traders tendem a ter muita confiança nas próprias habilidades. Sim, sei que talvez sejam confiantes somente por serem bem-sucedidos. No entanto, acho que, para esses traders, a confiança é uma característica intrínseca, que antecede o êxito e independe dele. Sall propicia um bom exemplo que dá apoio a essa premissa. Mesmo depois que o saldo de sua carteira ficou no vermelho em seu primeiro ano de trading, colocando em perigo sua carreira, ele não perdeu a confiança no sucesso. Uma avaliação franca do grau de confiança em sua habilidade como trader é uma forma de medir sua probabilidade de êxito. Caso você tenha dúvidas ou receios em relação ao diferencial da metodologia adotada, tome cuidado especial quanto à quantidade de dinheiro que está disposto a arriscar.

Caso você tenha habilidade, e uma confiança genuína de que pode ser um trader lucrativo, outra característica é necessária para o sucesso: resiliência. Nunca desista.

TRÊS ANOS MAIS TARDE

Da última vez que conversamos, você estava planejando dar um tempo no trading por causa do nascimento de seu filho.
Sim, resolvi tirar um tempo para passar com meu recém-nascido, Reuben, e reavaliar o que queria fazer da minha carreira. Essa pausa durou três meses e então senti a necessidade de voltar para o trading, porque estava acontecendo muita coisa.

Esse período de reavaliação levou a alguma mudança?
Montei uma equipe à minha volta, principalmente por achar que os mercados iam se tornar atraentes para o trading de eventos no futuro próximo. Estávamos com uma combinação de estímulos, tanto fiscais quanto monetários. Parecia só o começo de um ambiente favorável para o tipo de trade em que sou bom. Por isso, decidi pegar um trader muito esperto com quem já havia trabalhado – o nome dele é Ray – como analista em tempo integral e contratei um pesquisador mais iniciante. Estava tentando descobrir como poderia dar escala a algumas estratégias que já usei. Agora consigo às vezes me posicionar antes dos eventos, enquanto antes praticamente reagia a eles. Também demos um mergulho profundo no uso de opções em trades, enquanto antes eu só operava futuros.

Sua metodologia mudou para reter posições por mais tempo em vez de ficar quase totalmente focado nos eventos em si, saindo no mesmo dia?
Agora retenho por mais tempo as posições, durante semanas e até meses.

O catalisador dessa mudança foi a inflação que você via chegando?
Foi. Os bancos centrais, àquela altura, ainda estavam em pleno *easing*, embora a inflação estivesse ganhando força. O exagero nessa política era gritante. Dava para saber que a inflação provavelmente não seria transitória e que isso ia gerar caos. Logo os bancos centrais teriam que recuar no *easing* e exagerar no outro sentido, o que talvez levasse a economia a quebrar ou desencadeasse um evento de crédito, forçando uma virada potencial nessa política. Minha equipe de apoio e eu elaboramos indicadores-chave, de uso exclusivo, e modelos de precificação para certos tipos de ativo. Agora está tudo se juntando, assim posso deter posições por períodos mais longos,

com base no resultado mais provável indicado pelos meus modelos. Uso os eventos para obter alavancagem de curto prazo nas minhas posições quando eles validam minha visão de longo prazo. Quando o evento vai na direção contrária à minha posição de longo prazo, uso o trade como hedge ou over-hedge da minha exposição.

Disso se conclui que você retém sua posição de longo prazo mesmo diante de um evento adverso?
Depende do catalisador do evento. Quando acho que é apenas um catalisador de curto prazo, negocio o evento e mantenho o trade de longo prazo. Mas, quando o catalisador é uma transformação de fundamentos, liquido e em alguns casos até reverto a posição.

Houve alguma oportunidade de trade específico que o atraiu de volta ao mercado quando você resolveu fazer uma pausa depois do nascimento de seu filho?
Foi um trade simples, de arbitragem de informações, em junho de 2020. Na época, as notícias sobre a covid estavam ditando o mercado, então dava para operar pelas manchetes. A Flórida atualizava todos os dias os casos de covid. Descobrimos que dava para obter essa informação antes das agências de notícias, recuperando os dados diretamente do site do governo da Flórida. Era informação que influenciava o mercado, no domínio público, e eu tinha dois ou três minutos antes da Bloomberg divulgar. Essa diferença me permitia colocar uma posição alavancada e segurá-la por alguns minutos, até chegar às telas. Esse tipo de oportunidade não acontece com muita frequência. Porém, como a situação toda era nova, deu para fazer esse tipo de trade naquela ocasião.

Teria outro exemplo de trade semelhante?
Ray criou programas para copiar as telas e os alertas do site da Comissão de Valores Mobiliários, porque havia rumores de que Elon Musk ia comprar o Bitcoin com dinheiro da Tesla. Certo dia, quando eu estava fora do escritório, recebi uma ligação do Ray. Ele disse: "A Tesla comprou o Bitcoin. Eles fizeram o comunicado e ainda não está nas agências." Embora eu já tivesse uma posição de longo prazo em Bitcoin, com base na minha análise macro, poderia ter aumentado muito minha alavancagem em criptomoeda com essa notícia. Mas não coloquei o trade porque não estava na minha mesa.

Por que você não colocou o trade pelo celular?
Preciso estar na minha mesa para operar. Não me sinto à vontade para colocar trades pelo telefone. A notícia chegou ao mercado alguns minutinhos mais tarde e o Bitcoin foi muitíssimo reprecificado pouco depois.

Quanto tempo levou para você voltar para a sua mesa?
Cerca de quarenta minutos. A essa altura, a grande oportunidade já havia desaparecido. Poderia ter sido um excelente trade. Reavaliei a situação. Senti que o mercado ainda podia avançar mais, mas em um movimento que se daria em questão de dias, e não de minutos. Tínhamos feito muito trabalho, em todos os mercados, com distribuições de preços após eventos. Então eu tinha alguma ideia do tipo de reação das cotações a esperar, conforme diferentes eventos-gatilhos. Era um período em que o FOMO [*fear of missing out*, medo de ficar de fora] estava no ápice nos mercados de criptomoedas, por conta de todo o *quantitative easing* sem precedentes. A notícia de que a Tesla havia comprado o Bitcoin parecia um evento que determinaria a tendência durante algum tempo. Por isso, coloquei o trade em um tamanho menor e ganhei de 10% a 15% ao longo da semana seguinte.

Houve algum trade particularmente digno de nota desde a nossa entrevista original?
Um trade que me vem à mente foi um *short* no BTP [contrato futuro de títulos do governo italiano]. O rendimento do BTP havia subido acima de 4% pela primeira vez desde 2014. O Banco Central Europeu anunciou uma reunião de emergência, o que não acontece a todo momento. A expectativa do mercado era que o BCE iria colocar um teto no rendimento e o BTP disparou de 114 para 117,5. Esse movimento de alta era um trade fácil, que eu perdi porque estava a caminho do escritório.

Concluí que, a menos que o BCE anunciasse de fato medidas de política econômica na reunião, esse movimento era exagerado. Quando o resultado da reunião foi divulgado, parecia evidente que o BCE não havia chegado a nenhuma decisão concreta de política econômica, liberando apenas uma declaração escorregadia para acalmar os mercados. Fiquei vendido na mesma hora. No segundo em que fiz isso, o mercado decolou de novo. Perguntei a Ray: "Deixei de ver alguma coisa?" Ray tinha lido a íntegra e confirmou que eles não tinham tomado nenhuma atitude.

Eu fiquei vendido pesado, em uma posição que estava milhas e milhas errada. Mas ainda tinha certeza de que estava certo nesse trade. Como me encontrava em um estado sereno, deu para continuar racional e não pulei fora. Mas no momento de maior sofrimento, o mercado teve uma ruptura e começou a cair, cair, cair. Meu dia foi ótimo. A linha entre o sucesso e o fracasso, nesse trade, foi tão tênue que, se eu não estivesse em um estado de espírito tranquilo, teria acionado o *stop* no topo e tido um enorme prejuízo.

Esse trade foi uma ilustração perfeita da importância da mentalidade certa. O trading de eventos é diferente de outras estratégias de trading; é quase como disputar um esporte profissional. Você precisa estar presente na hora. É tanta informação que chega, são tantas variáveis que você não controla, que é preciso estar o mais calmo possível, naquele estado de equilíbrio em que o tempo desacelera. Se estiver em um estado de luta ou fuga, não vai conseguir tomar a decisão mais racional.

Qual o tamanho de seu prejuízo aberto nesse trade no pior momento?
Cerca de 10% do meu patrimônio.

Algum outro trade importante lhe vem à mente, desde nossa entrevista de alguns anos atrás?
Houve um, no mês passado, depois da divulgação do relatório do CPI, o índice de preços ao consumidor dos Estados Unidos, em novembro [de 2022]. O relatório mostrou uma queda de 0,2%, em relação aos 12 meses anteriores, do núcleo do CPI [que exclui preços de alimentos e de energia], e uma queda de 0,2% do CPI cheio [que inclui todos os produtos e serviços], em um momento em que todos estavam esperando um número mais alto. Portanto, esse relatório causou espanto geral. Com base no trabalho que havíamos feito analisando as mudanças de cotação depois de diferentes tipos de evento, senti que havia uma alta probabilidade de que o relatório do CPI resultasse em uma movimentação máxima dos preços. No entanto, em decorrência da volatilidade cada vez maior do mercado, tive que abrir mão de três vezes mais que o normal para entrar no trade.

Qual foi a operação que você realizou?
Fiquei comprado em futuros do Euro Stoxx 50, porque o S&P está sujeito a suspensões do trading por conta da vulnerabilidade, o que o torna inadequado para o meu tipo de trading de eventos.

O que você quis dizer exatamente ao afirmar "abrir mão de três vezes mais que o normal para entrar no trade"?
Por conta da volatilidade maior do mercado, a diferença entre a cotação no momento da divulgação do dado e a cotação em que minha ordem de compra seria executada estava muito mais ampla que o normal. A maioria dos traders não estaria disposta a abrir mão de tudo que seria necessário para entrar no trade. Mas eu estava disposto a fazer isso, por sentir que a probabilidade de êxito era alta.

Era, portanto, um trade em que você ficou comprado assim que viu o número divulgado.
Sim, era o trading de eventos em sua mais pura forma: você espera o catalisador e vai na onda. É um trade difícil de fazer, porque o mercado reage de forma quase instantânea ao número divulgado. Nove em cada dez vezes, na hora em que você termina de preencher o trade, a informação nova já foi totalmente precificada. Mas às vezes a oportunidade de lucro ainda está lá.

Por que você mantinha uma convicção tão grande em relação a esse trade?
Minha análise pré-trade indicava que a mesma alta volatilidade que tornava necessário abrir mão de mais para entrar na operação resultaria em uma variação maior da cotação e um dividendo maior do trade. Além disso, era uma fase em que estava dando tudo certo. Como trader, você precisa estar atento ao alinhamento entre as condições do mercado e a sua boa fase. É então que acontece a magia. É então que você é pago para correr riscos.

Só é possível assumir muita alavancagem quando se tem uma convicção muito forte do momento certo e quando os eventos propiciam essa oportunidade. Se um catalisador é bom o bastante para aumentar muito a probabilidade de que você antecipe um movimento do mercado naquele momento, dá para usar a alavancagem máxima. Ao passo que, se tiver uma visão de três ou seis meses, nem de longe pode assumir a mesma alavancagem, porque o timing é incerto.

Aquele trade do CPI foi um dia tão bom assim?
Foi um dia de aproximadamente 40% de lucro. Depois dessa enorme vitória, porém, caí muito rápido em um período de forte baixa – "forte", para mim, é cerca de 10%. Minhas baixas mais importantes costumam vir depois de períodos muito vencedores. Às vezes é resultado de excesso de confiança equivocado, e o mercado não tarda a castigar você. Em outros casos, é porque a maré virou; a sua boa fase acaba e trades que seriam válidos levam a uma série de prejuízos consecutivos. Com os anos, tentei limitar essas sangrias, mas é impossível eliminá-las por completo. As baixas causam frustração e, quando não se toma uma atitude, podem desencadear uma espiral que se autoalimenta e leva à tomada de decisões ruins, o que só piora a situação e afeta seu ativo mais precioso: o capital emocional.

Meu sentimento em relação às baixas mudou drasticamente em relação à época em que comecei a operar. Hoje aceito que estar numa baixa é o estado natural do trader. Você passa a maior parte do tempo debaixo d'água, como um tubarão; está no topo da cadeia e de vez em quando sobe para uma grande refeição. É muito difícil ter sucesso no trading com base em eventos quando você adota uma mentalidade de caçador-coletor, tentando encontrar pequenas e constantes vitórias para continuar sobrevivendo.

Essa perspectiva sobre as baixas me permite sintonizar a mentalidade certa na hora em que chega o trade unicórnio. Antigamente eu saía das baixas com a confiança em baixa e tímido na minha abordagem. Agora, porém, igualzinho a um tubarão, estou sempre pronto para a próxima grande refeição. O predador do topo da cadeia não faz outra coisa. Timidez não condiz com a natureza dele.

Essa baixa é bastante recente. Houve algum trade unicórnio desde então que lhe permitiu recuperar-se?
Houve. Entrei na baixa depois do trade com o CPI, em 10 de novembro [de 2022]. Saí da baixa no anúncio da taxa do Banco Central Europeu, em 15 de dezembro. O BCE surpreendeu os mercados com uma tremenda virada *hawkish*. Quando a taxa é anunciada, publica-se muita informação de uma vez só, o que muitas vezes leva a uma volatilidade no momento do anúncio. Notei de imediato que o palavreado do BCE em relação ao aumento da taxa, que incluía termos como "significativamente a mais" e "suficientemente restritiva", sinalizava uma forte mudança em relação ao

comunicado do mês anterior. O BCE estava dizendo ao mercado que as taxas estavam baixas demais e que muito mais trabalho seria necessário para levar a inflação de volta à meta. Além disso, as projeções de inflação estavam muito altas.

Fiquei vendido nos Bund de dez anos da Alemanha e no Euro Stoxx 50, assumindo o máximo risco. Houve certa volatilidade inicial a enfrentar enquanto o mercado tentava digerir toda a informação despejada no anúncio. Os dois mercados, inicialmente, foram na direção errada. Mas eu sabia que era uma virada agressiva e tinha como aguentar o risco de queda do trade. Minha esperança era que, em pouco tempo, o mercado se reconectasse com os fundamentos e virasse para baixo. Os Bund começaram a baixar logo depois, mas o Euro Stoxx 50 levou certo tempo. Tive paciência e no fim das contas o Euro Stoxx também virou para baixo. É complicado quando uma posição alavancada vai mal no primeiro momento, mas certos eventos acarretam um risco de volatilidade que você precisa incorporar na gestão de um trade.

A entrevista coletiva do BCE estava marcada para começar meia hora depois do anúncio da taxa. Com base em todas as informações que eu tinha, sentia que o único resultado possível seria uma retórica ainda mais *hawkish* de Christine Lagarde [presidente do Banco Central Europeu]. O Bund havia reagido a partir do piso, por realização de lucros, antes da coletiva. Decidi dobrar minha posição vendida e segurá-la até a coletiva em vez de tentar pegar a retórica agressiva depois. Minha expectativa era de que os outros traders iriam esperar a coletiva para agir, o que levaria a muita volatilidade em cada palavra que Lagarde dissesse. Por isso, queria estar posicionado à frente. Esse trade secundário foi ótimo. Como esperado, o mercado saiu vendendo durante a entrevista coletiva, e eu estava pré-posicionado para toda a retórica agressiva e isolado contra qualquer volatilidade de curto prazo contrária à minha posição.

Houve um último trade que representou um bom risco/retorno para mim. Na coletiva, Lagarde disse: "As projeções da nossa equipe que embutem e incorporam as expectativas do mercado para nossa taxa terminal não autorizam um retorno à meta de inflação de 2% que fixamos em seu devido ritmo. Por isso, há que fazer mais e, em consequência, novas expectativas do mercado estarão embutidas nas projeções futuras da equipe." O que ela estava dizendo era que a taxa implícita do mercado estava muito baixa e tinha que ser mais alta. Era o tipo de manchete que, eu sabia, iria acelerar o movimento de baixa do mercado. Eu ainda estava vendido no Bund e muito já tinha sido vendido. Então fiquei vendido no Schatz [o título alemão de dois anos].

Realizei lucros parciais quando os diversos mercados se aproximaram das movimentações máximas da cotação que eu esperava para um dia como aquele. Fui reduzindo o tamanho da posição nos dias que se seguiram. Ainda estou um pouco vendido em Euro Stoxx 50, porque nossa pesquisa indica mais baixa na Bolsa. Se a minha meta for alcançada nessa última posição parcial, o retorno total dos trades que coloquei no anúncio do BCE ultrapassará os 100%.

CAPÍTULO 5

DALJIT DHALIWAL

Conheça seu diferencial

O histórico de Daljit Dhaliwal é extraordinário: em seus pouco mais de nove anos como trader, atingiu um notável retorno composto médio anual de 298%. Ele opera de forma agressiva, assumindo posições grandes quando tem um grau de confiança elevado em um trade. Sua volatilidade média anualizada, bastante alta, é de 84%.

Diante disso, você poderia pensar: "Os retornos dele são incríveis, mas o risco também deve ser fora do comum." Esse pressuposto parece ser reforçado por sua estratosférica volatilidade. Eis a questão, porém: a volatilidade é altíssima por causa de seus vários ganhos elevados, e as perdas são notavelmente contidas. Considerando seu retorno e seus níveis de volatilidade, seria razoável esperar vários *drawdowns* de 50% ou mais. Porém a baixa mais forte de Dhaliwal, com base nos níveis de ativos de fim de mês, fica abaixo dos 20%. Ele lucrou em todos os anos, 95% dos trimestres e 70% dos meses. Como indica sua combinação de retornos gigantescos e perdas controladas, as estatísticas de retorno/risco de Dhaliwal são exemplares: um Índice de Sortino ajustado de 10,3 e um Índice Ganho-Perda mensal de 8,5 – números cinco vezes maiores do que seria considerado uma performance excelente (veja o Apêndice 2 para as definições e o contexto dessas estatísticas).

A paixão inicial de Dhaliwal foi o tênis, e não o trading. Na adolescência, ele foi um dos juvenis mais promissores do Reino Unido e alimentou esperanças de se tornar profissional. Quando está comprometido com uma meta, Dhaliwal faz de tudo até atingi-la. Começou a jogar tênis na idade relativamente tardia de 10 anos (tarde para quem aspira a ser profissional). Ele treinava com constância, recebendo lições de treinadores profissionais cinco dias por semana. Os motivos pelos quais abandonou a luta para se tornar tenista profissional são discutidos na entrevista.

Quando Dhaliwal estava na universidade, a crise financeira de 2008 e seus desdobramentos despertaram seu interesse pelos mercados. No último ano, já sabia que queria ser trader. O problema era que havia feito uma universidade de prestígio médio e os empregos de trader iam quase exclusivamente para os formandos das melhores faculdades. Esse obstáculo mostrou-se bastante grave no período pós-crise financeira, quando ele se formou. Vagas de trader eram escassas e a concorrência era feroz. Pela lógica, teria sido impossível Dhaliwal conseguir um emprego de trader. Graças a uma tremenda determinação, ele conseguiu.

Dhaliwal encarou o trading com a mesma paixão e comprometimento que teve pelo tênis na adolescência. Dedicou-se a aprender tudo que podia sobre os mercados. No início, teve o bom senso de perceber que nada sabia. Por isso, não alimentou ideias preconcebidas. Ao contrário, estudou os movimentos dos preços e suas causas para aprender a partir deles como interpretar os diversos eventos.

A metodologia de Dhaliwal passou por várias alterações enquanto evoluía como trader. No começo, usava primordialmente a análise técnica, mas logo passou para um foco em fundamentos, ao compreender que um reduzido número de trades apoiados em fundamentos era a fonte de quase todos os seus lucros. Na maior parte da carreira, Dhaliwal colocou *day trades* com base em sua interpretação dos fundamentos dos eventos, como os anúncios dos bancos centrais. Nos últimos anos ele vem aderindo a trades de prazo mais longo, baseados em modelos econômicos que ele e seu assistente de pesquisa elaboraram.

Dhaliwal passou a maior parte da carreira no mesmo grupo que Richard Bargh (Capítulo 3) e Amrit Sall (Capítulo 4). O desejo de operar de modo mais independente, sem sofrer a influência de outros traders, levou-o a se mudar para seu próprio escritório em Londres, onde o entrevistei. Comentei com Dhaliwal que iria entrevistar Michael Kean (Capítulo 10) no dia seguinte. Por coincidência, os dois investem juntos. No dia seguinte, nos convidou para um jantar maravilhoso na Goodman, churrascaria na City, como é conhecido o centro financeiro do Reino Unido.

Como você definiria sua estratégia de trading?
Diria que sou um trader macro, voltado para eventos. No aspecto quantitativo, uso os principais indicadores econômicos e modelos de analogia histórica que elaboramos. No qualitativo, uso uma estratégia de curto prazo, operando as manchetes como ferramenta tática para me posicionar no mercado. Além disso, na parte qualitativa uso meu entendimento das narrativas que possam orientar o mercado, o que, às vezes, exige deixar de lado os fundamentos.

Na adolescência, qual aspiração profissional você alimentava?
Mais que tudo, tinha esperança de me tornar tenista profissional. No ensino médio, o tênis era uma parte enorme da minha vida.

Você competiu profissionalmente?
Nunca atingi o nível profissional. Meu ranking mais alto foi lá pelo número 80 do Reino Unido.

O que aconteceu com a sua carreira de tenista?
Quando tinha uns 16 anos, tive uma conversa decisiva com um dos treinadores, um ex-jogador do ranking mundial. Ele disse que adorou a experiência de competir em nível internacional e a oportunidade que isso lhe deu de viajar pelo mundo, mas que não ganhou dinheiro. Àquela altura, ele estava na casa dos 30 e ainda estudando para se formar e iniciar uma nova carreira.

Foi esse comentário, sobre o potencial limitado de ganhos, que cortou seu entusiasmo em seguir carreira como tenista profissional?
Mais do que isso, foi a ideia de ter que iniciar uma nova carreira naquele estágio da vida. Não amava o tênis tanto quanto alguns dos meus pares. Meu interesse não ia além da possibilidade de me tornar profissional. Sabia que não queria ser treinador. Mais ou menos um ano depois, houve outro momento decisivo. Um dia, meu técnico trouxe uma pessoa para jogar contra mim. Jogamos um set e ganhei por 6/4. Depois do jogo, meu treinador disse que o jogador que eu havia acabado de derrotar estava no ranking mundial no ano anterior. Não tinha me contado antes para não me intimidar. Nessa hora, era para eu ter tido aquela faísca e pensado: "Ei, talvez eu consiga fazer isso." Só que não tive. Não me vi fazendo carreira de tenista profissional.

Quando você desistiu do tênis?
Na universidade, lesionei o tornozelo jogando futebol. Meu treinador de tênis disse para eu tirar o inverno de folga e voltar, mas nunca voltei.

Da experiência como jogador de tênis de alto nível você tirou alguma lição que influenciou a carreira de trader?
No tênis você não pode perder nenhuma bola, enquanto no trading não precisa fazer todo trade em potencial. Pode esperar por um trade em que tudo se alinhe a seu favor. Seria como jogar tênis e só precisar rebater a bola quando ela estivesse pronta para um *smash* perfeito. Uma coisa que notei no trading é que não tenho de operar quando não estou com a cabeça boa ou o ciclo de oportunidades não se alinha com meu jeito de operar. E gosto disso.

Esse é um comentário mais sobre o contraste entre jogar tênis e ser trader. Existe alguma conexão entre atingir um alto nível de competência em um esporte como o tênis e ser um trader hábil?
Tem a ver com as semelhanças psicológicas entre brilhar no esporte e no trading. Em ambos, é preciso ter disciplina, gerir o repouso e a nutrição. Como trader, você tem de tomar decisões corretas, e é difícil quando está estressado ou cansado.

O que despertou seu interesse pelos mercados?
Quando estava na universidade, grande parte do noticiário falava de mercados.

De que anos estamos falando?
Entre 2008 e 2010.

Ah, a crise financeira e o que veio depois. Você se formou em quê?
Economia e finanças. Tinha a impressão de que as finanças eram uma área empolgante. Gostava de não saber o que ia acontecer no dia seguinte. Não queria ter um emprego banal.

Quando você começou no trading?
Quando estava na universidade, comecei a apostar no *spread* de moedas. Acho que nos Estados Unidos isso é ilegal, mas no Reino Unido é legal e livre de impostos.

Quanto você apostava?
Pequenas quantias – algumas libras apenas. Não tinha muito dinheiro.

Você apostava com base em quê?
Usava apenas análise técnica básica, como gráficos de *breakouts* e médias móveis.

O que você aprendeu nesse período?
Ganhei 5k e logo depois perdi 2k muito rapidamente. Percebi que não sabia o que estava fazendo. Resolvi guardar o que me restava de lucro e me concentrar nos estudos. No último ano, minhas notas não estavam lá essas coisas. Eu queria um emprego de trader quando me formasse e sabia que precisaria melhorar as notas se quisesse entrar no setor. Estudei bastante no último ano e conquistei uma boa nota geral.

Certo dia, alguém de um dos bancos veio à universidade dar uma palestra. O tema principal era o setor operacional. Depois da palestra, fui falar com ele: "Queria muito um emprego no trading. Como faço?" Ele respondeu: "Para ser franco, há duzentos empregos no setor operacional e menos de meia dúzia no de trading, e as vagas de trader estão indo para os candidatos de universidades de ponta."

Deduzo que você não estava em uma universidade de ponta.
Não, era uma universidade de nível médio.

O que você fez depois de ouvir isso?
Àquela altura, pensei que seria melhor me candidatar a todas as vagas de trading que pudesse. Minha impressão era de que, se conseguisse uma entrevista só, talvez pudesse vender meu peixe. Candidatei-me em trinta lugares diferentes, a maioria bancos e também fundos privados de trading. Fui rejeitado por todos, à exceção de uma firma que me chamou para uma entrevista.

Conte-me sobre essa entrevista.
Fui entrevistado pelo gerente de risco, que tinha sido trader no pregão antes de resolver trocar o trading pela gestão. Eu havia acabado de passar pelas provas finais e era a única entrevista que tinha conseguido. Estava decidido a me sair bem.

Houve alguma pergunta ou resposta decisiva nessa entrevista?
Ficamos um bom tempo conversando sobre o que estava acontecendo naquela época nos mercados. Acho que o entrevistador ficou impressionado com meu interesse genuíno e meu desejo de aprender. No final, me perguntou se havia mais alguma coisa que eu gostaria de perguntar ou dizer. Respondi: "Eu me candidatei a trinta lugares diferentes e quero *muito* estar nesse setor. Se o senhor me der esse emprego, serei o funcionário mais dedicado que já viu." Acho que foi meu entusiasmo, mais que qualquer outra atitude, que me rendeu o emprego.

E como foi a sua experiência ao entrar para a firma de trading?
Os primeiros três meses foram uma longa curva de aprendizagem. Em sessões presenciais, aprendi tanto sobre análise de fundamentos como sobre análise técnica.

Qual era a sua metodologia quando começou a operar?
No princípio, só testava ideias. Não tinha nenhum método. Pendia mais para a análise técnica. Usava Perfil de Mercado [um tipo de análise de preços que dá um peso especial às áreas de cotação que tiveram volumes elevados de trading] combinado com análise de gráficos. Não gostava de indicadores, tinha a impressão de que era olhar para trás. Mas gostava dos padrões de gráficos, porque eles me situavam e davam certo contexto daquilo a esperar. Quando o mercado estava na faixa de trading, por exemplo, você sabia que haveria um *breakout* em alguma direção, mesmo que se revelasse um falso *breakout*.

Concordo. Afinal de contas, indicadores são derivativos dos preços e, portanto, não têm como fornecer mais informação além daquela já existente no gráfico de preços em si.
     Analisando seu histórico, notei que você logo lucrou bastante. Aparentemente, estava se saindo bastante bem com a análise técnica, já que foi esse seu método inicial. Fico pensando no que o motivou a trocar a análise técnica pela análise fundamentalista, considerando que você operava de modo lucrativo com a técnica.
Não me sentia à vontade com a análise técnica, porque não compreendia como poderia funcionar nem confiava que continuaria funcionando no futuro.

Com os fundamentos, tinha uma compreensão bem mais clara de por que os preços mudavam de patamar. Concluí que a análise de fundamentos era bem mais interessante. A leitura do seu primeiro livro da série Os Magos do Mercado Financeiro foi uma influência formadora no início da minha carreira. Não lembro quem disse, mas o conselho para operar com um método alinhado com sua personalidade teve um impacto significativo em mim.

Não lembro, tampouco, quem disse isso, talvez porque a mesma mensagem tenha surgido explícita ou implicitamente em várias entrevistas. Quando dou palestras sobre as lições dos Magos do Mercado Financeiro, a importância de negociar com um método compatível com a sua personalidade é um dos primeiros pontos que costumo ressaltar. Como você começou a usar a análise de fundamentos como ferramenta?
Era, sobretudo, trading de manchetes – operando em cima dos comentários dos diretores de banco central e outras autoridades.

Como você operava essas manchetes?
Minha visão era de que o mercado ficava na expectativa de algum evento com base na leitura de diversos comentários e notícias. Naquela época eu operava manchetes com base nas altas e nas baixas em relação às expectativas do mercado, mesmo em trades em que não parecia fazer sentido aguardar uma reação, por serem informações já disponíveis.

Pode me dar um exemplo?
Comecei a construir de verdade minha carteira durante a crise da dívida da zona do euro em 2011. Foi a época em que a Grécia começou a quebrar. Todos os dias havia uma manchete com um comentário de uma autoridade europeia, ora contra, ora a favor da Grécia. Eu operava esses comentários em lances de curto prazo no euro. Em determinado momento percebi que, quando uma autoridade dizia algo como "Não vamos ajudar a Grécia", o euro se movia 20 *ticks*. No mesmo dia, a então chanceler [Angela] Merkel aparecia dizendo a mesma coisa e o euro andava mais 40 *ticks*. Seria de supor que o mercado já tinha a informação, então não deveria haver qualquer reação da cotação. Mas eu negociava, porque o mercado indicava que, a partir dali, aquela informação era mais relevante, porque veio da Merkel. Não me importava compreender as razões; tudo que me importava era o impacto imediato

no mercado. Tento estar mais alinhado com ganhar dinheiro do que com estar intelectualmente correto. Na prática, isso significa deixar a reação do mercado ao noticiário me orientar em relação ao que é importante.

Você dá a entender que não opera mais os fundamentos do mesmo modo. O que mudou em seu método?
O que faço hoje é inteiramente o contrário do começo da carreira. Aposto contra as reações iniciais às manchetes. Não é possível mais operar com o movimento inicial, logo depois da notícia, porque os algoritmos fazem o trade antes de mim. [Dhaliwal refere-se aos programas algorítmicos projetados para fazer trades instantaneamente com base nas palavras e expressões das manchetes do noticiário.]

Parece que esses trades com base em manchetes, seja apostando na direção delas, como você fez nos primeiros anos, seja contra, como você veio a fazer depois, são sempre trades de curtíssimo prazo. Quando você começou a fazer trades de mais longo prazo?
Lá por 2016 me dei conta de que, quando há uma alteração significativa dos fundamentos, os lances de curto prazo eram seguidos por lances de mais longo prazo. Pensei, então: "Por que estou perdendo meu tempo tentando pegar os lances de curto prazo se posso acertar um desses grandes movimentos e ganhar uma parcela significativa dos meus lucros anuais em um trade só?" Foi então que a mentalidade do meu trading mudou. Pensei: "Não preciso ter razão o tempo todo, só preciso ter muita razão algumas vezes por ano." Não é fácil o jogo de operar as manchetes. No campo mental, é um tanto cansativo. E, quando fui analisar meus resultados de trading, percebi que quase todos os meus ganhos vinham de pouquíssimos trades, o que significava que todos os outros estavam rendendo quase zero, em termos líquidos. Para que, então, eu estava tendo tanto trabalho de fazer aqueles trades?

Qual era a diferença essencial entre os trades determinantes para perdas e ganhos e os que não eram?
Os trades mais lucrativos tinham por base eventos inesperados.

Então o que mudou no seu método foi o rigor nos trades realizados e a disposição para retê-los por mais tempo?

Não totalmente. A mudança principal foi uma transição para trades com base em uma análise macroeconômica mais ampla.

Pode me dar um exemplo?
Em julho de 2019, fiquei vendido no S&P naquele que era, provavelmente, o maior trade que já havia feito. Sentia que os responsáveis pela política econômica não estavam fazendo o bastante para aliviar os riscos de baixa. O crescimento da massa salarial e o setor industrial estavam desacelerando. Ao mesmo tempo, os dados econômicos da União Europeia estavam terríveis. Com base em meus modelos de analogia histórica, minha impressão era de que, considerando o regime econômico em que estávamos, o mercado de ativos estava suscetível a um período de baixa.

Em que ponto você ficou vendido?
[Dhaliwal me mostra um gráfico indicando uma consolidação estreita formada perto do topo de uma faixa mais ampla, próxima dos picos históricos.]

Ao analisar em retrospecto, o mercado caiu depois na direção da ponta de baixo da faixa. Na época, porém, uma consolidação próxima do pico histórico era o tipo de padrão que poderia ter levado a outro período de alta. O que teria acontecido se o mercado começasse a reagir rumo a novos recordes? Quanto espaço você teria, considerando o mercado?
Não muito, porque o meu timing para o mercado se baseava em alguns de meus indicadores de fundamentos de curto prazo. Além disso, dividi o trade entre *shorts* diretos no S&P e *puts* comprados no S&P. Dei mais oxigênio para os *puts*.

Quando o mercado opera em uma faixa ampla com os mesmos fundamentos, como fez o S&P, como você decide o momento de iniciar um trade? Suponho que seu *stop* fosse mais restrito que o *range* do mercado.
Não venderia o S&P em terra de ninguém. O ponto de entrada seria mais para o topo do *range*.

Era isso que estava tentando entender. Então, se você tem uma visão em baixa e a faixa do mercado é ampla, e se o mercado chega ao topo da faixa, em que não fica claro se vai cair ou ter um *breakout* rumo a novos picos, sua

tendência é negociar no lado vendido, porque seus modelos de fundamentos indicam maior probabilidade de queda. Essa é uma descrição justa de como você determinaria o timing de um trade com base em fundamentos?
Sim, com a ressalva de que, caso ocorra um desdobramento relevante, não importa onde o mercado se encontra em relação à faixa.

Suponho que por "desdobramento relevante" você se refira a um evento noticioso cujo impacto provável seja duradouro. Mas isso levanta uma questão: e se as consequências desse evento contrariarem suas expectativas fundamentais?
Se o evento for muito grande, acompanho o movimento. Mais que ter razão, o que quero é ganhar dinheiro. Além disso, não fico à procura de sinais que confirmem minhas expectativas, mas à procura de sinais que as desmintam. Tudo que me importa é como posso estar enganado. Quando ocorre um evento relevante adverso, isso quer dizer que meus modelos estavam errados.

Várias semanas depois de nossa entrevista, o S&P teve um breakout, *atingindo novos picos, e protagonizou uma alta intensa nos meses seguintes. Esse movimento da cotação motivou uma continuação da entrevista por e-mail.*

Todas as razões econômicas que você citou para ficar vendido no S&P durante nossa entrevista se aplicam ao quarto trimestre, em que o mercado subiu direto. Não entendo por que os mesmos fundamentos não recomendariam uma posição em baixa no quarto tri, quando uma posição semelhante estaria redondamente enganada. Quais foram as diferenças entre o momento em que você colocou o trade [fim de julho de 2019] e o quarto trimestre que o manteriam fora do lado vendido naquele trimestre específico?
Minha perspectiva em relação a alguns indicadores econômicos-chave, no Q4, era de fato em baixa. Naquele trimestre, porém, o Fed alterou sua política, passando às torneiras de liquidez. Minha pesquisa indicava que essa atitude ia suplantar minhas razões para estar em baixa naquele momento [dados da economia em deterioração]. Por isso, passei a maior parte desse período assistindo de fora.

Qual foi seu trade mais penoso?
Em dezembro de 2015, ocorreu um grande encontro do Banco Central Europeu. A expectativa, antes desse encontro, era que o BCE cortaria os juros e faria *quantitative easing*. Fiz minha análise prévia de fundamentos e estava bem preparado. Sabia o que o mercado esperava e o que valeria ou não um trade. Estávamos todos sentados no escritório, esperando as notícias. Alguns minutos antes da hora prevista para o anúncio oficial, surgiu na Bloomberg uma manchete do *FT* [*Financial Times*] dizendo: "BCE mantém taxa inalterada em decisão surpreendente." Vi o crédito da *FT* e pensei que devia estar certo. A reportagem foi uma surpresa tão grande que, se eu estivesse correto, poderia ser o melhor dia da minha carreira. Decidi ir com tudo e na mesma hora comecei a ficar comprado em euro e vendido no Euro Stoxx 50. A reportagem estava errada. O BCE cortou os juros. A reviravolta dos mercados foi tão rápida que, mesmo liquidando de imediato, acabei saindo no ponto extremo desses movimentos. Passei de seis dígitos de lucro a seis dígitos de prejuízo em questão de segundos.

O mercado, então, caminhou mesmo em sua direção.
Sim, porque os mercados começaram a se mexer com a manchete do *FT*, mas, quando o verdadeiro anúncio saiu, a reversão foi instantânea.

Qual o tamanho percentual do prejuízo em sua carteira em razão desse trade?
Cerca de 20%.

Houve alguma lição desse trade?
Sim. Depois que acabou, eu disse: "Nunca mais vou deixar isso ocorrer."

O que exatamente você chama de "isso"?
Ter uma posição grande sem um *stop* definido.

Por que você não tinha um *stop*?
Porque estava tão acima que não achei que fosse voltar até o fim.

Esse trade foi o ponto de inflexão depois do qual você passou a ter sempre um *stop*?
Não apenas isso, mas depois daquele trade me certifiquei de sempre tirar parte do dinheiro da mesa quando tivesse um ganho rápido e importante.

O euro já havia se movido um ponto percentual antes de sair o anúncio do BCE e eu ainda estava com a minha posição intacta.

É certo, então, dizer que duas coisas mudaram em seu trading depois daquele fatídico dia: você sempre tem um *stop* e sempre realiza parte dos lucros quando possível?

Exatamente. O trading é em grande parte uma questão de reduzir as perdas. O impacto psicológico de uma baixa importante não é compensado pelas altas. É muito melhor manter certo equilíbrio.

Qual foi o problema com aquela reportagem do *Financial Times*?

Até hoje não sei. O caso é que nunca teria operado em algo assim se não fosse o *FT*. Olhando para trás, essa reportagem teria sido implausível, porque a imprensa fica trancada em uma sala e os textos ficam embargados até a hora exata do anúncio efetivo.

Tempos depois, encontrei a explicação do que aconteceu em uma correção divulgada pelo *Financial Times*:

> Na última quinta-feira publicamos uma reportagem incorreta no FT.com que afirmava que o Banco Central Europeu havia contrariado as expectativas e decidido manter as taxas de juros em vez de cortá-las. A reportagem foi publicada alguns minutos antes do anúncio da decisão de cortar as taxas, mas não deveria ter saído. O texto era uma de duas histórias previamente redigidas – cobrindo as diferentes decisões possíveis – antecipando o anúncio. Em decorrência de um erro de edição, foi publicada, quando não deveria ter sido. Feeds automatizados fizeram com que o erro inicial fosse ampliado com um post simultâneo no Twitter. O *FT* lamenta esse erro grave e vai revisar seus procedimentos de publicação e fluxo de trabalho, para assegurar que algo assim não volte a ocorrer. Pedimos desculpas a todos os nossos leitores.

Cheguei a você por intermédio de Steve Goldstein [fundador da Alpha R Cubed, empresa de coaching de executivos com sede em Londres, que trabalhou com muitos traders excelentes]. Você foi extraordinariamente bem. Qual foi sua motivação para buscar um coach de trading?

Peter Brandt diz: "Especular com êxito no mercado é nadar corrente acima contra a natureza humana." Comparo o coaching a uma lancha que me ajuda a fazer isso. Senti que precisava de um olhar externo sobre meu próprio trading, sobretudo quando não ando fazendo o trading ideal ou o conjunto de oportunidades não anda alinhado com meu estilo de operar. Steve desempenha esse papel. Nesses momentos, acho útil conversar com ele para não cair em um *drawdown* ainda mais profundo. Além disso, trabalhar com Steve me ajudou a esclarecer e solidificar minhas regras de trading. Ele também me fez perceber que eu estava excessivamente focado nos pontos fracos e que precisava me concentrar mais nos pontos fortes. Quando você foca nos pontos fortes, não deixa espaço para os fracos.

Fiquei sabendo pelo Steve que você deu um lance em um leilão de caridade para almoçar com Ray Dalio [fundador e gestor da Bridgewater Associates, a maior e mais lucrativa gestora de fundos de hedge do mundo]. Pode me falar sobre essa experiência?

Li um artigo na *Business Insider* contando que Ray Dalio estava oferecendo um almoço/encontro em um leilão de caridade. Pensei: "Que bacana seria, mas aposto que o lance vencedor vai ser algo como 1 milhão de dólares." Dei uma checada no site e descobri que os lances estavam só na casa de poucos milhares. Pensei: "Adoraria encontrá-lo. Vou nessa!" Comecei a dar lances e, para minha surpresa, liderei os lances por um bom tempo – no último dia do leilão eu ainda estava na liderança. Saí do trabalho naquele dia e peguei o trem para casa, contando que ia voltar rapidamente. O timing estava bem apertado em relação ao fechamento do leilão, e assim que saí da estação fui checar o site, para ver se ainda estava ganhando. Constatei que havia perdido. Fiquei arrasado. E me penitenciava: "Por que fui pegar esse trem? Devia ter esperado um pouco mais." No dia seguinte recebi um e-mail do Charitybuzz, o site que havia organizado o leilão, dizendo que Dalio havia oferecido um segundo almoço e que poderia ser eu se empatasse o lance vencedor, o que fiz com todo o prazer.

De quanto foi o lance vencedor?
Foi só de 40 mil dólares.

Onde vocês almoçaram?
Em um restaurante italiano no West Village [Manhattan]. Não me lembro do nome.

Como foi o almoço?
Incrível. O livro de Ray Dalio, *Princípios*, teve um impacto importante sobre mim, mudando não apenas meu jeito de pensar o trading, mas também a vida.

De que maneira?
Depois de ler *Princípios*, passei a questionar tudo. Dalio dizia no livro que a sua percepção da realidade não é necessariamente o jeito como as coisas são. Para atingir suas metas, você precisa de uma compreensão robusta da relação entre seus atos e o resultado que eles produzem com o tempo. Então você pode ir ajustando suas atitudes, quando necessário, para alcançar os resultados desejados. Essa mensagem me levou a começar a fazer análise de dados nos meus trades.

O que você aprendeu com essa prática?
Revisei as anotações que fiz dos meus trades, que representavam minhas percepções, e depois analisei os dados dos resultados desses trades, que representavam a realidade. Concluí que, embora achasse ser bom em análise técnica, na verdade não era.

Essa constatação mudou seu modo de operar?
Mudou. Comecei a jogar fora a análise técnica.

Como foi a conversa durante o almoço?
Dalio disse: "Esta é sua hora. Pergunte o que quiser."

E o que você perguntou?
Estava bastante nervoso. Agora me parece tudo meio nebuloso. Disse a Dalio que queria falar de meu trading, dos mercados e de sua visão sobre a vida.

Ele lhe deu algum conselho específico?
Ele me disse que, para testar minhas ideias, era essencial recuar o máximo possível. Dalio é um mestre em história. Disse que as pessoas se deixam enganar por algo que aconteceu antes, porque tendem a atribuir um peso excessivo à história recente e à própria experiência, e não recuam o suficiente para testar suas ideias à luz do passado. Ele me ajudou a compreender que, para adquirir convicção, é preciso analisar a história muito além da própria experiência.

Agora, quando você analisa os mercados, quão longe vai?
O máximo possível.

O que isso significa?
Atualmente, cerca de cem anos – mas, no mundo ideal, gosto de recuar bem além disso. Um livro que li recentemente foi *Salve-se quem puder: Uma história da especulação financeira*, de Edward Chancellor. É um livro que fala das bolhas do mercado, remontando até a febre das tulipas.

E o livro é bom?
É fantástico. Pode oferecer uma perspectiva histórica mais ampla sobre os mercados e a especulação de que Dalio falou.

Houve outras ideias que você extraiu do almoço?
Foi valioso compreender o que Dalio achava do "valor esperado". Não quero citá-lo equivocadamente aqui, mas, numa paráfrase grosseira, ele comentou o foco e os gastos na exploração do espaço como a nova fronteira. Dalio tinha uma opinião contrária – que deveríamos mergulhar no oceano, considerando que suas profundezas ainda são muito pouco exploradas. Ele enquadrava essa argumentação em termos de valor esperado. Disse que poderíamos aprender muito mais com os oceanos do que gastando o mesmo valor no espaço. Achei fascinante esse ponto de vista. Comecei a pensar em como poderia identificar valor esperado nos mercados.

Como você definiria "valor esperado"?
Para mim, é ter uma opinião "do contra" em um mercado que está muito menosprezado. No começo deste ano [2019], o milho era extremamente menosprezado. Os preços estavam no nível mais baixo em décadas e a

posição especulativa vendida era a maior em muito tempo. Esse tipo de situação indica que há um elevado valor esperado em estar do outro lado do mercado, desde que haja uma mudança de fundamentos suficiente para respaldar essa posição.

Você conseguiu comer durante o almoço?
[Risos] Dalio disse: "Ei, você tem que provar isso. Está muito bom mesmo." Nessa hora, me dei conta de que ainda não havia comido nada.

Houve mais alguém que tenha influenciado a elaboração de sua metodologia de trading?
Sim, Peter Brandt [entrevistado no Capítulo 1]. Assinei o serviço de trading *Factor*, de Brandt, durante muito tempo. Fiquei sabendo que ele iria à Polônia e queria muito encontrá-lo. Mandei um e-mail para seu assistente e marquei um encontro lá. Acabei jantando e tomando café da manhã com ele. Peter é muito humilde em relação a seu trading. É uma dessas pessoas que têm noção daquilo que sabem e se apegam ao próprio diferencial. Peter me disse que levou de oito a dez anos até entender que tinha um diferencial específico. O fato de ter levado tanto tempo chamou muito minha atenção. Percebi que tinha muito trabalho pela frente até entender de verdade qual era o meu. Depois de nosso encontro, concluí que precisava analisar as características de meus maiores triunfos, porque meus trades tinham um viés muito grande. Examinei tudo que tinha a ver com esses trades: minhas percepções na época, as características predominantes do mercado e minha análise do mercado. Estava em busca de denominadores comuns em que tinha me saído muito bem.

Você dispunha de todas as informações de todos os seus trades?
Mantenho um diário de trading desde 2011.

E Peter foi a inspiração para repassar suas anotações e examinar as características de seus grandes triunfos?
Sim, com certeza. Peter escreve um resumo anual do que chama seus "trades mais elegantes", aqueles que propiciaram os exemplos mais claros dos padrões gráficos clássicos que ele busca e que depois levaram às movimentações de preços que esses gráficos indicam.

Você queria identificar como eram seus "trades mais elegantes".
Sim, exatamente.

E o que descobriu?
Notei que um evento inesperado que ia contra o fluxo noticioso estava presente em todos os meus grandes trades vencedores. Outra característica é que minha motivação de entrada era muito clara, não fazia confusão entre minhas visões de curto e longo prazos. Também me dei conta de que esses trades nunca chegavam a cair muito e tendiam a ser lucrativos quase de imediato, enquanto os que não deram certo tinham tendência a cair rapidamente e continuar no vermelho.

Você comentou que registra seus sentimentos no diário de trading. Pode me dar um exemplo específico de como esse tipo de informação o ajudou a melhorar como trader?
Acho que o lado comportamental do trading é uma área pouco explorada para a melhoria da performance. Certos sentimentos são sintomas de problemas relacionados ao trading. Por exemplo, houve um curto período em que registrei sentimentos de frustração e FOMO no diário. Quando me aprofundei nesses sentimentos, descobri que a causa subjacente dessa desarmonia emocional era um conflito entre minhas visões de curto e longo prazos. O que estava acontecendo era que eu devia ter colocado um trade de longo prazo, mas então via uma oportunidade de ganhar dinheiro com uma aposta contrária, de mais curto prazo, no mesmo mercado. Então acabava não operando nenhum dos dois com eficiência. Pior ainda, deixava na mesa lucros importantes, a fonte da minha frustração. Percebi a ocorrência desse conflito porque, na época, estava fazendo a transição do meu método, passando a fazer trades de prazo mais longo. Ao compreender a questão de forma objetiva, pude elaborar a solução correta.

Qual foi a solução?
Antecipava possíveis trades de curto prazo que se opusessem à minha visão de longo prazo sobre um mercado específico. Se andassem da forma esperada, negociava devidamente, mas mantinha meu trade de longo prazo.

Há algo mais que você aprendeu com Brandt?

Sim, ele fala de "vazamentos", que são o dinheiro que você perde em trades que não estão plenamente alinhados com o seu procedimento. Comecei a rastrear esse tipo de trade na minha carteira e notei que estavam me impedindo de atingir níveis de lucratividade ainda mais elevados. Em 2017 todos os meus lucros vieram de 10% dos meus dias de trading. Evitar trades marginais é bem importante, porque são um gasto de capital monetário e psicológico.

A metodologia de trading de Peter é 100% baseada em gráficos, enquanto a sua é orientada por fundamentos. A influência dele é uma questão de princípios amplos, independentes da metodologia, como conhecer seu diferencial, evitar trades inferiores e gerir risco, ou há alguma parte do método dele que seja aplicável ao seu trading?
Uso os princípios gráficos de Peter, porque considero atemporal a maneira de ele enxergar os mercados. Ele não usa indicadores e apenas analisa os gráficos, um ponto de vista que também casa com meu jeito de olhar para os mercados.

Deduzo, então, que o panorama geral dos preços pode influenciar seu trading.
Pode. Acredito que os padrões gráficos de longo prazo são importantes, sobretudo as consolidações prolongadas. Não é possível apontar quando vai acontecer o *break*, mas, quando acontece, leva muitas vezes a movimentos importantes dos preços.

Você pode me dar um exemplo de um trade em que o movimento do preço no gráfico foi um elemento relevante?
Um trade me vem à mente de imediato por ser um exemplo muito clássico. Faz muito tempo, porém.

Não faz diferença, o que importa é o exemplo.
No início de maio de 2013, o dólar australiano vinha de um longo período de consolidação. Este dia [ele aponta para 9 de maio de 2013 no gráfico de cotações] foi um daqueles de não confirmação, em que os dados econômicos, um relatório de criação de empregos, estavam muito fortes, mas o mercado fez o *breakout* para baixo da faixa de longo prazo. O relatório sobre empregos não estava só em alta, estava *muito* em alta. O mercado esperava um número

de 11 mil e o que saiu foi 50 mil. Além disso, a taxa de desemprego caiu, enquanto a de força de trabalho subiu. Mais em alta que isso, impossível. Os dados foram divulgados às duas e meia da manhã, no fuso europeu. Esse relatório gerou uma alta inicial, mas, na hora que cheguei ao escritório, às sete da manhã, o mercado já havia vendido tudo e os preços estavam abaixo do padrão prolongado de consolidação que eu vinha acompanhando. Vi os dados que haviam saído, a movimentação de preços subsequente, e na mesma hora comecei a vender. Nem pensei, fiquei vendido de imediato.

Você faz algo diferente quando está em um período de perdas?
Sistematizei um procedimento para cortar meu tamanho quando estou em *drawdown*. Considero qualquer perda menor que 5% apenas uma flutuação natural, necessária para quem quer gerar retornos. Mas, quando o *drawdown* ultrapassa 5%, corto pela metade meu tamanho.

Há algum ponto em que você corta ainda mais?
Quando o *drawdown* supera 8%, corto o tamanho pela metade de novo, e se chega a 15%, paro de operar e faço uma pausa.

Isso já aconteceu?
Com exceção do dia da reportagem errada do *Financial Times*, houve uma outra ocasião. Cheguei para trabalhar, fiz minha pesquisa, mas não operei.

Quanto tempo isso durou?
Nem tanto tempo assim, uma ou duas semanas.

Falamos sobre as lições que você aprendeu com Ray Dalio e Peter Brandt. Houve aprendizados obtidos por meio de outros traders?
Com meus antigos patrões, aprendi que o trading não é uma questão de ter razão, é uma questão de ganhar dinheiro. As pessoas costumam se preocupar em estar intelectualmente corretas, o que pode ser um obstáculo ao lucro. Quando comecei, minha atitude era reconhecer que não sabia nada. Por isso, sempre estudei os movimentos do mercado em vez de fazer previsões com base em minhas opiniões pessoais. Não pensava: "Tenho essa opinião sobre como a Grécia vai negociar com a Europa e, por isso, o mercado vai andar nessa direção." Em vez disso, olhava os movimentos do mercado e depois

rastreava as razões para o movimento ter sido daquela forma. Quando as autoridades da União Europeia davam uma declaração e os mercados reagiam, eu interpretava: "Ah, eles disseram tal coisa, é por isso que o mercado se movimentou dessa forma."

Qual conselho você daria a outros traders sobre como ter melhor performance?

Faça uma compilação de suas estatísticas de trading e tenha um diário. De posse dessas informações, você tem que ser capaz de definir as características positivas e negativas de seu diferencial, e ajustar seu trading de acordo com elas. Mantenha-se no âmbito de seu diferencial, jogando o seu jogo, e não o dos outros. Então visualize-se fazendo seu melhor trading. Como ele seria? Por que você não está fazendo o que deveria? Contra quais atitudes deveria se resguardar? Por intermédio desse processo, você consegue melhorar seu diferencial positivo e limitar suas tendências negativas.

Quais são as suas regras básicas de trading?

No início, muitas das minhas regras e dos meus princípios vinham daquilo que os traders do seu livro sobre os magos do mercado diziam. Com o tempo, eles foram se adaptando à minha personalidade e àquilo que dava certo comigo. Eis as regras e os princípios que sigo agora:

- Parafraseando Adam Robinson, ser gênio é ter um martelo e só procurar os pregos. O que isso quer dizer? Que é preciso apegar-se àquilo que se faz bem.
- O risco/retorno de um trade é bastante dinâmico e pode sofrer alterações drásticas enquanto você o detém. Por isso, preciso ser flexível na cobertura de parte da minha posição quando um trade anda a meu favor. Do contrário, estou pressupondo que terei 100% de razão. Aprendi essa regra a partir de múltiplas experiências de lucrar muito em um trade e depois ver o mercado sofrer uma rápida reversão enquanto eu ainda detinha a posição.
- Uma regra personalizada: tenho um alerta de *drawdown*. Percebi três coisas que parecem estar presentes no começo de todo período de baixa que vivenciei:
    - uma perda de 2% ou mais em um único dia;
    - uma perda de lucros abertos significativos em um trade;

- um trade de grande dimensão que não dá retorno – um trade que imaginava ser uma grande oportunidade, em que entro com grande tamanho, e acaba não dando em nada.
- Outra regra personalizada é ter ciência de certos sentimentos que são sinais de alerta de que posso estar perdendo a sintonia com os mercados. As palavrinhas em que estou de olho vivo, na revisão das minhas anotações diárias de trading, são medo de ficar de fora [FOMO] e frustração.
- Clareza é melhor que certeza. Estar em busca da certeza o impede de agir.
- Sempre esteja preparado para o que pode dar errado. Tenha consciência do que vai fazer se acontecer o contrário daquilo que espera.
- Sempre negocie uma oportunidade pelo que é, e não pelo que gostaria que fosse. Por exemplo, quando só recebo parcialmente um trade, posso cair na tentação de prolongá-lo mais que o normal, para compensar pelo tamanho menor. Fazer isso seria violar meu procedimento, o que em geral leva a resultados piores.
- Sempre se certifique de que seus *stops* sejam definidos em um ponto que desminta sua hipótese de mercado; nunca use um "*stop* monetário" – um ponto de *stop* selecionado por ser a quantidade de dinheiro que você está disposto a arriscar. Quando você cai na tentação de usar um *stop* monetário, é um sinal de que o tamanho de sua posição está grande demais.
- Não se estresse com os trades que você perdeu, mas para os quais nunca chegou a estar preparado. Os mercados proporcionam um fluxo constante de oportunidades. Enquanto o sol nascer de novo, haverá outro dia para ganhar dinheiro. Não é motivo para se preocupar.

Qual conselho você daria a um trader iniciante?
É uma pergunta que me fazem sempre e acho difícil de responder. Aconselho não tentar a carreira de trader, porque a maioria das pessoas não está disposta a fazer todo o esforço necessário para ter êxito. Um problema dos mercados e da especulação é que a sorte desempenha um papel tão significativo no curto prazo que pode levar as pessoas a equivocadamente achar que os lucros são fruto de talento, mesmo quando não são. Um estudante de medicina precisa de seis ou mais anos para se tornar doutor. Como esperar que atingir um nível alto de eficiência no trading seria diferente? O trading é como qualquer outra profissão, o êxito exige um esforço a longo prazo. Caso não esteja preparado para esse nível de dedicação, meu conselho é: não faça.

O que você diz a quem continua querendo ser trader mesmo depois de você aconselhar o contrário?
Não fique ansioso para começar a operar. Pesquise, ache seu método e só então comece. Esse é o conselho que as pessoas menos escutam.

Quais são as suas palavras finais?
Para ter êxito como trader, é preciso amar o trading de verdade. Para mim, o jogo nos mercados é como uma partida de xadrez que não acaba nunca. É o jogo mais empolgante que existe. Se o trading não o empolga, não vejo como momentos bons possam ser bons o bastante para suplantar os ruins.

A pergunta que todo trader precisa ser capaz de responder é: qual é o seu diferencial? Caso não tenha uma resposta clara, você não sabe em quais trades se concentrar ou quais merecem uma posição maior. Um aprimoramento decisivo que Dhaliwal fez em seu trading foi identificar os tipos de trade responsáveis por quase todos os ganhos. Ao fazer isso, ele priorizou a identificação, execução e gestão das operações importantes. Uma vantagem extra é que ele pôde reduzir muito os trades marginais, que, na conta geral, tinham um impacto líquido negativo sobre sua carteira, enfraquecendo seu foco e sua energia. Depois que identificar o diferencial, você precisa limitar-se àqueles trades que se enquadram em seu estilo. É incrível o número de traders bastante eficazes na aplicação de determinada metodologia, mas que caem na armadilha de entrar em outros tipos de trade, que redundam em prejuízo líquido e interferem na execução eficaz dos trades em que são talentosos.

Dhaliwal descobriu os trades que propiciavam seu diferencial porque faz um diário detalhado de todos eles, registrando sua análise de mercado, as razões de cada trade e também seus sentimentos. Esse diário permitiu que classificasse os trades e definisse os denominadores comuns àqueles que lhe davam os maiores triunfos. Além de ser uma ferramenta inestimável para indicar onde o trader está ganhando dinheiro, o diário pode ser um registro de lições: decisões e atitudes corretas e, ainda mais importante, equívocos cometidos. Fazer uma revisão periódica desse diário, para reforçar o aprendizado, é um dos jeitos mais eficientes de um trader se aprimorar.

Para ter êxito como trader, é preciso ser adaptável. Reflita sobre a carreira de Dhaliwal no trading. Ele começou usando a análise técnica, mas a abandonou, a não ser como ferramenta auxiliar, após notar que todos os seus lucros vinham de trades com base em fundamentos. Sua metodologia original buscava captar a movimentação inicial dos preços diante de eventos de manchetes relevantes. No entanto, depois que os traders algorítmicos começaram a aproveitar as movimentações antecipadas dos preços mais rápido do que ele conseguia colocar as ordens, Dhaliwal passou a apostar contra esses movimentos de preços – isto é, operando na direção oposta depois da movimentação inicial. À medida que evoluiu como trader e realizou uma grande quantidade de pesquisas com a ajuda de um assistente em tempo integral, a análise macroeconômica se tornou o motor principal de seus trades. A única constante na metodologia de trading de Dhaliwal é a mudança.

Embora a maior perda de Dhaliwal tenha se dado, sobretudo, em um evento acidental – uma notícia equivocada do *Financial Times* –, uma impropriedade de gestão de risco também foi responsável pelo prejuízo. Mais especificamente, Dhaliwal não tinha nenhum *stop* protetor em uma posição importante. Se tivesse uma ordem protetora, o *stop* teria sido acionado de imediato quando a notícia verdadeira contradissesse a reportagem do *Financial Times*, o que na prática minimizaria o prejuízo naquele trade. Depois disso, Dhaliwal se certifica de sempre ter um *stop* protetor em posições grandes.

Outro ingrediente crucial da gestão de risco de Dhaliwal é um procedimento específico para cortar o tamanho do trade quando um *drawdown* excede certos limites. Ele reduz o tamanho à metade quando a queda excede 5% e à metade de novo quando ultrapassa 8%. Quando a baixa atinge 15%, Dhaliwal para de operar até sentir-se pronto a retornar.

Um argumento essencial de Dhaliwal – e que muitas vezes é menosprezado – é que a proporção risco/retorno de um trade é dinâmica e pode sofrer alterações drásticas enquanto detém o trade. Imagine, por exemplo, que você fez um trade buscando um ganho de 300 pontos e arriscando-se a um prejuízo de 100 pontos. Quando o mercado anda 200 pontos a favor do trade, o risco/retorno passa a ser diferente daquele do momento em que a posição foi implementada. Dhaliwal gere a natureza dinâmica do retorno/risco de um trade realizando parcialmente os lucros. Ele alega que reter a posição total até sair é uma tentativa de estar 100% certo, sob risco de ficar 100% errado. Realizar lucros parciais em um trade que caminhou a favor de você é uma reação à mudança do retorno/risco e uma ferramenta de gestão de risco. Se ocorrer uma reviravolta abrupta do mercado contra a sua posição, o ato de ter realizado parcialmente os lucros compensa a perda de lucro ou reduz o prejuízo. Embora Dhaliwal não toque no assunto, outra forma de adaptar-se à evolução do retorno/risco de um trade que anda na direção prevista é restringir o *stop* protetor da forma apropriada.

Os *stops* protetores têm que ser estabelecidos em um ponto que desminta sua hipótese de trading. Usar um *stop* mais restrito só porque representa o valor máximo que você se dispõe a arriscar é uma indicação de que sua posição está grande demais. A conclusão é que é melhor reduzir sua posição, de modo a selecionar um *stop* que faça sentido e também seja consistente com a quantia que você está disposto a arriscar naquele trade.

Saiba o que fazer caso esteja errado. Dhaliwal planeja seus trades e sabe como responder a cada possível cenário. Definir o plano de gestão do trade antes de entrar nele é muito melhor que tomar essa atitude depois. Por quê? Porque antes de entrar em um trade você tem a vantagem da tomada de decisões com total objetividade. Depois de entrar na posição, você perde essa vantagem.

Em geral, os traders formulam opiniões próprias em relação a como os mercados reagirão a determinados eventos e circunstâncias, e operam conforme essas opiniões. Dhaliwal usou a abordagem oposta, sem opiniões predeterminadas, e analisou as movimentações de preço dos mercados, para só então identificar as suas causas. Dessa forma, deixava os mercados ensinarem a ele o que causava movimentos específicos em vez de operar com base nas próprias premissas e teorias. O histórico de Dhaliwal é testemunho da sensatez de seu método.

Uma mexida nos preços que se desvia do impacto esperado de uma ocorrência de fundamentos pode ser um sinal de preço relevante. O trade do dólar australiano discutido por Dhaliwal proporciona um exemplo perfeito desse princípio. Saiu um relatório de nível de emprego surpreendentemente em alta. De início, o mercado subiu, como era de esperar, mas em seguida desabou, atingindo novos fundos. Essa forte contradição entre a notícia de fundamento e o movimento resultante da cotação dava uma ótima sinalização do começo de uma prolongada baixa do mercado.

Embora Dhaliwal negocie com base em sua análise de fundamentos e depois de estudar como os mercados reagem ao que ocorre com os fundamentos, ele não deixa de realizar uma análise técnica como ferramenta suplementar. Um evento técnico que, em sua visão, tem importantes consequências sobre os preços é um *breakout* a partir de uma faixa de trading de longo prazo. Quando se sustentam, esses *breakouts* podem levar a um prolongado movimento de preços em uma única direção. O trade do dólar australiano apresentou uma reação inesperada a uma notícia de fundamentos e proporcionou o sinal técnico de um *breakout* a partir de uma faixa de trading de longo prazo.

Dhaliwal afirma: "Não é uma questão de ter razão, mas de ganhar dinheiro." O argumento é que o desejo de estar intelectualmente correto tira muitos traders do rumo. A única coisa que importa é ser lucrativo, e não provar que suas teorias sobre o mercado estão corretas.

Uma das regras de Dhaliwal é buscar a clareza e não a certeza. Os mercados não são uma questão de certeza, e sim de probabilidades. Esperar um trade que se aproxime do ideal de certeza, ou quase certeza, leva à inação e ao desperdício de muitos trades que oferecem boas apostas em termos probabilísticos.

Uma característica comum a muitos traders que atingem êxitos espetaculares é o amor pelo trabalho. Muitas vezes eles usam analogias com a competição para descrever o trading, como fez Dhaliwal na entrevista ao referir-se ao trading como "uma partida de xadrez sem fim". Quando você é trader, vale a pena questionar sua motivação. Você opera porque é apaixonado pelo jogo do trading ou porque é um jeito possível de ganhar muito dinheiro? Suas chances são muito melhores no primeiro caso.

TRÊS ANOS MAIS TARDE

Pelo que soube, você começou a gerir dinheiro de clientes este ano. Como foi a experiência?

Foi boa, mas também bastante instrutiva. Descobri uma diferença entre minha forma de gerir risco e a visão do risco de um investidor institucional. Nunca olhei meu NAV [*net asset value*, valor patrimonial líquido], porque incluía lucros em aberto. Nunca considerei lucros em aberto como meu dinheiro até fechar a operação e tirar o dinheiro da mesa. Não me importava muito se houvesse uma variação negativa forte em perdas e ganhos em aberto, porque o risco estava sempre fixado. Eu tinha *stops* definidos e sabia qual o pior cenário de saída. Sempre pensei em controle de risco em termos de movimentação adversa da cotação a partir do meu nível de entrada, e não em termos de abrir mão de ganhos em aberto.

Em maio de 2022 aconteceu um encontro do Fed. Eu achava que os eurodólares estavam excessivamente vendidos e que o mercado já tinha mais que precificado qualquer alta potencial dos juros do Fed. Eu estava bastante comprado em eurodólares antes desse encontro. O mercado encarou os comentários do Fed como *hawkish* [agressivos, impacientes com a inflação, tendendo a elevar as taxas de juros], enquanto eu achei mais *dovish* [lenientes, sem grande preocupação com a inflação, inclinados a cortar taxas de juros]. Eu estava ganhando bastante no trade àquela altura, e não queria pular fora. O mercado andou para baixo e na manhã seguinte meu NAV havia caído mais de 3%. Meu protocolo de risco diz que preciso sair assim que cair mais de 2%, o que a gestão institucional define como um declínio do patrimônio máximo. Como expliquei, nunca encaro isso desse modo quando estou operando meu próprio dinheiro. Então queria continuar comprado em eurodólares. Era uma decisão difícil, mas saí a um preço que se mostrou próximo do piso do dia. Então, ao longo de maio e junho, os eurodólares reagiram até minha meta original. Teria sido meu trade mais lucrativo do ano. Para mim, foi uma experiência frustrante.

Então você só saiu do trade porque estava gerindo contas?
Sim, senti-me obrigado a cumprir as diretrizes de risco que acertei com o investidor.

O fato de que seu prejuízo no dia possa ter sido em consequência de ter de abrir mão de lucros em aberto é algo em que você não tinha pensado ao acertar seu protocolo com o investidor?
Sim, exatamente.

Esse episódio mudou sua forma de se comunicar com os investidores?
Sim, conversei com a empresa investidora e eles não se opuseram nem um pouco a me deixar assumir a variação extra, desde que para mim estivesse bem. Mas antes de ter essa conversa eu queria respeitar as diretrizes de risco, ainda mais em um ano em que os mercados vinham sendo tão voláteis. Fora isso, as coisas estão indo bem, embora 2022 tenha sido meu pior ano.

Você está em queda no ano?
Ainda estou 18% no azul.

Acho que em 2022, em especial, muitos traders se contentariam com seu "pior ano". Como era de prever, você teve alguns meses com lucro de dois dígitos desde a nossa última entrevista. Houve trades decisivos para esses grandes meses ganhadores?
Em janeiro de 2021, a covid continuava grassando nos Estados Unidos. Recebemos notícias da Johnson & Johnson sobre a vacina que vinham pesquisando. Embora as manchetes não fossem incríveis, o mais importante é que os dados de redução no número de mortes eram bastante animadores. As vacinas não iam mesmo impedir as pessoas de contrair o coronavírus; a questão era impedir que morressem, algo que muitos ainda não entendiam. O mercado de *equities* reagiu mal à notícia. Achei que as pessoas estavam superestimando os efeitos remanescentes da covid e estavam excessivamente baixistas em relação às perspectivas. Fiquei comprado em futuros do S&P e vendido em futuros de *T-notes*, antecipando uma alta do crescimento e da inflação. Fevereiro de 2021 foi meu melhor mês naquele ano.

Algum erro com o qual você aprendeu nos últimos anos?
Minha maior frustração este ano foi tentar marcar golaços e não conseguir sustentar os trades, porque meu tamanho era excessivo e meus *stops* eram muito rígidos. A lição, aqui, é que preciso mensurar os trades levando em conta a duração e a volatilidade potenciais. Também preciso operar mais em torno das minhas posições e tirar lucros da mesa ao obtê-los. É isso que venho fazendo nos últimos meses.

"Tirar lucros da mesa" quer dizer realizar lucros parciais?
Isso mesmo.

A ideia é que, ao tirar lucros iniciais de uma posição, você teria mais poder de permanência para o restante da posição?
Exatamente.

CAPÍTULO 6

JOHN NETTO

"Segunda-feira é meu dia preferido"

Ninguém apostaria em John Netto como um candidato plausível a uma carreira de sucesso quando ele terminou o ensino médio. Suas notas eram baixas e ele havia fracassado em tudo que tinha tentado. A faculdade estava fora de cogitação. No entanto, Netto tinha consciência de que precisava de mais estrutura e disciplina. Em um momento de inspiração, sem nunca ter pensado nisso antes, resolveu entrar para os Marines, os fuzileiros americanos. Netto se empolga ao falar das virtudes dos fuzileiros e atribui a essa experiência a transformação de sua vida.

Depois dos treinamentos básico e de infantaria, Netto pediu transferência para a aviação, na esperança de se tornar controlador de tráfego aéreo. Os fuzileiros o designaram para treinamento de observador meteorológico, por considerarem que era o mais parecido com o seu desejo inicial. Depois do treinamento, ele foi enviado para o Japão. Netto se apaixonou pelo idioma japonês e comprou um curso ministrado em fitas cassete que o ajudou a ficar fluente no idioma. Sentia um prazer especial em ver a cara de surpresa da população local, que sempre pressupõe que estrangeiros não falem japonês. A fluência de Netto lhe valeu a nomeação para a prestigiosa Guarda de Segurança dos Fuzileiros na embaixada dos Estados Unidos em Tóquio.

Antes mesmo de dar baixa dos fuzileiros, Netto frequentou a Universidade de Washington e foi designado para comandar os aspirantes da Marinha, como parte do programa de formação acadêmica de reservistas. Dando continuidade ao amor descoberto por idiomas asiáticos, formou-se em japonês e chinês. Seu projeto era fazer carreira como oficial dos fuzileiros, na expectativa de um posto na Ásia onde suas habilidades linguísticas fossem valorizadas. Esse plano deu errado quando lesões crônicas no joelho o impediram de prosseguir na carreira militar. Netto aceitou a dispensa por invalidez sem ter completado as exigências para uma promoção a oficial. O pagamento pela dispensa e uma pequena comissão por serviços prestados proporcionaram a Netto um capital inicial para o trading.

A abordagem de Netto em relação ao trading foi idêntica à do aprendizado de japonês: estudou sozinho aquilo que lhe interessava. Depois de ler livros e buscar informações na web, Netto elaborou sua metodologia de trading inicial com base na análise técnica. À medida que foi ganhando experiência, se deu conta da importância de incorporar os fundamentos a seu trading. Desenvolveu, por fim, uma metodologia que combinava uma compreensão dos fundamentos dominantes dos preços de mercado com a análise técnica como ferramenta para localizar os níveis de entrada nos trades compatíveis com sua visão. Estabeleceu ainda estratégias para negociar eventos do mercado e um software próprio que permitia executar esses trades em frações de segundo.

Em sua sala, Netto tem um painel com dez telões. Seis deles estão conectados a um computador, fornecendo cotações, gráficos do mercado em diferentes intervalos de tempo, monitoramento de retorno/risco de posições específicas, cotações de opções, janelas de trading e ferramentas informatizadas diversas. Outras quatro telas estão conectadas a um segundo computador, dedicado ao software de trading de eventos de Netto.

Em mais de dez anos desde que iniciou sua trajetória oficial, Netto atingiu um retorno composto anual médio de 42%, calculado com base em seus níveis de carteira ideais (usar os níveis ideais em vez dos níveis reais reduz tanto o nível de retorno quanto o de risco, representando um panorama da performance mais representativo da exposição ao risco pretendida). Sua perda máxima durante esse período foi de 15%. As medições de retorno/risco de Netto são excelentes, com um Índice de Sortino ajustado de 4,7 e um Índice Ganho-Perda mensal de 4,8 (veja o Apêndice 2 para definições e explicações dessas métricas).

A metodologia de trading de Netto é complicada e demorada o bastante para você supor que ele estaria sempre ocupado – o que é um engano. Atualmente ele está estudando direito na faculdade, em um curso noturno. Não que esteja pensando em trocar o trading por uma carreira jurídica. Ele é o primeiro a reconhecer que talvez nunca use o diploma de direito para ganhar dinheiro, mas gostaria de advogar *pro bono* para veteranos de guerra. Mas sua motivação primordial é conhecer as leis da mesma forma que teve o desejo de aprender japonês. Pessoalmente, reconheço que parece loucura encarar o fardo de uma faculdade de direito por puro amor ao conhecimento, ainda mais quando você já se dedica em tempo integral ao exaustivo trabalho de trading e análise de mercado. Mas reconheço que meu pensamento é linear. Suspeito que Netto não siga a minha linha de raciocínio.

Algumas entrevistas são mais difíceis de transcrever que outras. A de Netto foi uma das mais complexas. Para começo de conversa, ele fala em um ritmo que lembra um nova-iorquino tentando terminar um bate-papo antes de correr para pegar o trem. Depois, ficou tão empolgado ao falar de trading que cada resposta parecia sair em oito direções diferentes – e muitas vezes nenhuma delas tocava no assunto da pergunta. Quando eu pedia um exemplo específico que ilustrasse determinado argumento, a resposta misturava vários exemplos, sem uma ordem. Ao editar a entrevista, tive que costurar material separado por horas nas gravações para construir uma resposta coerente.

Para ser justo, durante a entrevista Netto se dava conta de que havia acabado de dar respostas às quais faltava lucidez, como fica claro nos comentários autoanalíticos durante nosso encontro: "Acho que essa resposta não é muito convincente." "É mesmo um tanto esotérico." "Provavelmente você não precisa desse bastidor." "É uma mistura de informações." "Na hora de transcrever talvez não soe muito bem." Era tudo verdade.

Como você veio a se interessar por trading?
Especular sobre o desfecho de eventos sempre foi algo muito intuitivo para mim. Quando estava no ensino médio, servia de corretor para os alunos que apostavam em esporte. Eu postava o *spread* dos jogos de futebol americano e apostava em um dos lados. Cobrava uma comissão, igualzinho ao que fazem em Las Vegas, e é assim que ganhava dinheiro. Cobrava 10 centavos para cada dólar que tinha que pagar.

Você era o cassino, então.
Exatamente, era o cassino.

Quanto dinheiro você ganhou fazendo esse tipo de trabalho?
No último ano, havia juntado 7 mil dólares. No dia 17 de dezembro, meu aniversário de 18 anos, resolvi parar de atuar como corretor de apostas porque não queria fazer nada ilegal como adulto. Naquele Dia de Ação de Graças, que seria um dos últimos fins de semana em que faria aquilo, 24 de 28 favoritos ganharam. A maioria gosta de apostar no favorito. Naquele dia, perdi todo o dinheiro que havia ganhado no ensino médio, mais 1,5 mil dólares, que não tinha.

Como você se sentiu quando percebeu que havia perdido em um único dia tudo que tinha ganhado em vários anos, e até um pouco mais?
Foi devastador. Mas aprendi com essa experiência que, por piores que as coisas sejam, o sol sempre nasce no dia seguinte.

Esse episódio da sua adolescência teve alguma repercussão sobre você anos depois ao se tornar trader?
Totalmente. Passar por esse prejuízo, que não achava possível, me fez entender o potencial de eventos isolados quando comecei a operar. Tinha consciência de que um Lehman Brothers podia acontecer. Compreendia de forma instintiva que esses macroeventos aparentemente inconcebíveis podem ocorrer no mercado, por ter sido atingido por um evento isolado em meus anos de formação na tomada de riscos. Antes mesmo de começar a operar, sabia que era imperioso gerir o risco.

Esse conhecimento se deveu a esse dia fatídico que você vivenciou no ensino médio?
Aprendi por causa desse acontecimento e da minha experiência como fuzileiro.

Por que você entrou para os fuzileiros?
Não tinha grande desempenho acadêmico no ensino médio. Acho que minha média era algo em torno de 1,8. Meus únicos interesses eram cuidar da operação de apostas e as aulas de economia, em que me saía bem. Embora soubesse da importância da faculdade, não me sentia preparado para ela. Mais ou menos um mês antes da formatura, um recrutador da Marinha, que havia ido à nossa escola, me perguntou se eu já tinha pensado em me alistar. Respondi imediatamente: "Não tinha ainda. Vou entrar para os fuzileiros."

Em que momento você soube que queria ser um fuzileiro?
Não sei. Isso brotou na minha cabeça quando me sugeriram entrar para a Marinha. Minhas notas eram ruins e me faltava autoestima. Tinha um sentimento intuitivo de que tinha potencial intelectual, mas sabia que precisaria de muita disciplina. E a ideia de entrar para o serviço mais difícil, mais puxado, fazia sentido.

Sua opção de se juntar aos fuzileiros foi por ser o trabalho mais desafiador.
Escolhi os Marines porque era o mais desafiador e o mais estruturado. Tinha consciência de que havia vagabundeado no ensino médio e que me faltava foco. Sabia que precisava de estrutura.

Quanto tempo você passou com os fuzileiros?
Quase nove anos. Essa experiência transformou a minha vida. Nunca havia feito parte de uma cultura em que era responsabilizado por meus atos e me empurravam para fora da zona de conforto.

Foi uma experiência difícil?
Incrivelmente difícil.

Qual foi a pior parte?
Acreditar que dava mesmo para chegar ao fim.

Então ainda havia certa dúvida pessoal.
Tremenda dúvida. Minhas notas eram ruins, tinha perdido todo o dinheiro da minha operação de apostas. Tirando um teste estadual de economia em que fui bem, nunca havia feito nada que tivesse dado certo. Quando era pequeno, meu irmão tinha uma expressão, "foen", que queria dizer "fracassou outro esquema do Netto". Eu pensava o tempo todo em ideias de negócios e tudo que tentava dava errado. Precisava superar meus pensamentos tóxicos sobre aquilo que era ou não capaz de fazer.

Sua experiência nos fuzileiros teve impacto em você como trader?
Totalmente. Nos Marines você aprende disciplina e a agir sob forte pressão. Grande parte do treinamento nos fuzileiros é criar um ambiente estressante, de modo que, quando a coisa acontecer de verdade, você consiga agir. Na

primeira noite no quartel, depois de três horas de sono, eles chegam batendo na tampa do lixo e gritando: "Fora da cama! Fora da cama!" Ainda faltavam noventa dias, e no primeiro dia sua sensação é de que já haviam passado três semanas. Tive dias de trading que deram errado e pareciam três semanas. Você fica comprado e o mercado cai; fica vendido e o mercado sobe. O trading é um modo complicado de ganhar a vida fácil. Os fuzileiros me ensinaram a lidar com a adversidade, capacidade essencial para o êxito como trader. É preciso ser capaz de lidar com cinco *stops* seguidos e, mesmo assim, persistir com o procedimento. Os fuzileiros o treinam para lidar com reveses. Ensinam a importância de ter um planejamento e assumir responsabilidades. O trading é em grande parte uma questão de responsabilização. Você tem que prestar contas de seus prejuízos a si mesmo e não ficar botando a culpa nos outros.

Por que você saiu dos fuzileiros?
Não queria sair. Estava frequentando a Universidade de Washington, me formando em japonês e chinês, como parte do programa de formação acadêmica dos reservistas. Meu plano era ser um oficial em missão e, se possível, obter uma nomeação que tirasse proveito de minhas habilidades linguísticas. Antes de me formar, estourei o joelho jogando basquete, lesão que exigiu uma cirurgia reconstrutiva. Para piorar, tive tendinite crônica no outro joelho. Tanto para os fuzileiros quanto para mim, era evidente que minhas lesões tornavam impossível seguir na carreira. Aceitei uma dispensa por invalidez.

Como você passou dos fuzileiros e de um diploma em idiomas orientais para o trading?
Quando era fuzileiro, apliquei passivamente em fundos mútuos, que serviram de exposição inicial aos mercados. O primeiro passo decisivo em minha caminhada para me tornar trader foi assumir o posto de editor de negócios do jornal dos alunos na Universidade de Washington. Li muitos livros sobre trading e análise técnica, inclusive o de Joe DiNapoli sobre análise de Fibonacci, que teve muita influência sobre mim.[1] Em 1999 abri uma carteira de ações com 75 mil dólares que havia poupado do meu soldo de fuzileiro. Levei a carteira até 190 mil e a vi voltar para 40 mil no crash de tecnologia da Bolsa no ano 2000. Passei incólume pela primeira onda de queda, em abril de 2000. Foi a segunda onda de baixa, no fim daquele ano, que me pegou.

Desse modo, você passou por duas fases: depois de duplicar o dinheiro, perdeu todos os ganhos e ainda mais da metade do capital inicial. É parecido com...
[Netto me interrompe, terminando a frase] ... a operação de apostas na escola. Estou vendo uma tendência aí [risos].

Como você decidia o que comprar e vender?
Era parte do problema. Segui as recomendações de uma newsletter que sugeria níveis específicos de entrada e *stop* para ações. Quero dizer uma coisa: em toda a minha carreira de trader, obedecer aos *stops* nunca foi um problema. Graças à minha experiência do ensino médio, sempre soube que podia quebrar.

Como foi despencar de 190 mil para 40 mil dólares?
Perdi o dinheiro numa série de *stops*. O tamanho era outra questão. Sempre pulava fora no *stop*, mas minha posição continuava grande demais. Eu pensava, ingenuamente "Posso arriscar 25 mil nesse trade", sem avaliar o que podia acontecer se perdesse seis trades seguidos.

Você baseava todos os seus trades nas recomendações da newsletter?
Fazia também alguns trades com base no meu feeling do mercado, seja lá o que isso quisesse dizer.

Então você não seguia uma metodologia.
Não tinha metodologia alguma. Ainda estava aprendendo, mas, na época, não tinha a impressão de ainda estar aprendendo. Achava que sabia o que estava fazendo, porque havia levado minha conta de 75 mil para 190 mil dólares.

Quando você retomou o trading?
Não muito tempo depois, criei uma metodologia com base em retrações de Fibonacci [uma série de Fibonacci é uma sequência de números em que cada número é a soma dos dois números anteriores: 0, 1, 1, 2, 3, 5, 8, 13, 21, 34, 55, 89... A proporção entre um número e o número seguinte da série se aproxima de 61,8% à medida que os números aumentam, e a proporção entre um número e o segundo subsequente na série se aproxima de 38,2%. A sequência de Fibonacci é comum na natureza, como nas espirais formadas por certas conchas e pétalas de folhas. O trader Fibonacci busca possíveis reviravoltas do mercado que ocorram perto das proporções-chave citadas acima: 61,8% e 38,2%].

Você colocava somente trades em níveis de retração Fibonacci?
Buscava uma concentração de pontos na mesma zona de preços. Um exemplo básico de um trade desse tipo seria uma retração de 61,8% de uma oscilação mais curta do preço que coincidisse com uma retração de 38,2% de uma oscilação mais longa, e que ambas coincidissem com outros níveis técnicos de resistência ou de suporte que confirmassem. Eu assumia posições nesses pontos em que vários indicadores de suporte ou resistência estivessem concentrados na mesma zona.

Esse método deu certo?
Lucrei tanto em 2001 quanto em 2002, operando sobretudo vendido. Mas então tive um dia desastroso em 17 de março de 2003, quando o presidente Bush lançou um ultimato a Saddam Hussein para que renunciasse, ameaçando uma invasão americana.

Naquela manhã os mercados abriram em baixa e comecei a vender. O mercado virou rapidamente para cima e meu *stop* foi acionado. Àquela altura, eu tinha caído por volta de 14 mil dólares, o que é ruim, mas administrável. Fiquei vendido pela segunda vez e tive outro *stop*. Já estava 28 mil abaixo. Pulei fora e voltei. Vendi pela terceira vez e levei o terceiro *stop*. Nesse ponto já havia perdido 39 mil dólares. Saí, voltei e vendi de novo. Dessa vez o mercado começou a despencar. Quando recuperei metade da perda, pensei: "Vou pular fora!" Deixei a carteira voltar até 13 mil dólares abaixo apenas e então a perda começou a aumentar de novo. Levei o quarto *stop* e já estava perdendo 40 mil dólares. Fiz outra tentativa e no fim do dia estava 63 mil dólares abaixo.

Em um único dia perdi todo o dinheiro que havia ganhado no ano anterior. Foi um trading péssimo. É o que chamamos em Las Vegas de *dar tilt*.

Dar tilt?
Deu tilt é uma expressão do pôquer para o jogador que perde o controle emocional tentando recuperar o prejuízo fazendo apostas ruins e agressivas, que acabam ampliando o prejuízo total.

Seu trading daquele dia fazia parte da sua metodologia?
O primeiro trade foi coerente com a minha metodologia. O mercado havia reagido nos dias anteriores, chegou a um ponto de resistência e então abriu

em forte baixa no dia seguinte, confirmando a reviravolta. Mas, depois de sofrer aquela perda inicial, eu devia ter parado. Todos os trades seguintes foram puro *tilt*.

Esse dia é um exemplo clássico de mercado que vai na direção contrária à resposta esperada a uma notícia.
Totalmente.

Ainda me penitencio por não ter ficado comprado na noite eleitoral de 2016, quando o mercado vendeu fortemente ao ficar claro que Trump conseguiria uma vitória-surpresa, mas logo depois teve uma reversão abrupta, subindo com constância. Reconheci que a ação de preço do mercado, contrária ao esperado, representava uma sinalização clássica de compra, mas fiquei tão decepcionado com a vitória de Trump que não consegui ficar comprado.

Em nossa troca de e-mails antes da entrevista, Netto anexou uma cópia de uma carta enviada por ele à NFA (National Futures Association, entidade de autorregulamentação do setor de futuros) em 4 de janeiro de 2010. Na carta ele anunciava que ia negociar sua carteira em um "nível ideal" de 1 milhão de dólares. Ele também me mandou a resposta de confirmação da NFA e um histórico auditado, iniciado em janeiro de 2010. Nos futuros, o "nível ideal" da carteira indica o suposto tamanho da carteira negociada. É usado quando a quantia de dinheiro em uma conta não representa o grau de risco do trade. As exigências de margem dos futuros correspondem apenas a uma pequena porcentagem dos valores dos contratos. Quando uma carteira de futuros não é alimentada por uma quantia substancial de capital excedente, o saldo da conta pode subestimar o suposto tamanho da carteira negociada, o que resulta em ganhos e perdas exagerados. Usar níveis ideais de carteira em vez dos níveis reais reduz tanto as métricas de retorno quanto as de risco (isto é, a volatilidade e os *drawdowns*). A intenção é gerar números de performance mais realistas.

A carta da NFA e a auditoria de performance que você me enviou indicam que você começou a registrar oficialmente seu histórico em janeiro de 2010. Tenho duas perguntas: como foi seu trading entre o grande prejuízo de março de 2003 e o começo de seu histórico oficial, em janeiro de 2010? E, tendo operado durante tantos anos antes, por que você decidiu começar a registrar seu histórico oficialmente em janeiro de 2010?

Nesse ínterim, lucrei de maneira moderada, mas nada que pudesse chamar de espetacular. Escolhi janeiro de 2010 em parte por ser o início da década e porque queria levar meu trading a outro patamar. Embora tenha operado durante todo esse período, ganhava a vida sobretudo com as comissões do trabalho de corretor introdutório. Minha meta era poder focar totalmente no trading. Abandonei a corretagem de contas em 2011.

Sua metodologia mudou ao longo desses anos, da abordagem técnica com base em Fibonacci, como já foi falado anteriormente?

Sim, a mudança crucial foi perceber a importância da narrativa predominante no mercado e incorporar uma compreensão dela ao meu trading.

Pode me dar um exemplo do que quer dizer com "narrativa do mercado"?

"Narrativa" é outra forma de dizer "o regime do mercado". Os títulos do Tesouro de cinco anos, por exemplo, estão pagando 1,5% agora. O dividendo do S&P está em 2,8%. [A entrevista foi realizada em agosto de 2019.] A narrativa dominante no mercado é que, considerando a vantagem significativa de rendimento do S&P, o dinheiro vai fluir para as *equities*. Em um ambiente assim, é complicado ficar vendido em S&P. O ideal é ir comprando S&P perto de pontos-chave de análise técnica, porque o fluxo de investimentos vai estar ali, o que dá suporte aos fundamentos.

Outro exemplo: estamos em um regime em que há uma busca maciça de rendimentos. Existem 17 trilhões de dólares de instrumentos com rendimento negativo. Esse regime explica, em grande parte, o que alimenta a atual alta do mercado do ouro. Por quê? Porque, de certa forma, o ouro é uma moeda de rendimento zero. Por render zero, o ouro é um ativo melhor que 17 trilhões de dólares em ativos que você precisa pagar para ter. Esse é o grande fator que tem impulsionado o ouro atualmente.

Quando há esse tipo de regime favorável ao ouro, você só negocia o ouro do lado comprado enquanto as condições continuarem incentivando o mercado a buscar rendimentos?
É, na maior parte, verdade, mas nem sempre.

O que levaria você a ficar vendido diante desse fator em alta de longo prazo que, na sua lógica, é a força motriz do movimento da cotação do ouro?
Você pode ter um evento que desencadeie um forte movimento contrário ao preço do ouro. Caso, por exemplo, inesperadamente comecem a falar que a Europa vai implementar um estímulo fiscal, os títulos europeus vão passar por uma correção, provocada pelo medo das manchetes. Esse evento levaria a uma venda de ouro, porque ele vem se beneficiando de um ambiente de rendimentos negativos. Além disso, quando uma narrativa é bastante seguida, em algum momento o trade pode ficar superpovoado, o que deixa o mercado vulnerável a um movimento contrário agudo, sobretudo se houver uma notícia surpresa contrária à narrativa dominante.

Você pode jogar com uma correção de curto prazo do ouro mesmo estando comprado no longo prazo.
Com certeza, porque quando você tem essas tendências de longo prazo e sustentadas, se ocorrer um evento surpresa as correções podem ser violentas.

Pode me dar um exemplo de um trade específico guiado pela sua interpretação da narrativa do mercado?
Em maio de 2013, Bernanke [Benjamin Bernanke], então presidente do Fed, indicou que o banco ia passar de decisões com base no calendário para decisões fundamentadas em dados, determinando ajustes na taxa de juros. O que isso significava? Que qualquer dado econômico – números de emprego, vendas do varejo, etc. – teria mais impacto do que antes. As declarações de Bernanke alteraram a narrativa do mercado. Em 5 de julho de 2013, o Relatório de Empregos informou que um grande número de vagas estava sendo criado. Embora eu já estivesse *short* em títulos antes do relatório, aumentei a posição, porque pensei que o número teria um impacto maior que o esperado, dada a recente mudança de orientação do Fed do calendário para os dados. Foi o dia mais lucrativo que já tive. Minha especialidade é identificar mudanças de narrativa no mercado com probabilidade de gerar novas

precificações. Também procuro determinar qual é a narrativa antes de qualquer evento relevante.

Embora você não incorporasse essa abordagem ao seu trading em 2003, qual era a narrativa em seu dia de grande prejuízo, em março de 2003?
A narrativa era que ainda estávamos em um mercado em baixa por dois anos e, com os Estados Unidos prestes a entrar em guerra, a Bolsa ia voltar a novos pontos baixos. Era uma narrativa convincente, e era nisso que eu acreditava na época. No entanto, quando uma narrativa convincente é desmentida pela ação do preço no mercado, a reviravolta a partir do trading com base na narrativa pode ser violenta.

Quando você começou a incorporar a narrativa do mercado ao seu trading?
É provável que o primeiro mercado em que minha narrativa desempenhou um papel essencial em meu trading foi o ouro, em 2008. Vou contar o que fiz de certo e de errado. Minha narrativa era: o mundo está desabando, o Fed vai ter que fazer o *easing*; logo, o ouro vai subir. Essa foi a narrativa correta durante os três primeiros trimestres, e até me dei bem negociando ouro, principalmente do lado comprado. Mas o que não percebi foi que, quando o mundo começou a ficar preocupado com a deflação, o ouro passou a ser vendido junto com o restante do mercado, algo que aconteceu no quarto trimestre de 2008. Também deixei passar o fato de que, como estavam sendo atingidos por fortes saques, muitos fundos de hedge precisavam levantar dinheiro e estavam sobretudo comprando ouro. Por isso, tiveram que vender esse ouro junto com todo o resto.

Até agora falamos de como a análise técnica e a narrativa do mercado desempenham um papel em sua metodologia de trading. O que mais é importante?
O trading de eventos deu a maior contribuição aos meus lucros nos últimos dez anos. Existem tanto os eventos não planejados quanto os planejados.

Pode me dar um exemplo de cada?
Na sexta-feira passada, em deslocamento para um encontro do G7, Trump tuitou alguma maluquice sobre como, ao aterrissar, implantaria medidas retaliatórias contra a China. Em seus tuítes, Trump estava visivelmente irado. Esse é um exemplo de um evento não planejado. Você não pode se dar ao

luxo de estar comprado em risco sabendo que, naquele mesmo dia, Trump pode anunciar tarifas adicionais contra a China.

Como você reage a isso?
Você vende o risco, e vende com gosto.

Qual foi o seu trade?
Vendi S&P.

Mas o mercado não vendeu imediatamente depois desse tuíte?
Não só imediatamente, mas durante toda a hora seguinte.

Quando você ficou vendido?
Logo em seguida. Escuto um podcast chamado Trade the News, que faz parte de um site que não faz outra coisa a não ser monitorar, filtrar e ler notícias que mexem com o mercado o dia inteiro. Enquanto estou operando, não consigo olhar para telas de notícias – isso me distrairia muito. Por isso, ligo esse streaming de áudio. Assim que escutei a leitura daquele tuíte do Trump, fiquei vendido.

Quanto o mercado caiu até a hora em que você preencheu sua ordem?
O mercado tinha caído oito pontos inteiros, o que não era um problema; depois caiu mais 50 pontos.

Qual é a lição mais ampla a tirar desse trade?
É que você precisa compreender a narrativa do mercado para saber o que é e o que não é uma surpresa, e atuar de acordo. Mas você precisa saber que é uma surpresa. Se operar sem saber disso, é apenas um otário entregando o próprio dinheiro e vai estar comprado no pico e vendido no fundo.

Então seu trading de eventos está ligado à sua narrativa do mercado.
Totalmente! A narrativa vai determinar sua interpretação dos eventos do mercado. O mesmo evento pode ter impactos muito diferentes sobre as cotações, dependendo da narrativa predominante. Quando ninguém espera que a OPEP corte a produção, por exemplo, e ela anuncia um corte, os mercados de energia são pegos no contrapé e pode haver uma reação significativa dos

preços. Mas, se um corte do mesmo tamanho acontece e é esperado, pode não haver reação alguma da cotação ou até uma reversão do mercado quando a notícia sai. Por isso, conhecer a narrativa que está dominando o mercado é crucial para o trading de eventos. Torna também minha análise técnica mais eficiente ao me dar insights de como uma formação gráfica específica teria maior probabilidade de levar a um movimento grande de preços.

Qual seria um exemplo de trade de evento planejado?
O relatório de produção de milho do USDA [Departamento de Agricultura dos Estados Unidos] lançado no começo deste mês [agosto de 2019] proporciona um exemplo perfeito. Como pano de fundo, no relatório de junho o USDA havia relatado uma área plantada de 37,1 milhões de hectares. Esse número foi visto de modo geral com forte ceticismo, porque era esperado que essa área fosse bem menor, considerando as fortes enchentes no Meio-Oeste, que haviam retardado o plantio. O USDA concordou em refazer a pesquisa da área plantada em 14 estados, atualizando a estimativa no relatório de agosto. Antes da publicação, a expectativa do mercado era de uma redução *significativa* da área estimada. O USDA, porém, reduziu a estimativa de plantio de milho em apenas 0,7 milhão de hectares, para 36,4 milhões, redução muito menor que a esperada e número muito em baixa. Para piorar, aumentou a expectativa da produção. O mercado estava esperando uma área mais próxima de 35,2 milhões. Nenhum analista tinha estimativa sequer próxima de 36,4 milhões. Quando você topa com um número anormal assim, é quase como se o mercado estivesse lhe dando dinheiro. A reprecificação tem que ocorrer. Não há liquidez suficiente para todos que querem sair poderem sair.

Mas, com um número tão em baixa, o mercado não iria de imediato para o *limit down* [a queda máxima permitida para a cotação]?
Você está supondo que os mercados são eficientes, mas não são. O mercado foi para o *limit down*, mas não de imediato. Consegui ficar vendido quase instantaneamente graças ao MPACT.

O que é MPACT?
MPACT, sigla de *market price action*, é um software que lê e avalia as notícias em milésimos de segundo e faz a ordem adequada.

Em seu software você predefiniu a ação de trade a adotar para cada possível estimativa que o USDA pudesse divulgar.
Correto. A execução é crucial. Investi uma porção substancial dos meus lucros no trading e meu patrimônio líquido na elaboração do MPACT, um aplicativo de interpretação de eventos. O software opera em movimentos de preços do mercado compatíveis com cenários predeterminados para eventos. Grande parte do que faço é definir vinte, trinta, quarenta cenários em potencial antes do evento, assim como a ação de trade associada a cada um deles.

Chego a passar uma semana me preparando para um evento do Fed, dissecando vários aspectos qualitativos. Quando monto um cenário para um evento assim, disponho de um enquadramento para interpretar o que o Fed diz em relação a quatro coisas: (1) a economia; (2) a inflação; (3) os rumos futuros da cotação; e (4) quaisquer fatores arbitrários. Esses quatro fatores ganham pesos dinâmicos. Da mesma forma, o MPACT vai ler o anúncio do Fed, avaliá-lo em cada uma dessas quatro áreas e gerar uma pontuação. O MPACT seleciona, então, o cenário preparado com base na pontuação a partir do anúncio. Cada cenário estipula ainda os trades a serem feitos ou não.

Esse é o software que você criou?
Projetei e contratei uma equipe de desenvolvedores para fazer a programação. Levou seis anos para montar e refinar o projeto.

Pode me dar um exemplo de como o MPACT operou um anúncio do Fed?
Em dezembro de 2018 achei que o Fed não ia elevar os juros – embora o mercado tenha precificado uma chance de quase 100% de alta – e que, se de fato elevasse as taxas, o anúncio incluiria alguma indicação de que a alta havia chegado ao fim. Em vez disso, os comentários do presidente Powell [Jerome Powell] incluíram a frase: "É mais provável que a economia cresça de um modo que exija duas altas das taxas de juros ao longo do próximo ano." Só essa frase foi o bastante para fazer os mercados desabarem.

Embora estivesse em contradição total com suas expectativas, os cenários preparados por você incluíam uma indicação de que o Fed faria mais algumas altas?

Certamente. Eu estava comprado em S&P e ouro logo antes do anúncio, porque minha expectativa era de que o Fed não aumentasse. O MPACT vendeu automaticamente minhas posições e passou para o lado vendido.

Esse é um exemplo cristalino. Mas e se houvesse uma declaração com consequências contraditórias dentro do mesmo anúncio?
Isso aconteceu, sim, em março de 2017, o pior dia de trading que já tive. Achei que, se o Fed deixasse a porta aberta para uma nova alta em junho, teria um efeito muito em baixa nos mercados de taxa de juros. Foi o que o Fed fez, e fiquei fortemente vendido em *T-notes* de cinco anos. Perdi 210 mil dólares naquele dia, devolvendo todos os meus lucros naquele ano até ali.

Qual foi o erro?
Embora o Fed tenha indicado a probabilidade de uma alta em junho, a declaração continha outros elementos mais otimistas, algo que deixei de prever no processo de criação de cenários. Naquela época, não tinha o nível de detalhamento que tenho hoje no meu processo de geração de pontuações. Essa é uma metodologia que envolve uma curva de aprendizagem. Portanto, embora os erros custem dinheiro, podem gerar oportunidades.

Vamos discutir emoções e trading. Sei que você é do contra sobre esse assunto. Pode detalhar como vê a influência das emoções no trading?
As emoções são amigas, e não inimigas. Elas podem ser usadas como sinalização. Deixe-me dar-lhe um trade específico como exemplo. Em setembro de 2015 o S&P cedeu e teve uma queda acentuada para a região do ponto baixo relativo de agosto. Fui tomado por aquele instinto animal de que o S&P ia sofrer um crash. Fiquei vendido em duzentos contratos S&P E-mini, posição muito acima dos meus padrões.

Parte do meu procedimento de trading é perguntar a mim mesmo onde me encontro na escala emocional. Estou muito amedrontado? Estou muito ganancioso? Ou estou emocionalmente equilibrado em algum ponto entre um e outro? Essa era uma situação em que me encontrava no extremo do espectro emocional – bastante ganancioso. Quando perguntei a mim mesmo "Qual é o seu respeito pelo grau de risco neste exato instante?", e percebi que a resposta era: "Nenhum." Senti que ficar vendido naquele momento, sem nenhum procedimento para me respaldar, era dinheiro de graça. Assim que concluí isso, cobri minha posição inteira.

Para mim, as melhores posições são aquelas em que ainda tenho algum elemento de desconforto. Avalio a tensão no meu corpo quando estou em um trade. Quero ficar concentrado, mas ainda sentir alguma ansiedade. Em compensação, quando suspiro de alívio depois que uma posição andou na minha direção e fico relaxado demais, esse é um sinal de alerta de uma possível reviravolta iminente do mercado. Se compro ouro a 1.500 dólares e ele chega a 1.530, penso: "Acertei em cheio; melhor comprar mais antes que dispare." Posso lhe garantir que vai voltar para 1.518 na mesma hora.

Então você estaria mais inclinado a aumentar uma posição quando se sente nervoso em relação a ela, e não quando se sente muito confiante.
Exato!

Você está dizendo que gente como eu, que aconselha os traders a tirar a emoção do trading, está errada.
Qual o interesse de fazer uma coisa dessas? Estaria jogando fora uma fonte útil de sinalização. Se for preciso escolher, você replicaria os trades dos três traders mais bem-sucedidos que conhece ou faria o contrário dos três piores que conhece? Eu sempre optaria por fazer o contrário dos piores traders. É difícil para os bons traders ganhar dinheiro sempre, mas não é nem um pouco difícil para os maus traders perder dinheiro com frequência. Quais são as características dos maus traders? Eles não têm procedimento. Tomam decisões com base na emoção e são bem impulsivos. É por isso que o pânico mexe com eles e acabam comprando perto do pico e vendendo perto do fundo.

Quando digo às pessoas para deixarem de lado as emoções no trading, é porque trades emocionais costumam estar equivocados. Mas o que você está dizendo é que sua regra para os piores trades – um indicador precioso – é estar atento aos próprios extremos emocionais.
Exatamente! Você precisa estar ciente de sua emotividade, anotá-la em um diário e, se possível, transformá-la em outra fonte de sinalização para aquilo que faz.

Compare as características que distinguem os traders ganhadores dos perdedores.
Os traders ganhadores *entendem a piada*. Eles se dão conta de que podem perder mesmo quando fazem tudo certo. Os traders ganhadores têm um procedimento, disciplina para segui-lo e dedicação para buscar melhoria contínua. Compreendem que mesmo um aprimoramento pequeno pode ter um impacto profundo em ganhos e perdas. Os traders perdedores ficam à procura de uma bala de prata e, quando isso não dá certo de imediato, pulam para a próxima jogada.

Qual conselho você dá a outros traders?
Não é preciso ganhar dinheiro de imediato. Às vezes, não perder é tão importante quanto ganhar. Assumir riscos com procedimento leva ao êxito, enquanto assumir riscos por impulso leva ao arrependimento.

Por que você acha que é bem-sucedido?
Sou bem-sucedido porque segunda-feira é meu dia preferido na semana. Quando ama o que faz, você será bem-sucedido.

Assim como diversos magos do mercado que entrevistei, aconselhei durante muito tempo a eliminar as emoções no trading. John Netto, porém, adota o ponto de vista provocador de que as emoções são um dos recursos mais úteis para o trader. Embora pareça que estamos dando conselhos contraditórios, na verdade não há discordância. Netto acredita que as emoções costumam ter um impacto prejudicial nas decisões de trading. Então ele as usa como sinalização. Ele se esforça para ter consciência de seus extremos emocionais, que podem ser tão nocivos ao desfecho dos trades quanto os de qualquer pessoa: sinais de alerta que exigem ação corretiva imediata. Quando Netto está em um trade que caminha fortemente em seu favor, ele se surpreende ao pensar: "Não tenho como perder, é melhor carregar essa posição antes que dispare." Mas, ao contrário de seu raciocínio, ele liquida de imediato.

Embora a maioria dos traders tenha tendência a gravitar para a análise de fundamentos ou para a análise técnica, alguns dos melhores deles combinam ambas. Netto ilustra bem como a análise de fundamentos e a análise técnica podem ser usadas em sinergia. Ele aplica sua compreensão da narrativa, ou regime, preponderante no mercado para determinar se vai operar em um mercado específico do lado comprado ou do lado vendido. Tendo estabelecido esse viés básico, ele o reforça com a análise técnica, para selecionar os pontos de entrada. Em geral, esses pontos são reações aos níveis de suporte ou resistência que considera ser o viés direcional predominante do mercado.

O trading de eventos é outro componente essencial da metodologia de Netto. Ele opera tanto eventos com data marcada, como anúncios do Fed e relatórios do governo, quanto eventos inesperados. Ressalta que, para negociar notícias com êxito, é preciso ter bom senso sobre o grau de surpresa de determinado desfecho. Ele só negocia resultados de eventos que considera surpreendentes em relação às expectativas do mercado. A velocidade de execução é, claro, crucial nesse tipo de trade, já que o mercado costuma reagir de forma rápida e dinâmica às surpresas. Netto solucionou esse problema elaborando um software exclusivo, capaz de ler o texto relacionado a um evento, determinar as consequências para o trade, quando houver, e colocar o trade apropriado, tudo isso em uma fração de segundo. Para que o programa funcione, Netto precisa definir as consequências dos possíveis cenários sobre o trade antes do evento com data marcada – uma tarefa que dá muito trabalho. A execução rápida desse processo faz com que, quando sua análise está correta, Netto abocanhe uma porção substancial do movimento do mercado, mesmo se o evento desencadeia uma reação quase imediata.

Depois que sofre um prejuízo – sobretudo quando é substancial –, é comum o trader ter a tentação de querer recuperar o dinheiro com rapidez no mesmo mercado. Resista a esse impulso. No início da carreira, Netto sofreu um forte prejuízo em uma posição vendida no índice da Bolsa londrina. Esse trade inicial, porém, não foi um equívoco. Era uma operação consistente com sua metodologia; Netto se equivocou em relação à decisão direcional do mercado. Se a história tivesse acabado ali, teria sido um dia ruim, mas não catastrófico. O problema é que Netto ficou obcecado em tentar recuperar o dinheiro *no mesmo mercado*. Conseguiu, então, ficar vendido e sofrer *stops* quatro vezes no mesmo dia. Nenhum desses quatro trades adicionais tinha a ver com sua metodologia. Ele ficou preso em uma espiral emocional que o cegou para que tomasse decisões razoáveis. Usando a terminologia de pôquer de Netto, ele *deu tilt*. No fim das contas, tinha quadruplicado o prejuízo inicial e perdido quase um ano inteiro de lucros. Quando você perder dinheiro em um mercado, esqueça. Fique atento à ânsia de recuperar o dinheiro fazendo trades que não estavam nos planos.

Um tema que veio à tona em várias das entrevistas deste livro, incluindo a que fiz com Netto, é o conceito de que uma reação do mercado ao noticiário contrária ao esperado pode representar uma valiosa sinalização de timing. O ultimato de George W. Bush a Saddam Hussein, que sugeria o início iminente da Segunda Guerra do Golfo, foi visto como um desdobramento em baixa, sobretudo com as ações próximas do ponto mais baixo de um *bear market* de dois anos. O mercado abriu negativo com a notícia, como esperado, mas em seguida virou, fechando em forte alta. Esse movimento inesperado dos preços assinalou o começo de um prolongado *bull market*.

Outro exemplo do mesmo princípio foi propiciado pelo movimento da cotação da Bolsa na noite do pleito eleitoral americano de 2016. A expectativa era de que Donald Trump perderia a eleição e que, na improvável eventualidade de sua vitória, o mercado venderia fortemente. Quando a apuração dos votos evidenciou que Trump conquistaria um triunfo inesperado, as *equities* começaram a desabar, como era esperado. Em seguida, porém, as perdas iniciais foram revertidas e as cotações subiram com força ao longo da noite. Essa reação imprevista do mercado ao noticiário marcou o início de uma alta quase ininterrupta de 14 meses no valor das ações.

TRÊS ANOS MAIS TARDE

Algum trade particularmente digno de nota durante os últimos anos?
O grande trade, para mim, foram as criptomoedas em 2021, que me proporcionaram uma das melhores oportunidades dos últimos 15 anos. Foi um mercado de tendência especial, que não se tem muitas vezes na carreira. Era uma onda que dava para surfar até cansar. Dava para comprar todas as correções até as criptos despencarem, em novembro de 2021.

Há quanto tempo você vinha negociando criptomoedas?
Comecei a negociar futuros de cripto para completar uma parte material do meu trading em 2020.

O que deixou você tão altista em cripto na época?
Estava acontecendo uma mudança de alocação institucional. A cripto se tornava mais convencional e havia uma subalocação nela. Eu já tinha visto esse tipo de espuma no mercado antes. Enquanto você tivesse taxa de juros zero e um afluxo de liquidez, as criptomoedas de referência, como Bitcoin e Ethereum, negociadas como futuros, seriam beneficiadas. Se você entendesse a alocação fundamental de ativos que estava ocorrendo e o ambiente de risco em que a maré levantava todos os barcos, podia entrar e comprar as baixas. Eu sabia que era uma dança das cadeiras e que, em algum momento, a música iria parar – mas nesse meio-tempo dava para operar. Iria dar certo até não dar mais. Quando parou de dar certo, acionei meu *stop*.

Você estava comprando o mercado nas correções. Você saía, então, nas reações?
Sim, exatamente. Segurava o trade só por alguns dias, às vezes não mais que 12 ou 24 horas. Muitas vezes eu acordava de tantas em tantas horas, à noite, para checar o mercado.

Como você definia o timing dos trades?
Depois de décadas fazendo isso, você adquire intuição. Em algum momento você tem a sensação de que os vendedores se exauriram e que provavelmente é hora da baixa. É então que entro em ação e compro. Defino meu *stop* aqui e minha meta aqui. Não era muito mais complicado que isso.

Como você soube a hora do fim do jogo?
Você nunca sabe.

Mas como você soube que era o fim do jogo?
O Fed deu uma virada drástica em novembro de 2021, quando parou de dizer que a inflação era transitória para admitir que era um problema. Essa foi uma virada importante da maré, e nas semanas seguintes as baixas não reagiram tanto quanto antes. Bem que eu queria poder dizer que parei de comprar as baixas nos picos, mas ainda fiz algumas tentativas que deram prejuízo, do lado comprado, depois desse ponto. No começo de 2022 ficou claro que esse trade já não estava mais funcionando, e desde então não comprei mais Bitcoin.

Houve algum outro tema importante no trading nos últimos anos?
Sim, operar nos dias de divulgação do CPI, o índice de preços ao consumidor dos Estados Unidos. Contextualizando, dois anos atrás, em um dia de divulgação do CPI, o *straddle* [estratégia que consiste na compra ou venda simultânea de duas opções de um mesmo ativo] de um dia do S&P estava operando entre 20 e 25 pontos. O CPI não fez o mercado se mexer. No segundo semestre de 2022, o mesmo *straddle* estaria sendo negociado entre 70 e 75 pontos nos dias de divulgação do CPI. Quando um *straddle* de um dia no mercado é o triplo do preço de dois anos antes e você tem um jeito automatizado de entrar nesse mercado, dá para se sair bastante bem, porque o mercado será bastante reativo a esse número do CPI.

Você está antecipando qual vai ser o CPI ou está reagindo ao número depois da divulgação?
Crio cenários tanto altistas quanto baixistas em torno de qual será o CPI.

Quais mercados você operava com base na divulgação do CPI?
Todos eles: divisas, renda fixa, índices de *equities* e metais preciosos.

Como você determinava quais níveis do CPI se traduziam em determinados níveis de mercado?
Tenho ciência das expectativas gerais do mercado. Você precisa compreender qual é a narrativa: qual número prejudica o mercado e qual número ajuda o mercado; qual número lhe dá uma reação retardada e qual número lhe dá um grande *selloff*.

Então você elabora cenários para cada possível nível de CPI divulgado e seu software executa automaticamente o trade quando o número é divulgado.
Exatamente.

PARTE II

INVESTIDORES EM AÇÕES

CAPÍTULO 7

JEFFREY NEUMANN

Do centavo ao dólar

U m belo dia, recebi o seguinte e-mail, que me deixou intrigado:

Olá, Sr. Schwager,

Estou entrando em contato por capricho, por achar que tenho uma história de sucesso na Bolsa de Valores que é bastante extraordinária. Depois de anos de silêncio quase total, estou à procura de um veículo para contar minha trajetória e considero o senhor a melhor pessoa a quem dar meu depoimento. Até hoje me mantive na sombra da comunidade de trading de ações, em razão, sobretudo, de minha personalidade discreta e também de segurança (*hackers et al.*), mas, acima de tudo, porque essa atitude simplifica minha vida. Nem meus melhores amigos fazem ideia do meu êxito nessa área. Agora que tenho dois filhos pequenos, acho que eles gostariam de saber que minha história foi preservada em algum lugar, para que possam ler e apreciar (para além das coisas materiais que um dia serão deles) o que aconteceu comigo.

Vou poupá-lo dos detalhes nesta mensagem inicial, mas comecei a operar em 2002, com 2,5 mil dólares, e transformei-os em 50 milhões de lucros (fora impostos). Viajei pelo mundo, a dezenas de países (mais de sessenta, acho eu), culminando com um giro por todos os continentes no ano de meu trigésimo aniversário. Atualmente estou na casa dos 30 anos e meu estilo evoluiu ao longo do tempo, de *day trader* para *swing trader*. Sou extremamente temático nas minhas escolhas de ações e tento piramidar nas posições de maneira muito semelhante à de Jesse Livermore. Nunca peguei um tostão de capital investido de fora e sempre fui uma operação de um homem só.

Caso tenha algum interesse ou possa recomendar alguém que possa me ajudar a contar essa história, apreciaria bastante.

Agradeço pelo seu tempo.
Jeff Neumann

Respondi que estava começando a planejar outro livro, mas não para o futuro imediato. Seis meses depois, decidi começar a trabalhar no novo projeto e pedi a Neumann que me enviasse cópias dos extratos mensais de sua conta como evidência. Ele conseguiu me mandar dez anos de extratos (o máximo de que seu corretor dispunha). Para preencher os anos anteriores, ele me forneceu as páginas relevantes de suas declarações de impostos. Ao todo, era um histórico de 17 anos. Seu patrimônio inicial era de 7,7 mil dólares, e não de 2,5 mil – a diferença se devia a uma posição de ações que seu pai lhe deixou e que ele não usava para negociar. Se usarmos esse nível mais alto de patrimônio inicial de 7,7 mil dólares, Neumann aumentou sua conta a uma taxa média de 80% anuais. Esse número está subestimado, porque não leva em conta as altas retiradas líquidas entre 2002 e 2008, período para o qual não estavam disponíveis os extratos mensais que permitiriam fazer o ajuste dos cálculos de retorno. Os retornos percentuais durante os primeiros anos, em que o patrimônio de sua conta era mais baixo, foram particularmente altos, ampliando seu retorno médio para todo o período histórico. Nos dez últimos anos, para os quais há extratos mensais da corretora, e considerando que o saldo de sua conta era de 2,3 milhões em janeiro de 2009, seu retorno composto médio anual foi de 53%.

Transformar alguns milhares de dólares em 50 milhões é apenas um pedaço da história. Talvez o mais interessante tenha sido que Neumann ganhou grande parte de sua fortuna negociando *penny stocks*, ações pequenas. E o que sei sobre *penny stocks* caberia... em um *penny*. Minha impressão era de que esse tipo de ação representava uma terra de ninguém, cheia de empresas sem valor e esquemas para empurrar os otários – percepção que ainda se aplica à esmagadora maioria dos participantes. Como, então, um trader forasteiro consegue ganhar tanto em um jogo cujas probabilidades são tão distorcidas contra os *outsiders*? Essa é a história de Neumann.

Neumann foi me buscar no aeroporto, reconhecendo-me (graças a uma foto antiga de capa de livro, suponho) quase de imediato assim que saí pelo portão do terminal. Fizemos a entrevista em um espaço fechado com mesas no meio de seu enorme jardim, protegidos da chuva intermitente da tarde. Fizemos uma pausa para jantar em um restaurante japonês da região. Neumann me deu a opção de irmos de Uber ou caminhar por uma série de trilhas pela vizinhança. Escolhi, animado, a segunda opção, contente de poder me exercitar um pouco depois de passar o dia inteiro sentado. Sempre me preparo para gravar a conversa durante o jantar quando entrevisto alguém para um livro. Por experiência própria, sei que às vezes as melhores histórias aparecem no ambiente mais relaxado durante uma refeição. Embora a comida estivesse excelente – tão boa que nem precisei pedir mais shoyu e raiz-forte, o que estragaria a sutileza do sabor de cada prato de sushi –, o nível de decibéis do restaurante concorreria com o do metrô de Nova York. Deixei de lado qualquer esperança de gravar nossa conversa e tomei o cuidado de garantir que não discutíssemos nada que tivesse a ver com trading.

Completamos a entrevista na *guesthouse* em que eu estava hospedado, onde também fica o escritório de Neumann. Depois de algumas horas, notei que ele estava ficando cansado – dava para perceber que ele é matutino, enquanto eu sou notívago. E eu não estava conseguindo mais nenhum material aproveitável. Terminei a entrevista, para grande alívio de Neumann. Fomos andando até o escritório, onde ele deu uma checada em alguns gráficos da Bolsa em um enorme monitor. Enquanto eu esperava a seu lado, ele trouxe gráficos dos trades com ações que havíamos discutido na véspera, mostrando-me seus pontos de entrada e de saída. Como a entrevista demonstra, um componente essencial da metodologia de Neumann são os temas setoriais. Ele define os próprios setores-nichos. Enquanto eu esperava, ele foi lendo um mix variado de nomes das abas desses setores, que na maioria dispensam explicação: lítio, maconha, cobalto, grafite, energias alternativas, robótica, segurança nacional, construção residencial, testes genéticos, artigos de vestuário, agricultura, navegação.

Na infância, você imaginava o que queria fazer no futuro?
Até onde minha memória alcança, era para ter sido médico. Meu pai era médico. Parecia que todas as pessoas de sucesso na minha cidade trilharam a medicina. É preciso dizer que eu também tinha um lado aguçado de compaixão. Por isso, parecia uma escolha apropriada.

E qual curso você acabou fazendo na faculdade?
Me formei em química com *minor* em biologia. Terminei o currículo obrigatório em três anos. Depois do primeiro ano, no verão, fui mochilar na Europa. Era a primeira vez que saía do país. Foi uma viagem que me abriu os olhos. Me diverti muito e resolvi que não queria mais estudar.

Você se formou depois de três anos?
Poderia ter me formado, mas deixei alguns créditos faltando, porque tinha consciência de que não estava preparado para continuar. Não sabia o que queria fazer. Terminei o último ano, mas o único curso que concluí foi de mergulho.

Quando você ficou sabendo da existência dos mercados?
No ensino médio havia uma aula de economia e, como parte do curso, tínhamos uma carteira virtual de ações de 100 mil dólares. Esse curso foi na época em que a internet estava começando a ficar disponível na escola e eu descobri uma maneira de checar os preços do mercado antes da abertura. Assim, conseguiria identificar na véspera as ações que tinha que comprar. Descobri essa falha logo no início do jogo. Transformei os 100 mil em algo como 1 milhão de dólares.

Então, na prática, você burlou o sistema.
Totalmente.

Quando você começou a operar?
No último ano de faculdade, na sala de informática, porque eu não tinha computador em casa.

Qual foi a motivação para começar no trading?
Fugir da faculdade de medicina. Para parar de estudar.

Depois do mochilão de verão na Europa, você se sentiu atraído pelo trading por achar que era um modo fácil de ganhar muito dinheiro?
Basicamente sim.

Já havia lido algo sobre trading ou sobre mercados?
Nada. Não li nada sobre negócios, especulação ou estatísticas. Só depois de começar a negociar ações.

Como você decidia quais ações comprar e quando comprar?
Comecei olhando gráficos aleatoriamente e achei uma ação sendo negociada entre 7 e 8 centavos que não sofria alteração havia um ano.

Você se sentiu atraído pelas *penny stocks* por serem baratas?
Por serem baratas e porque, quando se moviam, era em um percentual elevado. Quando olhava para as maiores altas do dia, eram sempre *penny stocks*.

Quanto dinheiro você tinha em sua carteira de trading?
No início do outono, fui pego por uma chuva de granizo dirigindo e recebi um cheque de 2,5 mil dólares da seguradora. Usei esse dinheiro para abrir minha conta de trading. Uma das melhores coisas que fiz foi estabelecer uma meta de lucro. Percebi que, se conseguisse ganhar 3% ao dia, poderia levar minha conta a 1 milhão de dólares em menos de um ano.

Parece incrivelmente ingênuo.
É, muito ingênuo. Não sei se tive sorte por ter escolhido uma corretora que aceitava ordens com *spread* inferior a um décimo de centavo. Comecei a operar pouco tempo depois, quando eles passaram dos oitavos e dezesseis avos para os décimos de centavo. Minha corretora havia subido para dois décimos acima do décimo de centavo. A maioria das corretoras da época, porém, só operava a partir de 1 centavo, e é por isso que minha primeira ação não se mexia, estava presa entre 7 e 8 centavos.

Você quer dizer que a oferta de compra estava em 7 centavos e a oferta de venda estava em 8.
Sim, era algo como um lance de 1 milhão de ações a 7 centavos e uma oferta de 1,5 milhão de ações por 8 centavos.

Por que não aceitavam as ordens entre um e outro?
Minha corretora aceitava. Eles me deixavam colocar uma ordem de 7,01 centavos. Assim, minha ordem era preenchida antes que qualquer um vendesse. Era como se eu furasse a fila. Com a ordem abastecida por completo, eu colocava a ação à venda por 7,99 e, sempre que alguém comprava, minha ordem era preenchida. Era quase como se eu formasse o mercado. Assim, ainda que minha ação nunca se movimentasse – ficou parada entre 7 e 8 centavos –, eu ganhava por volta de 13%, após comissão, em cada trade.

Você definia algum *stop* nos trades?
Nunca defini *stops*, mas caso houvesse um grande volume negociado abaixo da minha entrada, digamos a 7 centavos, eu poderia pular fora. E minha perda seria de apenas 0,01 centavo.

Usando esse trade como exemplo, você sempre pulava fora em 7 centavos?
Sim, se um volume substancial estivesse sendo negociado a essa cotação.

Embora você fosse um principiante que não entendia muito de trading, estava fazendo algo esperto: colocando trades altamente assimétricos.
Desde meu primeiro trade, pensei: "Dá para ganhar a vida assim." Comecei a ganhar centenas de dólares por dia e, em um piscar de olhos, estava ganhando milhares de dólares por dia fazendo a mesma coisa. Anotei o nível de patrimônio que precisava juntar a cada dia sucessivo de trading para atingir 1 milhão de dólares. Em certos dias em que ia muito bem, dava para riscar cinco dias de uma vez só. Lembro-me de ter pensado a certa altura: "Estou apenas a cem dias de chegar a 1 milhão." Bem, eu ainda tinha que ganhar mais de 900 mil dólares para chegar lá, mas a meta parecia alcançável.

Quanto tempo levou até você chegar a 1 milhão de dólares?
Não me lembro com precisão, mas não muito mais que um ano. Ganhei mais de 1 milhão antes de entender qualquer coisa de trading. Só dispunha desse sistema. Tinha 23 anos. Achei que ia me aposentar. Era econômico e não tinha despesa alguma. Comia miojo. Minha viagem à Europa tinha custado apenas 1,5 mil dólares – incluindo a passagem. As taxas de juros na época estavam em torno de 6%, o que significava que eu podia ganhar 60 mil dólares por ano, de juros, com 1 milhão. Era mais do que suficiente para eu viver, depois de pagar os impostos.

Seu plano era se aposentar quando atingisse 1 milhão?
Nesse ponto, achava que ia passar a vida viajando.

Durante esse período, você olhava algum gráfico ou era irrelevante para aquilo que estava fazendo?
Só usava gráficos para encontrar ações que estavam paradas – ações que ficavam muito tempo na mesma faixa de *spread bid-ask*. Dessa maneira, podia colocar o mesmo trade sem parar.

Esse tipo de trade "formador de mercado" era o único que você fazia?
Sim, tirando uma vez que não fiz. Comprei uma ação que tinha ido de 20 centavos para 2 dólares em questão de semanas. Estava começando a acreditar que era um negociante de ações. A história dessa ação é superbacana. Era uma empresa de rastreamento animal, e acho que foi na época em que houve um surto de gripe suína. Foi a primeira vez que uma história me derrubou. Depois que comprei, a ação começou a cair com força.

Quanto tempo depois de você comprar a ação ela começou a despencar?
Quase instantaneamente. A ação foi de 2 dólares para 1 em questão de minutos. Lembro-me de que comecei a suar frio e pensar: "Minha estratégia estava sendo tão boa, desviei dela uma só vez e me arrebento." Esperei e pulei fora durante uma recuperação, mas mesmo assim perdi cerca de 30% da minha conta só naquele trade.

Quanto tempo você a segurou antes de pular fora?
Pulei fora no mesmo dia.

Você voltou para o seu tipo de trade "formador de mercado"?
Sim, era só o que fazia.

Você sempre colocava sua ordem de compra 0,01 centavo acima da oferta de 1 centavo redondo?
Começou dessa maneira, mas outras pessoas passaram a fazer o movimento idêntico e eu tive que aumentar meus pontos de compra e baixar meus pontos de venda para níveis em que conseguia preencher a ordem.

Quando esse jogo acabou?
Por volta de um ano depois de começar. O *spread bid-ask** ficou tão apertado que, no fim, eu estava vendendo a ação só alguns centésimos de centavo acima do valor de compra.

Daí em diante, o que você fez?
Consegui usar meu software para montar na parte de baixo da minha tela um *ticker tape*, que só mostrava as ações que me interessava seguir. Ficava de olho em ações que recebiam ordens em bloco de grande dimensão, porque assim podia seguir o que o *big money* estava fazendo. Queria estar apenas em ações em que notasse acumulação por instituições ainda maiores.

Como você decidia a hora de comprar uma ação?
Comecei a usar análise técnica.

Onde você aprendeu análise técnica?
Olhando os gráficos com grandes movimentações. Por que uma ação decolava a partir de determinado ponto? Tinha havido um pico anterior? Criei a mais simples análise de linha de tendência do mundo – ainda a utilizo.

Que vem a ser o quê?
Procuro uma tendência de baixa constante e traço uma linha ligando os picos.

Em que isso se diferencia de uma linha de tendência convencional?
Muitos conselhos que ouço sobre *breakouts* de linhas de tendência falam de *breakouts* acima de linhas achatadas. Senti que a minha linha de tendência me fazia entrar cedo e me dava uma vantagem inicial.

[O conselho sobre "*breakouts* de linha de tendência" a que Neumann se refere é a descrição de um *breakout* acima da linha horizontal de uma consolidação lateral, e não um *breakout* de uma linha de tendência descendente. Neumann não usa um tipo diferente de linha de tendência, como se poderia deduzir de sua afirmação. O que Neumann faz é uma distinção: ele compra

---

* *Spread bid-ask* é a diferença entre a melhor oferta de compra e a melhor oferta de venda em um sistema de negociação de ativos. (N. do E.)

um *breakout* de uma linha de tendência descendente, e não um *breakout* ascendente a partir de uma consolidação lateral formada perto de pontos baixos. Por definição, esta última sinalização de preço ocorreria a um valor mais alto.]

Queria ser o cara que comprava a ação assim que ela quebrasse acima da linha de tendência descendente. Em geral, quando a cotação comprimia essa linha, havia uma enorme oferta. Digamos que houvesse 100 mil ações à venda por 31 centavos; eu tentava ser o cara que comprava as últimas 10 mil.

E se não houvesse continuidade?
Isso seria negativo. A ação teria que se movimentar assim [estala os dedos]. Em geral, você sabe na mesma hora se o trade está certo.

Então, se o trade não estiver certo de imediato, você pula fora.
Pulo, e pulo rápido mesmo. Se comprasse a ação a 30,1 centavos e ela caísse para 30,0 centavos, aceitava a oferta e saía.

Em que ponto você saía se a ação continuasse em alta?
Na época, vendia metade na mesma hora, na primeira subida. Hoje começo a comprar mais nesse momento. Se ela se consolidasse e subisse, eu vendia a outra metade.

Qual intervalo de tempo você usava para a linha de tendência?
Gostava de linhas de tendência de um mês, porque queria entrar e sair no mesmo dia. Para mim, um *breakout* de uma linha de tendência de um mês significa que o movimento potencial terá, talvez, de seis a oito horas de duração. Levou muito tempo até eu aprender a buscar *breakouts* de linhas de tendência de mais longo prazo, porque levavam a movimentações muito maiores.

O que você busca hoje?
Busco *breakouts* de linhas de tendência de um a cinco anos, de modo a poder acumular posições mais importantes e operar movimentações maiores dos preços.

Quando você passou do trading para captar a próxima oscilação de curto prazo para o trading com uma perspectiva de mais longo prazo?

A primeira vez que entrei no trading tal como faço hoje foi quando segui uma recomendação postada em uma sala de chat por um grande pesquisador que se chama Songw. Ele postou uma notícia de que uma lei ia aumentar a quantidade de etanol misturada na gasolina de 1% para 5%. Lembro-me de que a reação imediata na sala de chat foi de pessoas dizendo que não tinha importância que a porcentagem da gasolina fosse de 99% para 95%. Songw imediatamente reenquadrou a notícia, ressaltando que, para o etanol, era um aumento de 400%. Essa constatação me acendeu uma luzinha. Percebi que era importante, sim. Sabíamos que essa lei ia passar. Por isso, carreguei em ações de etanol.

Essas ações já não tinham reagido à notícia?
Esse post foi duas semanas antes da apresentação do projeto no Congresso. A notícia foi publicada em algum jornal local de Kansas City e ainda não havia se espalhado na mídia nacional. Ocorre que Songw era um tremendo pesquisador e achou a notícia. Depois ela foi repercutida pela mídia e pude ver as ondas de alta nas cotações à medida que a notícia se disseminava cada vez mais.

Essa foi a primeira vez que você reteve uma posição por algum tempo?
Foi.

Por quanto tempo você segurou as ações de etanol?
Durante o movimento inteiro. Vendi no dia em que a lei chegou ao Congresso. Arrasei. Três das ações de etanol que comprei subiram mais de 1.000% em dez dias de operação. Acho que ganhei mais dinheiro nesse trade combinado, em duas semanas, do que já havia ganhado em todos os trades até então. Foi a primeira vez que vi o poder de uma movimentação setorial com um catalisador forte e uma data bem definida. Percebi que esses são os tipos de trade que você pode colocar com forte convicção e que geram grandes saltos na sua carteira.

Essas ações chegaram ao pico quando o projeto foi para o Congresso.
É incrível como os catalisadores acabam no exato instante em que o público acha que é o começo.

Esse trade mudou sua forma de operar?
Mudou. Foi a primeira vez que esse conceito de trading setorial fez sentido para mim. Até então, negociava ações isoladas, sem qualquer ideia do porquê da compra, a não ser por alguns zigue-zagues no gráfico. Vi esse catalisador cristalino e a movimentação de preços resultante. Isso mudou minha carreira. É como negocio agora. Gosto de comprar, de uma vez só, ações de um setor inteiro. Quando entro em um setor, uso uma abordagem de pistoleiro. Compro tudo naquele espaço – todas as ações, todas as ações relacionadas. No início, adquiro posições menores e depois começo a fazer uma pesquisa intensiva da ideia. Leio os balanços de todas as empresas. Quando estou convicto do trade, começo a piramidar minhas posições centenas e até milhares de vezes. No início, posso ter uma posição de apenas alguns milhares de dólares em uma ação, só para acompanhá-la. Depois que a ideia me apaixona, aposto milhões nela.

Você ainda participa da tal sala de chat?
Não, saí cinco anos atrás.

Por quê?
Não gosto mais do *input* das outras pessoas. Não quero que minhas ideias sejam filtradas pela lente de ninguém. Além disso, a sala de chat é o bebedouro do trader.

Além de buscar um catalisador e focar nos trades setoriais, o que mais mudou em seu método de trading em relação aos primeiros anos?
Não fico mais sentado acompanhando as empresas. Visito as empresas. Se fazem um produto para o consumidor, compro e vejo se gosto. Se não gostar, não opero com aquela empresa.

Pode me dar um exemplo?
Alguns anos atrás comecei a ouvir falar de impressão 3-D. Por isso, gastei 10 mil dólares comprando quatro impressoras 3-D. Aprendi CAD [Computer--aided Design, Desenho Assistido por Computador] para poder imprimir o que queria. Imprimi pinos para uma casinha de tartaruga que construí. [Neumann tem uma enorme tartaruga de estimação que circula (bem devagar) por seu jardim.] Queria saber qual era a melhor impressora 3-D e por quê. Não frequentava somente as reuniões de acionistas, comparecia a simpósios

de impressão 3-D. Aprender tanto sobre o assunto para entender o que as empresas estavam fazendo e testar as impressoras me ajudou a ficar posicionado nessas ações antes que decolassem. Eu me transformo em expert no setor em que invisto.

Depois de resolver que gosta de um setor, como você decide o ponto de entrada?
No caso da impressão 3-D, as ações já tinham começado a subir. Portanto, não havia *breakout* de linha de tendência descendente para usar como sinalização de entrada.

O que você fez, nesse caso?
Tinha de usar ou uma linha de tendência descendente de trinta dias, ou uma linha achatada de trinta dias.

Você está falando de *breakouts* de consolidações de mais curto prazo.
Exatamente.

Como você decide a hora de sair?
Depende da importância do catalisador e da robustez do setor. Não tenho fórmulas ou regras predefinidas para pular fora. Não saio quando estou 10% acima ou algo parecido a essa porcentagem.

Usando as impressoras 3-D como exemplo, como você decidiu pular fora dessas ações?
A líder nessa área, a 3D Systems, havia passado de 10 para 100 dólares em pouco mais de um ano. Eu já não era mais um daqueles gatos pingados nas reuniões de acionistas. Falava-se muito das ações de impressão 3-D em salas de chat e na CNBC. Quando todo mundo está falando sobre um mesmo assunto, deixo de ter uma vantagem. A essa altura, se ainda não saí, começo a procurar um ponto de saída.

Você esperou o mercado começar a cair ou simplesmente pulou fora?
De forma análoga à linha de tendência descendente que traço para me ajudar a decidir quando entrar em uma ação, traço uma linha ascendente para me ajudar a sair. Quando há um *breakout* da linha ascendente dos líderes do setor, ainda que as ações menores se sustentem, pulo fora de tudo.

Preciso comentar que a experiência com a impressão 3-D me levou àquele que se revelou o trade mais lucrativo de todos os tempos. Identifiquei uma empresa de impressão 3-D que estava fazendo bioimpressão. Essa empresa, a Organovo, extraía células de uma pessoa, multiplicava-as enormemente e colocava-as em uma impressora 3-D para moldá-las em diferentes formas. Quando se coloca uma célula em diversas formas 3-D, elas reagem de um modo diferente de quando estão em um plano achatado. O objetivo era usar essa técnica para determinar que tipo de medicamento funciona melhor para cada pessoa. Comecei a comprar essa empresa assim que ouvi falar dela, mais ou menos dois meses depois do seu registro no mercado de balcão [OTC na sigla em inglês, que significa *over the counter*]. Naquela época, a capitalização do mercado devia estar em torno de 40 milhões de dólares. Enquanto eu ganhava dinheiro com as ações de impressão 3-D, comprava todos os dias mais ações da Organovo, à medida que meu grau de convicção aumentava.

Costumo comparar um trading a um quebra-cabeça que você precisa montar. Estava aumentando o número de pecinhas – outras ações de impressão 3-D estavam subindo, o que era uma parte importante do meu quebra-cabeça, e o volume de ações estava aumentando. Visitei o CEO, que também era o fundador, e notei seu intenso entusiasmo com a empresa. Fui me encontrar com o investidor-anjo original. Vi a bioimpressora 3-D em ação. Depois eles subiram para a Nasdaq e ao mesmo tempo pediram um aumento de capital, o que derrubou a cotação cerca de 30%. Do meu ponto de vista, porém, a entrada na Nasdaq representou a oportunidade de compra ideal e entrei com tudo. No meu ponto máximo, detinha, talvez, 3% ou 4% da empresa. Na época, a Organovo estava a 3,50 dólares. Em um ano, chegou a 12 dólares, que foi quando liquidei a maior parte da minha posição. Foi nesse ano que ganhei 10 milhões de dólares.

O que aconteceu com a Organovo depois que você saiu?
Aumentou um pouquinho e depois começou a cair. Agora voltou para algo em torno de 1 dólar.

Depois de uma alta maciça, a empresa voltou ao ponto de partida. Isso aconteceu com todo o setor de impressão 3-D?
Sim, as ações foram esmagadas. Também acabaram recuando de novo.

Algum outro trade destacado lhe vem à cabeça?
Em muitos dos meus melhores trades, as ações nem existem mais.

Pode me dar um exemplo?
Certo dia, em 2009, percebi que uma ação de 1 centavo chamada Spongetech estava negociando 200 milhões de ações por dia. Fui checar as declarações de *insider trading* e descobri que *insiders* haviam comprado, pouco tempo antes, 750 milhões de ações a 7 décimos de centavo – montante equivalente à metade de todas as ações em circulação. Conferi o que a empresa fazia e descobri que fabricava uma esponja que já vinha com o detergente dentro. Pensei: "Até que é interessante." Encomendei o produto, testei e gostei. No entanto, a questão mais importante para mim foi que *insiders* haviam comprado metade das ações em circulação. Comprei, então, algo como 6 ou 7 milhões de ações.

Qual foi o seu ponto de entrada?
Entrei entre 1 e 2 centavos. A empresa começou, então, uma campanha publicitária pesada. Patrocinavam um programa de futebol americano na HBO chamado *Hard Knocks*. Toda vez que você via um jogador, ele tinha um logo da Spongetech na camiseta. A empresa patrocinava o Home Run Derby, do beisebol, com uma enorme faixa da Spongetech. Patrocinaram o US Open, torneio de tênis, e tinham na quadra central esse visual do logo da Spongetech, que só era possível ver na TV. Os caras estavam em toda parte. Começaram a vender na Walgreens e na CVS [maiores redes de farmácias dos Estados Unidos]. Resolvi segurar minha posição e esperar para ver até onde a empresa podia crescer.

Um dia, depois que a ação subiu cerca de 10 centavos, eu estava em um bar com alguns amigos e eles começaram a falar da Spongetech. Falavam muito bem da empresa, e não eram amigos do mercado de ações. Tinham descoberto a ação, talvez por conta de tanta publicidade no esporte. A cotação não parava de subir.

Durante o verão sempre viajo. Naquele ano decidi segurar a posição da Spongetech enquanto estava fora. Era a única posição que eu detinha. A cada centavo de alta, eu vendia 100 mil ações. Enquanto estava em um safári no Quênia, recebi um SMS de um amigo dizendo que a Spongetech havia subido para 25 centavos. A 25 centavos, a capitalização de mercado da empresa estava perto de 400 milhões de dólares e tudo que ela fazia era uma esponja com detergente. Entrei em pânico.

Como vendia à medida que subia, quanto ainda restava da posição?
Tinha mais da metade da posição – vários milhões de ações. Estava acampado em uma tenda no Quênia, sem computador nem acesso a telefone.

Como você conseguiu receber SMS se estava sem acesso a telefone?
Tinha um BlackBerry e podia receber mensagens de texto de outros usuários do celular. Devia haver uma maneira de fazer chamadas internacionais, mas não tinha ideia de como proceder. Por isso, subornei a moça da recepção para usar o computador, mas a máquina era tão lenta que levei vários minutos para passar cada trade. Até o momento em que coloquei minha última ordem, o preço da ação havia subido para 28 centavos. Depois que voltei para a barraca, meu amigo me mandou um SMS desesperado dizendo: "A Spongetech caiu 5 centavos! O que faço?"

No mesmo dia.
Sim, cinco minutos depois que voltei para a barraca.

O que você disse ao seu amigo?
Na hora em que eu estava pulando fora, mandei um SMS para ele dizendo que estava vendendo minha posição. Quando ele me respondeu mais tarde contando que a cotação havia caído 5 centavos, fiquei sem palavras.

Você vinha acompanhando a ação durante a viagem?
De tempos em tempos. Estava bem à vontade com a posição.

Qual foi a última vez que você checou a cotação antes de receber o SMS de seu amigo?
Vários dias antes.

Se você não tivesse recebido aquele SMS, ou se tivesse sido alguns minutos mais lento para passar as ordens, teria perdido quase todo o lucro da posição restante.
Sim, aquele SMS valeu 700 mil dólares.

Qual foi a causa dessa queda enorme e abrupta da cotação?
Para mim, parecia uma cena tirada de *Reminiscências de um operador da Bolsa*. Os *insiders* detinham 750 milhões de ações. Dois meses depois, não conseguiam nem vender 100 milhões a 1 centavo. No entanto, caso conseguissem gerar uma tonelada de publicidade e levar o preço bem acima de 10 centavos, fazendo esse preço parecer justo, seria fácil conseguirem vender os 750 milhões de ações a 10 centavos. Tenho certeza de que o que aconteceu naquele dia foi que os *insiders* começaram a vender suas posições e, à medida que os preços desabavam, continuaram vendendo até não conseguir mais.

[Em 2010 a Comissão de Valores Mobiliários dos Estados Unidos acusou a Spongetech e seus executivos de "um esquema maciço de inflacionamento, que induziu enganosamente os investidores a acreditar que estavam comprando ações de uma empresa bem-sucedida". A Spongetech também enganou o ginásio Madison Square Garden e uma série de equipes de esportes profissionais, dando um calote de milhões de dólares em patrocínios e publicidade.]

Você também negocia vendido?
Nunca fico vendido.

Como conseguiu ganhar mais de 1 milhão de dólares em 2008 operando só do lado comprado?
Tenho a impressão de que viajar ajudou minha carreira no trading. Tirar o verão de folga foi benéfico, porque a estação parece ser um período bem complicado para os mercados. No outono de 2008, quando voltei, o mundo estava desmoronando. Eu estava zerado e pronto para começar. Minha conta estava no recorde histórico. Eu tinha todo tipo de ação para avaliar. Estava pronto para captar uma movimentação, ao passo que quem havia operado durante o verão estava desmoralizado, com as contas abaladas.

Belisquei algumas ações financeiras, cuja queda havia sido particularmente forte, tentando pegar um fundo, mas levei um *stop* atrás de outro. Sabia que, em algum momento, ia conseguir um lance. Um dia, notei algo diferente nas ações do setor financeiro. Faltavam dez minutos para o dia acabar e enchi o cesto com essas ações.

Por quê?
Vi que as ações haviam rompido uma acentuada linha de tendência descendente com um volume alto. Alguém estava comprado, então aderi. Comprei *equities* e alavanquei comprando uma tonelada de opções de ações financeiras com saída em duas semanas. Depois que o mercado fechou, lembro que peguei o carro para jogar tênis com um amigo e ouvi no rádio uma notícia sobre o TARP [Programa de Alívio de Ativos Problemáticos, que permitiu ao governo americano comprar 700 bilhões de dólares em ativos sem liquidez de instituições financeiras]. Foi a primeira vez que ouvi esse termo. Deduzi que seria uma loucura. Na manhã seguinte, todas as ações que havia comprado tinham subido muito; algumas até 50% a mais do que meu preço de compra. Em cinco minutos de pregão, realizei o lucro de todas as posições que havia comprado na véspera. Ganhei quase 900 mil dólares naquele dia. Ao todo, devo ter retido essas posições, talvez, por 15 minutos de mercado aberto – dez minutos na véspera e cinco na manhã seguinte. [Neumann não pegou o fundo do mercado, mas apenas um ponto baixo relativo de curto prazo. O mercado continuou a cair nos meses seguintes; então ele teve bastante sorte de obter lucro rápido.]

No início, você negociava *penny stocks*. Em qual tipo de ação você foca hoje para negociar dezenas de milhões?
Em ações de baixa capitalização. Meu nível ideal é a faixa de capitalização entre 200 e 500 milhões de dólares. É muito mais fácil uma empresa nessa faixa de tamanho ter uma grande movimentação do preço.

Considerando o tamanho muito maior da sua conta, você ainda negocia *penny stocks* – em sentido literal, quero dizer, ações negociadas a menos de 1 dólar?
Sim. Às vezes são meus melhores trades.

A liquidez não é um problema?
Subdivido minhas ordens em trades menores. Também vou aumentando as posições com o passar do tempo, às vezes comprando mais a cada dia.

E qual é a melhor hora de pular fora?
Quando escolho o trade certo e a ação começa a subir fortemente, a empolgação cresce e aumenta a tendência de incremento substancial de liquidez. No momento em que realizo os lucros, a ação tem boa liquidez.

Pode me dar um exemplo recente desse tipo de trade de *penny stocks*?
Dois meses depois da legalização do canabidiol em todo o território americano [era uma espécie de zona cinzenta jurídica em cada estado até a aprovação da lei], fui a uma loja de bebidas local, a maior do Texas. Perguntei ao gerente da seção de não alcoólicos: "Você tem alguma coisa com canabidiol?" O cara levou um susto e disse: "Temos um produto, e esse produto mudou minha vida como nada antes." Ele tinha 60 anos e sofria de dores crônicas nos braços. Ficou uns vinte minutos conversando comigo. Chamaram o nome dele no alto-falante, mas ele não prestou atenção. Não parava de me dizer quanto gostava daquela água. Acabou me animando em relação ao produto. Cada garrafinha custava 4 dólares e comprei uma caixa.

Cheguei em casa e pesquisei sobre a empresa. Era uma ação de 2 centavos e estava na beira de uma linha de tendência descendente de dois anos. Considerando a empolgação do gerente da loja em relação ao produto e com uma garrafinha sendo vendida por 4 dólares, concluí que as vendas podiam ser espetaculares. Também tinha a maior sinalização gráfica de compra – um *breakout* de uma linha de tendência descendente. Comprei uma porcentagem da empresa. Experimentei o produto e minha impressão foi de que fazia efeito comigo.

De que mal você sofria?
Alguns anos antes havia sofrido de hérnia de disco e tomava naproxeno todos os dias.

Então essa água com canabidiol fez efeito para você?
Fez, mas é difícil saber se era água ou se era apenas efeito placebo. Comecei a ir todos os dias à loja. Queria ver quem estava comprando o produto.

O gerente não achou estranho você zanzando pela loja todos os dias?
Depois da primeira vez, expliquei a ele o que estava fazendo lá. Disse que estava interessado nas ações e que havia comprado um punhado de outras ações de canabidiol. Ele achou bacana. Acabei até conhecendo bem o gerente. Notei que todos os atendentes bebiam aquela água.

A ação começou a disparar e subiu mil por cento em relação ao ponto de compra poucas semanas antes. Chegou a 25 centavos. Fui à loja para minha visita diária e o gerente veio correndo. O rosto estava branco e ele disse:

"Acabamos de retirar todo o produto. Acharam um negócio boiando na água." Eu disse: "Vocês vão colocar de volta?" Ele respondeu: "Tiramos tudo do nosso armazém principal. Não sabemos se um dia vamos voltar a vender."

Fui dirigindo para casa o mais rápido que pude. Chegando lá, como era de esperar, a caixa que eu havia comprado na véspera tinha um material marrom boiando. Até então eu achava que iria reter essa ação durante muito tempo. Comecei a vender imediatamente. O mercado estava com liquidez infinita. O CEO havia acabado de dar uma entrevista naquela manhã dizendo que, se as vendas ultrapassassem 1 milhão de dólares em um ano, a Coca-Cola talvez se interessasse em comprá-los. Naquele dia haviam sido negociados, talvez, 100 milhões de ações. Àquela altura, eu tinha 3 ou 4 milhões de ações e consegui vender minha posição inteirinha no pico, sem provocar qualquer movimento da cotação.

Você teve uma informação antecipada da retirada do produto pelo maior distribuidor.
Sim. Não chamaria de *inside information*, mas era o tipo de informação que você só consegue se anda por aí à procura dela.

E quanto às outras ações de canabidiol que você comprou? Já que o problema era específico dessa marca, as outras empresas do segmento também sofreram um impacto?
Foram afetadas, porque vendi tudo. Era, provavelmente, o maior detentor individual dessas ações.

Porém continuei interessado pela área. Passei um mês na Califórnia e me tornei especialista em ações de canabidiol e THC [sigla de Tetra-hidrocanabinol]. Fui a todas as redes de varejo e distribuição com ações na Bolsa. Um desses varejistas, chamado MedMen, tinha 1 bilhão de dólares de capitalização. Havia vinte empregados. Passei 45 minutos numa das lojas. Quando estava lá, chegou um cliente que comprou só um cigarro. Pensei: "Esses empregados devem ganhar, talvez, 15 ou 20 dólares por hora. A loja fica em um terreno valorizado, que deve ser caro alugar. Não fabricam o produto que vendem e mal estão vendendo. Como a empresa pode valer 1 bilhão de dólares?" Não fiquei vendido porque não fico *short* em ações, mas andava beliscando a ação. Depois dessa visita à loja, vendi minha pequena posição. Também fiz um post sobre a ação no meu blog.

O que acabou acontecendo com a ação?
Caiu de mais de 6 dólares para 2 dólares em poucos meses.

Em quase todos os exemplos que abordamos, você parece se concentrar em novas categorias de produtos. Seria parte integrante de seu método de investimento?
Desde o início gosto de experimentar novos produtos. Às vezes consigo enxergar aplicações para um novo produto antes mesmo de existir. Não me lembro o ano, mas uma vez comprei um scanner biométrico que, ao ser conectado ao laptop, me permitia fazer login com o polegar. Lembro-me de segurar o aparelhinho em uma mão e o iPhone na outra e pensar: "Isso é tão óbvio. Por que meu celular não tem essa função?" Anos depois, comecei a observar a AuthenTec, uma empresa de tecnologia de sensores biométricos. Quando chegou minha sinalização de *breakout* de tendência de baixa, comprei um pouco. À medida que subia, fui aumentando minha posição. E então a AuthenTec assinou um acordo com a Samsung. Minha reação foi: "Meu Deus, é potência máxima nos motores!" Nunca tinha visto um trade tão óbvio. Entrei com tudo. Cheguei a ter mais de um terço da minha carteira nessa ação.

Literalmente, mais de um terço da sua carteira em uma ação.
Às vezes faço isso. Àquela altura, meu preço médio era bem menor. Estava só piramidando, preenchendo a ponta da cauda da minha posição. Duas semanas depois do anúncio do acordo com a Samsung, a Apple comprou a empresa. Foi a única vez em minha carreira que uma empresa cuja ação eu detinha foi comprada.

Como se protege quando tem mais de um terço de toda a sua carteira em uma ação?
Quando a ação não se comporta bem, vou diminuindo da mesma forma que aumento.

O que você quer dizer com "não se comporta bem"?
Quando a ação começa a cair em vez de subir, ou a liquidez começa a baixar, ou quando ordens grandes são colocadas na venda em vez da compra. No momento em que compro um percentual grande de uma empresa, tenho uma

ideia bem razoável de como a ação vai se comportar. Quando ela começa a se comportar de outro modo, passo a reduzir minha posição.

Seguiu-se uma longa conversa sobre criptomoedas e o posicionamento de Neumann nesse setor. Recapitulando de forma sucinta, ele ficou comprado bem no começo, com base em um gráfico de *breakout*, e sustentou uma posição básica durante um gigantesco movimento de alta, que chegou ao ápice no fim de 2017. Nossa discussão caminhou para o motivo de ter pulado fora no momento em que pulou.

Alguma coisa mudou em relação ao clima quando você decidiu sair?
Sim. Dou a isso o nome de "meu indicador do campo de golfe". Jamais converso sobre mercados com meus parceiros de golfe. Cheguei para a primeira tacada e um sessentão que nunca havia especulado com ações veio me perguntar da Litecoin. Para mim, foi um sinal claro de que a massa já sabia desse trade. Àquela altura, eu já estava nele havia mais de um ano. Considerei que era a hora de começar a pular fora.

Quando você toma um *stop* em um trade, busca uma reentrada se as condições forem boas?
Tenho facilidade de comprar de novo. Não tenho pudores de comprar mais alto.

Algum livro influenciou seu jeito de operar?
Fiz mais de um ano de trading até ler meu primeiro livro sobre finanças.

Qual livro era?
Reminiscências de um operador da Bolsa.

Como esse livro influenciou seu trading?
Reforçou o que já vinha fazendo. O mais importante era colocar apostas altas quando as condições são ideais e manter pequenas apostas quando

não são. Meu percentual de trades vitoriosos é bem menor que 50%, mas ainda me saio bem, porque consigo reconhecer um ou dois momentos do ano em que todas as peças do quebra-cabeça se encaixam e preciso apostar alto em um trade.

O que mais você extraiu de *Reminiscências*?
Há um episódio no livro em que Jesse Livermore tinha uma posição gigante e um jornal noticiou esse fato. A ação subiu fortemente no dia seguinte, por conta da notícia, e Livermore tirou proveito do aumento da liquidez para pular fora da posição inteira. Quando estou segurando uma *penny stock* ou uma ação de baixa capitalização, lembro-me desse episódio para recordar que preciso tirar proveito desses momentos de aumento da liquidez para realizar lucros na minha posição.

Como você definiria sua metodologia de trading?
Busco operar como um quebra-cabeça, procuro primeiro os quatro cantos.

Quais são os quatro cantos?
O primeiro canto é a análise técnica; você precisa ter o padrão certo do gráfico. O segundo canto é uma estrutura de ações clara.

O que isso significa?
Precisa ser uma ação com pouca ou nenhuma opção ou garantia. E, de preferência, menos de 200 milhões de ações.

Quais são os outros dois cantos?
Estar no setor certo e ter um catalisador ou uma notícia que fará uma ação ou um setor subir. Quando os quatro cantos estão no lugar, você pode começar a montar as peças.

O que isso inclui?
Detalhes de informações à praça, verificar o que a direção da empresa fez no passado, experimentar o produto e piramidar corretamente a posição.

Quais são as regras de ouro do trading?
Sempre fique de olho na próxima grande oportunidade. Entenda que, quando

pular fora de uma posição que não está se comportando bem, é sempre possível voltar logo depois. Procure as oportunidades de trading com retorno/risco de 10 para 1.

Quais características pessoais você tem que o levaram a ser bem-sucedido?
Uma das melhores entrevistas que vi foi com David Tepper depois da crise financeira. [David Tepper é o fundador do Appaloosa Management, fundo de hedge altamente bem-sucedido.] Tepper fez a analogia de que era como um antílope numa grande migração e queria ser o primeiro a chegar ao vale, para poder comer toda a grama fresca e verdinha que pudesse. Às vezes tem um leão esperando esse primeiro animal e seria muito mais seguro estar no meio da manada, mas então você não comeria a grama fresca e verdinha. Foi um comentário que me marcou de verdade.

Era uma boa descrição de você?
Era uma descrição de como queria estar no mercado. Queria ser o primeiro. Mesmo que de vez em quando levasse um golpe, desde que pudesse estar à frente de todo mundo quando surgisse o próximo assunto.

Conte-me sobre outras características que o ajudaram a ser bem-sucedido.
Sou rápido para perceber quando cometo um erro e na mesma hora dou a virada e corrijo. Aprendo com todos os erros. No instante em que me dou conta de que estou errado e pulo fora da ação, acabou. No minuto seguinte já não me lembro do trade. Acontece. Passou. Aceitei.

Precoce. Durante a noite, quando estava trabalhando no capítulo de Neumann, me veio essa palavra à mente. Na entrevista que fiz com ele, não me dei conta disso, nem mesmo nos primeiros dias ao ouvir as gravações e escrever o capítulo. Um tema comum que está subjacente à espetacular carreira de trading de Neumann, e fonte recorrente de seu diferencial, é que ele é precoce. Quando a Nasdaq fez a transição da cotação dos preços de frações de ponto para décimos de ponto, Neumann estava lá para tirar proveito da temporária oportunidade de trading criada, enquanto as diversas corretoras aceitavam ordens com posições decimais diferentes.

No estilo de trading que Neumann viria a adotar, ele entra no trade no ponto exato de *breakout* de uma longa linha de tendência descendente – o sinal técnico mais precoce possível de uma transição de tendência. Esse tipo de ponto de entrada muitas vezes leva à compra de falsos *breakouts*, até que um verdadeiro apareça. Porém, uma vez mais, Neumann é precoce – ele pula fora de imediato se um *breakout* não tiver continuidade, garantindo assim um resultado próximo do *breakeven*, mesmo em entradas de trade prematuras.

Neumann está sempre à espreita para entrar nos estágios mais precoces de novos setores de produtos, como a impressão 3-D. Muitos desses setores emergentes passam por um ciclo inicial de onda ascendente de preço à medida que o alarde sobre um novo produto gera compras em excesso, sem lastro dos fundamentos incipientes, e depois passam por um declínio da cotação quase total uma vez que a realidade se estabelece. Às vezes essas empresas se recuperam, às vezes não. Seja como for, Neumann parece estar a postos para pegar o estágio de movimento ascendente do preço.

Nas palestras que dou sobre as lições dos magos do mercado, comento que é uma abordagem equivocada pensar que a atração pelo trading é "um jeito fácil de ganhar muito dinheiro". Ironicamente, essa perspectiva descreve com precisão a motivação de Neumann para começar a operar – e deu certo. Continuo achando que a maioria das pessoas que buscam o trading como um empreendimento de enriquecimento rápido vai fracassar, mas, depois de entrevistar Neumann, devo reconhecer que existem algumas exceções a essa regra.

Comprar em *breakouts* de linhas de tendência, ou em *breakouts* iminentes e previstos dessas linhas, é um ingrediente essencial do êxito de Neumann. Claro que, por si só, comprar em *breakouts* de linha de tendência está longe de ser uma receita para o sucesso no trading. Poderia até argumentar que, considerando a popularidade cada vez maior da análise gráfica, os falsos *breakouts* de linhas de tendência se tornaram tão comuns que, a longo prazo, essa sinalização técnica levará mais a prejuízos líquidos que a ganhos líquidos, que dirá ganhos espetaculares. Porém, quando se veem as entradas de Neumann (depois da entrevista, ele navegou por uma série de gráficos em seu monitor, mostrando onde entrou em diversos trades), não há como não se impressionar com a incrível perfeição desses pontos de entrada. Gráfico após gráfico, seus pontos de entrada estavam perto do fundo absoluto, depois de um declínio prolongado e logo antes de uma reação maciça e quase vertical. As entradas no trade parecem impossíveis – quase como se Neumann recebesse com antecedência as cotações do mês seguinte.

Como, então, ele conseguiu usar um tipo de sinalização técnica de eficácia tão questionável com uma eficiência tão incrível? A chave é que o *breakout* da linha de tendência é apenas um ingrediente de sua estratégia geral. Por si só, comprar *breakouts* de linha de tendência é um jogo para perdedores. No entanto, saber *quais breakouts* comprar torna o método de Neumann tão eficaz. Seus trades principais compartilham muitas das seguintes características:

- A ação passou por uma forte queda ou um prolongado movimento lateral perto das cotações mínimas.
- A empresa tem um produto ou serviço que indica forte potencial de alta.
- Um catalisador sugere a perspectiva de uma reação iminente da cotação.
- A ação pertence a um setor que Neumann identificou como prestes a um movimento de alta substancial.
- Ele conhece bem o produto e, em geral, experimentou-o por conta própria.
- A ação deu alguns sinais de vida – seja uma alta súbita, depois de um extenso período de declínio ou movimento lateral da cotação, ou um pico abrupto de volume depois de um longo período de relativa inatividade, ou ambos.

Quando a maior parte desses elementos, se não todos, está em posição, Neumann se prepara para buscar seu *breakout*. Portanto, aquilo que parece um trade simples de compra de um *breakout* em linha de tendência descendente – uma das sinalizações técnicas mais básicas que se pode imaginar – é um trade muito mais complexo, que leva em conta um leque de fatores que precisam estar devidamente alinhados.

Existe outro fator essencial para explicar como Neumann pode ser tão bem-sucedido usando o método banal de *breakouts* de tendência como sinalização de trade, e esse fator não tem nada a ver com a entrada no trade. Neumann compra uma ação no exato momento em que acredita que ela está pronta para decolar (por exemplo, no limite de um *breakout* crucial, em que ele está sacando a última parte de uma grande ordem de venda). Depois de comprar a ação, se não houver continuidade da alta ou se existir o risco de começar a cair, Neumann sai do trade de imediato. Como entra no trade em um ponto em que haverá pelo menos uma pequena continuidade, ainda que o trade se mostre errado no fim, ele pode pular fora não muito longe do *breakeven*. Portanto, o histórico fenomenal de Neumann não é mera questão de superioridade na estratégia de entrada nos trades – embora ele a tenha –, mas de seu inabalável talento para sair dos trades sem vacilar quando não se comportam da forma esperada. Sua estratégia de saída está enraizada no controle de risco, mesmo que ele não pense nesses termos.

É fascinante comparar a sinalização técnica de entrada de Neumann com a de Peter Brandt (ver Capítulo 1). Neumann só se interessa pela compra de *breakouts* de linhas de tendência descendentes, porque elas propiciam uma cotação de entrada melhor (quando a sinalização é válida), e está disposto a aceitar um número maior de sinalizações falsas até chegar nesse preço melhor. Brandt utiliza um método inverso: evita os *breakouts* de linha de tendência, porque os considera pouco confiáveis. Ele só se interessa pela compra de *breakouts* de consolidações horizontais, porque sua maior confiabilidade permite colocar um *stop* protetor ao mesmo tempo relevante e próximo. Os dois traders têm pontos de vista opostos em relação aos sinais técnicos de entrada nos trades, mas mesmo assim ambos são muito bem-sucedidos – uma demonstração clássica do princípio de que não existe uma única metodologia de trading certa.

Enquanto Neumann e Brandt proporcionam um estudo comparado em termos de timing de entrada nos trades, vale notar que o timing de saída de Neumann é a encarnação da filosofia "do contra" expressada por Jason Shapiro (ver Capítulo 2): "Quando todo mundo está no mesmo trade, faço o oposto, porque todos vão perder dinheiro." É uma frase que descreve bem a forma de Neumann sair dos trades. Em todos os grandes trades discutidos nesta entrevista, Neumann saiu quando o trade ficou muito popular. Reflita sobre os seguintes exemplos:

⚡ Ele vendeu suas ações de etanol no dia em que o projeto de lei para aumentar a mistura de etanol na gasolina chegou ao Congresso – um ponto máximo de cobertura da mídia.

- Ele liquidou suas ações de impressão 3-D quando o setor se tornou popular o bastante para virar assunto da cobertura da CNBC e de várias conversas em salas de chat.
- Ele começou a diminuir o tamanho de sua posição na Spongetech depois que virou tópico de conversa de bar entre amigos que não eram investidores em ações.
- Ele liquidou as criptomoedas que detinha com base em seu "indicador do campo de golfe".

Se quiser ser trader, você precisa persistir em sua metodologia e seu plano. Cuidado com a paixonite por um trade não planejado. O maior prejuízo de Neumann (em termos percentuais) ocorreu no início da carreira, quando ele se desviou da estratégia de "formação de mercado", que gerava retornos constantes, para comprar por impulso uma ação que estava decolando, com base em uma boa história. Esse trade isolado limpou 30% de sua conta em um só dia.

É impressionante como, de uma perspectiva de longo prazo, muitos dos trades mais bem-sucedidos de Neumann estavam bastante errados. As ações de impressoras 3-D e da Organovo cederam tudo que tinham ganhado, acabando por atingir níveis ainda mais baixos que os da compra inicial de Neumann. A Spongetech revelou-se uma armação e perdeu todo o valor. A questão é que o importante não é o que acontece com a ação a longo prazo, e sim o que acontece enquanto você a detém. As técnicas de entrada e saída de Neumann o protegeram de qualquer perda substancial, ao mesmo tempo que lhe permitiram experimentar ganhos excepcionais. O trading bem-sucedido é uma questão de gestão hábil do dinheiro (expressada por metodologias de entrada e saída), e não de adivinhação.

Muitos dos trades de Neumann parecem pura sorte. Ter saído das ações da água com canabidiol perto do pico máximo, por exemplo, porque o gerente da loja o avisou do problema de impureza. Mas pense nisto: Neumann se colocou na posição de ter sorte. Foi só por conta de sua pesquisa de campo e seu monitoramento constante das vendas da loja local que ele recebeu aquela notícia valiosa. A mensagem que recebeu no BlackBerry durante o safári no Quênia, no dia em que a Spongetech atingiu o pico histórico, foi um momento de extraordinária sorte. Mas aquela mensagem só fez diferença porque Neumann teve a intuição acertada de liquidar de imediato sua posição em meio à histeria de compras do mercado.

O trade da Spongetech também representa um exemplo perfeito de um princípio de trading comentado em meu livro *Hedge Funds Market Wizards* [Os magos do mercado de fundos de hedge]: "Quando você estiver do lado certo da euforia ou do pânico, acorde. Movimentos parabólicos de preços, em qualquer direção, tendem a acabar de forma aguda e abrupta. Caso tenha a felicidade de estar do lado certo de um mercado em que o movimento do preço está quase vertical, cogite reduzir sua posição enquanto a tendência ainda caminha em sua direção. Se ficar do lado errado do mercado deixar você petrificado, talvez seja um bom sinal de que deve aliviar sua posição."[1]

Os leitores do livro *O jeito Peter Lynch de investir* notarão que partes desta entrevista com Neumann se identificam com a mensagem central do autor. Especificamente, o hábito de Neumann experimentar produtos novos e visitar lojas, para ver se os produtos estão sendo vendidos, é parte fundamental de seu êxito no mercado e responsável por alguns de seus melhores trades – tanto na saída quanto na entrada. Neumann é a encarnação da filosofia de Lynch, "invista no que você conhece". Ele também foca na busca de oportunidades de trading que tenham o potencial para ser aquilo que Lynch chama de *tenbagger*, ou "dez no bolso" – investimentos cuja cotação se multiplica por dez.

Neumann pisa no acelerador quando tem forte convicção sobre um trade. No caso da AuthenTec, ele tinha entre um terço e metade de toda a sua carteira nessa única ação. Esse posicionamento bastante agressivo, nas situações em que a convicção de Neumann é firme, representa um ingrediente importante na tremenda valorização que ele obteve. Esse aspecto específico do estilo de trading de Neumann, porém, exige uma recomendação de cautela, e seria perigoso para a maioria dos traders tentar segui-lo. A concentração extrema de posições funcionou para Neumann por causa de três fatores. Primeiro, porque ele tem uma elevada taxa de sucesso em seus trades de alta convicção. Segundo, ele aumenta aos poucos suas posições, de modo que, no momento em que chega a um terço da carteira em uma única ação ou setor, sua cotação média de entrada é muito menor, o que lhe proporciona um colchão substancial caso a ação comece a cair. Terceiro, e talvez mais importante de tudo, ele é muito rápido na retirada gradual ou na liquidação de sua posição, caso a ação comece a cair ou exiba sinais de que não está se comportando como previa. A menos que o trader tenha habilidade semelhante, assumir posições tão concentradas seria muito arriscado e o exporia a um prejuízo que levaria ao encerramento da conta.

TRÊS ANOS MAIS TARDE

Emoção não faltou para você nos últimos anos.
Foi uma loucura.

Da última vez que conversamos, você havia quintuplicado seus ganhos em relação àqueles da época de nossa entrevista original.
Na verdade, foi até mais que isso.

É incrível. Quais trades estavam por trás desses ganhos fenomenais?
Ganho a vida assistindo ao noticiário. Tudo começou quando vi os relatos iniciais de um surto de coronavírus na China. Fui até a drogaria comprar máscaras e não encontrei. Quando pedi, o balconista riu de mim e disse: "Não temos nem vamos ter." Fui até outra drogaria e disseram: "Pode ser que cheguem daqui a alguns meses, mas você pode perguntar todos os dias." Eu tinha operado durante a gripe suína e a gripe aviária e estava acostumado com o tipo de lance de mercado que essas situações propiciam. Fui para casa e comprei uma participação grande na Alpha Pro Tech [símbolo: APT], uma fabricante de máscaras de baixa capitalização. Acertei na mosca. A ação disparou, subindo de 4 para 40 dólares em dez dias. Foi o trade que deu início a tudo.

A grande jogada seguinte veio quando meu filho quis entregar um pacote aos vizinhos usando um drone. Só existia uma empresa de drones na Bolsa, *pure-play* [de um só nicho], uma *small cap* [de baixa capitalização] operando em torno de 50 centavos. Comprei e dez dias depois ela foi para 5 dólares.

Nunca operei a bolha das pontocom, mas senti que era o meu momento pontocom. Tudo coincidiu: trading Robinhood [sem taxas] e gratuito, todo mundo em casa, recebendo auxílio, e a fanfarronice no WallStreetBets só aumentando. Era hora de jogar. Mais trades por dia eu não conseguiria fazer. Estava trabalhando dez horas diárias, aproveitando vinte anos de prática adquirida em um momento que só acontece uma vez por geração. Todos os dias parecia que eu estava um passo à frente de todo mundo, e estava. Monitorava meu scanner de volume para focar nos setores certos.

Procurar surtos de volume é um dos principais elementos de seu método de trading?
É. Tenho um scanner personalizado na parte de baixo da minha tela, onde posso selecionar os *tickers* e meus critérios de volume. É preciso que ocorra um aumento de volume grande o suficiente em uma ação, no meu scanner, para desencadear um sinal. Fico o dia inteiro ali sentado, acompanhando o fluxo de ordens, para ver qual setor está acordando, e então entro.

Você estava obtendo parte de suas ideias de trade no WallStreetBets?
[WallStreetBets é um fórum do site Reddit (um "sub-reddit") cujos participantes focam em posts relacionados ao trading. Tornou-se famoso quando seus membros atacavam ações consideradas fortemente vendidas, como as da GameStop, que provocou uma disparada da cotação e um *short squeeze* histórico.]

Usei uma ferramenta ótima de rastreamento do Reddit que indicava a frequência de posts sobre ações específicas no WallStreetBets. Evidentemente, a Tesla era, em geral, a número um e a GameStop foi a número um durante algum tempo. Foquei nas ações que entravam na lista das top 25. Se uma ação passasse do top 25 para o top 10, o preço fazia uma parábola. Por isso, eu acompanhava as tendências das ações nessa lista, checando minuto a minuto. O poder que aquele grupo de pessoas tinha sobre o mercado era absurdo; elas podiam influenciar a ação que bem entendessem, por qualquer motivo que fosse. Embora eu tenha me saído muito bem nesses trades, perdi o maior de todos. Eu tinha uma tonelada de GameStop a 10 dólares, mas vendi por 11. E então ela chegou a 500 dólares. Nunca mais a negociei. Não sei por que vendi tão cedo, mas reagi indo com tudo em todas as outras ações que se moviam no WallStreetBets. Evidentemente, nenhuma delas teve o êxito da GameStop, mas muitas tiveram movimentos de cinco a dez vezes.

Como você sabia a hora de dar adeus a esses trades, sendo que essas ações estavam sendo levadas por compras especulativas a níveis de cotação muito além de qualquer justificativa em fundamentos?
Pular fora é, de longe, o pior aspecto do meu trading. Eu me considero um mau vendedor de ações. Assumo posições grandes e, quando a ação dobra ou triplica de preço, e o risco/retorno muda, começo a diminuir a escala da minha posição. Depois que começo a vender, não consigo mais parar.

Quais outros trades foram responsáveis por seus enormes ganhos?
Fui bem com a covid, mas foram as SPACs que transformaram minha carreira.

[SPAC, sigla em inglês de "empresa de aquisição com propósito específico", é uma empresa de capital aberto que levanta fundos com o intuito expresso de adquirir uma empresa-alvo de capital fechado, não identificada, para abrir seu capital. Os investidores originais em uma SPAC recebem ações, geralmente cotadas a 10 dólares, e garantias. Depois que um negócio com um alvo de aquisição é anunciado, esses investidores têm a opção de sacar o investimento e receber o dinheiro de volta.]

Foi um momento que só pode acontecer uma vez por geração. Dava para comprar empresas com risco quase zero, porque você podia optar por receber seu dinheiro de volta quase pela mesma cotação. Notei um padrão em que ocorria um grande pico de volume, geralmente nos dois últimos minutos do dia, e no dia seguinte a empresa anunciava com quem havia fechado parceria. Depois do anúncio, a ação subia 20, ou até 30 dólares. E, se fosse um parceiro ruim, talvez só uns 15 dólares. Então o ganho podia ser o dobro ou mais, e a perda, de alguns centavos por ação. E as SPACs tinham liquidez quase ilimitada quando pouco acima de 10 dólares. Portanto, dava para escolher o tamanho que se desejasse. Fiquei com posições maciças em lotes dessas SPACs. Foram vários meses em que praticamente todos os dias uma dessas posições dava certo e eu ganhava 3, 5, 7 milhões de dólares em um só trade. Havia dois dias de oportunidade de lucro com as SPACs: aquele em que elas anunciavam o parceiro e depois aquele em que o símbolo no *ticker* mudava, alguns meses depois.

Nesses dias, você vendia sua posição?
Isso, vendia no estouro inicial, depois que era anunciado o parceiro, e, se uma

queda posterior me fazia voltar, vendia na mudança do símbolo. Quando gostava da ação, até segurava um pouco mais uma parte da posição.

A estrutura econômica das SPACs, porém, é um mau negócio para os investidores [um aspecto negativo crítico é que os 20% da taxa de promoção, concedida em geral ao fundador da SPAC, na prática diluem o valor das ações que os investidores recebem].
Concordo. Não joguei com as SPACs durante muito tempo. Mas foi um período que vai ficar marcado para sempre. Vou buscar com insistência outra oportunidade de risco zero e ganhos ilimitados.

Depois das SPACs, qual era seu foco principal no trading?
As criptomoedas estavam tendo altas insanas, iguaizinhas às *small caps* no ano anterior. Houve um momento em que meu trading com cripto chegou a ser maior que meu trading de *equities*.

No momento em que conversamos, as criptomoedas sofreram uma queda de 80% ou mais, dependendo da moeda. Como você soube quando o jogo acabou?
Lembra-se daquelas linhas de tendência de que falamos na entrevista original? Quando Elon Musk apareceu e disse que a Tesla não iria mais aceitar Bitcoin na compra de carros, por causa do impacto ambiental negativo da mineração de Bitcoins, isso coincidiu com a quebra daquela linha de tendência. Eu havia apostado tudo em cripto, e lá estava aquele sinal de alerta significativo. Foi quando cortei muito da minha exposição em cripto. Repetindo, quando começo a vender alguma coisa, não paro mais.

Lembro-me, em nossa entrevista original, de que você nunca fica vendido. No entanto, nos últimos anos tivemos dois mercados baixistas: o mercado baixista da covid e o mercado baixista mais prolongado deste ano [2022]. Como você evita se machucar em momentos tão adversos?
O mercado baixista da covid só durou um mês, mais ou menos. Vi o noticiário e deu para enxergar para onde a coisa iria. Por isso, liquidei tudo e só joguei golfe todos os dias.

Quando você voltou a operar? O que lhe indicou que o mercado baixista havia tido um fim?

Foi o movimento da cotação em ações que ofereciam soluções para os problemas que a covid criou. Quando os produtores de vacinas começaram a ficar superfortes, entendi que precisava entrar em ações que ajudassem a lidar com a covid. Comprei os produtores de vacinas, de máscaras e de câmeras térmicas, e empresas de entrega por drone.

E quanto ao mercado baixista de 2022, que durou muito mais e talvez ainda não tenha acabado? Como você evitou perdas importantes nesse período?
Este ano estou no vermelho, o que não me surpreende. Depois dos dois últimos anos tão incríveis, seria de esperar que eu tivesse uma baixa em algum momento. Dito isso, estou no vermelho só alguns pontos percentuais.

Em 2022 você operou menos?
Provavelmente fiz tantos trades em 2020, em dias normais, quanto na primeira metade de 2022.

Houve alguma razão para essa redução drástica na atividade de trading?
Fiz por merecer. Tirei um tempo para passar com minha família e viajar.

Foi só por isso ou você percebeu que as condições do mercado estavam menos favoráveis?
Eu tinha me saído bem durante muito tempo. Meus amigos novatos não me mandavam mais mensagens. Estavam tendo prejuízo. Eu não estava ganhando dinheiro algum. Era a hora perfeita para sair. Dei um tempo até agosto deste ano [2022], quando a cotação do lítio teve um *breakout*, atingindo o valor mais alto em vários anos, e depois fez uma parábola. Esse movimento da cotação me deixou supermotivado. Estou incrivelmente altista em *equities* de lítio para os próximos anos e acho que vai ser a movimentação de preço da minha carreira. Está começando a acontecer um desequilíbrio entre oferta e demanda que só ocorre uma vez na vida, o que permitiu à cotação do lítio desafiar a gravidade. Estamos vendo um aumento maciço na penetração de carros elétricos no mundo inteiro. Este ano, a China espera um crescimento de 100%, em relação a 12 meses atrás, nas vendas de veículos elétricos. No ano que vem, esperam outro crescimento de 100%. Nos Estados Unidos, as vendas de carros elétricos estão 60% maiores que no ano passado e a tendência está se reforçando. A cotação do lítio aumentou

bastante, enquanto a cotação das ações de lítio não aumentou tanto. Por isso, acho que existe uma tremenda oportunidade em *equities* de lítio negociadas nas bolsas americanas. É um setor tão pequeno que, quando essas ações entrarem no jogo, acredito que vão muito mais longe que qualquer um é capaz de imaginar.

Você já pensava desse modo bastante tempo atrás. O que mudou agora?
O que mudou foi o aumento na cotação do lítio. Um ano atrás, o preço do lítio já estava alto, a 20 mil dólares a tonelada. Recentemente chegou a 85 mil dólares. Meu manual manda ficar fortemente comprado em mineradoras de lítio durante os próximos três anos, depois mover os trabalhos para as empresas de baterias, e então vários anos depois passar meu investimento para as recicladoras, surfando aquilo que prevejo como uma tendência gigante de eletrificação. Sinto que esse vai ser o maior trade de minha vida e estou entrando com tudo.

CAPÍTULO 8

CHRIS CAMILLO

Nem um nem outro

Em toda a história da análise de mercado, as metodologias podem ser divididas em fundamentalistas ou técnicas, ou um misto de ambas. O método de Chris Camillo não é fundamentalista nem técnico e seria impossível antes da era moderna, porque combina poder de processamento e mídias sociais. Na prática, Camillo criou uma categoria de análise de mercado e trading inteiramente nova – abordagem que ele chama de "arbitragem social".

O método de Camillo surgiu como subproduto da observação das tendências sociais e das transformações culturais na vida cotidiana. Para ampliar seu escopo de observação dessas tendências, Camillo fundou a TickerTags, empresa cujo software permite monitorar e medir menções nas redes sociais a palavras ou combinações de palavras (que ele chama de "tags") importantes para ações específicas. Camillo descreve as respostas perplexas que ouve depois que explica sua metodologia. "As pessoas me dizem: 'Quer dizer que você nem olha para a relação preço-lucro, não olha para a gestão, não olha para a cotação.' Minha resposta é: 'Não olho para nada além das minhas tags.'"

Usando uma metáfora visual, a carreira de trading de Camillo poderia ser descrita como duas ilhas separadas por um largo canal. Uma ilha é uma protuberância rochosa desolada e inóspita; a outra é um luxuriante paraíso tropical. À exceção de seu primeiro trade, no início da adolescência, descrito em detalhes nesta entrevista, a incursão inicial de Camillo no trading foi um fiasco total – anos de várias metodologias fracassadas e um constante esvaziamento de seus ativos de investimento (que, para sorte de Camillo, limitavam-se àquilo que ele conseguia poupar de seu modesto salário). Depois de um hiato de uma década, Camillo voltou ao trading em 2006 e, em forte contraste com seu trading anterior, alcançou um retorno composto médio anual de 68%, transformando seu patrimônio inicial de 83 mil dólares em 21 milhões de dólares, incluídas as retiradas líquidas em espécie.

Meu primeiro encontro com Camillo foi depois de ele me enviar um e-mail pedindo uma reunião para saber quais conselhos poderia dar sobre um assunto não especificado. Respondi que, se ele quisesse voar até Boulder para me encontrar pessoalmente, em vez de falarmos por telefone, eu o encaixaria na minha agenda. Marcamos um brunch no Buff, um dos meus lugares preferidos. Embora a vocação principal de Camillo seja o trading, ele sempre teve interesse por cinema, desde a época da faculdade, em que escreveu um roteiro jamais produzido. Hoje ele é produtor de uma série do YouTube chamada *Dumb Money*, que consiste de vídeos curtos em que Camillo e amigos investem em empresas locais. Camillo explicou que, em determinado momento, quando descobrir como abordar o projeto, talvez faça um filme sobre trading. Ele queria saber se eu estaria disposto a participar – mas não soube explicar como seria isso – e quais ideias eu teria a respeito. Respondi a Camillo que considerava a ideia de difícil execução, porque descrever com precisão o trading e produzir um filme interessante parecem objetivos incompatíveis. Camillo tampouco achou o formato até agora, mas continua pensando na possibilidade.

Na época em que Camillo e eu nos conhecemos, eu havia resolvido fazer outro livro da série Os Magos do Mercado Financeiro. Aquele e-mail de apresentação dava a entender que ele seria um candidato em potencial a participar. Por isso, pedi que me enviasse os extratos mensais, caso tivesse interesse. No dia de nosso encontro em Boulder, eu já havia resolvido entrevistar Camillo e tomei o cuidado de evitar qualquer discussão relacionada a trading – tema que gostaria de reservar exclusivamente para a entrevista.

Ao marcar a data, bloqueei oito horas da agenda, porque já em nosso primeiro encontro percebi que Camillo era conversador e que haveria muito terreno a explorar. Em nome da eficiência, marquei a entrevista de modo a coincidir com um dia em que eu estaria em Austin (Camillo vive em Dallas). No aeroporto de Austin, naquela manhã, descobri que meu voo havia sido cancelado por causa do mau tempo, assim como todos os voos até o fim daquela tarde. Só me restava alugar um carro e dirigir por quatro horas, debaixo de chuva constante e em engarrafamentos provocados pelo clima ruim. Algumas entrevistas com traders são complicadas, porque é difícil arrancar algo do entrevistado, enquanto em outras a conversa flui com suavidade. Considerando o estresse de um voo cancelado e o cansaço de pegar a estrada, tive sorte de a longa conversa com Camillo se enquadrar na segunda categoria.

Entrevistei Camillo em uma parte coberta de seu jardim, ao abrigo da chuva que não parava de cair. A conversa avançou pelo jantar, em um clube do qual ele era sócio. Para evitar a barulheira do restaurante, que teria tornado inaudível a gravação, jantamos na "cave de vinhos" privada, solução que me deixou agradecido.

Quando você soube pela primeira vez da existência dos mercados?
Meu irmão mais velho era corretor de ações. Você sempre admira irmãos mais velhos. Por isso, acho que minha impressão foi de que trading era algo incrível. Mas não fui me interessar de verdade por isso até 12 ou 13 anos [risos altos]. Sempre tive consciência da arbitragem do conhecimento e de certa forma já a praticava desde muito jovem.

O que você entende por arbitragem do conhecimento?
Tinha obsessão por *garage sales* desde o início da adolescência. Passava toda quarta e quinta-feira analisando os anúncios de vendas de garagem no jornal. Quando podia, ia até as casas antes da venda, para pedir informações sobre as mercadorias que estariam disponíveis. Tentava achar coisas para revender. Identificava compradores interessados em determinado tipo de objeto. Havia um cara, que apelidei de "Homem-Ventilador", que só se interessava por comprar ventiladores antigos. Havia outro que comprava relógios antigos.

Como você encontrava pessoas interessadas em itens em particular?
Ia a feiras de antiguidades e mercados de pulgas em busca de gente interessada em itens específicos e disposta a pagar um bônus por eles. Na época, não existia eBay.

Como você era capaz de avaliar a qualidade do que estava comprando? Quando comprava um relógio antigo, como sabia que não era puro lixo?
Não sei dizer com exatidão como resolvia essa questão. Vendas de garagem e de heranças são quase sempre administradas por senhoras mais velhas, com um alto grau de conhecimento sobre itens como roupas, móveis, louças e antiguidades, mas um nível muito menor de informação sobre peças mais atraentes para o público masculino, como relógios e trenzinhos de brinquedo antigos. Em tudo que era mais dirigido a homens, elas colocavam somente um número e tentavam se livrar daquilo. As coisas que eu comprava eram mal precificadas, porque os vendedores consideravam que não valiam nada. Mas eu conseguia achar interessados naqueles itens específicos. Fiz isso durante vários anos aqui em Dallas e se tornou uma verdadeira obsessão. Peguei o vírus – não sei que nome dar a isso – da caça ao tesouro, ou da arbitragem do conhecimento.

Como você entrava nessas vendas de garagem no começo da adolescência?
Pegava minha bicicleta e andava de ônibus.

Quanto você ganhava fazendo esse tipo de serviço?
Em alguns fins de semana, não ganhava nada. Mas em outros, os bons, chegava a ganhar até 200 dólares, o que para mim era uma fortuna na época. Também lavava carros. Era muito empreendedor. Tinha uma cabeça de 30 anos em um corpo de menino. Não fazia as coisas que devia fazer na minha idade. Me formei entre os piores da minha sala no ensino médio. Não por ser menos inteligente que as outras crianças, e sim porque sofria para me concentrar em coisas que não me interessavam. Na época, a escola não me interessava, ganhar dinheiro, sim. Se fosse hoje, é provável que eu tivesse sido diagnosticado com TDA [transtorno de déficit de atenção] e precisasse tomar medicação. Naquela época, não se fazia nada disso.

Como você passou da arbitragem de vendas de garagem para o trading?
Toda sexta e sábado, antes de ir para minhas vendas de garagem, parava numa loja de conveniência para comprar um chá gelado sabor limão chamado Snapple. Sempre havia ali duas geladeiras cheias de Snapple. Certa manhã, quando cheguei lá, todos os Snapples haviam sido colocados na metade de um refrigerador. Não havia quase nenhuma garrafa, e pior:

nenhuma do meu sabor preferido. Perguntei ao atendente o que estava acontecendo. Ele explicou que passaram a vender uma seleção limitada de Snapple porque agora havia novos concorrentes no mercado, como o Arizona.

Cheguei em casa naquele dia e comentei com meu irmão. Perguntei a ele: "Ei, tem algum jeito de ganhar dinheiro com isso?" Ele disse: "Tem, vamos comprar *puts* e ficar vendidos em Snapple." Ele me explicou que o balanço da Snapple iria sair dali a uma semana e também como funcionavam os *puts*. Dei a ele 300 dólares. Ele comprou *puts* da Snapple para mim e uma semana depois a Snapple anunciou que estava aumentando o estoque no canal, algo que na época era incompreensível para mim. Mas meu insight na loja de conveniência estava certo e tripliquei o dinheiro naquele trade. Foi um momento mágico para mim, e daí em diante fiquei viciado.

Qual era a sua idade?
Devia ter 14 anos.

Você entendeu a explicação do seu irmão a respeito do que eram *puts*?
Ah, entendi tudo. O que não reconheci na época foi o poder da metodologia que havia descoberto. Não percebi que o trade da Snapple acabaria sendo o método que eu levaria adiante na minha carreira de investidor. Ela viria a ser realidade somente muitos anos mais tarde.

E se você me perguntar o que aconteceu com meu trading subsequente, durante o ensino médio e início da faculdade, qual resposta acha que eu daria? Não foi nada bem. Aliás, foi terrível. Eu passava de uma metodologia para outra, dependendo do último livro que havia lido. Um deles – cujo título não lembro – era sobre como os irmãos Hunt encurralaram o mercado de prata. Durante algum tempo fiquei obcecado por commodities. Havia uma loja, a quilômetros da minha casa, onde era possível comprar prata. Ia até lá e comprava uma barra de 100 onças [2,8 quilos]. Todos os dias eu pegava o jornal para acompanhar o preço da prata. Foram necessários cinco meses até entender que não ia ganhar dinheiro nenhum com commodities [gargalhadas].

Houve algum livro sobre o mercado que surtiu impacto positivo sobre seu trading?
Ao longo dos anos, li vários livros sobre o mercado, mas apenas um teve impacto sobre mim: *O jeito Peter Lynch de investir*.

Seu trade da Snapple poderia ser o modelo de propaganda para o tema do livro.
Poderia mesmo. Eu me identificava com o livro, e ele teve um impacto enorme no meu jeito de pensar em como ter êxito nos investimentos. Deu-me a confiança de que aquilo que havia feito naquele trade do Snapple não tinha sido pura sorte. Não fosse a leitura do livro de Lynch, eu teria pensado: "Você não tem como derrotar as mentes mais brilhantes de Wall Street só entrando em uma loja." Não estava interessado em investimento técnico. Não estava interessado em investimento em fundamentos. Embora a análise de fundamentos fizesse sentido para mim, não me atraía. Achava chata. Havia muitas pessoas inteligentes fazendo análise de fundamentos, e eu sabia que nunca teria força de vontade suficiente para gastar o tempo necessário para ser melhor que todos os outros.

Como você resumiria a lição principal que extraiu do livro de Lynch?
O tema central era o conceito de procurar investimentos na vida cotidiana.

Quando você abriu sua conta?
Na faculdade, abri uma conta na Fidelity. Quando a faculdade ganhou um terminal da Bloomberg, ninguém sabia como usar. Li o manual e aprendi. Fiz muito trading de opções nessa época, porque não tinha muito dinheiro e concluí que a única maneira de gerar algum retorno real com meus recursos limitados era essa. Eu negociava opções de alto risco, *out-of-the-money*,* quase o tempo todo. Em todos os trades, buscava lucros de vinte vezes e acabava perdendo dinheiro.

Como você conseguia o dinheiro para operar?
Ainda lavava carros no fim de semana e ganhava um dinheiro considerável com esse serviço. Também consegui um emprego em tempo integral na Fidelity, como trader de fundos mútuos, o que era bem menos empolgante do que parece. Eu atendia o telefone e passava cotações do fundo aos clientes.

Com um emprego em tempo integral e lavando automóveis, sobrava tempo para estudar?

---

* Opções *out-of-the-money* são derivativos de alto risco que tendem a valer zero em uma determinada data futura. Entretanto, as operações que dão certo com esse tipo de instrumento podem multiplicar o capital investido. (N. do E.)

Descobri que quanto mais ocupado estou, melhor faço tudo. Não estava interessado pela faculdade, fazia somente o suficiente para passar de ano. Faltava a várias aulas para usar o telefone público e fazer trades pelo teclado. Precisava teclar o código da opção e então o computador lia em voz alta o símbolo da opção que havia teclado. Era um processo muito lento. Às vezes levava de 15 a 20 minutos para fazer um trade.

Tinha entendido que você trabalhava em tempo integral na Fidelity. Como conseguia colocar essas ordens?
Meu emprego na Fidelity era no horário do mercado.

Qual era o tamanho da sua carteira de trading?
Era muito pequena, porque eu não parava de perder dinheiro em quase todo trade [risos].

Você teve algum trade vencedor?
Alguns, mas não lembro quais foram. Só sei que perdi cada dólar que investi.

Então você ganhava dinheiro trabalhando e perdia investindo.
Perdia 100% do dinheiro.

Seu primeiro trade foi extraordinário e depois você perdeu de maneira sistemática.
Meu primeiro trade me viciou e depois passei anos perdendo dinheiro de várias maneiras. Percebi que não tinha nenhum método superior de trading usando técnicas conhecidas. Em algum momento, em meio a tudo isso, perdi o interesse em investir.

Não me surpreende, considerando os resultados. Mas é claro que em algum momento você recuperou o interesse pelo mercado. Quando retornou ao trading e qual foi o catalisador?
Um bom tempo depois – talvez dez anos – recomecei a operar. Naquela época, trabalhava para uma empresa de pesquisa de mercado e estava indo bem, mas minhas necessidades financeiras eram maiores que a renda do meu emprego podia proporcionar. Por isso, voltei ao trading. Não tinha muito dinheiro – acho que comecei com cerca de 80 mil dólares na conta.

Considerando o fracasso de suas tentativas anteriores, qual foi a motivação para imaginar que seria um modo de ganhar dinheiro?
Sabia que havia oportunidades, mas ainda não tinha descoberto quais. Não sei o que me fez voltar à metodologia original. Talvez tenha sido de maneira não consciente, mas eu simplesmente voltei de forma natural. Além disso, o fato de estar no setor de pesquisa de mercado ajudou bastante. Eu cuidava de todo o departamento de painéis para a maior empresa do setor no mundo. [Empresas de painéis de pesquisa de mercado selecionam uma amostra de um grande universo de entrevistados para melhor adequar o público-alvo necessário para uma pesquisa.]

Eu tinha acesso a uma enorme quantidade de dados. Percebi que as pesquisas de mercado não são tão precisas quanto deveriam ser. As pessoas não fazem o que dizem que vão fazer. Quando o iPhone estava sendo lançado, por exemplo, você perguntava às pessoas: "Você compraria um celular sem teclado?" E elas respondiam: "Não, nunca!" Vi tantas vezes esse descompasso entre o que as pessoas diziam e o que faziam que perdi totalmente a fé nesse setor. E também era tudo muito lento.

Está parecendo mais uma questão de imprecisão que de lentidão.
Era lento também. Quando uma empresa quer elaborar uma pesquisa, tem que bolar a tese do estudo, contratar uma terceirizada para formular as perguntas, o que leva semanas, e então as perguntas vão para uma empresa de painéis. Concluídas essas etapas, você fica seis ou sete semanas tentando analisar os resultados. Eu sabia que isso era ineficaz. Quando voltei a operar, retornei à metodologia original, de investir com base naquilo que observava. Na época, não sabia se estava apenas tendo sorte ou se havia algo ali mesmo. Ao longo de alguns anos, quase todo trade que fiz deu lucro.

Pode me dar um exemplo de alguns desses trades?
Foram coisas no estilo de Peter Lynch. Alguns exemplos seriam a Cheesecake Factory e a P.F. Chang's. Quando se é trader em Wall Street, não se vê uma Cheesecake Factory ou uma P.F. Chang's pessoalmente. Você pode ler a respeito, mas não entende o que essas redes de restaurantes representam na América. Uma das minhas enormes vantagens foi viver no Texas, o que me permitia ver em primeira mão quanto esses investimentos eram fenomenais. Pela primeira vez, havia uma fila de horas, durante os dias úteis, para

entrar em um restaurante da rede. Era gente que nunca havia comido comida chinesa antes.

Era uma questão de ver longas filas nesses restaurantes?
Nem tanto isso, e sim a constatação de que Wall Street estava cega para certas coisas por conta de um viés geográfico, ou qualquer outro viés. Às vezes as pessoas dizem: "Aposto que sua metodologia funciona bem em empresas pequenas, mas nunca daria certo em grandes empresas." Não é verdade. Negociei Apple quando o iPhone foi lançado, por conta de um viés cuja existência muito pouca gente percebeu.

O iPhone foi lançado inicialmente com uma única operadora, a AT&T. Na época, a rede da AT&T em Manhattan era horrível. Impossível de usar. Ninguém comentava a respeito, mas era uma razão primordial para o iPhone ter tido uma adoção mais lenta pela comunidade financeira, no primeiro ano depois do lançamento, do que no restante do mundo. Para piorar as coisas, o setor financeiro estava com pés e mãos amarrados ao BlackBerry, por precisar dele para a comunicação corporativa. Percebi essas tendências desde o início. Tinha amigos em Nova York, e a primeira coisa que eles diziam sobre o iPhone era: "Não podemos usar aqui, porque é da AT&T."

Nunca esquecerei o dia do lançamento do iPhone. Sei exatamente onde eu estava quando a primeira pessoa me mostrou o celular. Foi em uma festa, e vi a reação de 25 pessoas. Soube na hora que ia ser grande, e eu não era Applemaníaco. Nunca tive um produto Apple sequer na vida.

Fiquei surpreso de como fui bem no primeiro ano de retorno ao trading e, para ser franco, não sabia se era só uma questão de sorte. Na época, assinava a Covestor, um serviço de monitoramento de portfólios. Durante algum tempo, fui o trader líder de um ranking de cerca de 30 mil contas na Covestor. Foi então que percebi que havia achado algo. Nunca esquecerei uma coisa que eu disse a um amigo no trabalho: "Um dia vou ganhar mais dinheiro com minha conta de corretagem do que neste emprego." No meu auge salarial, ganhava um pouco mais de 200 mil dólares por ano. Na época, minha carteira era de 100 mil dólares, mas vinha crescendo bem rápido. Lembro-me de ter pensado se seria capaz de levar a conta a 1 milhão de dólares. Não demorou tanto tempo para chegar a 1 milhão e passei a ganhar mais dinheiro com o trading que com o trabalho. Foi nesse dia que pedi demissão.

Você saiu para poder operar em tempo integral?
Sim, e foi arriscado. Olhando para trás, acho que uma grande parte do meu êxito na volta ao trading deveu-se à minha capacidade de abstrair o ruído e ter paciência. Eu não era do ramo. Não era meu trabalho, e eu não sofria pressão para operar. Podia ficar seis meses sem operar, sem ter que dar satisfação a ninguém. Meus maiores erros, ao longo dos anos, sempre foram consequência de excesso de trading. Se me limitasse apenas aos meus trades de maior convicção, acho que minha conta seria dez vezes maior do que é hoje. Minha metodologia funciona melhor quando identifico uma informação significativa fora do radar, que me permite ter uma tremenda convicção para fazer um trade. E isso não acontece com muita frequência. É difícil dizer: "Vou esperar o trade ideal e ficar sem fazer nada nos próximos três meses."

Pode detalhar sua metodologia para identificar esses trades?
Dei o nome de "arbitragem social". O que a palavra "social" significa para mim é aquilo que não é financeiro. O trading depende da minha capacidade de identificar precocemente informações fora do radar – informações que ou não foram percebidas, ou são subestimadas pelo público de investimentos. De certa forma, meu foco era o contrário daquele da época de *garage sales*. Nas compras de garagem eu focava em itens masculinos que as organizadoras precificavam mal. Percebi logo que muitas tendências de Wall Street proporcionavam oportunidades para eu identificar informações que eram voltadas ao público feminino, ao público jovem ou ao público da zona rural. Não estou querendo dizer que minha metodologia depende totalmente dessas áreas, mas no começo do trabalho me concentrei nelas. Mergulhei na moda e na cultura pop – coisas que estão fora da tela do radar do trader médio ou do gestor de fundo de Wall Street.

Como você identifica oportunidades de trading?
Definiria como reciclagem do cérebro. Você continua a viver sua vida como sempre, mas passa a observá-la de uma forma diferente. Toda vez que eu identificava algo com potencial relevante, fazia uma pesquisa extra. Por exemplo, quando a Wendy's lançou o cheeseburger com bacon e pretzel, lá em 2013, saí para observar o máximo possível. Conversei com gerentes de mais de dez endereços da Wendy's. Perguntei há quanto tempo trabalhavam na empresa e pedi que comparassem esse item com outros sazonais do passado.

Todas as vezes recebi a mesma resposta: "Nunca vimos nada parecido." Perguntei aos clientes o que achavam do produto.

Mas você só estava sondando o sentimento do consumidor em Dallas. Como saber se é representativo do que está acontecendo no país?
Dallas talvez seja um dos mercados mais representativos dos Estados Unidos. Analisei diversos sites de bate-papo em que as pessoas conversavam sobre fast food. Parece loucura o que estou dizendo, mas esses sites existem. Foi um ótimo trade que Wall Street deixou passar. Toda rede de fast food lança um item sazonal, em geral na primavera. São itens que vêm e vão, sem grande importância. Esse produto, porém, cresceu tanto que mexeu com toda a empresa. Como nunca antes havia tido um impacto tão grande no mercado, não estava no radar das pessoas que acompanhavam a ação.

De todos os trades que você fez na carreira, quais se destacam como penosos?
Ironicamente, um dos trades de que mais me arrependo foi um dos mais vencedores. Muitos anos atrás, em um inverno rigoroso, identifiquei que os consumidores estavam aderindo em massa ao ColdGear da Under Armour, que estava sendo ignorado pelo mercado. Era uma roupa de baixo projetada para manter a pessoa aquecida no frio.

Pratico esqui cross-country e ainda me lembro de comprar roupa de baixo de marcas como a Patagonia já nos anos 1970. Qual era o diferencial do ColdGear?
A Under Armour produzia para as massas. Tinha uma distribuição mais ampla desse tipo de produto que qualquer outra empresa.

Como você identificou a tendência do consumidor?
Nas redes sociais. Há um número grande de palavras-chave que monitoro todas as noites. Na época, monitorava uma combinação que incluía ColdGear, Under Armour e alguns outros termos. Meço o volume da conversa dos grupos de palavras que sigo e, quando vejo que esse volume está atipicamente alto, é o meu primeiro sinal de que tem algo acontecendo. Passo só umas quatro horas por dia em pesquisa e análise do mercado, mas, quando encontro algo parecido com o trade da Under Armour, passo 14 ou 15 horas por dia, durante dias, ou até semanas, fazendo *due diligence*.

O que você entende por *due diligence*?
Procuro acumular todo tipo de informação que posso com relação ao meu trade. Parto de uma hipótese. Nesse caso específico, minha hipótese era de que a Under Armour estava emplacando vendas excepcionais do produto ColdGear. A partir disso tinha que testar minha hipótese. Entrevistei gerentes de lojas e consumidores. Entrei na internet e vasculhei todas as informações que tinham a ver com a minha premissa. Tudo que chequei corroborava a minha suposição. Foi um dos maiores trades que já fiz. Quando tenho um trade de muita convicção, chego ao ponto de ter 95%, ou mais, de confiança. Mas nem mesmo um nível tão alto de confiança significa necessariamente que vou ganhar dinheiro com o trade. Em jogo sempre há fatores externos.

Por que esse foi um dos trades que você mais lamenta?
Vários dias depois que a Under Armour divulgou seu resultado, a lululemon anunciou o dela, e foi um desastre.

A Under Armour e a lululemon estavam correlacionadas?
Na época, o suficiente. Tanto é verdade que, quando a lululemon sofreu uma de suas maiores quedas após divulgar o resultado, a Under Armour desabou.

Esse é um exemplo perfeito do que você chama de fator externo?
É. Uma empresa de pesquisa relativamente respeitada soltou um relatório pessimista sobre a Under Armour, prevendo prejuízo na administração de resultado seguinte. Nesse meio-tempo, eu estava com uma das maiores posições que já tive na mão. Na semana anterior, tinha 98% de convicção; depois desses fatos, meu nível de convicção havia baixado para talvez 60%.

O que você fez, então?
Vendi dois terços da minha posição por puro medo e dúvida pessoal.

Qual era o tamanho da sua posição?
Estava arriscando de 8% a 10% do meu patrimônio. Mas estava posicionado em opções de compra; por isso, quando a ação fechava abaixo da cotação do preço de exercício da opção, eu podia perder a quantia total. Era um trade enorme. Não queria perder tanto em um dia.

Você costuma se posicionar em opções de compra?
Uso opções quando há a liquidez apropriada e a cotação da opção é razoável.

Em qual porcentagem dos trades essas condições são preenchidas?
Diria 50%.

Suponho que você use as opções para alavancar seus trades.
Faço isso, sim.

Você usa opções *out-of-the-money*, *at-the-money* ou *in-the-money*?
Isso foi mudando ao longo da minha carreira. Eu costumava usar mais opções *out-of-the-money*. Agora que meu portfólio cresceu, a tendência é usar opções *at-the-money* ou *in-the-money*.* Quando é um trade de altíssima convicção, invisto em opções *in-the-money*.

Qual percentual da sua conta você chega a comprometer em um só trade?
Quando estou muito convicto, chego a colocar de 5% a 15%, sabendo que posso perder a quantia total, ainda que a ação não caia muito.

Até que ponto você segue com suas posições em opções?
Tento determinar qual será o evento de disseminação da informação. Em geral, é o resultado. Hoje em dia, como Wall Street está mais atenta à identificação precoce de informações fora do radar, por meio de dados de cartão de crédito, por exemplo, muitas das informações sobre as quais opero são divulgadas antes de o resultado ser divulgado. Por isso, às vezes compro opções com vencimento antes da divulgação, para economizar com o *premium* da opção. Nesses casos, a esperança é de que o mercado veja o que eu vejo antes do resultado.

O que aconteceu com o restante da sua posição na Under Armour?
Quando o resultado da Under Armour saiu, estava bem alinhado com a minha expectativa inicial. As vendas de ColdGear foram fenomenais e eu não me lembro de quanto a ação subiu, mas foi perto de 20%. Acabei ganhando uma tonelada de dinheiro nesse trade, mesmo depois dos prejuízos que levei

---

* As opções *in-the-money* têm preço de exercício abaixo do preço em que o ativo é negociado. No caso das *at-the-money*, o preço de exercício é muito próximo da cotação do ativo.

nos dois terços da posição que havia liquidado antes. Se tivesse mantido aquela posição...

Mas você acabou ganhando muito dinheiro. Por que esse trade é tão doloroso de recordar?
Porque me deixei influenciar quando estava absolutamente certo. Me arrependo muito desse trade.

Como o trade mudou você?
A experiência me mostrou que esse jogo é pura questão de confiança. Não posso deixar fatores alheios impactarem minha confiança. Sei o que tenho que fazer, mas fazer é outra coisa. Antes eu pensava o seguinte sobre o mercado: "Devem saber de algo que eu não sei." É um pensamento que sempre tentei afastar da cabeça. Depois do trade da Under Armour, saí caminhando e dizendo a mim mesmo: "Nunca mais deixe tirarem você de um trade por achar que sabem algo que você não sabe."

Houve algum trade posterior em que essa lição foi útil?
Sim. Um grande exemplo foi a Netflix, alguns anos atrás, quando lançou a série *Stranger Things*. A Netflix é uma das empresas que tem mais assinantes no mundo, monitorada de perto pelas mentes mais brilhantes de Wall Street. Sempre que surge uma série nova, monitoro o grau de interesse medindo o volume do bate-papo. A maneira de Wall Street abordar a ação é focar na audiência. Há uma empresa que fornece números de audiência, como o Ibope, para a Netflix. O problema com esse método é que toda atração importante tem mais ou menos a mesma quantidade de espectadores. Por isso, essa estatística não informa muita coisa.

Quando a Netflix lançou *Stranger Things*, todo mundo sabia que seria um sucesso – isso, por si só, não era uma informação concreta. Além disso, um sucesso da Netflix nada significa, porque a empresa lança produtos de sucesso com certa regularidade. A questão era se *Stranger Things* se tornaria uma anomalia. Medi o volume da conversa das pessoas com as palavras *Stranger Things* e em seguida comparei com os cinco maiores programas produzidos pelo streaming nos cinco anos anteriores. Descobri que em todos esses programas de sucesso a conversa atingiu o auge na primeira semana, voltando depois ao nível normal. Com *Stranger Things* aconteceu algo diferente:

chegou ao pico na primeira semana e permaneceu nesse platô semana após semana. Quando você juntava todas as menções durante os primeiros sessenta dias após o lançamento da série, o total era o triplo do segundo maior número de uma série de sucesso anterior.

O que esse trade tem de interessante é que quase todos os analistas individuais do mercado previam um trimestre de resultado ruim para a Netflix. Lá estava eu, alguns anos depois do trade da Under Armour, e todos esses relatórios negativos sobre a Netflix vindo de todos os lados. Poderia até ficar nervoso com esses dados, mas não deixei que impactassem minhas ações. Havia investido uma grande quantia na Netflix e mantive a posição inteira. Escrevi até um artigo sobre a empresa, porque queria que ficasse registrada minha alta convicção desse trade.

Saiu, então, o resultado, e a Netflix não só tinha marcado um golaço como atribuiu o forte faturamento ao impacto de *Stranger Things*. Embora todos soubessem que seria um sucesso, não se deram conta de que era diferente de todas as outras séries bem-sucedidas do passado. Mas eu sabia que era diferente. Foi um dos meus trades mais lucrativos daquele ano.

Outros trades se destacaram por terem proporcionado lições importantes?
Pouco tempo depois da eleição americana de 2008, Michelle Obama usou um vestido amarelo da J.Crew no *Tonight Show*, de Jay Leno. Assisti àquele programa. Esse evento foi um dos momentos mais marcantes para a J.Crew em uma década. Depois daquele dia, Michelle Obama apareceu na capa de quase todos os tabloides e revistas de moda. E logo após a população afro-americana abraçou a J.Crew como marca. Deixei esse trade passar por completo.

Mas você reconheceu o trade na época.
Vi, mas não enxerguei. Desperdiçar esse trade causou um impacto tão grande em mim que entrei no eBay e comprei o vestido. Ele está no meu armário, posso mostrar a você.

Por que você comprou o vestido? Foi para ter uma lembrança daquele trade perdido?
Sim. Queria que ele me lembrasse quantas oportunidades há por aí que deixo passar todos os dias. Perder esse trade me fez perceber que, para cada trade que descobri usando essa metodologia, estava perdendo dezenas.

Como essa experiência mexeu com você?
Sabia que precisava detectar uma maneira melhor de aplicar a metodologia. Precisava captar mais dados. Descobrir como alargar o funil. Estava me dando muito bem com essa metodologia e pensei: "Se estou deixando passar dez vezes mais, e talvez cem vezes mais trades, que tamanho isso poderia ter?"

Por que você acha que deixou passar esse trade?
Minha metodologia é tão simples que, em tese, qualquer um pode aplicá-la. Ao mesmo tempo, é muito difícil. Quando você vê um movimento grande do preço de uma ação, há um motivo para aquela mudança de cotação ter ocorrido. Em muitos casos, o preço andou porque houve algum ponto de inflexão na demanda pelos serviços ou produtos daquela empresa. Haveria um jeito de identificar mais cedo essa alteração? Sabia que as oportunidades existiam, mas não conseguia descobrir como captar mais. As oportunidades que eu aproveitava eram muito aleatórias e fundamentadas na minha presença física – onde eu estava e o que via naquele instante.

Um dos meus melhores amigos tem gêmeos e a mulher dele fez um post no Facebook. Parafraseando, o post dizia: "Meus gêmeos ficaram quietos pela primeira vez na vida. Achei que havia acontecido alguma tragédia em casa. Cheguei na sala de jogos e encontrei-os vidrados na TV, assistindo a *Chuggington*. Esse programa me salvou." Outras mães então começaram a postar como seus filhos estavam obcecados por esse programa. Digamos que você seja um gestor de portfólio e veja esse post da mulher do seu amigo. Vai fazer alguma coisa? É algo que você lerá por alguns segundos, antes de passar ao próximo post. Fiquei orgulhoso de ter parado e pensado: "O que é *Chuggington*?" Busquei *Chuggington* no Google e descobri que era um programa produzido por uma pequena empresa europeia, que por acaso estava na Bolsa. Percebi que ela ganharia grandes contratos de licenciamento por conta da popularidade do programa nos Estados Unidos. Investi na empresa e, quatro meses depois, a ação tinha subido 50%.

Nesse dia eu estava afiado. Mesmo assim, não sei quantas oportunidades semelhantes perdi. Por isso, passei os anos seguintes pensando com obsessão sobre como poderia aumentar a escala da metodologia. Sentia que, se conseguisse fazer isso, poderia ou operar como fundo de hedge, ou vender para Wall Street, ou ambos. No fim, acabei fazendo as duas coisas.

Como você resolveu o problema do desperdício da maioria das oportunidades de trade teoricamente identificáveis usando sua metodologia?
Entrar no Twitter e no Facebook para procurar coisas que eu achava que estavam acontecendo era muito ineficiente. Pensei: "E se, em vez disso, eu pudesse estruturar todas as palavras e combinações de palavras hipotéticas que representassem alguma coisa relevante para qualquer empresa na Bolsa?" Esses termos incluiriam o nome de toda empresa relevante da Bolsa, todo CEO, todo produto, toda marca, toda tecnologia, todo movimento cultural e toda norma governamental que pudesse afetar a empresa. Basicamente, eu precisava levantar o nome de tudo que pudesse impactar uma empresa e ser dito ou escrito sob qualquer forma. Dei a essas combinações de palavras o nome de *ticker tags*.

Ao que parece, compilar todas essas combinações de palavras potencialmente significativas é uma quantidade de trabalho esmagadora. Como você faria um trabalho desse porte?
Tinha um sócio que era um brilhante cientista computacional e começamos a recrutar quarenta alunos de faculdades locais para fazer a curadoria dessas *ticker tags*. Eles levantaram 250 mil tags. A ideia era combiná-las com dados desestruturados, licenciados por empresas de redes sociais, como Twitter e Facebook, de modo a poder medir em tempo real a frequência relativa com que essas tags são mencionadas em todas essas redes. Eu poderia lhe dizer quantas pessoas falaram em comprar um iPhone, por exemplo, ao longo das três semanas antes do lançamento do iPhone atual e comparar com os períodos anteriores de lançamento desse tipo de celular.

Como você bancou esse empreendimento?
Investi 1 milhão de dólares de meus lucros com o trading para lançar a empresa, a TickerTags, e também levantamos alguns milhões de dólares.

O valor dessas tags não dependeria da capacidade dos colaboradores de compilar os dados? Como saber se esses quarenta estudantes estavam executando de modo correto a tarefa?
Eles foram treinados sobre como fazer curadoria de tags para uma empresa. Cada estudante tinha uma lista de empresas. Para cada uma, foram instruídos a pesquisar sobre funcionamento, relatórios trimestrais, notícias veiculadas.

Tudo com o objetivo de identificar os motores da cotação daquela empresa. Eles tagueavam qualquer palavra associada a algo que pudesse mover a agulha da empresa. Por exemplo, "cheeseburger com bacon e pretzel" seria uma tag para a Wendy's.

No fim das contas, passamos de 1 milhão de tags mapeadas de mais de 2 mil empresas. Conseguíamos detectar anomalias nas conversas e entender se estava havendo mais ou menos interesse em tópicos bem específicos do que em certos benchmarks, se o benchmark era interno da empresa – na comparação com o ano anterior – ou se era um produto concorrente. Sempre que o volume da conversa sobre um assunto determinado aumentava, nosso sistema identificava. Achei que seria o fim da linha para mim – o ponto culminante de todo o trabalho dedicado à minha metodologia. Acreditava que havíamos criado o mais impactante produto institucional de dados para Wall Street.

Pode me dar um exemplo de como o TickerTags o ajudou a identificar um trade que antes você teria deixado passar?
Através do TickerTags, hoje conseguimos descobrir produtos com muita antecedência. Um exemplo perfeito é a LaCroix. Você já ouviu falar da LaCroix?

Minha esposa e eu compramos praticamente no atacado.
Bem no comecinho, fomos capazes de identificar a aceleração da conversa das pessoas a respeito da LaCroix. Não apenas da LaCroix, mas de água mineral como segmento de mercado. Anos antes de Wall Street perceber que era importante, constatamos a mudança no comportamento do consumidor. Fui um investidor muito precoce da National Beverage Corporation, essa empresa bizarra da Flórida que fabrica a LaCroix, e a LaCroix responde pela maior parte da receita dela. Então a National Beverage Corporation era quase uma peça da LaCroix.

Tudo que faço é uma questão de detecção precoce de mudanças. Sempre soube que, se conseguíssemos criar algo que previsse essas ondas mais cedo, seria útil para Wall Street. Qual é o ponto principal de identificação de uma mudança? Sempre será o momento em que as pessoas estão falando sobre algo. Fomos capazes de perceber logo a mudança social, a troca do refrigerante pela água com gás, e por acaso a LaCroix era a marca que estava lá parada quando essa transformação social aconteceu. Minha vida é isso.

A National Beverage foi o trade mais puro e bonito com essa metodologia – a detecção precoce de uma mudança cultural que teria impacto positivo sobre uma empresa específica e efeito negativo sobre outras.

O cronograma da informação começa com a comunicação social – as pessoas vão falando umas com as outras, seja on-line ou off-line. Depois isso dá lugar à imprensa não especializada em finanças. Em seguida, a mídia financeira abraça a história. O último passo é o impacto sobre os relatórios dos lucros da empresa.

Hoje em dia, Wall Street tem acesso a dados que nunca teve antes, como as transações de cartões de crédito. Eles mostram o que as pessoas estão comprando antes de saírem os resultados. Como trader, essa é a minha concorrência. Não tenho como recorrer aos dados dos cartões de créditos – que assino, aliás.

O que vem primeiro, o bate-papo social ou os dados do cartão de crédito?
É exatamente essa a questão. Como você poderia se antecipar aos dados de transações? O único modo de obter informação mais cedo é prestar atenção nas tendências das conversas. Muita gente me diz: "Ah, então você tenta prever o futuro pelo comportamento das pessoas." Não é isso. Não estou tentando prever o futuro, estou tentando entender o presente de forma rápida e precisa. Não estou tentando prever o que as pessoas vão fazer, e sim identificar o que estão fazendo neste instante. Em que estão interessadas agora? O que estão comprando neste momento? As pessoas conversam sobre aquilo que está acontecendo ou imediatamente antes de acontecer. No meu mundo, esse é o ponto mais precoce para a detecção de mudanças.

Por que, então, você é assinante dos dados de cartão de crédito, já que tem uma sinalização fornecida por informações sociais?
Assino os dados de transações porque quero compreender quando a informação que tenho está sendo disseminada.

Ah, então você usa os dados de transações como saída.
Sim, quando avalio que a informação já está suficientemente disseminada.

Você tem algum exemplo de quando o aumento de um bate-papo on-line levou a uma oportunidade de ficar vendido?
Claro. Adoro transformações culturais, porque Wall Street sempre chega atrasado nelas. Houve uma transformação cultural em que as mulheres passaram de sutiãs tradicionais para modelos sem armação, e depois a não usar sutiã. Bem no começo, consegui detectar que as mulheres falavam cada vez mais de andar "sem sutiã" ou usar "bralettes", modelos sem armação, parecidos com um top. A Victoria's Secret, por exemplo, é uma marca famosa por vender o sutiã tradicional, com armação, porque faz levantar os seios. Essa é a imagem da marca. Eu sabia que essa tendência seria destrutiva para a Victoria's Secret. Era muito evidente a mudança do comportamento feminino caso você monitorasse a frequência dos termos "sem sutiã" ou "bralette". Wall Street não enxergou isso nem de longe.

Suponho que você tenha comprado *puts* para tirar proveito da ideia de trade.
Comprei *puts* de curto prazo antes de dois relatórios consecutivos e os dois trades deram muito certo.

Algum outro exemplo de *shorting*?
Sim, eis um dos meus trades favoritos de todos os tempos. Tenho certeza de que você se lembra do pânico que o *Escherichia coli* causou no Chipotle [rede de restaurantes especializada em comida mexicana].

Claro que lembro.
Wall Street fez um enorme esforço para determinar o impacto do medo que a bactéria *E. coli* provocou nas filiais do Chipotle. Antes desse entrevero, o Chipotle tinha se tornado famoso por ter longas filas na hora do almoço. Era uma marca tão na moda que as pessoas viviam tuitando que estavam comendo lá. Consegui medir o movimento de clientes em tempo real monitorando combinações de palavras, como "Chipotle" e "almoço", ou "Chipotle" e "fila", em bate-papos on-line. Quase da noite para o dia, as menções a essa combinação de palavras caíram cerca de 50%.

A notícia sobre a bactéria *E. coli* apareceu em todos os programas noturnos de TV. A ação não levou a um tombo imediato da marca?
A ação teve uma queda brusca, mas nem de longe indicaria o declínio que

a marca acabaria experimentando. A percepção geral do mercado era que o pânico da E. coli não teria um impacto duradouro. Ninguém antecipou o extraordinário colapso que acabou resultando desse evento. Mas eu tinha como dizer que o movimento dos restaurantes continuava fraco porque, durante um ano, as menções ao Chipotle nunca se recuperaram.

Quando você ficou vendido?
Pouco tempo depois do evento. Mas, ao longo do ano seguinte, entrava e saía da Chipotle de acordo com os eventos de divulgação de notícias, como as demonstrações do resultado. Outro ótimo exemplo de *shorting* foi o SeaWorld, na esteira do lançamento do documentário *Blackfish*.

Assisti. É um ótimo documentário. [Trata dos danos físicos e psicológicos sofridos pelas "baleias assassinas" em cativeiro, com foco em uma orca do SeaWorld responsável pela morte de três pessoas, entre elas uma treinadora veterana.]
O filme desencadeou uma maciça campanha de ódio on-line contra o SeaWorld. A gente vê coisas negativas acontecendo o tempo todo com as marcas, que podem se recuperar com relativa rapidez. O cenário típico é: acontece algo ruim, a empresa faz um pouco de contenção de danos e então, semanas ou meses depois, todo mundo já esqueceu do incidente. O SeaWorld foi uma dessas raras situações em que o nível de conversa negativa disparou e continuou aumentando. Ao contrário de muitos outros eventos negativos que acontecem com empresas, esse não desapareceu. A capitalização de mercado do SeaWorld caiu mais de 40% em um ano e meio. Fiquei vendido várias vezes nessa ação durante esse período, entrando e saindo conforme saíam os relatórios, porque sabia que a situação não estava melhorando e o mercado se recusava a acreditar nisso.

Era uma questão de procurar por menções ao SeaWorld?
Não, eu ficava interpretando o sentimento da conversa, que era bastante negativo. Quase 100% das conversas nas redes sociais em relação ao SeaWorld, depois que o filme foi lançado, eram ruins, e levou anos para ficarem neutras. Em geral, não opero com base em sentimento, mas essa foi uma rara circunstância em que o sentimento foi unívoco.

Qual percentual de seus trades fica do lado vendido?
Cerca de 20%. Sou neutro e oportunista, mas, por algum motivo, cerca de 80% dos meus insights são do lado comprado. Pode ser que, quando se procuram anomalias no volume das conversas, é mais frequente que tratem de coisas positivas em vez de negativas.

Quando você decidiu vender a TickerTags?
Alguns anos atrás recebemos uma ligação do Twitter informando que nossa taxa de dados iria aumentar nos anos seguintes, e a dimensão desse aumento era substancial. Tínhamos que decidir se iríamos levantar mais 5 milhões de dólares de *venture capital* ou vender a empresa, e resolvemos vender. Montei a TickerTags não por achar que fosse uma boa ideia que poderia interessar outras pessoas, mas porque era algo que precisava ter. Aqui estamos agora, a TickerTags não é mais minha empresa e acabei me tornando cliente dela.

Suponho que você tenha uma assinatura gratuita.
Ainda sou consultor. Estou ajudando a refinar a plataforma, porque a conheço como a palma da mão, melhor que qualquer outro cliente.

Você é pago por essa consultoria?
Tenho uma assinatura gratuita do TickerTags, que é uma plataforma bastante cara. Só os fundos de hedge e os bancos têm acesso.

Você não teme que o acesso a essa ferramenta por fundos de hedge e operadores individuais de trading possa comprometer a eficácia?
Não, porque acho que vai levar muito tempo até que os fundos de hedge tenham a confiança que eu tenho nessa ferramenta. Enquanto desenvolvíamos o TickerTags, muitas vezes eu compartilhava minhas ideias de trading com fundos de hedge.

Você compartilhava as ideias depois de colocar os trades?
Falava com franqueza sobre meus trades com os fundos de hedge, mesmo quando estava apenas parcialmente posicionado.

Você não temia que, ao compartilhar a informação, pudesse afetar o trade antes de entrar completamente nele?

Não, porque sabia que ninguém iria agir com base naquelas informações. Esse tipo de metodologia é tão estranho para eles que o desconforto e a falta de confiança nesse método os levariam a agir com muito mais lentidão no trade do que eu, caso agissem.

Antes, perguntava a mim mesmo: por que Wall Street não pesquisa mais a fundo minha metodologia? Nunca entendi isso até lançar o TickerTags. Depois que foi lançado, fui a Nova York semana sim, semana não durante dois anos. Tive reuniões com quase todos os maiores fundos de hedge. Os gestores estão entre as pessoas mais inteligentes que já conheci. Vivem em um mundo cheio de ruído. Enxergam as coisas de cem maneiras diferentes. Ficam tão aferrados a fazer as coisas de um mesmo modo que seria radical e extremo esperar que adotassem meu modo de agir. Não conseguem ver algo como o volume da conversa causando impacto sobre uma ação específica, porque não há uma história para contar. Querem ver correlações fortes para confiar nos números.

Não é possível dizer que sempre há um pico no volume da conversa, como aconteceu com a Netflix. Esse foi um evento sem igual. É preciso compreender e interpretar esse dado. É preciso estar disposto a confiar. Os gestores de fundos de hedge querem algo sistemático e que possa ser repetido. Querem saber com que frequência o método gera informações operáveis com forte convicção. Eu não tinha como dar uma resposta peremptória. Podia ser um punhado de vezes por ano, podia ser 25 vezes por ano. Eles querem coisas que se repitam e que funcionem com centenas de ações. Ficam pouco à vontade com a variabilidade na aplicação desses dados, mas eu não.

Você só vai confiar na metodologia que é sua. Não sei qual o percentual de sistemas vendidos ao público que tem algum valor. Mas sempre digo às pessoas que mesmo que 90% ou mais desses sistemas gerem lucro a um risco razoável – e estou certo de que é um exagero –, aposto que mais de 90% das pessoas que comprassem esses sistemas continuariam perdendo dinheiro. Por quê? Porque todo sistema ou método terá seus períodos de baixa, e se você não tiver confiança no método – e não terá se não for a sua metodologia – acabará deixando de lado. Você chega nos fundos de hedge com uma estratégia que nunca foi usada, então vai ser muito difícil contar com a convicção deles. Você mesmo levou muitos anos até chegar a esse ponto.

Não apenas muitos anos, levei mais de uma década para chegar ao ponto de ter forte convicção sobre minha metodologia.

Quando você vê um pico de volume em uma de suas tags, ela não poderia estar em baixa tanto quanto em alta?
Analiso o contexto da conversa. Não demoro muito para determinar a narrativa. Nunca opero com base apenas nos dados. Todo trade que faço tem uma tese com uma narrativa associada. Dois meses atrás notei um pico conversacional em torno da e.l.f., fabricante de cosméticos populares, que não andava bem das pernas nos últimos anos. Isto, por si só, não me diz nada. Seria um pico porque as pessoas estavam gostando de um produto ou porque estavam reclamando?

Uma pesquisa mais detalhada revelou que o pico podia ser rastreado até o vídeo de um artista de tutoriais de maquiagem chamado Jeffree Star, que tem 15 milhões de seguidores no YouTube. Jeffree havia feito um vídeo em que usava na metade do rosto um produto da e.l.f. vendido na Walgreens [rede de farmácias] e na Target [rede de lojas de departamentos], cujo preço era 8 dólares. Na outra metade do rosto, usava um produto campeão de vendas que custava 60 dólares. Ele disse que o produto de 8 dólares era tão bom quanto o de 60 dólares. Instantaneamente ele mudou a percepção do consumidor. A marca e.l.f. deixou de ser vista como um produto barato de drogaria e passou a ser considerada um produto de qualidade. A ação subiu mais de 50% em dois meses. O curioso é que aposto que muitos analistas que monitoram a e.l.f. nem têm ideia de quem é Jeffree Star.

Houve casos em que você usou a mesma combinação de palavras tanto para trades em alta quanto para em baixa?
Claro. A Smith & Wesson [maior fabricante de armas de fogo dos Estados Unidos] é um bom exemplo. A combinação das palavras "arma" e "aula" é um bom indicador do nível de compra desse tipo de produto.

"Arma" e "aula"?
É, "aula". Interessante, não? Quando a pessoa sai e compra uma arma pela primeira vez, começa a procurar aulas de tiro. Outra combinação de palavras sinalizadora da venda de armas é "arma" e "proibição". Por isso, sempre que vejo um pico no número de pessoas com medo da proibição da venda de armas junto com aquelas que procuram aulas de tiro, encaro como um sinal precoce do aumento na comercialização do produto. Usei várias vezes essas combinações de palavras como aviso de compra da American Outdoors

Brand Corporation, a fabricante da Smith & Wesson. Também usei como indicativo de venda quando Donald Trump assumiu o poder. Houve uma queda notável no número de pessoas falando de proibição de armas e aulas de tiro e, como era de esperar, o mercado desabou e as ações de fabricantes de armas despencaram.

Outro exemplo em que pude operar os dois lados do mercado com a mesma combinação de palavras foi a Beacon Roofing, uma das maiores vendedoras de telhas do país. O que faz aumentar as vendas é uma temporada de granizo maior que o normal. Esse tipo de dano é difícil de detectar porque, ainda que haja mais chuvas de granizo, se as tempestades não ocorrerem em áreas densamente habitadas e, portanto, atingirem mais casas com telhados, não vão provocar grande impacto no mercado de telhas.

O setor de seguros divulga relatórios com a estimativa de reivindicações de danos a telhados, mas esses relatórios saem meses depois dos fatos. Procuro a combinação de palavras "telhado", "granizo" e "danos". Em todo período entre março e maio ocorre um pico sazonal dessa combinação. Alguns anos atrás, notei um pico sazonal cujo tamanho era o triplo de qualquer outro anterior. Houve três picos bastante altos seguidamente. Percebi que era uma estação de granizo severa e fiquei comprado na Beacon Roofing, com base nessa suposição. Como esperava, a Beacon Roofing divulgou um resultado muito positivo. Em sentido contrário, na última estação o volume da mesma combinação de palavras foi bem baixo entre março e maio, e a cotação da Beacon Roofing acabaria desabando em quase 50%.

Você já disse que havia mais de 1 milhão de tags no TickerTags. É claro que só é possível acompanhar uma fatia diminuta dessas tags. Como você decide quais seguir e como evita que a maioria das oportunidades passe batida?
Seria impossível olhar para todas as infindáveis tags. Então uso o que chamo de tags guarda-chuva. São combinações de palavras que me permitem detectar precocemente se um assunto está eclodindo nas redes sociais e me dão insight sobre outras tags que deveria examinar.

Pode me dar um exemplo de uma tag guarda-chuva?
A combinação de palavras "obcecado", "novo" e "game" me alerta quando há um novo game gerando um surto em conversas on-line. Essa tag guarda-

-chuva serve como pista para qual tag de game específica preciso começar a acompanhar naquele momento, mesmo que nunca tenha ouvido falar daquele game antes.

Em que essa combinação de palavras difere de qualquer das outras associações que já discutimos, como "arma" e "aula" ou "telhado", "granizo" e "danos"? O que faz uma chamada tag guarda-chuva?
Detecta qualquer coisa dentro de uma categoria. Se "brinquedos" for uma categoria, por exemplo, posso ter centenas e até mesmo milhares de palavras para analisar de tempos em tempos. Mas se olhar a palavra "brinquedo" e um termo emocional, como "obcecado", relacionado a ela, serei capaz de identificar se está acontecendo alguma anomalia no setor de brinquedos naquele dia.

Então uma tag guarda-chuva é uma combinação de palavras que pode sinalizar algo acontecendo em qualquer lugar de um setor inteiro, e não algo específico com uma ação em particular?
Exatamente. Algumas tags guarda-chuva são até mais genéricas que um setor e buscam captar tudo que está sendo tendência.

Qual seria um exemplo de uma tag guarda-chuva muito genérica?
A expressão "Não estou achando" seguida por qualquer coisa. Não costumo falar muito das tags guarda-chuva exatas que uso, sobretudo aquelas que dão uma cobertura mais ampla.

Qual seria um exemplo de um trade que foi sinalizado por uma tag guarda-chuva genérica?
Alguns anos atrás, uma tag guarda-chuva genérica revelou um pico nas menções à cola Elmer's. No começo, esse pico causou certa perplexidade. Por que cola Elmer's? Uma pesquisa extra revelou que as menções à cola estavam associadas a fazer *slime* caseiro. Na época, havia uma grande onda de crianças brincando com *slime*. O principal ingrediente é a cola Elmer's, e ela estava vendendo até esgotar os estoques.

Quem produz a cola Elmer's?
A Newell Brands.

Qual a importância da cola Elmer's na linha de produtos da empresa?
Isso é que é interessante. A cola Elmer's era um pedacinho da Newell Brands, que era uma empresa que crescia muito lentamente. Ao ver o tamanho da tendência do *slime*, supus que as vendas da cola iam aumentar pelo menos 50%, e possivelmente até 100%. Esse tipo de aumento levaria a um movimento significativo no desempenho da empresa, porque ela crescia só 1,5% por ano. É bem verdade que o lucro havia aumentado 17% naquele trimestre, sobretudo por causa do aumento nas vendas da cola. É um trade de que me orgulho muito, porque mais ninguém que monitorava a Newell Brands teria pensado em focar nas vendas da cola Elmer's.

Você pode descrever seu procedimento de trading, da entrada à saída?
Sempre que topo com alguma informação que acho que o mercado desconhece ou em que não está prestando atenção, preciso determinar se ela pode ter algum impacto sobre os resultados da empresa. Às vezes essa empresa é tão grande e a informação tem um escopo tão limitado que não faz a menor diferença. Quando acredito que a informação tem potencial para ser significativa, preciso determinar até que ponto já foi disseminada entre o público dos investimentos. Se já é do conhecimento do mercado, devo supor que se reflita na cotação. Quando a informação é ao mesmo tempo relevante e ainda não disseminada, pesquiso se existe qualquer fator externo que poderia impactar a empresa substancialmente durante a janela de tempo do meu trade. Existe algum processo pendente na Justiça, uma mudança de gestão, uma nova linha de produtos ou algo que possa influenciar as informações com que estou operando? Depois de excluir todos os fatores que poderiam anular a relevância dos dados que colhi, concluo que existe aquilo que chamo de "desequilíbrio de informação".

O interessante dessa metodologia é que eu a aplico ignorando os outros fundamentos da empresa e o movimento dos preços. Não me importo se a empresa está superestimada ou subestimada. Suponho que a ação seja negociada com relativa eficiência com base nas informações divulgadas e que, quando essa nova informação for acrescentada ao panorama, a ação sofrerá o devido ajuste.

O último passo é definir a janela de trade, para poder determinar a opção adequada a comprar. Se estou negociando a Disney com base na expectativa de que um novo filme terá sucesso acima do esperado, por exemplo, compro opções que vencem depois do fim de semana de estreia. O ideal é selecionar opções que expirem tão logo acabe a disseminação esperada da informação, para manter minhas despesas com o prêmio da opção as mais baixas que puder. Em geral, o vencimento da opção vai girar em torno da divulgação da demonstração do resultado, mas também pode ser determinado pelo lançamento de um produto ou pela disponibilidade dos dados do cartão de crédito, que podem ser usados para antecipar o resultado. Quando há uma expectativa razoável de paridade de informação antes da divulgação do resultado, comprar opções que vencem antes é vantajoso, já que os preços não terão que embutir a volatilidade extra que cerca a data de divulgação.

Você descreveu o processo de entrada em um trade. Como é a saída?
Disponho apenas de uma informação que o mercado não está vendo ou avaliando, mas existem vários elementos que podem ditar o preço de uma ação. De certa forma, minha metodologia é como jogar na roleta e apostar no vermelho porque você sabe que cinco números pretos foram removidos da roleta. Não que eu tenha certeza de que o investimento vai dar certo, é somente uma vantagem do conhecimento. No instante em que a informação com que opero chega às ruas, seja pela análise técnica de um investidor do lado vendido, seja por uma reportagem na mídia ou por meio de um comunicado da própria empresa, passo a chamar isso de "paridade de informação" e é o fim do meu trade. Preciso vender imediatamente quando isso ocorre. Só invisto quando há um desequilíbrio de informação.

Isso se aplica quer você esteja ganhando no trade, quer não esteja?
É irrelevante se o trade está dando lucro ou prejuízo no momento da paridade de informação. Seja como for, tenho que seguir minha metodologia.

Ao que parece, você quase não precisa saber qual é a cotação.
Não quero nem saber qual é a cotação.

Quando você abriu o fundo de hedge? E por que o fechou?
Quando o projeto TickerTags estava quase pronto, todo mundo dizia que eu devia abrir um fundo de hedge. Olhavam meus retornos e me falavam que, se eu pudesse fazer o mesmo em grande escala, teria um fundo sensacional.

Eu lhe diria a mesma coisa.
A ideia era o TickerTags ser o motor do fundo de hedge. Passei um ano e meio em reuniões com investidores e juntei 23, a maioria da região de Dallas. Consegui compromissos de quase 10 milhões de dólares. Gastei por volta de 250 mil dólares montando o fundo. Abrir um fundo de hedge parecia interessante, porque era o que o outro lado do setor fazia, e eu nunca havia feito parte desse mundo.

Qual era o nome do seu fundo?
SIA, sigla de Social Information Arbitrage. Lançamos mais ou menos na mesma época em que o TickerTags estava em modo beta.

Você não ficou com receio de compartilhar via TickerTags a mesma metodologia que planejava usar no fundo de hedge?
Nem um pouco, porque achava que o valor do TickerTags suplantaria, e muito, o valor do meu fundinho de hedge. O problema foi que, na minha primeira semana de reuniões com os fundos de hedge para vender o TickerTags como produto de dados, eles amaram o conceito, mas me disseram para não retornar enquanto estivesse tocando meu próprio fundo. Disseram que não podiam correr o risco de eu usar os dados para meu fundo antes de eles verem. Fui ingênuo de achar que era possível fazer os dois. Resumindo uma longa história, o fundo de hedge só existiu por dois meses e tive que fechá-lo.

Você fechou o fundo logo depois de abri-lo porque atrapalhava o negócio da TickerTags, certo?
Certo ou errado, foi a decisão que tomei.

Você chegou a fazer algum trade em seu fundo de hedge antes de se dar conta de que teria que encerrá-lo?
Fiz dois. O primeiro foi em uma pequena empresa do setor de brinquedos chamada Jakks Pacific. Esse trade tinha por base uma boneca, Snow Glow Elsa, que era licenciada pelo desenho *Frozen*, da Disney. A boneca foi lançada logo antes das festas de fim de ano. Não foi apenas o brinquedo mais legal daquela temporada, foi o brinquedo mais legal em sete ou oito anos.

Como a boneca estava associada a um desenho da Disney, não haveria muito mais pessoas interessadas nela?
Não necessariamente, já que havia muitas outras mercadorias relacionadas ao mesmo desenho da Disney. É engraçado como as pessoas parecem se reunir em torno de um item da moda.

Como essa boneca era um produto novo, qual tag a teria detectado?
Tínhamos tags para todas as empresas. Os pesquisadores atualizam cada empresa a cada trimestre, adicionando novas tags sempre que fizer sentido. Então Snow Glow Elsa era uma tag. Ao usar como benchmark todos os brinquedos campeões de vendas das férias nos cinco ou seis anos anteriores, tínhamos como comparar o volume da conversa sobre esse brinquedo em relação aos outros. Sabíamos que a boneca iria ser um estouro total, e foi. Foi um trade de alta convicção que atendia os critérios cruciais: o mercado não sabia avaliar a dimensão do sucesso que aquele brinquedo teria e ele teve forte impacto no desempenho da empresa.

Sendo uma empresa pequena, a agulha se mexeu muito, não?
Muitíssimo. Estava orgulhoso daquele trade – meu primeiro trade em meu próprio fundo de hedge. Nem dormi na noite anterior à divulgação do resultado. Como esperado, no dia seguinte a empresa superou de longe as expectativas de lucro. No pré-mercado, a ação estava sendo negociada com alta de 30%. Eu estava no topo do mundo. Tudo que queria era impressionar meus investidores, todos conhecidos da região. Logo antes da abertura, a ação caiu 30% em dez minutos no pré-mercado e depois abriu quase inalterada. Pelas duas horas seguintes, a ação caiu 25%, em um dos dias de movimento mais pesado da história da empresa, e eu sem uma pista sequer do que estava acontecendo. Não fazia sentido para mim.

Até aquele momento, a empresa não tinha nada que valesse a pena. Agora tinha o brinquedo mais importante do mundo e a cotação estava desabando. Levou dois meses para eu descobrir o que havia acontecido. Nos dois ou três anos anteriores, a empresa havia passado por dificuldades. O maior acionista, um fundo que detinha 11% da empresa, vendeu a posição inteira naquele dia. A Jakks Pacific não era uma ação das mais negociadas e esse fundo, aparentemente, tinha resolvido usar o primeiro dia de valorização e a boa liquidez para pular fora da posição integral.

Não era para você ter vendido sua posição assim que saiu o resultado, haja vista que, para usar sua expressão, seria um ponto de "paridade de informação"?
Minha posição inteira estava em opções ligeiramente *out-of-the-money*. Como o mercado abriu quase inalterado e começou a cair, não tive oportunidade de liquidar a posição.

Então suas opções perderam 100% do prêmio. Que porcentagem do patrimônio do seu fundo você perdeu nesse trade?
Provavelmente 4%. Meu segundo trade para o fundo acabou ganhando mais ou menos a mesma quantia. Então, quando fechei o fundo, ele estava mais ou menos empatado. Fui o único que perdeu dinheiro no meu fundo, por causa dos 250 mil dólares que gastei para estruturá-lo.

Na época em que você perdeu dinheiro nesse primeiro trade, ainda não sabia que teria que fechar o fundo. Esse prejuízo no primeiro trade perturbou você?
Me incomodou imensamente. Descobri que não tinha o talento necessário para cuidar do dinheiro alheio.

Esse prejuízo foi mais incômodo do que se tivesse perdido seu próprio dinheiro.
Me deixou arrasado. Podia ter perdido dez vezes mais na minha própria conta que não teria me incomodado tanto. Raramente tenho prejuízo em um trade de alta convicção, e mais convicção que nesse era impossível. Se tivesse uma oportunidade de novo, teria feito esse trade dez vezes.

O método que você usa é bem diverso do de todos os traders que já entrevistei. Quais são as características que tornam você um trader diferenciado?
Nunca conseguiria ser um bom trader de análise técnica ou de fundamentos, porque não gosto dessas metodologias. As quatro horas que passo todas as noites fazendo análise são apaixonantes. Nunca sei quando vou topar com alguma ideia que me levará ao meu próximo grande trade. É a mesma sensação que tinha quando era menino e ia às *garage sales*. Todas as noites inicio o processo sem saber o que vou encontrar. Gosto de fazer a análise noturna, sou bom nisso.

Minha abordagem é bem diferente da de outros traders. Seria difícil você achar alguém mais tolerante ao risco do que eu. Nunca uso *stop loss*. A maioria dos traders diria: "Nunca aumente uma posição perdedora."

Se estou em uma posição perdedora e nada mudou na disseminação da informação, dobro a aposta. Não me importo com o movimento da cotação. Outros traders querem metodologias sistemáticas e regulares, eu fico o mais longe possível disso.

Quais qualidades você acredita terem sido decisivas para o sucesso? Quais são inatas e quais são adquiridas?
Se fosse um menino hoje, acho que seria diagnosticado com transtorno de déficit de atenção. Sinto que minha capacidade de focar apenas nos assuntos do meu interesse é o ponto forte número 1. O tipo de análise que faço exige uma quantidade enorme de trabalho, para algo muitas vezes sem retorno imediato. Posso passar meses sem encontrar um trade de alta convicção.

TDA seria o termo adequado? TDA não é a *incapacidade* de focar?
Discordo. TDA é a incapacidade de focar, exceto naquelas coisas que despertam seu interesse inato. Nesses casos, funciona exatamente ao contrário.

Alguma outra característica importante?
Paciência. Sei que alguma oportunidade de trade vai surgir em algum momento, mas não sei quando vai ser ou qual empresa será. Se continuar fazendo todo dia o que faço, pode ser amanhã ou dali a quatro meses, mas vou encontrar algo que vai ser bom. Só preciso ser paciente para esperar esse trade.

Você é naturalmente paciente?
Muito pelo contrário. Não tinha paciência alguma quando comecei. A paciência é uma virtude que fui desenvolvendo aos poucos ao longo dos últimos 15 anos. Hoje em dia sou um trader muito mais paciente. O tipo de estratégia que uso exige uma paciência extraordinária. Com a minha metodologia, o ideal é que eu faça um trade a cada dois ou três meses, e é difícil essa espera para operar depois de todo o esforço diário que faço. Ainda hoje acho difícil.

Que conselho você daria para quem quer ser trader?
Não tente mudar sua natureza para se adequar a uma percepção do que os traders profissionais fazem em Wall Street. Não tente aprender matemática

se não for natural para você. Não tente aprender análise financeira se não tiver conhecimento prévio do assunto. Provavelmente na sua formação existe algo – alguma área de conhecimento ou forte interesse – em que você se disponha a passar uma quantidade absurda de tempo para adquirir profunda expertise. Se fizer isso, conseguirá suplantar os generalistas, e a maioria dos participantes do mercado é generalista. Você precisa achar o nicho onde pode brilhar. Eu perguntaria a um trader novato: qual é o seu nicho? Qual é a sua expertise? Se você tivesse tempo livre, em que gastaria quatro horas por dia pesquisando porque é a sua paixão? O investimento é um dos poucos setores do mundo em que você pode pegar seu interesse e monetizá-lo, e isso me deixa muito empolgado.

Para ser bem-sucedido, o trader precisa encontrar sua própria abordagem do mercado. Nenhum dos meus entrevistados exemplifica esse princípio tão bem quanto Camillo. Ele desenvolveu o próprio método e inventou uma metodologia de trading bem diferente. Camillo não se sentiu atraído pela análise de fundamentos nem pela técnica. Por isso, criou uma terceira categoria de análise do mercado: a arbitragem social – tirar proveito da identificação de uma tendência ou transformação social que impactará uma ação e que ainda não se refletiu na cotação. No início, Camillo descobriu essas oportunidades pela observação do dia a dia. Depois de desenvolver o software TickerTags, as mídias sociais se tornaram sua ferramenta primordial de identificação de trades.

Sei que você está pensando agora: "Essa ideia de usar as mídias sociais como ferramenta de trading soa atraente, mas de que adianta para mim se não tenho como acessar o TickerTags?" (TickerTags só está disponível para clientes institucionais.) Essa objeção ignora um argumento mais genérico. O TickerTags pode ser um jeito eficaz de explorar tendências sociais e culturais, mas não é a única maneira. Camillo foi bem-sucedido usando esse método genérico durante quase uma década, antes mesmo de o TickerTags existir. A lição principal é que ser observador e estar antenado com as novas tendências de comportamento, tanto na vida cotidiana quanto nas mídias sociais, pode ser uma fonte para desvendar oportunidades de trading. Pense, por exemplo, em trades como a Cheesecake Factory e a P.F. Chang's, que

Camillo identificou por observar a reação dos consumidores a essas redes – resposta que ele sabia que Wall Street não enxergaria. A observação de como o cliente dá feedback a um produto pode até identificar oportunidades de trading em empresas mais significativas em termos de grandeza, como foi o caso da posição comprada de Camillo na Apple ao ver como os amigos reagiram ao primeiro iPhone.

Uma pergunta: qual foi o erro que Camillo cometeu na Jakks Pacific, o primeiro trade para o próprio fundo de hedge, em que suas posições compradas expiraram sem valor? Pense nisso antes de continuar a ler.

Resposta: pegadinha. Ele não cometeu nenhum erro, e essa é a questão. Camillo seguiu sua metodologia com precisão e colocou um trade de alta convicção – do tipo que tinha uma história comprovada de robusto sucesso líquido. Nesse caso específico, um evento imprevisível – a liquidação total de uma posição pelo maior acionista da empresa – fez com que o lucro do trade fosse revertido de imediato. Às vezes até o mais bem planejado trade pode dar errado. Esse trade será perdedor, mas não será um trade ruim. Ao contrário, quando Camillo faz tais trades repetidas vezes, ele pula fora bem antes, e é impossível dizer a priori quais darão prejuízo. A lição é: não confunda trade perdedor com trade ruim – não são necessariamente a mesma coisa. Trades perdedores podem ser bons trades, assim como trades ganhadores podem ser maus trades.

Nunca dê ouvidos aos outros quando estiver em uma posição. Atenha-se ao seu método e evite se deixar influenciar por opiniões contraditórias. O trade que Camillo mais lamenta foi aquele em que se deixou levar por opiniões de mercado conflitantes em relação a liquidar sua posição perdedora na Under Armour e depois viu a premissa original de seu trade ser validada. Camillo aprendeu a lição e, quando um sentimento parecido aflorou ao ficar comprado na Netflix, ele ignorou as opiniões conflitantes. Minha experiência me ensinou que ouvir opiniões alheias pode ser desastroso.

A paciência para esperar pela oportunidade certa foi citada como uma característica preciosa por vários traders que entrevistei. Mas é uma das qualidades mais complicadas de conquistar. Camillo acredita que teria se saído muito melhor se tivesse restringido sua atividade no mercado aos trades de alta convicção. Ele afirma: "Meus maiores erros, ao longo dos anos, sempre foram consequência de excesso de trading." O problema de Camillo é que os trades de alta convicção, seus favoritos, podem surgir apenas a cada dois ou três meses, ou até com menos frequência. Ele tem dificuldade em passar quatro horas por dia pesquisando em busca de trades e então esperar meses para entrar em uma operação. Mas Camillo está atento ao fato de precisar ser mais paciente e acredita que seu progresso nesse aspecto, com o passar dos anos, aumentou o êxito no trading.

Nem todo trading é igual. Assim como ocorre com Camillo, muitos operadores têm trades que variam na percepção da probabilidade de êxito. Há um meio-termo entre fazer todos os trades possíveis gerados pela metodologia específica e fazer apenas os trades em que a percepção é de alta probabilidade.

Outra possibilidade é o trader variar no tamanho da posição, assumindo posições maiores em trades de alta probabilidade e posições menores em trades de menor probabilidade.

A confiança é um dos melhores indicadores do sucesso futuro no trading. Os magos do mercado financeiro tendem a ter alta confiança na própria capacidade de continuar a vencer nos mercados, e Camillo se encaixa nessa descrição. Ele exala convicção sobre sua metodologia e crê que ela continuará a lhe proporcionar um diferencial claro. Por mais que tenha se saído bem até agora, ele espera fazer ainda melhor no futuro. Um jeito de descobrir qual a probabilidade de êxito nos mercados é medir o nível de confiança. O trader tem que perguntar a si mesmo: "Confio que minha metodologia e meu procedimento de trading farão de mim um vencedor?" Se a resposta ficar aquém de um enfático "Sim", é melhor limitar o capital de risco enquanto não se atinge um nível mais elevado de confiança no próprio método.

Camillo fez seu primeiro trade aos 14 anos. Muitos dos traders mais bem-sucedidos que entrevistei se interessaram pelo trading e pelos mercados em idade precoce. O trader que se encaixar nesse perfil terá uma chance de êxito acima da média.

O trader vitorioso ama o que faz. Camillo teve sucesso porque descobriu uma maneira de abordar os mercados que combinava com seus interesses e suas paixões naturais – sua metodologia chega a relembrar os empreendimentos que teve na infância. Nem a análise de fundamentos nem a técnica o atraíram, e, se ele tivesse seguido esse caminho tradicional, provavelmente teria fracassado.

TRÊS ANOS MAIS TARDE

Como você está?
Tentando sobreviver. Foi um ano muito, muito louco.

Você considera 2022 o seu ano mais difícil?
Ah, de longe. Nada chegou nem perto disso. Como você deve se lembrar, minha metodologia envolve identificar precocemente uma mudança, seja ela no comportamento do consumidor, na cultura ou nos produtos que são tendência. Para que essa metodologia funcione, é preciso um mercado estável. O ideal é que os fatores macroeconômicos não se tornem mais importantes que as informações específicas das empresas que você está operando. 2022 está se revelando o meu pior pesadelo. O mercado está sendo impulsionado por eventos macro, que estão muito longe da minha área de expertise. Tenho me esforçado bastante para operar menos.

A que tipo de eventos macro você se refere?
A questões de cadeia de abastecimento que podem impedir empresas de produzirem o bastante quando têm excesso de demanda. À inflação, que pode aumentar os custos de mão de obra e insumos de uma empresa, impactando negativamente seu resultado mesmo quando a receita sobe. Posso estar certo em relação a uma empresa ter demanda anormal de um produto sem que o mercado perceba, mas talvez não consiga enxergar a incapacidade de a empresa fabricar produtos o suficiente naquele trimestre. Isso desmonta inteiramente a minha tese. Pode existir uma situação em que faço meu trabalho e consigo detectar meu diferencial, mas não percebo coisas mais importantes que essa vantagem que tenho, e então o trade não dá certo.

Pode me dar um exemplo?
A empresa ON Holding [ONON na Bolsa], que fabrica calçados de corrida, divulgou seu resultado hoje [16 de novembro de 2022]. Eu estava antecipando que eles teriam o trimestre de mais vendas na história da empresa e elevariam a previsão de vendas. Em geral, quando minha expectativa é de que a empresa arrebente no trimestre e aumente a previsão, faço uma aposta bem grande. A aposta que fiz antes da divulgação do resultado era menos de 5% da posição que normalmente eu teria. A empresa foi muito bem de

receita e aumentou a estimativa de receita do próximo trimestre. Porém, em decorrência do impacto da inflação no custo do produto e da incapacidade de produzir tanto quanto queriam por problemas de abastecimento, eles perderam resultado. Eu sabia que existia um risco real de que isso acontecesse, por isso fiz uma aposta pequena. Este ano, o que tem sido crucial para mim é entender que não sei aquilo que não sei.

O que faço exige que as informações tenham correlação com a percepção dos investidores sobre o valor de uma empresa. Quando isso deixa de ser claro, não importa quão boa é minha informação nem quão precocemente detecto uma mudança. Isso porque as mudanças que impactam a demanda do consumidor não são o que está acontecendo de essencial com a empresa. O mais importante pode ser a incapacidade de produzir o suficiente ou que o custo do produto tenha subido mais rápido que a capacidade de aumentar o preço no varejo.

Você precisa fazer as pazes com o fato de que aquilo que você sabe fazer pode não ter importância em determinado momento. Muitos traders têm dificuldade de aceitar isso. Querem acreditar o tempo todo que conseguem se sair melhor que todos os demais em qualquer contexto.

Você reagiu corretamente a um quadro desafiador cortando de modo drástico a dimensão de seu trading. Considerando isso, houve algum trade que tenha tido impacto negativo relevante no seu patrimônio neste último ano?
Se há algo que gostaria de ter feito diferente este ano foi como geri minha posição na Amazon. A Amazon era um trade plurianual. Como você sabe, a maioria dos meus trades dura semanas ou meses, e não anos. A Amazon era um trade de ciclo maior, a que o mercado nunca deu importância, até que um dia acordou e se deu conta de que a computação na nuvem é tudo. Lucrei milhões nesse trade e resolvi que não ia sair da posição porque não queria levar a mordida do imposto. A Amazon caiu 55% ou 60% este ano, e o resquício dessa posição é o fator negativo de contribuição mais relevante para minha conta este ano. Evidentemente, eu estaria melhor se tivesse me resignado à mordida de 23% de impostos.

Então, não fosse por essa preocupação fiscal, você teria saído da posição.
Ah, é claro.

Nesse caso, existe outra forma de analisar. Talvez a preocupação com o imposto o tenha mantido dentro durante boa parte da alta, antes que a Amazon chegasse ao pico. Provavelmente você teria saído muito antes do pico final.
Tem razão.

Como foi sua experiência de trading durante o mercado baixista da covid?
Foi empolgante. Minha sensação era de que tudo que já havia feito me preparara para 2020. Foi o maior ano da minha vida. Ganhei mais de 20 milhões de dólares em lucros com uma conta que iniciou o ano perto de 7 milhões. Tudo começou com a covid. No instante em que ouvi falar pela primeira vez do coronavírus na China, comecei a traduzir blogs e jornais chineses para o inglês. Logo vi que era algo grande: parecia inevitável que esse vírus se tornasse uma pandemia. E pensei que o grau de dano do coronavírus quase não tinha importância, porque a ameaça por si só seria catastrófica para os mercados globais. Eu estava testemunhando o que parecia ser a mais grave ameaça global da minha existência, um trem desgovernado. Não conseguia entender por que os mercados globais não estavam reagindo.

Como você ficou sabendo do coronavírus?
Era uma história da qual ninguém parecia falar. Mas não era difícil de encontrar. Devo ter lido pela primeira vez sobre o assunto em alguma manchete. E, como você sabe, quando vejo alguma coisa, não sigo normalmente com o meu dia. Tudo que vejo me faz parar e pensar: "Isso é relevante? Pode impactar os mercados de alguma forma significativa?" Em caso afirmativo, começo a pesquisar. E foi o que fiz. Rapidamente concluí que o coronavírus era uma ameaça irrefreável para os mercados financeiros mundiais.

O fato de os mercados não estarem reagindo não o deixou com a pulga atrás da orelha?
Fiquei chocado, absolutamente chocado. Tinha 100% de convicção, e não 99%. O mais louco é que é difícil eu ter um sentimento tão forte em relação a algo que se mostra aparente. Eu pensava: "Como é possível que as pessoas não estejam vendo algo desse tamanho?" É fácil compreender como eu detecto algo que é tendência no TikTok e meus concorrentes de Wall Street não estão enxergando. Mas ver algo tão grande e óbvio e se dar conta de que está sendo

menosprezado por toda a comunidade financeira era bizarro para mim. Ainda hoje é.

Você consegue explicar esse comportamento?
Consigo explicar da seguinte forma: é difícil para as pessoas conceber anomalias extremas e acreditar nelas até que estejam bem na frente de seus olhos. Se aparecesse a notícia de que um grande asteroide vai atingir a Terra – não estou falando de uma situação de fim de mundo, mas grande o bastante para causar destruição catastrófica –, haveria uma boa janela de tempo para operar em cima dela. Acho que as pessoas seriam incapazes de aceitar a verdade sem algum tempo para processá-la.

Vivenciamos uma situação semelhante em 2008. Alguns viram a iminente crise financeira com absoluta clareza, mas o mercado não estava disposto a acreditar nela até que ficou impossível ignorá-la. Esse precedente histórico me deu certeza de que o mercado era capaz de ignorar coisas absolutamente óbvias. Porém, ao contrário de 2008, quando um ativo financeiro – as hipotecas securitizadas – desencadeou a crise, as instituições financeiras não tinham controle sobre a situação com a covid.

Quais trades você fez para tirar proveito da pandemia iminente que você antecipou?
Montei uma estratégia simples: me alavanquei vendido no mercado como um todo, assim como em ações de empresas de viagens e cassinos. O motivo de ter selecionado esses setores é claro. Quando você tem uma pandemia, o item atingido com mais força são as viagens. E que outro setor teria que fechar por completo? A resposta são os cassinos. No meio de uma pandemia, não é possível viajar para Las Vegas e sentar-se à mesa de carteado ao lado de alguém. Por isso, fiquei vendido no mercado em uma combinação de ações de companhias aéreas, cruzeiros e cassinos.

Quando diz "me alavanquei vendido", você se refere a opções?
Sim, como minha posição vendida primordial, comprei *puts* semanais nos índices da Bolsa e nas ações em que queria estar vendido. Apanhei durante duas semanas e meia. Comprei opções semanais porque queria maximizar minha posição. Na época, tinha 7 milhões de dólares na conta. A cada semana que passava sem nada acontecer, perdia algumas centenas de milhares de dólares,

porque as opções expiravam sem valor. Comprava as opções semanais de novo, e de novo. Não podia parar. Mas estava ficando nervoso, pensando quanto tempo mais continuaria aguentando aqueles prejuízos semanais importantes. Mas um dia – nunca vou me esquecer disso – estava assistindo à CNBC quando aconteceu a primeira quebra no mercado, um declínio de 3%. Vi os comentaristas dizendo que oportunidade ótima de compra era essa queda de 3%. Quase caí duro. Pensei: "Seus filhos da mãe! Como é que não veem o que está acontecendo?"

Por que você ficou irritado? Você achava que as recomendações dos comentaristas da CNBC iriam afetar o mercado?
Não, não acredito que tenham impacto, mas pensei que os comentários poderiam representar o que as pessoas estavam achando. E, se todo mundo pensasse da mesma forma, adiaria o colapso do mercado que eu esperava por mais algumas semanas. Eu não queria ter que atravessar mais duas semanas sangrando dinheiro em meus *puts* de curto prazo e perdendo seis dígitos por semana.

Considerando essas semanas em que sangrava dinheiro, com a perspectiva de mais algumas problemáticas pela frente, sua confiança ficou abalada?
Não, eu sabia que a pandemia viria e que não haveria como pará-la. Vou contar uma história que ilustra meu raciocínio. Faço parte de um grupo de pais, todos amigos, que saem para jantar de vez em quando na churrascaria do bairro. Bem nessa época, tivemos um desses encontros. Alguém comentou, em determinado momento, sobre "aquele negócio da China" e perguntou se era para valer. Não aguentei e disse: "Vocês podem achar que fiquei maluco, mas quero contar o que está para acontecer. Nas próximas semanas, todos nós vamos descobrir que o mundo vai fechar. Não tenho ideia do que isso significa, mas suponho que vai ser o caos e que vai faltar todo tipo de produto. Já me preparei comprando um freezer e estocando tudo que podemos vir a precisar." Devo ter sido muito convincente, porque no dia seguinte três pais do grupo saíram para comprar freezers na Home Depot do bairro. Duas semanas depois, recebi mensagens de todos eles me agradecendo pelo alerta precoce. Foi um momento triste e feliz ao mesmo tempo, porque eu estava arrasado com a realidade da pandemia e o estrago que ela causou, mas me sentia vingado como investidor. Eu não havia enlouquecido. Foi o maior trade da minha vida.

Depois que o mercado desabou de vez, você voltou a encher o tanque com opções semanais quando elas venceram?
Sim, continuei realizando esses lucros e comprando *puts* o tempo todo. Via gente entendendo coisas que eu havia compreendido semanas antes. Todos os dias, mais pessoas influentes diziam que a pandemia era para valer e que o mercado iria reagir ainda mais. Eu estava dormindo, talvez, umas duas ou três horas por noite. Sabia que era o momento que havia esperado a vida inteira. Como trader, quero dizer. Nunca desejo que aconteçam coisas ruins, mas, como trader, sabia que a minha hora tinha chegado.

O mercado baixista da covid não durou muito tempo e teve uma reversão abrupta, chegando a bater novos recordes de alta. Quando você abandonou a posição baixista?
Durante a queda do mercado estava acontecendo algo muito mais importante, que eu sabia que seria um trade ainda maior para mim. Percebi que um punhado de empresas estava posicionado não apenas para tirar proveito do vírus, mas para lucrar enormemente. E essas empresas estavam sendo vendidas junto com o restante do mercado, o que me deixava maluco. O impacto potencial do vírus era tão óbvio que, se você perguntasse a um menino de 13 anos na rua se uma dessas empresas iria ganhar ou perder com uma pandemia global, em que todo mundo era obrigado a ficar em casa, provavelmente ele daria a resposta certa. Estou falando de empresas como a Peloton, quando as pessoas não podem ir à academia, Shopify, quando todos os varejistas do mundo passam a precisar de uma presença de e-commerce significativa, e Amazon, quando todo mundo precisa pedir tudo on-line. Era extremamente óbvio.

E quanto aos fabricantes de vacinas?
Não me meto com eles. Não há como saber se as vacinas vão dar certo. As empresas especializadas nesse tipo de produto trabalham com algum grau de especulação, e eu buscava comprar lances certeiros. Não havia dúvida. Não havia debate. Não havia discussão. A única questão era "quando", e não "se", o mercado iria enxergar isso.

Quando você decidiu ficar comprado nessas empresas?
O mercado estava em modo pânico. Eu não iria investir nessas empresas

enquanto o mercado estivesse em queda livre. Eu estava preparado para entrar com tudo nesses trades comprados, como nunca tinha feito antes, mas não viraria minhas posições vendidas para compradas enquanto o mercado não fizesse a virada. Eu sabia exatamente quais ações iria negociar. Estava mentalmente preparado, nem era preciso fazer pesquisa. Dois dias depois de o mercado chegar ao fundo, saí de todas as minhas posições vendidas e fiquei comprado alavancado.

Como você soube que essa reação de dois dias era o começo de uma reversão maior e não uma pequena correção em um mercado que continuaria baixista?
Não me importava com o mercado como um todo, e sim com o fato de que a reação começaria a mudar a forma de pensar a respeito de onde as oportunidades estavam naquele instante. Eu sabia que, mesmo que o mercado retomasse a venda, a mentalidade *Qual é a próxima?* de Wall Street entraria em ação. Esses trades tinham uma inevitabilidade. Não havia como discutir o fato de que Amazon, Peloton e Shopify se fortaleceriam e viveriam os melhores meses de suas histórias. Havia também uma nova realidade com o advento do estímulo estatal. Passamos de "O mundo está desabando" para "O governo vai nos salvar". Por isso, apostei todas as fichas naquilo que chamaria de trades "fique em casa". Então fiz os grandes trades "ao ar livre", investindo em empresas de bicicletas, barcos e trailers.

Tudo que faço tem a ver com mudanças no comportamento do consumidor, e nunca houve transformações tão profundas quanto as que vimos em 2020. Consumidores do mundo inteiro mudaram tudo em relação a suas vidas. Mudaram o jeito de comprar. Mudaram o jeito de viajar. Eu precisava ter o melhor ano da minha carreira no trading e tive. Transformei minha conta de menos de 7 milhões de dólares no início do ano em quase 30 milhões no final.

Fiz trinta trades monstros, e cada um deles foi o mais óbvio do mundo. O que as pessoas estavam fazendo? Estavam presas em casa, comprando on-line, com consequências evidentes para a Amazon e a Shopify. O entretenimento doméstico se tornou crucial, o que foi ótimo para a Netflix. Embora as pessoas tenham parado de voar ou se hospedar em hotéis, podiam alugar um Airbnb com familiares. Podiam ir de carro a seus destinos, mas, como nem todo mundo tem carro, o aluguel cresceu muito. No Canadá, tinha uma pequena empresa de bicicletas chamada Schwinn. Houve na história algum momento em que mais gente quis andar de bicicleta? Essa empresa subiu dez vezes. Todas as crianças passaram a estudar em casa. Elas precisavam de impressoras e, mais importante, de cartuchos de tinta, então a Hewlett-Packard teve um dos melhores trimestres da história. De repente, as pessoas precisavam de uma boa câmera para o computador, porque o mundo inteiro estava no Zoom. Você conseguiria escrever um roteiro melhor para a Logitech?

Como você soube a hora de abandonar o barco?
Foi a mesma metodologia que relatei na primeira entrevista. Invisto cedo, antes que as pessoas vejam a tendência de consumo que identifico, e saio quando atingimos a paridade de informação. Nem sempre é óbvio. A informação não fica disponível de um dia para outro. Com o tempo, cada vez mais pessoas começam a perceber o que está acontecendo e a escrever comentários em fóruns na web e no Twitter. "Ei, notei que webcams estão em falta em toda parte. Será que isso é um sinal positivo para a Logitech?" Quando vejo gente comum debatendo a ideia, analistas escrevendo a respeito e empresas comemorando faturamentos, sei que atingimos a paridade de informação e saio.

Houve alguma mudança significativa em sua metodologia desde a nossa entrevista original?
Sim. O surgimento do TikTok foi uma virada de jogo para mim. Mais de um bilhão de pessoas de todos os setores da sociedade estão no TikTok, fazendo vídeos sobre absolutamente todos os aspectos da vida. Na seção de comentários desses vídeos, milhares falam daquilo que estão fazendo, sentindo e comprando. O TikTok me permite ler transformações na cultura e no comportamento do consumidor em tempo real. É uma plataforma em que as pessoas compartilham aquilo que as empolga. Nunca estive mais entusiasmado enquanto investidor observacional. Acho que os próximos cinco anos vão ser os melhores da minha carreira de trading, afora 2020.

Você conseguiu adaptar seu software para dar busca no TikTok?
Não.

Então, como faz para dar busca em um aplicativo com um bilhão de usuários?
É fácil. No TikTok existe uma barra de busca onde você pode procurar qualquer palavra-chave ou combinação de palavras-chave que desejar, da mesma forma que eu fazia no Twitter. Então é possível ver a diferença em vídeos feitos sobre um assunto dois meses atrás, seis meses atrás ou um ano atrás, comparados com vídeos desta semana ou deste mês.

Pode me dar um exemplo de um trade que foi influenciado pelo TikTok?
Um dos meus melhores trades deste ano [2022] foi da Crocs, que comprou uma empresa chamada Hey Dudes, que faz uma sapatilha feia, leve, barata e extraordinariamente confortável, item que virou tendência no interior dos Estados Unidos. Wall Street considerava a Hey Dudes uma piada e a aquisição, um lance de desespero da Crocs para "comprar" crescimento de receita. Eu já sabia que a Hey Dudes era uma das empresas mais quentes do mercado mundial de calçados quando a Crocs fez a compra. Havia anos eu seguia essa empresa de capital fechado e sonhava em investir nela. Os analistas de Wall Street que cobrem o setor estão por fora. Não têm noção de leitura da cultura do consumidor. Não fazem a menor ideia do que está acontecendo no mundo real. O problema da Hey Dudes é que a distribuição era inadequada e a capacidade de expandir o número de lojas, limitada. Por isso, apesar de números bastante honestos, eu sabia que, se eles tivessem uma distribuição apropriada e um número maior de lojas, as vendas poderiam explodir. A equipe da Crocs também tinha conhecimento disso, porque entendem do que produzem. Apostei tudo na Crocs depois que as ações caíram de um pico acima de 180 dólares para menos de 50 dólares. Agora a ação está de volta aos 100 dólares, apenas quatro meses depois.

Mas o que o TikTok tem a ver com esse trade?
Quando tenho uma teoria de trading que nasce de uma visita ao shopping ou de alguma outra experiência na minha vida, ela pode facilmente ter um viés e estar, portanto, equivocada. O TikTok, com seu bilhão de participantes, propicia um espaço onde posso testar e validar minha tese. Foi lá que avaliei o amor que as pessoas tinham pelos calçados da Hey Dudes. Assisti a vídeos de gente obcecada pela marca. Li quinhentos comentários mais ou menos assim: "Ah, meu Deus, comprei um par de Hey Dudes no aniversário

do meu marido e agora ele já tem oito pares." Era quase como seguir um culto. Wall Street não enxerga as transformações culturais que acontecem na América profunda. Estão olhando aquilo que aconteceu dois ou três meses atrás. Eu estou de olho no que está acontecendo hoje, e o TikTok é a minha ferramenta.

Como você avalia se o número de vídeos ou comentários que vê sobre um produto é relevante? Em nossa entrevista original, você mencionou que o burburinho sobre *Stranger Things* continuou intenso por muito mais tempo que qualquer outro programa de sucesso. Você usou isso como parâmetro. No TikTok, qual é o seu parâmetro?
Ótima pergunta, porque é a única coisa que importa. Os parâmetros são dois: um é o volume de vídeos em relação ao passado. O que é ótimo no TikTok é que você pode dar busca nos vídeos pela linha do tempo. Então dá para ver se os números de visualizações, likes e comentários estão crescendo substancialmente. O segundo parâmetro é comparar com empresas semelhantes e observar como a contagem delas mudou em relação ao passado. Quando você passa tempo suficiente no TikTok, começa a ter uma ideia daquilo que é relevante e do que não é. Grande parte dessa análise é qualitativa, e não quantitativa. Fazer uma imersão no debate me permite adquirir uma compreensão mais profunda do tom e da sinceridade dos falantes, o que muitas vezes é o fator decisivo na avaliação da validade da tese do trade.

Hoje em dia você usa o TikTok mais que o Twitter?
Cem vezes mais.

Pode me dar outro exemplo de ideia de trade que veio do TikTok?
Outro dos meus grandes triunfos foi a lululemon. A empresa começou a se expandir para um público mais jovem e ninguém sabia se iria dar certo. Criaram um novo produto, chamado bolsa *crossbody* da lululemon, uma espécie de pochete que você usa como mochila, e não na cintura. Tornou-se um dos produtos mais populares de 2022. Pelo TikTok, identifiquei logo que esse produto iria se tornar viral. Embora as vendas da bolsa *crossbody*, por si só, não fossem representativas o suficiente para mover o ponteiro na direção da lululemon, a atenção que ela trouxe para a marca, pelo tráfego

na web e o movimento nas lojas, fez aumentar as vendas de outras mercadorias e a empresa teve um de seus trimestres mais robustos. Enquanto Wall Street esperou ver essa tendência de vendas se traduzir em números, constatei esse desdobramento bem antes como investidor observacional assistindo a vídeos do TikTok.

Nunca houve uma plataforma melhor que o TikTok para descobrir coisas antecipadamente e decifrar os pensamentos e o comportamento do mundo em tempo real. É tudo que sempre desejei como investidor de arbitragem social. A única pergunta que faço é: quanto tempo tenho até que outros percebam? Seria de supor que as pessoas notassem logo, mas a experiência mostra que tenho ainda um bom tempo à frente – com certeza anos, e não meses.

O Congresso americano tem falado em banir o TikTok. O que você faria se isso acontecesse?
Como investidor observacional, meu êxito se baseia em minha capacidade de reconhecer imediatamente alterações no comportamento e na cultura do consumidor, e me tornei dependente do TikTok para conseguir insights em tempo real. Não me preocupo se o Congresso banir o TikTok, já que a transição de plataformas sociais de base gráfica, como o Facebook e o Instagram, para redes sociais impulsionadas por conteúdo, como o TikTok, deve continuar mediante o surgimento de novas plataformas. A era de ouro da inteligência social não vai desaparecer tão cedo.

Por que você batizou seu canal no YouTube de *Dumb Money* ["Dinheiro estúpido"]?
Dumb money é o nome que Wall Street dá a gente comum, como eu. Não me formei em uma universidade da Ivy League [grupo de oito universidades americanas de elite: Brown, Columbia, Cornell, Dartmouth, Harvard, Princeton, Pensilvânia e Yale]. Não trabalhei para uma firma financeira. Por isso, seria considerado um *outsider*. Eu sou *dumb money*.

O que o levou a criar um canal no YouTube?
Parte da minha missão é trazer o máximo de gente que puder para a profissão de investidor. Transformar gente comum em investidores é a única forma de resolver o abismo de riqueza. Se ficarmos dependendo do sistema

educacional para animar as pessoas a investir, simplesmente não vai acontecer. Vão ser os youtubers. Vão ser os tiktokers. Vão ser pessoas como eu, que compartilham sucesso e seus conhecimentos. É por isso que fiz *Dumb Money*.

Quantos assinantes seu canal tem?
Nem tantos assim. Temos dois canais no YouTube: *Dumb Money* e *Dumb Money Live*. Somados, temos cerca de 200 mil assinantes. Para mim, não é um negócio. Não vendemos nada. Não temos publicidade. Milhares de assinantes, porém, fazem a mesma coisa que eu faço. Estão no TikTok. Estão procurando ideias da mesma maneira que eu procuro. Sessenta por cento dos trades que faço vieram à tona ou passaram pelo crivo de pessoas na comunidade *Dumb Money*, que adotaram meu estilo de investimento.

Então, embora você tenha começado essa iniciativa para ajudar as pessoas, ela acabou beneficiando você também.
Claro! Se tenho uma ideia de trade, apresento-a e digo que preciso de ajuda para aprová-la. Isso leva pessoas no país inteiro a entrar em lojas e conversar com balconistas. Agora tenho mais de cem pessoas fazendo essa e outras pesquisas, o que me torna mais poderoso que o melhor fundo de hedge de Wall Street. É uma loucura. Quando investimos na Peloton, contei com a ajuda de um sujeito da minha comunidade que pilotou seu monomotor até um armazém da empresa e conversou com o encarregado de transporte para saber como andavam as coisas.

Antes me sentia isolado no tipo de trading que faço. Não sou um trader técnico nem de fundamentos. Por isso, quando ia às conferências de investidores, não havia ninguém como eu e ninguém conversava sobre assuntos dos quais eu queria falar. Agora, pela primeira vez, tenho gente que faz as coisas do jeito que eu faço.

Depois de uma carreira tão bem-sucedida, quais metas você ainda tem?
Uma das coisas que mais me deram orgulho foi ter criado uma fundação para ajudar crianças com leucemia e autismo, o que se tornou uma meta primordial para mim. Se eu não fizesse isso depois de um ano como 2020, nunca mais faria. Por isso, decidi pegar 5 milhões de dólares dos meus lucros e abrir a Fundação Camillo. Por meio do meu trading, espero fazer essa fundação se tornar substancialmente maior do que é hoje.

Gostaria de acrescentar algo?
Nunca estive tão empolgado em relação ao futuro quanto hoje. Acredito que nunca houve uma época melhor para uma pessoa comum se tornar investidora. Não me importo se você é dentista, zelador ou dona de casa. Preste atenção nos vídeos e comentários de plataformas como o TikTok. Aprendendo a identificar as mudanças que ocorrem à sua volta, você pode derrotar profissionais.

CAPÍTULO 9

MARSTEN PARKER

Não saia do emprego

Q uando entrevistei Ed Seykota para o primeiro livro da série Os Magos do Mercado Financeiro,[1] perguntei a ele: "Quais são as regras de ouro do trading?" Seykota citou duas delas:

1. Obedeça às regras sem questionar.
2. Saiba a hora de violar as regras.

Essas frases me vieram à mente quando entrevistei Marsten Parker, porque sua história de trading é um testemunho da verdade intrínseca da resposta de Seykota, apesar de soar rasa e brincalhona.

Quando vi pela primeira vez os dados de performance de Parker, minha reação foi achar que ele não deveria estar neste livro. Embora tenha um bom histórico, sua rentabilidade e suas estatísticas de retorno/risco estavam distantes dos níveis espetaculares atingidos pela maioria dos outros traders que eu já havia entrevistado ou marcado para entrevistar. Quando notei, porém, que a trajetória de Parker tinha 22 anos, período mais longo que o da maioria dos outros que decidi incluir no livro, cheguei à conclusão de que era um ponto importante que não podia ser ignorado. Então mudei de ideia.

O retorno composto médio anual de Parker nos vinte últimos anos foi de 20%, mais que o triplo do retorno do índice S&P 500 total no mesmo período.[2] Seus números de retorno/risco foram sólidos: um Índice de Sortino ajustado de 1,05 e um Índice Ganho/Perda mensal de 1,24, aproximadamente o triplo dos índices correspondentes do S&P.[3] Percebi que estava sendo muito crítico no processo de seleção, mal-acostumado por causa dos resultados extraordinários apresentados por outros traders que havia descoberto. Ter um histórico de vinte anos de goleadas sobre o S&P por margens semelhantes empolgaria 99% dos gestores profissionais de ativos.

Houve outro fator fundamental para incluir Parker no livro. Ele foi o único trader puramente sistemático que encontrei, cuja performance foi superior para merecer a inclusão. Talvez a super-representação de traders discricionários versus traders sistemáticos, na minha busca pela performance excepcional, não leve a uma amostragem justa da população total de traders, mas suponho que leve. Desde o lançamento do meu primeiro livro, em 1989, constatei que os traders que se destacam individualmente tendem a ser discricionários, e esse viés parece ter se tornado ainda mais acentuado com o passar dos anos. Pode haver traders sistemáticos que lucram, mas poucos superam os benchmarks por margens amplas em períodos prolongados. Resolvi que seria conveniente incluir um trader estritamente sistemático que tenha ganhado a vida com êxito no trading.

Ao contrário da maioria dos meus entrevistados, Parker não teve interesse logo cedo pelos mercados. Sua paixão era a música e ele sonhava ser violinista profissional. Frequentou a Mannes School of Music, em Nova York, mas se deu conta de que não era bom o bastante para ser bem-sucedido como músico clássico profissional. Embora a música tenha se mantido como parte essencial de sua vida – ele é spalla da orquestra comunitária de Newton, Massachusetts –, ela não o levaria a lugar algum em termos de carreira.

A rota que acabou levando Parker ao trading começou com outra paixão precoce: a programação de computadores. Seu interesse despontou no nono ano, na era pré-PC. A escola de Parker tinha um computador Data General Nova, que propiciou a ele os primeiros passos como programador. Depois sua atenção pelo assunto foi reavivada na faculdade, por causa do acesso ao laboratório de informática, e reforçada por um PC DEC VT-180 que a mãe conseguiu dar a ele. O hobby o levou a uma carreira de programador e ao trading sistemático.

A carreira de Parker no trading poderia ser dividida em três fases distintas: um período inicial de 14 anos de lucratividade constante; um período posterior de três anos que por muito pouco não o levou a abandonar o trading para sempre; e o período mais recente de quatro anos, em que atingiu os melhores números de retorno/risco.

Entrevistei Parker no escritório de sua casa. Uma das duas gatas que ele tem não parava de pular na mesa. Fiquei de olho nela, com medo de que uma pata no botão de *stop* causasse uma pausa imprevista na gravação. Parker tem registros de todos os trades que já fez e seu software personalizado gera gráficos anuais de ganhos e perdas, divididos por método de trading e por trades comprados e vendidos. Ele usou esses programas para obter gráficos de performance enquanto repassávamos sua carreira de trader na entrevista.

Como você passou de violinista em busca de uma carreira de músico profissional para trader?
No ensino médio havia duas coisas de que eu de fato gostava – uma foi o violino, a outra foi a programação de computadores. Tentei entrar na Juilliard, mas não consegui. Por isso, fui para a Mannes, minha segunda opção, e devo ter sido um dos piores músicos de lá. Por mais que tentasse, percebi que não seria uma estrela. Cogitei trocar de faculdade para me formar em programação, mas, àquela altura, já estava no penúltimo ano e concluí que seria melhor completar o curso.

Você já havia tido alguma experiência anterior com informática?
Meu primeiro contato com computadores foi no nono ano. Minha escola tinha um computador do tamanho de uma geladeira e precisávamos aprender um pouco de programação BASIC na aula de álgebra. Achei muito divertido e por isso voltava sempre à sala do computador. O programa tinha que ser digitado em um Teletype. Quando você queria salvar o programa, devia imprimi-lo em um rolo de papel desse tamanho [ele afasta bastante as mãos]. Eu andava com uma caixa cheia de rolinhos de papel, que eram minha biblioteca de software. Mas então meu foco passou a ser o violino e não mexi muito com computadores durante o restante do ensino médio.

Voltei à informática na faculdade. A Mannes tinha um acordo que permitia aos alunos fazer cursos na Marymount Manhattan College. Descobri que a Marymount tinha um laboratório de informática com computadores Apple II e passei um bom tempo por lá brincando com eles. Minha mãe trabalhava em uma agência de publicidade e a Digital era o maior cliente dela. Ela comentou com um dos vice-presidentes da empresa que eu gostava de computadores e ele respondeu: "Tenho um sobrando, vou mandar para ele." Quando o aparelho chegou ao meu apartamento em Nova York, percebi que era programação, e não música, o que eu queria fazer.

O que você fez depois da formatura?
Eu me mudei para Boston. Não tinha ideia do que iria fazer. Acabei conseguindo um emprego em uma loja de software. Era o começo dos anos 1980, quando o PC estava engatinhando.

Imagino que não queria ser vendedor em uma loja de informática.
Não, até então estava sem rumo. Passava um bom tempo escrevendo programas.

Que tipo de programa?
Programava coisas divertidas, como jogos. Escrevi um programa para cuidar da minha contabilidade. Fazia esses programas em um computador primitivo, que só tinha 64K de memória. Lembro-me de que paguei mil dólares por um disco rígido de 10 MB.

Quanto tempo você ficou nessa loja de informática?
Poucos meses. Por pura sorte, conheci em uma festa o presidente de uma pequena empresa de software chamada Cortex. A empresa tinha vinte funcionários e ele me propôs uma entrevista com os caras de tecnologia.

Você tentou um emprego de programador depois da formatura na faculdade, antes mesmo de trabalhar na loja de informática?
Não, porque imaginava que não conseguiria um emprego de programador por ser somente um amador na área.

O que aconteceu durante a entrevista?
Levei alguns programas que havia escrito para mim mesmo. Eles viram o código e disseram: "Puxa, você tem talento. Vamos lhe dar uma chance." Fui contratado por um salário baixo, similar ao nível de estagiário. Mas me deram dois aumentos no primeiro ano e me promoveram a um patamar que me permitiu ficar. Trabalhei na empresa por cinco anos.

Quando você saiu?
A Cortex desenvolvia software para minicomputadores DEC VAX e eu queria trabalhar mais com PCs. Por isso, consegui um emprego na Softbridge, empresa com cem empregados, mais focada em PCs. Fiquei ali por três anos, até 1991. Quando descobrimos que nosso grupo iria ser demitido, nosso líder entrou em contato com uma pequena startup chamada Segue Software, que tinha contrato com a Lotus para adaptar o software de planilha deles para o Unix. Quatro de nós formamos um grupo chamado Software Quality Management. Éramos terceirizados pela Segue e prestávamos serviço para a Lotus. Fomos contratados para cuidar do controle de qualidade do projeto.

Naqueles tempos, a maior parte da testagem de software era feita à mão, um processo muito demorado e sujeito a erros. Criamos um software que automatizou a testagem usando uma metodologia que conseguimos patentear. No fim das contas, a Segue concordou em comprar nossa tecnologia em troca de ações e nosso grupo se fundiu com a Segue. Um comentário à parte é que Jim Simons, da Renaissance Technologies, era o principal investidor da Segue e participou das negociações da fusão. O resultado foi que ganhamos ações da Segue em troca da nossa tecnologia.

Naquela época você sabia quem era Simons?
Alguém me falou que ele era um milionário que negociava commodities. Eu nem sabia o que era o mercado de commodities. Lembro-me de que tínhamos uma política rígida de fumo zero e que Simons era a única exceção.

Como você fez a transição de programador para trader?
Houve um breve momento, em 1995, em que tínhamos o software líder de controle de qualidade, coincidindo com um período em que nenhuma empresa de tecnologia tinha como entrar na Bolsa. A Segue fez a IPO em 1996 (código na Bolsa: SEGU). A ação abriu em 23 dólares e depois, em pouco mais de um mês, subiu para mais de 40 dólares. Na cotação máxima, minha parte na Segue valia mais de 6 milhões de dólares. Mas eu não podia vender, porque ainda estávamos no período de embargo de seis meses, em que os funcionários são proibidos de fazer esse tipo de transação. Pouco tempo depois, houve uma correção nas ações da Nasdaq e alguns grandes clientes adiaram suas encomendas, o que nos obrigou a emitir um comunicado à praça. Em dois meses a Segue caiu do pico de um pouco mais de 40 dólares

para 10 dólares. Acabei vendendo minhas ações ao longo de 1997 e 1998 por um preço médio de 13 dólares. Saí da Segue no fim de 1997 para operar.

De que forma você se interessou pelo mercado?
Quando a empresa entrou na Bolsa. Eu tinha por volta de 150 mil ações, então estava muito motivado para acompanhar todos os dias o preço da ação.

Com praticamente todo o seu patrimônio atrelado às ações da IPO, entendo seu interesse em monitorar o preço da ação. E quando passou para a ideia de que poderia viver de trading?
Isso não aconteceu de imediato. Um dos membros da direção da orquestra local em que eu tocava era contador. A primeira coisa que fiz foi me encontrar com ele para pedir conselhos. Ele me indicou um planejador financeiro, que veio com um blá-blá-blá típico de quem é da área sobre como a Bolsa sobe 11% ao ano e sempre vai subir. Explicou que eu poderia pagar a ele 2% ao ano, para que ele pudesse colocar meu dinheiro em fundos mútuos que também cobravam 2% ao ano. Era um plano que, para mim, não fazia muito sentido. Comecei a frequentar livrarias, percorrendo estantes de investimentos e comprando livros de trading. Um dos primeiros que li foi *Como se transformar em um operador e investidor de sucesso*, de Alexander Elder. Vi o título e pensei: "Puxa, tem gente que vive de trading. Que ideia!"

Quando você pediu demissão, tinha ideia de como iria operar?
Não tinha muita ideia, não tinha planejamento. Contava com uma vaga intuição de que poderia aprender a operar, porque era algo que me interessava. Achava que seria divertido. Gostava da ideia de passar mais tempo com minha família e praticar violino. Era só uma experiência. Imaginava que não seria difícil arrumar outro emprego.

Também comecei a me corresponder com Gary B. Smith, que escrevia uma coluna chamada *Technician's Take* [A palavra do técnico] no site TheStreet.com. Seu método era uma adaptação do CANSLIM, de William O'Neill, a não ser pelo *input* de fundamentos e pelas metas de lucro muito mais rígidas.[4] Gary descrevia sua estratégia em vários artigos. Foi a primeira vez que deparei com uma descrição detalhada de uma abordagem sistemática do trading e achei aquilo interessante. Comecei a enviar e-mails para ele e em pouco tempo nos tornamos sócios.

Em fevereiro de 1998 resolvi operar usando o método dele, que em parte era arbitrário, em parte mecânico. Os pontos de saída eram plenamente definidos. Quando se entrava em uma posição, era colocada uma ordem de saída escalonada, com uma meta 5% acima e um *stop* 7% abaixo (supondo uma posição comprada). Essa estratégia abrangia tanto os *longs* quanto os *shorts*, e o critério principal era um volume fora do normal. Nós dois assinávamos o *Investor's Business Daily*, em que era publicada uma tabela das ações negociadas em quantidade incomum na véspera – ações cujo volume negociado na véspera era, proporcionalmente, muito maior que a média dos vinte dias anteriores.

O que seria considerado uma proporção muito maior?
Um volume que fosse duas vezes maior que a média recente ou mais. Analisávamos todas as ações da tabela e eliminávamos aquelas cuja força relativa fosse menor que 80 [ações que não haviam superado pelo menos 80% das demais ações nas 52 semanas anteriores]. Portanto, estávamos à procura de ações com performance forte, mas com volume bastante alto na véspera. Essas duas condições reduziam para vinte ou trinta a lista de ações levadas em consideração para um trade. É era nesse ponto que entrava a parte arbitrária. Revisávamos os gráficos dessas ações, procurando aqueles que tivessem tido *breakouts* recentes a partir de períodos de consolidação.

Você comentou que negociava tanto comprado quanto vendido. A condição de sinalização para venda era o contrário da sinalização para compra?
Não. As precondições eram as mesmas que no *long* – continuávamos em busca apenas de ações de performance robusta com volume negociado anormal. A diferença era que, no caso do *short*, procurávamos ações com um forte *breakdown* a partir de um pico recente, e não de um *breakout* desde pontos baixos.

Imagino que você tenha acabado de descrever o método de Gary Smith. Qual era a sua contribuição?
No início não contribuía muito. Praticamente seguia os trades. Mas, após um ou dois meses operando juntos, eu disse: "Por que não testamos este método?" E trouxe para a conversa o teste retroativo. Minha impressão, quando fazíamos o processo de análise dos gráficos e escolha do trade, é que era

muito arbitrário. Queria testar as coisas. Não me sentia à vontade pressupondo que o padrão tal dava certo só porque alguém dizia que dava. Queria poder quantificar.

Qual foi a reação de Gary quando você sugeriu testar a metodologia?
Ele gostou da ideia. Minha intenção de testar surgiu em um período de baixa. É sempre isso que motiva as pessoas a fazer testes [risos]. A primeira coisa que fiz foi testar diversos níveis de alvo de saída e *stops*. Esse teste informatizado foi meu primeiro passo rumo à elaboração de um sistema ingênuo e superotimizado. Era muito divertido testar e descobrir o que teria funcionado melhor. Até então, não fazia a menor ideia dos perigos do "ajuste de curvas" e da "exploração de dados". Supunha, ingenuamente, que aquilo que funcionou bem no passado continuaria funcionando bem no futuro.

Desses testes iniciais, tirou-se algo útil?
Percebi que usar *stops* era prejudicial ao sistema.

Como você saía das posições quando a meta de lucro não era atingida?
Usava um *stop*, que só era ativado no fechamento.

Então você não eliminou os *stops*, e sim os *stops intraday*.
Isso mesmo. Concluí que usando *stops intraday* sofria muitos *stops* por volatilidades irrelevantes durante o dia.

Alguma outra alteração significativa foi resultado de seu esforço inicial de testagem retroativa?
O impacto mais significativo foi que, depois de criar um software de testagem retroativa, fiquei obcecado por isso. No fundo, sou mais desenvolvedor de software do que trader. Em meados de 1999, já encarava com ceticismo a ideia de que havia alguma conexão entre o bonito aspecto de um padrão gráfico e a probabilidade de um trade bem-sucedido. Queria delegar ao meu software a avaliação dos gráficos. O estilo de trade de Gary, porém, já estava consolidado em torno de seu olho bom para gráficos. Na época, ele começou a assinar um serviço chamado *Chartman* e passou a divulgar todos os dias recomendações de trading. Por isso, mesmo mantendo contato, fomos cada um para um lado.

Você elaborou um sistema específico para o seu trading?
Minha transição para o trading mecânico não foi abrupta nem total. Durante a maior parte de 1999, desenvolvi o software e ajustei as minhas regras de trading, ainda dando espaço para certa arbitrariedade. No fim de novembro, estava com um ganho de cerca de 20% desde o início do ano, e todo esse lucro vinha de trades vendidos. Fiquei vaidoso e aumentei tanto o tamanho quanto à frequência dos trades vendidos em dezembro, bem na hora em que houve uma recuperação da Bolsa. No último mês daquele ano, acabei perdendo quase todo o lucro dos últimos 12 meses. Enquanto isso, meus trades comprados acabaram perdendo dinheiro em 1999 – um feito raro. Essa experiência me deixou desconfiado para sempre do trading semiarbitrário e resolvi operar 100% mecanicamente a partir dali.

Esse sistema ainda se baseava no método de trading que você aprendeu com Gary?
Bastante. A primeira descoberta com o teste retroativo que usei para lucrar foi a observação de que quanto mais uma ação caía no primeiro dia, maior a probabilidade de que continuasse caindo. Era um achado em que eu não queria acreditar, por pensar, instintivamente, que quanto maior a queda inicial, mais a ação estava sobrevendida. Na época, não cheguei a testar as incomuns quedas fortes no primeiro dia de *breakdown*. Limitei meu teste a uma faixa de queda entre 2% e 6%. Então pensei: "Por que não ir até o fim?" Constatei que, quando ocorria uma queda de 20% no primeiro dia, havia uma probabilidade muito alta de um declínio contínuo da cotação.

Essa característica específica ainda se aplica aos mercados?
Não, embora esse padrão tenha funcionado muito bem no início. Entre 2000 e 2012, fiz mais da metade dos meus lucros vendido usando essa estratégia. Porém em 2013 ela parou de funcionar.

Em seu primeiro sistema havia a mesma proporção de *shorts* e *longs*?
Não, porque, como meu sistema precisava de um *break* mais importante na baixa, para entradas vendidas, do que na alta, para entradas compradas, os trades vendidos acabavam sendo apenas metade, mais ou menos.

Minha metodologia, da forma como vinha evoluindo, que hoje entendo como falha, seria executar um sistema até que ocorresse um *drawdown*, fazer o teste retroativo encontrar diferentes parâmetros que não levassem àquele *drawdown* e então alterar os parâmetros. [*Parâmetros* são valores que podem ser atribuídos a um sistema de trading para variar o timing das sinalizações. Se um sistema estabelecesse um declínio percentual específico do preço, por exemplo, em determinado dia para gerar uma sinalização de venda, esse percentual seria o parâmetro. O mesmo sistema produziria sinalizações diversas conforme os diferentes parâmetros.]

Além de operar com um conjunto fixo de parâmetros até ocorrer um *drawdown* relevante, qual era o sistema específico que você usava no ano 2000 quando adotou pela primeira vez uma abordagem totalmente sistemática?
Registrei todos os sistemas que já usei. [Parker busca em seu computador o sistema exato que utilizava na época.] No ano 2000, todos os lucros do sistema vieram pelo lado vendido. Eis as regras completas de sinalização de *short* para o sistema que usei ao longo daquele ano:

- O volume médio diário precisava ser de, pelo menos, 250 mil ações.
- O preço por ação tinha de ser de, no mínimo, 10 dólares e não superior a 150 dólares.
- O volume do dia do *breakdown* precisava ser, pelo menos, 15% maior que o maior volume dos vinte dias anteriores.
- A cotação tinha de cair no mínimo 5% depois de ter estado a 5% do pico de vinte dias ou cair pelo menos 10% depois de ter estado a 10% do pico de vinte dias.
- O *break* precisava ser de, pelo menos, 1,50 dólar por ação.
- A saída do trade deveria acontecer se eu atingisse uma meta de 12% de lucro ou um *stop* de 3 dólares – um *stop* bastante arbitrário [ele diz isso em um tom entre surpreso e irônico ao rever essa regra depois de muitos anos]. Havia uma regra de saída a mais: liquidar a posição em qualquer dia de alta cujo volume tivesse sido maior que o da véspera.

Por quanto tempo você usou esse sistema antes de fazer alguma alteração significativa?
Por um ano, aproximadamente. Embora o sistema tenha funcionado muito bem no ano 2000 – foi meu melhor ano de janeiro a dezembro –, no início de 2001 levou a um *drawdown* de cerca de 20%. Pensei: "Isto não funciona

mais. Vou ter que parar." Parei de operar por mais um mês [ele aponta na tela para o gráfico de curva de seus ativos, que fica horizontal em março de 2001]. Entrava no trade na abertura do dia seguinte. A mudança mais relevante que fiz foi rodar o sistema vinte minutos antes do fechamento, para ver se podia iniciar trades no fechamento no mesmo dia da sinalização. Havia compreendido que o ritmo dos mercados estava se acelerando.

Utilizei o mesmo sistema básico, executando no fechamento, de março de 2001 até 2004. Então, no início de 2005, tive outro período de baixa e não conseguia encontrar nenhum parâmetro em meu sistema que pudesse ter evitado aquele prejuízo. Percebi que, mesmo entrando no fechamento, não era rápido o suficiente e precisava detectar os sinais mais cedo durante o dia. Inventei de usar o volume de ações de cada minuto do dia para projetar o volume diário. Quando a projeção de uma ação indicava um volume diário anormalmente elevado, eu usava a mesma fórmula de antes para gerar sinalizações de trade. Então, a partir das 9h35, e minuto a minuto depois disso, se uma ação preenchesse as condições de um trade com base no volume diário projetado, eu ficava comprado ou vendido nela.

E essa mudança ajudou?
Fiz a mudança em maio de 2005. Não apenas o sistema revisado foi de imediato lucrativo como o período de 24 meses entre outubro de 2005 e outubro de 2007 foi o mais lucrativo de toda a minha carreira no trading.

O que aconteceu com a versão do sistema que executava no fechamento?
Nunca se recuperou. Em 2014, como parte de uma apresentação, gerei um gráfico do patrimônio que o sistema original teria executado no fechamento, remontando de meados da década de 1990 até aquele ano. Era como se o sistema que executava no fechamento atingisse um muro de tijolos no início de 2005. Na década anterior, teria lucrado com frequência; depois do início de 2005, perderia dinheiro sempre. Em toda a minha história de testagem de sistemas de trading, nunca vi um ponto de inflexão tão forte. Não era só uma questão de ter os parâmetros errados; o sistema com execução no fechamento parou de funcionar.

Você me conta que, durante o período em que vivia a melhor performance de sua carreira no trading, o mesmo sistema, executando no fechamento e não

durante o dia, teria dado prejuízo? Essas transações durante o dia faziam tanta diferença assim?
Faziam. Em geral, eu fazia mais de mil trades por dia. Então o lucro esperado por trade era bastante reduzido. Coisas pequenas podiam fazer uma grande diferença.

Toda a lucratividade do sistema dependia da execução *intraday* em vez de esperar pelo fechamento. Isso não fez você temer que o sistema fosse tão tênue que, se executado com algumas horas de atraso, a estratégia seria perdedora?
Não, porque tento pensar nas razões que fazem um sistema dar certo e qual é o diferencial dele. Havia notado que o trading estava acelerando. O trading de alta frequência havia entrado em cena. Os fundos mútuos tinham, em sua maioria, feito a transição da execução humana para a execução algorítmica o dia inteiro. Fazia sentido que uma execução mais rápida pudesse fazer uma grande diferença. Naquela época, eu dizia: "O único diferencial é chegar mais cedo."

Por quanto tempo esse sistema básico, de execuções *intraday*, continuou funcionando?
Em agosto de 2001 a Bolsa teve uma forte queda. Embora eu tenha tido um prejuízo significativo em minhas posições compradas, ele foi compensado pelo meu ganho nas posições vendidas. A estratégia deveria funcionar assim – ou seja, quando ocorresse um movimento grande no mercado, um lado compensaria o outro. Em 2012, porém, percebi que o lado vendido não estava cumprindo seu papel. Não tive nenhum *drawdown* maior, mas não estava me protegendo contra perdas do lado comprado, como deveria. O fim de 2012 marcou o começo de um *drawdown* prolongado na minha estratégia vendida. Foi, na prática, quando a estratégia vendida parou de dar certo.

Agora estamos falando com a vantagem de poder olhar para trás. Quando você concluiu que o sistema não estava mais funcionando e o que decidiu fazer?
Sempre sofri para distinguir entre um *drawdown* rotineiro e um sistema que parou de funcionar. Foi um sistema que deu tão certo durante tantos anos que eu relutava em abandoná-lo de imediato, porque a impressão era de que havia algo errado. O ano de 2013 foi aquele em que qualquer um teria ganhado

dinheiro do lado comprado. Os índices da Bolsa subiram de modo significativo, com praticamente nenhum *drawdown* importante. Minhas posições compradas ficaram abaixo do índice e minhas posições vendidas foram destruídas. Foi meu ano de maior prejuízo.

Com o índice da Bolsa subindo, perdas constantes nas posições vendidas são explicáveis.
Sim, mas nos anos anteriores, quando o índice subiu, minhas posições vendidas ficaram mais próximas do empate. Se testarmos as estratégias compradas de reversão à média de 2013, constataremos que foram muito bem. [Sistemas de reversão à média vendem na alta e compram na baixa, com base na premissa de que os preços retornarão a alguma média do período.] Foi a época em que cunharam a expressão BTFD (*buy the fucking dip*, compre na p... da baixa). O que estava acontecendo é que os mesmos sinais usados para os trades vendidos se tornaram sinais populares de compra.

Identificar se um sistema está em *drawdown* temporário ou parou de funcionar é o dilema primordial do trader que usa um sistema. Como você lida com isso? Quando fez essas revisões estruturais no sistema – como passar de entrada no fechamento para execução *intraday* minuto a minuto com base em projeções de volume –, pensou nos motivos que desencadearam a mudança?
Eu pensava em uma coisa, testava e dizia "Uau, isso é muito melhor" e então mudava o sistema para operar desse novo modo. Porém me sinto muito mais motivado a pensar e testar novas ideias quando estou em *drawdown*.

O período de queda contínua de 2013 levou a uma busca semelhante por novas ideias?
Levou. Resolvi procurar novas ideias na internet. Achei um site de trading chamado Stockbee. Navegava por esse fórum e passava a contar a minha história de trading e a me abrir sobre meus problemas recentes. Alguém sugeriu que eu poderia dar uma olhada na reversão à média.

Reversão à média é o contrário do que você vinha fazendo.
É, mais ou menos. Sempre assumi que a reversão à média fosse o equivalente a tentar pegar uma faca caindo e que não iria dar certo. Nunca havia

testado essa abordagem. Aprofundando a pesquisa, encontrei livros de Keith Fitschen, Larry Connors e Howard Bandy que discutiam estratégias de reversão à média. Comecei a testar algumas dessas estratégias e obtive excelentes resultados.

Qual é o conceito básico subjacente no sistema de reversão à média que você acabou usando?

No sistema de reversão à média comprado, a exigência básica era de que a ação estivesse em tendência de alta, porque não vale a pena comprar uma ação que continua caindo e caindo. Então a condição seguinte era de que a ação tivesse caído certo percentual, a partir de uma alta recente, dentro de certo intervalo de tempo. Quando essas duas condições eram atendidas, eu entrava com uma ordem de compra por uma quantia inferior específica, sendo que essa quantia inferior tinha por base a volatilidade diária média da ação.

O sucesso desse sistema não ficaria muito dependente da escolha dos valores dos parâmetros?

Não. Esse sistema é lucrativo em uma faixa ampla de parâmetros. Quanto mais extremos os parâmetros de entrada que você usar, menos trades haverá e maior será a expectativa de lucro por trade. Em contrapartida, quando você usa parâmetros de entrada mais moderados, ocorrem muito mais trades, mas o ganho esperado por trade é marginal. Por isso, você tenta escolher valores de parâmetros que estejam em algum ponto entre essas alternativas.

Como você sai dos trades de reversão à média?

Nos comprados, você entra com uma ordem limite para quando o mercado está caindo e espera um dia de fechamento mais alto para sair da posição. O segredo dos sistemas de reversão à média é que em geral os trades costumam apresentar perdas abertas no fechamento e é preciso retê-los *overnight* para que fiquem lucrativos. Não dá para esperar uma grande reação. Apenas tentar captar um punhado de pequenos ganhos.

Se o trade for contra você, você tem um *stop*?

Não tem *stop*. Se você usar qualquer *stop* – mesmo um grande, em torno de 20% –, mata o resultado.

Essa é a dificuldade inerente aos trades de reversão à média. Se você fica comprado, significa que está assumindo a posição porque o mercado caiu muito e muito depressa. Se usa uma ordem *stop loss* e ela for ativada, você estaria pulando fora em um ponto ainda mais extremo, o que tornaria as regras contraditórias.
Exatamente. Quanto mais você estica a corda, maior a probabilidade do trade. É por isso que você não pode usar um *stop*.

Como você faz para limitar o risco? E se o mercado continuar a cair a cada dia sem qualquer indício de que poderá ocorrer uma alta?
Uso um *stop* temporal de cinco dias. Quando um fechamento mais alto não acontece em cinco dias, liquido a posição. Mantenho também o tamanho de cada posição pequeno o bastante para que, mesmo em caso de perda total, não cause um *drawdown* de 10% da conta. No começo não fazia isso.

Sabia que deveria haver outra regra para evitar um prejuízo ilimitado. Então ou você consegue seu dia de alta, ou liquida a posição em cinco dias.
Exatamente. Além disso, excluo ações de biotecnologia no universo de *shorts* possíveis, porque elas têm a possibilidade de multiplicação do preço, em resposta a resultados de testes de novas drogas ou decisões da FDA. [Food and Drug Administration, a agência do governo americano que regula o setor.]

Os trades de reversão à média vendidos espelham os comprados?
Não, não espelham.

Qual é a principal distinção entre os trades de reversão à média comprados e vendidos, e por que você faz essa distinção?
Pessoas que conheço costumam dizer: "Não consigo achar um bom sistema de reversão à média vendido." Isso porque tentam criar um sistema vendido que seja o espelho de um sistema comprado. Em outras palavras, estão tentando projetar um sistema que fique vendido em uma ação em recuperação de uma tendência de queda. Isso não funciona. Meu sistema de reversão à média vendido procura ficar vendido em ações com tendência de alta.

Então, tanto os seus trades de reversão à média comprados quanto os vendidos focam apenas em ações que estão com tendência de alta de longo prazo. Mas, se o mercado já estiver com tendência de alta, como você define um trade vendido de reversão à média?
Em geral, esses sinais ocorrem como parte do abalo máximo com tendência de alta importante, sem qualquer correção intermediária. Deve-se procurar um movimento de alta de curto prazo importante – para ser mais exato, um forte aumento percentual do preço em um período curto.

Quando você fez a transição de sistemas com base em *momentum* para sistemas de reversão à média?
Embora os sistemas de reversão à média tenham ido bem nos testes, eu relutava em fazer uma transição total. No final de 2013, decidi operar metade da minha carteira com estratégias clássicas de *momentum*, mesmo quando elas mostravam sinais de enfraquecimento, e a outra metade com as novas estratégias de reversão à média compradas e vendidas que eu havia acabado de desenvolver. Ao longo de 2014, meus sistemas originais ficaram praticamente *flat*, enquanto os novos subiram cerca de 40%. Minha carteira total, porém, subiu apenas 20%, porque eu operava os novos sistemas em apenas metade dela. Senti raiva, porque minha abordagem cautelosa de transição para os novos sistemas fez com que eu deixasse na mesa o lucro extra.

No fim de 2014 concluí que meus sistemas clássicos haviam perdido o diferencial e que em 2015 eu só iria operar com os novos sistemas de reversão à média. Estava determinado a não perder dessa vez, então decidi, de modo bem insensato, alocar 120% do capital nesse sistema. Que se mostrou muito bom nos primeiros quatro meses do ano, produzindo um ganho de 25%. Por causa disso, meus lucros acumulados atingiram um novo patamar em maio de 2015. Mas o restante do ano foi um total desastre. Foi o momento em que descobri o risco inerente à reversão à média. Primeiro fui atingido do lado *short* quando estava vendido nos ADRs chineses, que não pararam de subir. Depois fui atingido de novo quando Hillary Clinton tuitou sugerindo regular o preço dos medicamentos e o setor de biotecnologia desmoronou. Meu sistema de reversão à média não parava de comprar essas ações e elas não paravam de cair. Perdi todo o lucro anterior do ano e terminei 2015 com uma perda líquida de cerca de 10%. Foi o pior período de baixa de toda a minha carreira de trader.

Não percebi muito bem até que ponto trades perdedores podem se acumular com o tempo. Esse fenômeno era semelhante ao ditado: "Come como passarinho, faz cocô como elefante." Eu tinha consciência dessa possibilidade e havia modelado meus sistemas para levar isso em conta. Havia analisado com riqueza de detalhes como meus sistemas teriam se saído durante cada correção do mercado anterior desde a década de 1980. No entanto, o que ocorreu em 2015, e que jamais havia acontecido nos dados anteriores, foram movimentos grandes e repentinos das cotações em segmentos específicos do mercado [primeiro a China, depois as *biotechs*], que persistiriam por mais tempo do que eu havia visto antes.

Para piorar as coisas, durante todo esse *drawdown* parei com meu hábito de recalcular o tamanho da posição com base no valor diário da conta e continuei usando o valor do pico. Tinha observado que muitas vezes os sistemas de reversão à média se recuperam rapidamente dos períodos de queda e concluí que o sistema se recuperaria ainda mais depressa com posições maiores.

Ainda não havia descoberto que, contrariamente às minhas estratégias de *momentum* compradas e vendidas clássicas, sistemas comprados e vendidos de reversão à média não funcionam como hedge natural um do outro. Nestes, quando o mercado está caindo, você não recebe sinalização de venda. Por isso, precisa proteger o sistema comprado de reversão à média com um sistema vendido de *momentum*.

No fim de 2015 decidi colocar de volta no mix meus sistemas clássicos originais. Quase de imediato, nas duas primeiras semanas de 2016, ao fazer a mudança, sofri um prejuízo de 10% quando as duas estratégias compradas caíram e nenhuma estratégia vendida compensou. Agora eu estava 45% abaixo do pico. Naquele ponto, não aguentei mais e parei de operar. Não me restava nenhuma confiança. Pensei apenas: "Não consigo mais fazer isso."

Como você recuperou a confiança?

Acho que foi só uma questão de deixar o tempo passar. Depois de alguns meses, pensei: "Não posso desistir. Investi tanto nisso. Sei o que estou fazendo." Elaborei uma abordagem diferente, um pouco mais conservadora, e tenho me saído bem desde então.

Foi a primeira vez que escrevi um plano de trading. Fiz isso sobretudo para convencer minha mulher de que era uma boa ideia retornar ao trading em vez de me dedicar a alguma outra coisa.

O que havia nesse plano de trading?
A regra mais importante era a inclusão de um *stop* sistemático. Mais especificamente, se eu perdesse 10% do meu nível inicial, ou 15% de um pico do meu capital, depois de ter estado pelo menos 5% acima, pararia de operar.

Foi a primeira vez que você usou um *stop* sistemático?
Não, sempre tive um *stop* sistemático de 20%. Atingi esses *stops* em 2002 e 2005, e parei de operar nas duas vezes.

Quanto tempo duraram esses hiatos?
Até eu fazer mais testes retroativos, algumas correções, e sentir que estava pronto para recomeçar a operar.

Estamos falando de dias, semanas ou meses?
Em 2001, foram algumas semanas. Em 2005, um ou dois meses. A pausa mais prolongada no trading em 2005 derivou da minha conclusão de que precisava passar para um sistema de varredura de sinais a cada minuto do dia – mudança que exigia tempo para desenvolver um novo software.

Então um *stop* sistemático não era algo novo, e sim que você passou a arriscar apenas metade da queda do patrimônio como já feito anteriormente.
Exato.

Quando retomou o trading em março de 2016, você estava usando apenas os sistemas de reversão à média comprado e vendido?
Inicialmente, sim.

Então a reutilização de seus sistemas clássicos durou apenas alguns meses?
Algumas semanas.

Já que você estava operando apenas com os sistemas de reversão à média, o que o impediu de ter o mesmo tipo de *drawdown* que havia vivenciado em 2015, quando usava apenas esses sistemas?
Fiz várias modificações. Eliminei a permissão para que o valor total da posição excedesse 100%, mesmo que fosse apenas temporariamente no *intraday*. Mudei o dimensionamento da posição, de total fixo de ações para percentual

fixo da carteira. Por fim, eliminei as ações de *biotech*, tanto compradas quanto vendidas, por ter visto como são propensas a oscilações extremas.

Qual foi a próxima modificação significativa que você fez e por quê?
Operei apenas meus sistemas de reversão à média de março de 2016 até dezembro de 2017. Embora tenham ido bem durante o período, desde que desativei meus sistemas clássicos de *momentum* eu procurava algo para substituí-los. Gosto da ideia de ter uma abordagem de quatro sistemas, em que você tem as versões comprada e vendida tanto de um sistema de *momentum* quanto de um sistema de reversão à média. Quando você está operando sistemas múltiplos bem diferenciados e diversificados entre si, essa combinação pode ser superior ao melhor sistema individual.

Percebi que muita gente no Stockbee estava focando na operação de IPOs, quando as ações começam a ser negociadas em Bolsa. Isso me deu a ideia de limitar o universo de trading às IPOs recentes ao testar retroativamente os sistemas *momentum*. Descobri que as IPOs têm certas propriedades singulares. Concluí que um sistema de seguimento de tendências muito simples, com base na compra de novos picos, funcionava muito bem em IPOs recentes, mesmo sem funcionar de modo absoluto no universo geral de ações.

Havia também uma versão vendida do sistema de *momentum* de IPOs?
Havia, mas eu não a usava muito e ela não teve muito impacto líquido. Além disso, naquele ano [2019], acrescentei uma estratégia de *momentum* vendida que usa uma entrada de reversão à média.

Agora você está operando com cinco sistemas?
Durante algum tempo, sim, mas alguns meses atrás desativei o sistema de reversão à média comprado, por conta de uma regra de controle de risco que acrescentei. Agora desligo um sistema se a curva de patrimônio fica abaixo da média móvel de duzentos dias, algo que estava acontecendo no sistema de reversão à média comprado. Foi a primeira vez que usei o conceito de operar a curva de patrimônio do sistema como sinalização de parada. O sistema de reversão à média comprado está, atualmente, em um *drawdown* de 32%, mas meu prejuízo com ele, este ano, foi bem pequeno, porque não estou nesse trade agora.

Quando você reativaria o sistema?
Em alguns casos, posso reativar se a curva de patrimônio cair de novo abaixo da média móvel de duzentos dias. No entanto, a duração e a profundidade da baixa atual fazem com que esse sistema não seja mais atraente para operar.

Você aplica esse método para desativar sistemas separadamente em cada uma de suas estratégias vendida e comprada e só opera com o sistema que estiver do lado certo da média móvel de duzentos dias.
Correto.

Isso não implica acabar operando, às vezes, apenas a estratégia comprada ou apenas a vendida?
Como só recentemente comecei a monitorar as curvas de patrimônio dos sistemas, em busca de sinais para desativação, o declínio deste ano no sistema de reversão à média comprado, abaixo da média móvel de duzentos dias, foi a única ocasião em que esse evento ocorreu. Tendo concluído que esse sistema não era mais utilizável, passei vários dias refletindo e testando outras formas de estruturar uma estratégia comprada de reversão à média. Descobri e ativei o que considero ser um substituto eficaz. Francamente, sou mais propenso a pesquisar coisas novas do que a reativar um sistema que não rende mais.

Qual é a sua visão sobre "otimização"? [Otimização é o processo de busca dos parâmetros de melhor performance em determinado sistema. A premissa subjacente à otimização é que os parâmetros que funcionaram melhor no passado têm probabilidade mais alta de performance superior no futuro. A validade dessa premissa, porém, está aberta a discussão.]
É preciso encontrar o equilíbrio entre procurar algo que funciona melhor e, ao mesmo tempo, evitar superotimização. Lá no começo, não entendia nada disso. Ia acrescentando os parâmetros que queria, testava qualquer faixa de valores, chegando até os décimos de ponto, e então escolhia os valores de parâmetros que haviam tido a melhor performance no passado. Sabia que era a coisa errada, mas não sabia o que mais poderia fazer. No fim das contas, percebi que a otimização frequente não ajuda nos retornos e que perseguir os melhores parâmetros recentes é uma ilusão.

O que você faz de diferente hoje?
Minha tendência é montar uma estratégia para torná-la o mais simples possível, usando o menor número de regras, testando apenas alguns valores de parâmetros que parecem estar numa faixa razoável. Se um dos meus parâmetros for a meta de lucro, por exemplo, posso testar valores entre 6% e 12% a intervalos de 1%. O ideal, para mim, é quando os resultados não variam muito conforme o valor do parâmetro, porque isso quer dizer que o sistema é robusto. É ainda melhor quando posso retirar totalmente uma regra parametrizada de um sistema. Hoje, quando desenvolvo uma nova estratégia, nem rodo às vezes meu programa de otimização.

O que você sabe hoje que gostaria de ter sabido quando começou?
Até hoje não acho que sei muito. A sensação, em muitos aspectos, é de que continuo tão ignorante quanto antes [risos]. Em certa medida, minha resposta é "nada", porque, se eu soubesse tudo que sei agora, talvez nem tivesse tentado o trading. Como gosta de dizer minha mãe, que nasceu pobre, não fez faculdade e mesmo assim teve uma carreira de negócios muito bem-sucedida: "Tive sucesso porque não sabia que não podia."

Considerando essa ressalva, eis alguns insights que teriam sido úteis saber antes:

1. É mais efetivo montar uma coleção diversificada de sistemas simples do que ficar adicionando regras e reotimizando um sistema único.
2. É sensato incluir um interruptor liga/desliga (isto é, uma curva de patrimônio que fique abaixo de sua média móvel) em toda estratégia, *mesmo que isso reduza os lucros em um teste retroativo*. Essa regra pode limitar significativamente os prejuízos caso um sistema pare de funcionar, como pode e vai acontecer. Quanto mais estratégias você tem, mais fácil, do ponto de vista emocional, interromper uma delas. Nesse sentido, esta regra reforça a importância da regra anterior.
3. É mais provável que o risco de cauda, ou seja, de que aconteça algum evento imprevisível com impactos profundos nos preços, venha de um agregado de trades perdedores de tamanho médio em uma estratégia de reversão à média do que a partir do potencial de um grande prejuízo em um trade isolado. Não descarte a possibilidade de que uma correlação entre prejuízos em sequência seja subestimada em um teste retroativo.

4. Não é impossível ter sucesso rapidamente, continuar a ter bons resultados durante 15 anos e de repente sofrer um *drawdown* que ponha sua carreira em risco. Portanto, é aconselhável manter outra fonte de renda, se possível.
5. É importante compartilhar sua história e seu conhecimento com os outros – algo que tive medo de fazer durante muitos anos – porque essa atitude traz coisas boas.

Qual conselho você daria a alguém que quer ser trader?
Não peça demissão do emprego. Tente fazer uma avaliação de quanta casualidade existe no mercado. Teste de tudo. Não suponha que uma coisa funciona ou não só porque alguém disse. Conserve sempre o espírito de experimentação.

Talvez o fator mais essencial do êxito a longo prazo de Parker seja sua disposição a alterar substancialmente ou até abandonar de todo os sistemas quando fica aparente que podem ter perdido a eficácia. Ao longo da carreira, ele fez mudanças de curso muito profundas várias vezes, evitando assim o desastre. Chama atenção que alguns dos sistemas que Parker usou de maneira lucrativa durante muitos anos pararam de funcionar e nunca se recuperaram. Se Parker não tivesse a flexibilidade para alterar radicalmente seu método de trading – chegando ao ponto de trocar seus sistemas de *momentum* pelo total oposto, os sistemas de reversão à média –, nunca teria sobrevivido, que dirá prosperado como trader.

Uma recomendação frequente feita aos traders sistemáticos é seguir com rigor as regras do sistema. É um conselho sensato no caso de sistemas com um diferencial comprovado e controles de risco efetivos. Nesses casos, tentar interpretar outras sinalizações do sistema muitas vezes terá um efeito deletério. A intenção é aplicar a primeira máxima de Ed Seykota citada no início deste capítulo – obedeça às regras sem questionar. E, de fato, Parker seguiu essa prescrição, projetando um processo de trading 100% mecânico.

O problema, no entanto, é que os sistemas podem funcionar durante algum tempo e de repente perder por completo o diferencial, ou se tornarem perdedores líquidos constantes. Essa realidade incômoda faz com que a capacidade de encerrar ou alterar radicalmente os sistemas seja um ingrediente essencial para o sucesso a longo prazo como trader sistemático. É essa constatação que a segunda regra de Seykota – saiba a hora de violar as regras – busca abordar. Parker obedeceu a esse princípio alterando seus sistemas várias vezes, em certos momentos de modo radical – atitude que se mostrou fundamental para seu êxito a longo prazo.

Um dos dilemas mais complicados vividos pelos traders sistemáticos é saber se um período de prejuízo em andamento representa uma fase temporária, que será seguida por uma recuperação rumo a novas altas de patrimônio, ou se o sistema deixou de funcionar. Não existe receita simples para decidir entre essas duas interpretações opostas. No entanto, a lição que o trade sistemático deve extrair deste capítulo é que, às vezes, abandonar um sistema é a decisão correta. Essa é uma das raras situações em que a disciplina no trade – neste caso, obedecer totalmente ao sistema – pode não ser uma atitude sensata.

As revisões da estratégia de trading feitas por Parker, cruciais para manter a lucratividade, foram, todas elas, substanciais. Entre os exemplos estão deixar de entrar com as ordens no fechamento e passar a entrar no *intraday*; passar de sistemas de *momentum* para sistemas de reversão à média; e desenvolver sistemas novos, que dão certo com IPOs, embora não funcionem de maneira genérica. Esses tipos de mudança estrutural são bem diferentes de simples alterações como os valores dos parâmetros, ajustes que são mais cosméticos. Embora Peter alterasse com frequência os valores dos parâmetros em seus sistemas – de modo a reduzir ou eliminar um período de baixa recente caso os valores revisados tivessem sido usados –, ele reconhece hoje em dia que essas mudanças fariam pouca diferença na rentabilidade futura. A revisão incessante dos parâmetros para maximizar os resultados passados (procedimento chamado *otimização*) pode até ter desdobramentos nocivos.

O operador que desenvolve sistemas de trading precisa estar atento às armadilhas inerentes à otimização. O perigo não é que ela possa levar a piores resultados no trading (embora isso possa acontecer), e sim que dê ao trader uma expectativa muito distorcida em relação à eficácia do sistema que ele testa. No pior cenário possível, os resultados superestimados que a otimização gera poderiam levar os desenvolvedores a selecionar e operar um sistema para o qual outro tipo de teste, sem o benefício do olhar retroativo, teria revelado um retorno negativo. Outro risco é que a superotimização (ajustar um sistema para maximizar a performance passada) tende a levar à criação de sistemas muito ajustados à curva do passado e que não funcionariam com tanta perfeição no futuro.

No início, Parker não se deu conta dessas armadilhas. Com a experiência, tomou consciência das distorções inerentes à otimização de resultados e dos inconvenientes da superotimização. Em relação ao desvio entre os resultados reais e os otimizados, Parker afirmou: "Ao longo da minha carreira, os sistemas que utilizei apresentaram, em geral, retornos anuais de 50% a 100%, com uma baixa máxima de menos de 10% nos testes retroativos. Na aplicação concreta, porém, obtenho retornos mais próximos dos 20%, e é isso o que espero." Hoje em dia, Parker limita o grau do uso da otimização e às vezes nem roda seu programa de otimização ao projetar uma estratégia nova.

Com base nos testes empíricos que realizei no passado, minhas conclusões principais sobre a otimização, que acredito serem coerentes com a opinião de Parker, podem ser resumidas da seguinte maneira:[5]

1. Todo sistema – repito, todo sistema – pode parecer muito lucrativo com a otimização (isto é, em relação à performance passada). Se você nunca encontrou um sistema que não possa ser otimizado para apresentar boa lucratividade no passado, parabéns, você acaba de descobrir uma máquina de fazer dinheiro (pode fazer o contrário, a não ser que os custos de transação sejam excessivos). Portanto, uma incrível performance de um sistema que passou por otimização pode até ser bonita de ver, mas pouco significa.
2. A otimização sempre vai – repito, sempre – superestimar o potencial de performance futura de um sistema – em geral, por ampla margem (digamos, três caminhões semirreboque). Portanto, os resultados otimizados nunca – repito, nunca – devem ser usados para avaliar os méritos de um sistema.
3. A otimização em muitos, se não praticamente em todos os sistemas leva a uma melhora marginal da performance *futura*, quando leva.
4. Se a otimização serve para alguma coisa, é para definir os amplos limites das faixas a partir das quais os valores dos parâmetros do sistema devem

ser escolhidos. Fazer a sintonia fina da otimização é, na melhor das hipóteses, uma perda de tempo, e, na pior, autoengano.
5. Procedimentos complexos e sofisticados de otimização são um desperdício de tempo. O mais simples trará a mesma quantidade de informações úteis (supondo que haja alguma informação útil a ser extraída).

Em resumo, ao contrário da crença difundida, é justo questionar se a otimização traz qualquer melhoria significativa para os resultados a longo prazo na comparação com a escolha aleatória dos valores dos parâmetros de operação a partir de uma faixa razoável. A fim de evitar qualquer mal-entendido, esclareço que essa afirmação não tem o intuito de negar totalmente o valor da otimização. Ela pode ser útil na definição das faixas extremas subótimas, que devem ser excluídas da seleção de valores de parâmetros. Além disso, a otimização pode propiciar em alguns sistemas certo diferencial na seleção de parâmetros, mesmo após a exclusão das faixas extremas subótimas. No entanto, quero dizer que o grau de melhoria oferecido pela otimização é bem menor que a percepção geral. É provável que os traders economizassem muito dinheiro se comprovassem suas premissas sobre a otimização em vez de acreditar cegamente nelas.

A gestão de risco é um ingrediente essencial para o sucesso tanto para os traders sistemáticos quanto para os discricionários. Com o passar dos anos, Parker adotou várias regras de controle de riscos como parte de seu procedimento. Entre elas, estão:

1. ***Stops* de trading** – Parker interrompe o trade quando o patrimônio de sua conta fica abaixo de certo percentual. No início, ele usava uma baixa de 20% como gatilho para o *stop*. Em 2016, depois de cogitar parar de operar, ele retomou o trading, mas reduziu esse ponto de *stop* para 10% (aumentando a nota de corte para 15% caso a conta ficasse 5% acima). Um *stop* de trading é uma ferramenta muito eficiente de gestão de risco. Permite que o trader determine a quantia máxima aproximada que aceita perder (supondo que tenha disciplina para obedecer à própria regra). O trader pode, assim, definir desde o início qual será o pior resultado possível. Ao manter um ponto de interrupção do prejuízo bem baixo, ele pode limitar as perdas a um nível que se enquadre em sua zona de conforto financeiro.

Um *stop* com base no patrimônio da conta também pode propiciar múltiplas oportunidades de êxito ao trader. Muitos não adotam nenhuma restrição de risco em sua carteira, tornando-se vulneráveis à exclusão do jogo para sempre por conta de um grande prejuízo. Você deve manter sempre sua conta em um risco baixo o bastante para ter oportunidade de retornar e tentar de novo do zero caso sua incursão inicial no trading não dê certo. Uma analogia útil é a aposta *ante* no pôquer. Quando sua mão é ruim, o ideal é limitar sua perda ao *ante* (a aposta obrigatória) em vez de *all-in*. A ideia é garantir que você possa tentar de novo com outra mão.

2. ***Stops* sistêmicos** – Parker usa o seguimento de tendências aplicado à curva de patrimônio do sistema para sinalizar quando esse sistema deve ser desativado. Mais especificamente, ele para de operar com um sistema quando a curva de patrimônio cai abaixo da média móvel de duzentos dias e espera para retomar o trading com esse sistema até que a curva de patrimônio volte a subir acima da média móvel de duzentos dias. Não há nada de mágico em relação a essa sinalização específica de seguimento de tendências usada por Parker. O conceito-chave é a ideia de aplicar análise técnica à curva de patrimônio como método de controle de risco. Essa estratégia pode ser implementada também no portfólio pelo trader sistemático ou pelo arbitrário.

Operar a curva de patrimônio de um sistema ou portfólio trará lucro líquido a depender do sistema específico ou da metodologia utilizados. Mas o trader deve pelo menos analisar se essa abordagem lhe trará benefício líquido. Mesmo nos casos em que a desativação e ativação de um sistema (ou portfólio) com base em sinalizações de tendência reduzem o retorno total, ainda assim podem reduzir o risco (limitando os *drawdowns*, por exemplo). A reflexão fundamental é se esse método aumenta o retorno/risco. Em caso afirmativo, qualquer redução do retorno pode ser compensada pelo aumento do tamanho do trade, reduzindo ao mesmo tempo o risco. O trader pode encontrar ferramentas de aplicação de análise técnica às suas curvas de patrimônio conectando ou fazendo upload dos dados de sua conta no site FundSeeder.com (por uma questão de transparência, esclareço que tenho interesse financeiro no FundSeeder).

3. **Ajustes no tamanho da posição** – Em 2015 Parker aprendeu do modo mais difícil os perigos de aumentar o tamanho da posição para compensar uma oportunidade perdida anteriormente. O tamanho do trading tem que se basear no valor líquido diário do patrimônio e ser calculado usando-se uma fórmula constante. Do contrário, embora você possa ter a sorte de um grande lucro em algumas ocasiões, estará se arriscando a ampliar uma baixa acumulada.

Viver de trading é difícil. Parker quase desistiu no início de 2016, apenas oito meses depois de ter alcançado novos picos de lucros acumulados e de estar mais de 5 milhões de dólares no azul. Caso você viva de trading, não basta que seu lucro acumulado continue a crescer. Ele precisa continuar crescendo mais que a soma das taxas e dos saques acumulados para cobrir as despesas cotidianas. A experiência visceral de Parker com a dificuldade dessa tarefa o leva a aconselhar aspirantes que buscam viver de trade a manter um outro emprego o maior tempo possível.

TRÊS ANOS MAIS TARDE

Houve alguma mudança significativa desde a nossa primeira entrevista?
O *lockdown* da covid me permitiu trabalhar bastante em meu software de teste retroativo, até chegar ao ponto em que senti que podia comercializá-lo.

Qual é o nome do software?
RealTest. A descrição do produto está no meu site, mhptrading.com.

Quantos usuários ele tem?
Já cheguei perto de duzentos usuários. Muitos deles são da Austrália. Existe muito interesse no trading sistemático nesse país. Acho que é porque os mercados americanos abrem quando os australianos estão dormindo.

Seu software tem algo que o diferencia de outros softwares de teste de sistemas?
O que o torna singular é que ele deixa você definir quantas estratégias de trading quiser e combiná-las em um único sistema. Portanto, dá apoio ao tipo de trading que gosto de fazer, a diversificação de estratégia.

Ele foi elaborado apenas para sistemas de *equities* ou também serve para futuros?
O RealTest também dá apoio a futuros. Na verdade, inclui o sistema Turtle original, descrito no livro de Curtis Faith.

[Os Turtles eram dois grupos de traders treinados por Richard Dennis e seu sócio, William Eckhardt. O nome Turtle, "tartaruga" em inglês, veio de uma viagem que Dennis fez à Ásia. Um dia, ele visitou uma criação de tartarugas em grandes barris. Na cabeça de Dennis, a imagem de milhares de tartaruguinhas se debatendo em um grande barril era uma analogia perfeita com o treinamento de traders. O nome pegou. Dennis e Eckhardt ensinaram aos Turtles um sistema de seguimento de tendências com base em *breakouts* das cotações para novos picos e vales. Curtis Faith, um dos Turtles, escreveu um livro, *Way of the Turtle* (O método da tartaruga), em que ele detalhou as regras do sistema.]

Fiquei curioso. Como anda a performance do sistema Turtle ao longo dos anos?
Nada mal, e, assim como com qualquer sistema de seguimento de tendências em futuros, este ano foi excelente [2022].

Acredito ter havido um longo período, começando em 2011 e durando até 2018, em que os sistemas de seguimento de tendências desse tipo tiveram um desempenho fraco.
Tiveram, foi a era do *Fed put* [a crença de que o Federal Reserve interviria com uma política monetária de acomodação para sustentar o mercado americano de *equities* sempre que ele sofresse pressão intensa]. Essa era foi prejudicial aos sistemas de seguimento de tendências, quando comprar as baixas na cotação das ações era a estratégia ideal. O problema com essas estratégias de seguimento de tendências em futuros é que elas sofrem grandes baixas. Nunca tentei negociar com esse método, mas alguns dos meus usuários se interessaram, então coloquei no sistema. O software vem com uma biblioteca de cerca de cinquenta sistemas de amostra, entre eles alguns semelhantes aos que opero, mas não exatamente iguais.

Seu software foi projetado para trabalhar com algum dado específico de preço?

Ele funciona melhor com os dados da Norgate, uma empresa australiana com os melhores dados diários de *equities*. Os dados deles incluem todas as empresas que saíram da lista e a composição passada dos índices. Quando você cria um sistema que negocia as ações do S&P 500 e roda um teste retroativo usando os integrantes atuais do índice, seus resultados sofrerão uma forte distorção com o "viés do sobrevivente". Para testar o sistema corretamente, você precisa rodar sua simulação com base nas ações que faziam parte do índice em cada momento do passado, e não a lista de ações com base nos integrantes atuais do índice. O RealTest usa os dados componentes do índice da Norgate para incluir os integrantes corretos em cada data passada.

Sem esse tipo de ajuste nos dados, seu teste deixaria passar as ações de pior performance no índice, que são aquelas que deixaram de fazer parte dele.
Exatamente. Com os dados da Norgate, seu teste vai incluir ações como a Enron e a WorldCom, que faliram e não fazem mais parte do índice. Mais importante até do que isso, vão excluir ações de voo alto recente, como a Tesla, no período em que elas ainda não faziam parte do índice, evitando o que eu chamaria de "viés posterior".

Alguma coisa mudou em suas estratégias de operação?
Acrescentei duas estratégias de reversão à média que não retêm posições *overnight*. Elas apostam contra movimentos grandes durante o dia e pulam fora no fechamento. Uma dessas estratégias só pega *longs* e a outra, só *shorts*. Vêm tendo resultados bastante bons e ajudaram a reduzir a volatilidade em meus resultados.

Você opera de propósito o mesmo número de estratégias *long* e *short*?
Sim. Atualmente estou operando três estratégias *long* e três estratégias *short*, que equilibram umas às outras. Esse equilíbrio entre *shorts* e *longs* é a principal razão da relativa estabilidade dos meus resultados ao longo do tempo.

Alguma outra mudança em seu sistema de trading?
Outra mudança é que reduzi o tamanho das minhas posições, de 10% por posição para 5%. Essa redução se deve em parte ao aumento da volatilidade do mercado e em parte ao fato de eu ter alterado meu sistema para permitir ter duas estratégias detendo a mesma ação (só uma delas *overnight*).

Outra inovação, influenciada pelos *short squeezes* dos *meme stocks* [as ações impulsionadas pela conversa nas redes sociais], foi proibir ficar vendido em qualquer ação em que as taxas de aluguel subiram para 50% ou mais. Não é uma regra que testei retroativamente, porque me faltam dados históricos de margem. Era apenas uma regra de gestão de risco que me impediu de fazer muitos trades perdedores. Quando percebo que estou perdendo dinheiro mais rapidamente que de costume, tendo a olhar o que está acontecendo, de modo a fazer alterações que, no meu entender, ajudarão a parar a hemorragia. A regra das taxas de aluguel foi um desses casos.

CAPÍTULO 10

MICHAEL KEAN

Estratégias complementares

Michael Kean começou a investir em ações como hobby quando era estudante universitário na Nova Zelândia. Depois de quatro anos trabalhando em firmas de serviços financeiros, em vagas sem relação com investimentos ou trading, ele trocou a Nova Zelândia por Londres, na esperança de encontrar um emprego mais próximo de seus interesses em um dos maiores centros financeiros do mundo. Kean jamais conseguiu o tal emprego relacionado ao mercado. Inabalável, porém, lançou sua empresa de gestão de ativos, a Steel Road Capital, dois anos depois da chegada a Londres. E passou a gerir algumas pequenas contas de amigos e parentes como atividade paralela ao emprego. Depois de algum tempo, pediu demissão para focar em tempo integral na gestão de portfólio. Kean ainda opera como bloco de um homem só. Embora tenha superado a performance da esmagadora maioria dos fundos de hedge, ele mantém os ativos sob gestão relativamente baixos (8 milhões de dólares) e não tem qualquer intenção de gerir grandes quantias.

Com o passar dos anos, Kean desenvolveu um método de gestão singular, que combina investimento comprado em *equities* com trading de eventos de curto prazo, sobretudo do lado vendido de ações de biotecnologia. Nas posições vendidas, Kean foca em situações em que compradores menos sofisticados têm maior probabilidade de estar do outro lado do trade. São trades que envolvem ações de baixa capitalização que passam por altas sem lastro nos fundamentos em resposta ao noticiário ou a um evento-gatilho iminente.

A correlação inversa entre os componentes de investimento e trading de seu portfólio permitiu a Kean gerar retornos substancialmente à frente dos índices de *equities*, ao mesmo tempo que mantém seu *drawdown* máximo abaixo de 20%. Nos dez anos desde que abriu sua empresa de gestão, Kean obteve um retorno composto médio anual de 29% (antes das taxas de administração), quase o triplo do retorno de 11% do S&P 500 no mesmo período. Seu Índice Ganho-Perda (ver a definição no Apêndice 2) é quase o triplo do dado correspondente do S&P: 2,86 versus 0,96.

Embora viva em Londres há uma década, Kean conservou um forte sotaque neozelandês, que, às vezes, me deixou sem saber direito o que havia dito, obrigando-me a pedir que repetisse. Uma amostra: quando ele estava falando sobre as vantagens de usar uma estrutura de conta gerenciada em vez de uma estrutura de fundo, ouvi "isso me fez poupar bastante demonização". "Bastante o quê?", perguntei, confuso. No fim, ele havia dito "administração". Em outro momento, ao discorrer sobre os testes de um medicamento para tratar da degeneração macular relacionada à idade (DMRI), Kean não parava de se referir a algo que soava como "injeções indevidas", expressão que não fazia o menor sentido para mim. Até que precisei interrompê-lo. "O que você quer dizer com injeções indevidas?", perguntei. Depois que ele repetiu a expressão algumas vezes, percebi que ele estava dizendo "injeções intravítreas". Mais uma: durante a entrevista, Kean não parava de usar o termo "fechar no vende" sobre a movimentação do preço de uma ação. Pelo contexto, parecia claro que se referia a um fechamento da ação em alta, e, como eu não queria interrompê-lo novamente para perguntar que expressão ele estava usando, deixei passar. Somente quando ouvi a gravação da entrevista para escrever este capítulo percebi a fala correta: "fechar no verde". Kean encarou com bom humor minha dificuldade com seu sotaque, rindo de alguns dos mal-entendidos. Depois do nosso encontro, ele enviou um e-mail: "Se você tiver algum problema decifrando meu sotaque neozelandês, não hesite em me procurar!"

Daljit Dhaliwal, um trader fenomenal (veja o Capítulo 5) e parceiro de investimentos de Kean, fez o seguinte comentário: "Michael é sem igual, porque combina duas abordagens diferentes: *equities* compradas de um lado e estratégia vendida exclusiva do outro. Sua capacidade de fazer ambas mostra como ele é uma pessoa adaptável, e a adaptabilidade é crucial no jogo especulativo."

Por ter nascido na Nova Zelândia, de onde vem seu interesse pelos mercados? Imagino que não seja uma coisa muito importante na Nova Zelândia.
É engraçado você dizer isso. A Bolsa da Nova Zelândia teve muita importância nos anos 1980 e depois ficou um bom tempo parada. Quando eu era criança, a história que mamãe e papai me contavam era que eles haviam conseguido dar entrada na fazenda de que eram os donos na época da bonança do mercado de ações. Nos anos 1980 houve um boom tremendo da Bolsa na Nova Zelândia. O causador desse mercado em alta foi a transição, em poucos anos, de uma das economias mais fechadas do mundo para uma das mais abertas. Tarifas, subsídios e taxas caíram, todos substancialmente.

Imagino que tenha sido por conta de uma mudança de governo.
Sim, o Partido Trabalhista entrou e deu uma boa sacudida na situação.

O Partido Trabalhista não é de esquerda?
Era, sim.

E lutou pela abertura da economia?
Curioso, não é?

Acho que hoje em dia temos uma esquisitice bem oposta nos Estados Unidos, com os republicanos apoiando guerras comerciais e déficits maciços de Trump.
Houve também muita desregulamentação financeira. Em consequência de todas essas mudanças de política, muito dinheiro entrou na Bolsa neozelandesa.

Era dinheiro doméstico ou estrangeiro?
Suponho que fossem ambos, mas era um boom clássico impulsionado pelo consumo. Todo mundo entrou nessa onda, e mamãe e papai não ficaram de fora, colocaram todas as economias na Bolsa. Venderam o que tinham na Bolsa no início de 1987 para comprar uma fazenda, algo com que sempre sonharam. Venderam as ações naquela época porque haviam comprado uma casa com a ajuda de um subsídio do governo que proibia se desfazer da propriedade nos primeiros cinco anos. Assim que terminou esse prazo, meus pais se viram livres para vender a casa e comprar a fazenda. Deram muita sorte. Se a exigência fosse de seis anos em vez de cinco, a história teria

acabado de um jeito muito diferente. O crash de 1987 nos Estados Unidos foi o evento que fez estourar a bolha da Bolsa neozelandesa. Em seis meses, a Bolsa havia caído 50%. Foram precisos mais de vinte anos para que voltasse aos picos anteriores.

Qual percentual de lucro seus pais ganharam nesse investimento?
Não sei, mas o mercado neozelandês subiu seis vezes e eles venderam meio ano antes do pico. Então suponho que triplicaram, no mínimo, o dinheiro.

O fato de seus pais terem ganhado bastante dinheiro na Bolsa para comprar uma fazenda, ainda que por sorte, foi marcante para você. Com que idade você estava quando eles venderam as ações e compraram a fazenda?
Tinha cinco anos. Foi uma história que aconteceu enquanto eu crescia e por isso me marcou. Meu pai tem um ponto de vista diferente sobre sua maré de sorte na Bolsa. Ele insiste que foi puro tino.

Como seu interesse pelos mercados e pelo trading evoluiu para além de sua história familiar?
Meu interesse pelos mercados surgiu quando frequentava a universidade. Tinha um grupo de amigos que sempre falava da Bolsa. Éramos oito e acabamos montando um clube de investimentos. Cada um colocou mil dólares num *pool*. No começo, era uma associação típica, com reuniões em que cada um dava a sua opinião. Com o passar do tempo, só dois de nós, eu mesmo e outro participante, acabamos cuidando de tudo; os outros só acompanhavam nossa escolha de ações. Depois da formatura, esse amigo conseguiu um emprego em um banco de investimento e parou de participar. Por isso, a partir de 2004 cuidei por minha conta do portfólio. O clube de investimentos seguiu até 2010.

Como foi a performance?
Até 2008, mediana, no máximo. Nesse mesmo ano, perdemos 50% em seis meses. Percebi, porém, que as ações estavam insanamente baratas. Convenci parte dos investidores a dobrar a aposta e o portfólio valorizou 88% em 2009.

Por que o clube de investimentos teve um fim em 2010?

Eu queria converter o estatuto de clube para uma estrutura formal de investimento. Usei a forte performance de 2009 para convencer alguns investidores do clube a investir como em uma estrutura de conta gerenciada.

Quanto tempo você dedicava ao investimento?
Gastava o máximo de tempo possível. Na época, trabalhava em Londres e tinha a sorte de ter um emprego com uma política muito flexível de home office. Acordava bem cedo todos os dias, para trabalhar como assalariado, e à tarde operava no mercado americano. Era uma situação sem igual, que permitiu me tornar quase um trader em tempo integral e ainda pagar o aluguel.

Por que você trocou a Nova Zelândia por Londres?
É comum na Nova Zelândia, para quem está na casa dos 20 anos, passar algum tempo morando em Londres.

Você se mudou para Londres com a intenção de encontrar um emprego relacionado ao mercado?
Sim, Londres é um centro financeiro mundial e achei que seria uma boa oportunidade de trabalhar para um banco ou um gestor de fundos – algo mais alinhado com meus interesses.

Você teve alguma dificuldade para encontrar emprego em Londres?
Aterrissei em Londres em setembro de 2008. [Ele fala rindo, porque sua chegada coincidiu com a crise financeira.] Ainda me lembro de sair do Tube [o metrô de Londres] e pegar os jornais que eram distribuídos gratuitamente: todos os dias; a manchete era sobre quantas pessoas haviam sido demitidas na City na véspera. O número era sempre na casa das dezenas de milhares.

Como você encontrou emprego em um ambiente tão tumultuado?
Consegui uma vaga como prestador de serviços para trabalhar com planilhas durante três meses. Esse período acabou sendo estendido para quatro anos – e naquela altura pedi demissão para me dedicar ao trading em tempo integral.

Que estratégia você usava quando começou a operar contas gerenciadas?
No início, combinava investimento *buy and hold* [de longo prazo] com trading macro [com base em dados macroeconômicos]. Nunca tive muito êxito

com a parte do trading macro. Não gostava, porque você opera mercados gigantes e sempre vai ter alguém que sabe mais que você. Meu primeiro sucesso foi ficar vendido em ações artificialmente infladas no mercado de balcão. Eram ações que iam de 50 centavos a 5 ou 10 dólares em cima de praticamente nada e então desabavam em um só dia. Descobri blogs e serviços de pesquisas que acompanhavam *penny stocks*. Muitos se concentravam em inflar essas ações, mas eu estava interessado nos serviços que focavam em ficar vendidos nelas.

Essas ações podem gerar uma grande corrida e depois voltar a quase zero. Para mim, a dificuldade consiste em medir até que ponto elas podem chegar. Quando uma ação que não vale nada pode ir de 50 centavos a 5 dólares, tende a chegar com a mesma facilidade a 10 dólares. Como ficar vendido sem correr um enorme risco?

As ações *pump-and-dump* (que "bombam e depois vão para o lixo") têm um movimento de preço único, se comparadas às comuns. O padrão típico é que a ação comece cotada a 50 centavos e vá subindo 20 ou 30 centavos todos os dias. O catalisador fundamental é quando a ação não fecha o dia em alta; isso sinaliza dificuldades para inflá-la e é o fim do movimento.

Você está afirmando que essas ações sobem degrau a degrau, como em uma escada, todos os dias, até que, no primeiro dia em que não sobem, caem direto?

Sim. Depois do primeiro dia de queda, podem chegar a cair 60% a 70% no seguinte. Era uma estratégia incrível, porque essas ações sempre subiam de um jeito gradual e controlado. Nunca havia altas em parábola e extravagantes, que às vezes acontecem com ações de verdade.

E sempre deu certo? Você ficou vendido depois do primeiro dia de queda e viu a ação voltar a atingir novos picos?

Nunca tive um prejuízo significativo vendendo uma ação *pump-and-dump*. Mas acontece só uma oportunidade igual a essa uma vez por trimestre, mais ou menos.

Por quanto tempo você usou essa estratégia?

Operei por um ano ou dois.

Se era vencedora com tanta constância, por que não usá-la por mais tempo?
Era muito difícil conseguir disponibilidade de *short*, e era uma estratégia cuja escala não podia ser aumentada. Além disso, as fraudes eram tão descaradas que a Comissão de Valores Mobiliários acabou atuando mais e suspendendo a operação dessas ações.

Como só havia um punhado desses trades por ano, durante dois anos ou menos a estratégia de ficar vendido em ações infladas artificialmente representou apenas uma parte menor do seu portfólio. Qual era a base do grosso dos seus trades?
Meu verdadeiro nicho, fora do meu investimento de base *buy-and-hold*, era operar ações de biotecnologia, que representaram 60% dos meus lucros ao longo do tempo.

Qual era a estratégia que você usava?
As ações de biotecnologia são excelentes veículos de trading. Têm catalisadores cruciais, como os resultados clínicos de ensaios fase 2 e fase 3, que são eventos do tipo "ou vai ou racha" para as pequenas *biotechs*. A variabilidade do valor dessas empresas, dependendo do resultado desses ensaios, pode propiciar ótimas oportunidades de trading.

A biotecnologia é uma área especializada. Como você fazia para operar em torno desses eventos sem ter qualquer formação em biologia ou medicina?
Existem padrões no comportamento dessas ações que podem ser operados com lucro sem ser expert na área. Em um mercado sadio, por exemplo, você pode comprar [ações de] *biotechs* de baixa capitalização dois ou três meses antes de um catalisador-chave, como a divulgação dos resultados de um ensaio fase 3. Eu comprava essas ações antes que começasse o alarde, antes que as corretoras passassem a emitir upgrades da ação e antes que os investidores individuais começassem a comprar diante da perspectiva de uma disparada da ação se os resultados fossem bem-sucedidos. E eu vendia a ação antes que os resultados do ensaio fossem divulgados. Algumas ações duplicavam de valor só pela expectativa de liberação dos resultados do ensaio.

Você passou por alguma situação em que essas ações tiveram tendência de baixa em vez de alta, na iminência do anúncio do resultado do ensaio?
Isso podia acontecer, e aconteceu, quando havia uma correção do mercado como um todo. No entanto, a maior armadilha nessa estratégia era precisar saber a data do anúncio dos resultados do ensaio. A maioria das *biotechs* de baixa capitalização – estou falando de empresas na faixa de 100 a 400 milhões de dólares – tem, em geral, ativos de baixa qualidade. Quando estão em um ensaio fase 3 e ainda têm essa capitalização tão baixa, significa que é improvável que tenham acertado. Todas as empresas da Big Pharma adquirem as empresas que estão nas fases 1 e 2, e o fato de terem decidido não se envolver com uma empresa no ensaio fase 3 é um mau sinal.

Houve situações em que você não conseguiu determinar com precisão quando seriam divulgados os resultados do ensaio?
Evitava as ações quando não tinha ideia da data de divulgação dos resultados ou pulava fora bem mais cedo do que faria normalmente, para minimizar a possibilidade de ainda estar naquela ação quando os resultados fossem anunciados.

Você foi pego alguma vez ainda detendo uma ação quando os resultados do ensaio foram anunciados?
Houve duas ou três vezes em que os resultados do ensaio saíram de forma totalmente inesperada e eu ainda estava posicionado.

O que acontece em um caso assim?
Você perde 60% ou 70% daquela ação.

Você ainda usa essa estratégia?
Só um pouco. Para mim, é uma estratégia bem pequena agora. A precificação de medicamentos é uma questão importante nos Estados Unidos e o setor de biotecnologia vem tendo um desempenho inferior.

Que outros tipos de estratégia você usa?
De vez em quando aposto nos resultados dos ensaios de uma *biotech*.

O que levaria você a apostar na direção do resultado do ensaio?
Existem circunstâncias em que a probabilidade de fracasso é muito grande,

mesmo sem saber nada sobre a droga propriamente dita. Nunca houve uma empresa de biotecnologia com capitalização de mercado abaixo de 300 milhões de dólares que tenha conseguido aprovar um medicamento contra o câncer no ensaio fase 3.

Isso porque, se a droga fosse promissora, a Big Pharma teria comprado a empresa?
Ou isso, ou a capitalização de mercado seria de 1 bilhão de dólares em vez de 300 milhões.

Você poderia estar comprado em uma ação no período prévio à divulgação dos resultados dos ensaios e depois trocar para vendido na iminência do anúncio do resultado?
Sim, mas era preciso ter cuidado com o lado vendido, porque sempre podia haver uma surpresa. Normalmente, eu usaria *puts* para esses trades em vez de *shorts*.

Há outras estratégias que você usa para negociar biotecnologia além das duas que acabamos de discutir?
A maioria dos trades que faço em biotecnologia é de curto prazo – *intraday* até alguns dias – e a maioria do lado vendido.

O que leva a esses trades?
A principal novidade em biotecnologia está relacionada aos resultados dos ensaios clínicos, mas há também todo um domínio de outras notícias que impactam as ações desse setor. Podem ser informações da FDA; pode ser a divulgação de dados adicionais de um ensaio fase 3; pode ser algum anúncio corporativo. A empresa pode soltar um comunicado à imprensa e a ação subir 20% ou 30%. Meu papel é decifrar se aquela notícia era esperada e se tem algum significado ou é apenas promoção. O setor de biotecnologia é curioso, pode atrair uma gestão terrivelmente promocional.

Pode me dar um exemplo desse tipo de trade?
Um bom exemplo foi a Avinger (AVGR) no começo deste ano [2019]. Eles lançaram dados positivos de fase 3 e no dia seguinte a ação reagiu quase 40% em relação ao fechamento da véspera. No entanto, se analisássemos o

comunicado à imprensa, veríamos que esses dados eram só a continuação de informações originais divulgadas dois anos antes. Portanto, não era novidade. Além disso, os fundamentos da empresa estavam negativos, com vendas fracas e um alto *short interest* [volume de apostas contrárias a uma determinada ação]. Fiquei vendido e pulei fora em dois dias, período para a ação devolver todo o ganho e um pouco mais.

O ano passado [2018] foi seu primeiro ano de prejuízo. O que deu errado?
Tive baixa de 4%, igual à performance do S&P. Meus *longs* foram piores que o S&P, mas meus *shorts* me resgataram.

Por que seus *longs* foram tão mal?
Fiquei superexposto em ações chinesas, muito atingidas pela guerra comercial. A JD.com foi minha maior perdedora.

Que tipo de empresa é?
É o equivalente chinês da Amazon. Eu havia adquirido a ação em 2016, quando estava sendo negociada a uma cotação barata, em torno de 20 dólares. A ação foi subindo até 50 dólares no começo de 2018. Realizei os lucros com parte da ação a preços mais altos, mas continuei detendo por volta de dois terços da posição. Em 2018 algumas mudanças fundamentais haviam ocorrido. A empresa já não estava mais ganhando fatia de mercado e outras ações chinesas estavam começando a ceder. Eram sinais de perigo, mas o maior alerta veio quando a JD.com anunciou um acordo em que a Google investiria na empresa e promoveria seus produtos em sua plataforma de compras. A ação subiu bastante com a notícia, abrindo perto do pico do dia, e depois fechou em forte baixa. Eu deveria ter pulado fora antes desse dia, quando os fundamentos mudaram, mas o pior erro foi ignorar a ação dos preços daquele dia. Como alguém que vive de trading, devia ter me dado conta disso. Nos meses seguintes a ação voltou a cair a 20 dólares.

E você a segurou o tempo todo até lá embaixo?
[Risos] Fiz isso.

Você já tinha cometido esse tipo de erro antes?
Sim, bem no começo.

Por que voltou a cometer esse erro com a JD.com?
Em parte, porque estava apaixonado por aquela posição. Além disso, vinha me saindo bem nos trades de curto prazo, por isso acreditei que justificava reter a posição.

O que aconteceu quando a ação caiu de novo a 20 dólares?
A 20 dólares, a avaliação da ação voltou a ficar ridiculamente baixa, então voltei a adicionar a parte da posição que havia vendido a um preço mais alto [Atualizando: na primavera de 2020 a JD.com havia se recuperado e estava atingindo novos recordes de alta].

Todo o seu trading de curto prazo está em biotecnologia?
A maioria, mas cerca de 20% estão em outros setores. Como exemplo, agora mesmo fiquei vendido na Beyond Meat (BYND), depois que o McDonald's anunciou que iam usar o produto deles em alguns de seus restaurantes no Canadá. Com essa notícia, o mercado saltou de uma cotação de fechamento de 138 dólares para um preço pré-abertura bem acima de 160 dólares.

Por que você ficou vendido?
O raciocínio era semelhante ao do *short* em biotecnologia que abordamos. Foi ótimo o McDonald's anunciar que ia testar o produto deles, mas a Beyond Meat vinha fazendo esse tipo de anúncio desde que entrou na Bolsa, e o McDonald's era a única grande rede restante com a qual a empresa não havia feito acordo. Então era uma notícia bastante esperada.

Você está dizendo que a notícia já estava precificada na ação.
Acho que a ação estava precificando bem mais que isso. Depois de entrar na Bolsa no começo deste ano [2019], a ação viveu um movimento parabólico de 45 para 240 dólares em questão de meses. Foi uma alta tão extrema porque a ação tinha pouca circulação, causando um *short squeeze* (grande procura repentina com pouca oferta). Quando saiu a notícia de que os fundadores estavam vendendo parte de suas participações, a ação desabou de novo, para menos de 140 dólares, em menos de duas semanas. Outra razão para eu ficar vendido é que já era uma ação abalada quando a notícia do McDonald's saiu. Eu não teria apostado contra essa notícia se a ação ainda estivesse no auge da forma; só me dispus a ficar vendido porque a característica da ação havia mudado por completo.

Quando você fica vendido em reação a uma notícia otimista como essa, quanto está disposto a arriscar no trade?
Para um trade desse tipo, eu usaria um *stop* que permite à ação caminhar mais ou menos 10% contra mim. Em uma posição que não seja de biotecnologia, só arrisco cerca de 30 pontos-base do portfólio e a dimensiono de acordo. Em ações de biotecnologia, que são meu tipo de trade mais arroz com feijão, posso arriscar algo próximo a 1% do portfólio em um único trade e, às vezes, até 2% ou 3%, se o trade tiver uma configuração particularmente boa.

Existe uma estruturação na forma como você combina diferentes estratégias em um portfólio?
Em geral, tenho cerca de 60% do portfólio em posições compradas – percentual que pode variar para cima ou para baixo, dependendo de quão caro ou barato considero que o mercado está. Uso o portfólio restante para o trading de curto prazo e, de vez em quando, um *short* de longo prazo em biotecnologia. Para fazer uma analogia com o portfólio típico de 60 comprado em *equities* e 40 comprado em títulos, em que a posição em títulos é usada para diversificação, no meu portfólio 60/40 o trading de curto prazo representa a diversificação.

Qual é o percentual de seu trading de curto prazo que está no lado vendido?
Cerca de 70%.

Como você seleciona as ações do lado comprado de seu portfólio?
Minha carteira comprada pode ser subdividida em duas categorias: ações de alta capitalização, que compro quando estão sendo afetadas por aquilo que considero venda indiscriminada, e ações de baixa capitalização com alto crescimento de receita.

Pode me dar um exemplo de uma ação de alta capitalização que você comprou por causa de venda indiscriminada?
Um *long* que detenho atualmente é a Bayer, que adquiriu a Monsanto há pouco mais de um ano. Logo depois dessa aquisição, a Monsanto foi atingida por um processo enorme, com base em acusações de que seu herbicida causava câncer. A ação está operando com 40% a 50% de desconto em relação às cotações médias históricas. É possível argumentar que o mercado está

precificando possíveis indenizações na Justiça em 30 a 40 bilhões de euros. Na minha visão, supor uma indenização de 30 a 40 bilhões de euros é absurdo. À exceção da indústria do cigarro, nunca houve nenhum acordo judicial maior que 10 bilhões de euros. Minha expectativa é de que o acordo da Monsanto fique mais próximo de 5 a 10 bilhões de euros.

Como você escolhe os ativos de baixa capitalização?
Em geral, procuro empresas que estão crescendo muito rápido – pelo menos 20% a 30% de crescimento anual da receita –, mas que ainda não têm escala. Portanto, são empresas que devem estar dando prejuízo agora, mas que, se fizerem tudo certinho, terão uma receita por ação razoável em dois ou três anos e a perspectiva de duplicação ou triplicação da ação nesse intervalo. Gosto desse tipo de ação de empresa que cresce rápido porque, se ela atingir as metas e começar a ganhar dinheiro, haverá um catalisador que faz aumentar ainda mais a ação.

Qual é o seu processo de gestão de risco?
Durante uma recessão, o mercado costuma cair entre 20% e 30%. Supondo que meu portfólio 60% comprado não vá melhor que o mercado, perderá aproximadamente entre 12% e 18%. Minha expectativa é que meu trading de curto prazo e minhas posições vendidas cubram essa perda.

Então um elemento-chave da sua gestão de risco é a construção de seu portfólio. E quanto à gestão de risco em posições individuais?
Em minhas posições vendidas com catalisador, em que aposto no fracasso de um ensaio futuro de uma empresa, chego a arriscar de 1% a 2%. Atualmente estou arriscando mais que isso em um trade porque estou mais de 20% este ano, desde janeiro. Em um trade normal de curto prazo, como o da Beyond Meat, posso arriscar 30 pontos-base.

Qual foi o seu trade mais sofrido?
Foi um trade que fiz em 2012, no início da minha carreira, quando não tinha o tipo de controle de gestão de risco que tenho agora. Era uma ação de tecnologia chamada Broad Vision (BVSN), que quadruplicou em pouco mais de um mês. Até a direção da empresa dizia não saber por que a ação havia subido tanto. Embora fosse uma empresa real, a cotação andou como as ações

infladas artificialmente e negociei-a do mesmo modo. A ação tinha passado de 8 para 30 dólares em pouco mais de um mês e fiquei vendido assim que ela caiu pela primeira vez. Mas, ao contrário das ações *pump-and-dump*, que caem sem parar logo que tem fim a tendência de alta, essa ação reverteu-se fortemente para cima. Quase dobrou em relação à minha entrada em poucos dias, resultando em uma perda de 10% do valor do meu portfólio. Não aguentei mais e capitulei.

O que veio a acontecer depois com a ação?
Ela chegou a subir a 56 dólares e depois caiu de novo, para 8 dólares.

Depois dessa experiência, você chegou a ter algum prejuízo grande em um único trade?
Nunca tive outro prejuízo material na parte de trading do meu portfólio. Meus prejuízos grandes sempre vieram dos meus *longs*.

Imagino que isso tenha acontecido porque você não tem *stops* em investimentos comprados por contar com a porção de trading do portfólio, que tem viés sobretudo vendido, para servir de hedge em seus *longs*.
Correto.

Houve alguma situação em que você teve uma posição comprada com um prejuízo substancial e decidiu sair por estar errado no trade?
Em 2014 eu estava 35% acima e faltava apenas um mês para o ano chegar ao fim, por isso achei que havia conquistado o direito de correr mais risco [ele ri ao lembrar]. Para minha infelicidade, a ideia de trade que surgiu logo em seguida foi provocada pela queda das cotações no setor de petróleo e gás, que estava virando cinza naquela época. Comecei a carregar – hoje, olhando para trás, é ridículo – em ações russas e MLPs, que são empresas de distribuição por dutos. As ações haviam caído 70% e achei que não iam cair mais, mas caíram.

E eram parte do seu portfólio *long*, então não havia *stop*.
Exato.

Em que momento você resolveu pular fora por perceber que estava errado?
Saí duas semanas depois, quando estava 7% abaixo com essas ações. Se tivesse

ficado com aquelas posições mais duas semanas, teria saído só com um pequeno prejuízo. Mas eu não tinha que estar posicionado nelas.

Isso porque essas ações estavam fora do seu escopo?
Exatamente. Não tinham nada a ver com a minha expertise. Foi um trade descuidado. Em vez de esperar uma boa configuração, como um *short* de biotecnologia, enlouqueci comprando essas ações, sobre as quais não sabia nada, só porque haviam caído muito.

Foi a única vez que você se desviou do seu método?
Sim, porque desde então tive disciplina em me aferrar aos meus tipos de trade.

O que você sabe agora que queria ter sabido quando começou?
É melhor ter falta de confiança do que excesso de confiança. Quando era um trader iniciante, pesquisava uma ação e achava que sabia mais que todo mundo. Agora ajo de modo contrário. Parto da premissa de que sou otário e opero como se fosse. Na melhor das hipóteses, minha taxa de sucesso chega a 50% a 70%. Por isso, sempre estou à procura de razões para não estar no trade se não estiver funcionando.

O que faz de diferente quando está em uma fase perdedora?
Continuo operando, mas reduzo o risco por trade. Se em uma boa configuração eu admitisse o risco em 1%, cortaria para 30 pontos-base.

Qual conselho você daria a alguém que quer ser trader?
- Seja persistente. Entenda que o caminho é longo até adquirir um diferencial razoável.
- Conheça seu diferencial e desenvolva um procedimento de trading em torno dele.
- Aprenda com os erros. Analise cada equívoco que cometer até aprender algo com ele; então incorpore o que aprendeu ao processo.
- Ame o trading para suportar os momentos difíceis.

É irônico que trades altamente arriscados – por exemplo, posições compradas em ações de biotecnologia, detidas às vésperas de anúncios de ensaios clínicos, e *shorts* implementados diante de gaps [lacunas no gráfico que ocorrem quando uma ação abre em um ponto muito acima ou muito abaixo do fechamento do dia anterior] de preços no *overnight* desencadeados por anúncios corporativos – sejam um componente-chave da estratégia de redução de risco de Kean.

Uma gestão de risco apropriada abrange dois níveis: o nível do trade individual – a limitação do prejuízo em cada operação – e o nível do portfólio. No nível do portfólio há dois componentes. Primeiro, de forma análoga à dos trades isolados, existem regras para limitar o prejuízo do portfólio como um todo. Essas regras incluem um processo bem definido para reduzir a exposição quando um período de baixa se agrava, ou um percentual definido de prejuízo em que o trading é interrompido. O segundo elemento de gestão de risco no nível do portfólio se refere à composição dele. Posições com alta correlação entre si são limitadas àquilo que é factível. O ideal é que o portfólio inclua posições que não sejam inter-relacionadas ou, melhor ainda, com correlação inversa.

A ideia de montar um portfólio de posições sem correlação e inversamente correlacionadas reside no âmago da filosofia de trading de Kean. Qualquer portfólio somente comprado em *equities* fica cara a cara com o problema da forte correlação entre a maior parte das posições. A maioria do portfólio de Kean consiste em um componente comprado em *equities* (aproximadamente 60% em média, embora esse nível possa variar, a depender da avaliação de Kean em relação ao potencial predominante de retorno/risco do mercado de *equities* como um todo). Kean resolve o problema da alta correlação das posições, inerente a um portfólio comprado em *equities,* com uma estratégia de trading que, no balanço final, tem correlação inversa com as *equities*.

A parcela de trading do portfólio consiste, na maior parte, em operações de curtíssimo prazo e, em menor grau, posições vendidas de mais longo prazo no setor de biotecnologia. A correlação inversa deriva do fato de quase três quartos dos trades de curto prazo, assim como as posições em biotecnologia de mais longo prazo, serem vendidos. Mesmo as posições longas da parte de trading do portfólio não têm correlação com os investimentos comprados em *equities*, porque são *day trades* atrelados a eventos específicos das empresas. Ao combinar dois segmentos inversamente correlacionados, Kean consegue obter a valorização a longo prazo das *equities* sem a típica exposição à baixa de um portfólio comprado em *equities* durante uma fase baixista do mercado.

O método singular de Kean para proteger sua exposição comprada em *equities*, com base no *shorting* de ações de biotecnologia, não é aplicável ou recomendável à maioria dos traders. No entanto, o que é importante para o trader não é o método específico que Kean utiliza para reduzir o risco do portfólio, e sim o conceito de buscar posições sem correlação, ou, de preferência, inversamente correlacionadas. O trader precisa focar em suas operações e prestar atenção em como esses trades combinam em um portfólio.

Kean aplica a gestão de risco no nível dos trades individuais, prática importante a trades curtos, que representam, em tese, um risco ilimitado. Ele aprendeu cedo a importância de limitar o risco nesses trades quando ficou vendido em uma ação em alta parabólica sem um plano para o caso de estar errado. O valor da ação quase duplicou contra ele em questão de dias, provocando um impacto de 10% em seu portfólio – seu maior prejuízo até então. Ele nunca mais repetiu esse equívoco. Em geral, limita o risco a 1% em seus trades de biotecnologia, sua área de expertise, e a apenas 30 pontos-base nos trades que não são de biotecnologia. Além disso, embora Kean não use *stops* protetores em suas posições compradas em *equities*, só entra em ações de capitalização elevada depois de uma considerável retração, limitando ainda mais o escopo de uma queda nessas posições.

Kean tem o rigor de só fazer os trades que se encaixam nos critérios de uma de suas estratégias. No final de 2014, porém, relaxou nessa disciplina. Estava 35% acima desde janeiro, restando apenas um mês para o ano acabar. Ele sentiu que havia adquirido o direito de correr mais riscos, considerando seu colchão de lucratividade. O trade que fez – a compra de um grupo de ações do setor de energia, que havia sofrido forte queda – não tinha nada a ver com sua metodologia padrão. Após duas semanas ele havia perdido 7% de seu lucro do ano todo. É um lugar-comum do trading o relaxamento quando se está indo particularmente bem. Cuidado para não deixar um período de forte performance subir à cabeça.

Notícias importantes, relacionadas aos fundamentos, que resultam em movimentos de preços contrários à expectativa podem muitas vezes representar uma sinalização crítica. O movimento da JD.com depois do anúncio de um acordo com a Google – uma alta inicial, seguida de um fechamento em forte queda – representa um exemplo perfeito desse princípio, uma vez que a ação sofreu uma baixa acentuada no período subsequente.

TRÊS ANOS MAIS TARDE

Notei que em fevereiro/março de 2020, quando tivemos o mercado baixista da covid, você escapou sem muitos danos. Como evitou aquela onda de vendas?
Lembro-me de uma sexta à noite em que Trump deu uma entrevista coletiva admitindo que a covid era um problema. O mercado havia sofrido uma queda livre, mas reagiu fortemente naquele dia, ganhando cerca de 5%. Enquanto o mercado decolava, comprei *puts* o bastante para fazer hedge de toda a minha posição comprada.

Você estava esperando uma reação para fazer hedge?
Estava. Naquele fim de semana o Fed fez uma reunião de emergência e isso me incomodou, porque eu havia acabado de gastar um monte de dinheiro protegendo meu portfólio e então o Fed resolveu cobrir tudo. Mas o que acabou acontecendo de fato foi que o mercado teve uma de suas maiores quedas de um só dia na segunda. Cobri minha posição *put* inteira e ganhei aproximadamente 4% naquele dia, enquanto o mercado caía entre 8% e 10%.

Por que você cobriu seu hedge tão depressa?
Minha tese era de que o mundo iria entrar em *lockdown* dali a algumas semanas e que o mercado chegaria ao fundo quando isso acontecesse.

Notei que abril de 2020 foi um dos melhores meses que você já teve. Aparentemente, você pegou bem no começo o mercado altista que veio logo depois do crash da covid. O que o fez pensar que o primeiro movimento para cima era o começo de uma recuperação sustentada em vez de um mero soluço de um mercado baixista?
Fiquei bastante altista quando o mercado sofreu o crash em março, porque achei que o Fed e o governo iriam jogar tudo que pudessem para manter o sistema funcionando, e foi exatamente isso que acabaram fazendo. Em março, enquanto o mercado caía, eu estava comprando. Durante uma ou duas semanas, perdi dinheiro como todo mundo. Mas o grande lucro que eu havia tido

com meu *put* de hedge no início do mês me permitiu ser mais agressivo e fui acrescentando *longs* progressivamente durante o mês de março. Por isso, já estava fortemente comprado no momento em que o mercado tocou o fundo, no fim de março.

Como sua posição comprada líquida, nesse ponto baixo do mercado, se compara à sua posição comprada líquida normal?
Eu estava comprado cerca de 80% líquidos, que é acima do topo da minha faixa usual, de 40% a 70%.

Neste ano [2022] o mercado está em baixa de mais de 20% desde janeiro, mas você teve uma queda de apenas 6%. Como conseguiu conter tanto os prejuízos?
Durante o primeiro semestre fui tão mal quanto o mercado, mas desde então tenho melhorado. Existem razões para essa performance mais positiva. Realizei alguns lucros na reação do verão. Tive uma ação de aquisição que foi grande vencedora e meu portfólio comprado em biotecnologia foi bem, apesar da fragilidade do mercado.

Houve algum trade que se destacou desde a nossa entrevista original?
As ações de tecnologia que comprei durante o crash de março de 2020 foram uma contribuição de peso para o lucro de 54% que tive naquele ano. Uma posição de opção de compra *out-of-the-money* da JD.com, ação que discutimos em nossa entrevista anterior, foi uma grande vencedora.

CAPÍTULO 11

PAVEL KREJČÍ

O office boy que superou os craques

Quem é Pavel Krejčí [pronuncia-se Crêitchi]? Foi isso que pensei quando vi sua carteira aparecer no top 10 e às vezes no top 5 dos traders da classificação do FundSeeder.com. Trata-se de um site que oferece aos traders análises de performance gratuitas e a possibilidade de criar históricos verificáveis, ligando suas contas de corretagem com o site. (Por questão de transparência, esclareço que sou um dos sócios fundadores e tenho interesse financeiro no FundSeeder.)

Sempre que olhava, a curva de patrimônio de Krejčí apresentava uma tendência de alta constante, praticamente em todos os trimestres. O fluxo de retorno era no estilo Bernie Madoff, mas nesse caso eu sabia que os números eram reais, porque a conta de Krejčí era "verificada". (Por ser uma conta vinculada, os retornos eram enviados por uma corretora respeitada.) Por fim, liguei para Krejčí para conhecer a história por trás de sua incrível performance. Eis o que descobri.

Krejčí vive na República Tcheca. Depois de se formar no ensino médio, fez um ano de serviço militar. Durante dez anos trabalhou como mensageiro de hotel em Praga. Nesse meio-tempo abriu um restaurante, mas manteve o emprego no hotel porque precisava do dinheiro. Foi um período em que dava expediente de 14 horas diárias, entre emprego e empreendimento. O restaurante faliu depois de dez meses. "Eu não sabia gerir pessoas", diz Krejčí, explicando o fracasso da iniciativa.

Quando ainda trabalhava como boy, Krejčí abriu uma carteira de ações com 20 mil dólares, na esperança de iniciar uma carreira de trader. Sua primeira incursão no trading não foi boa. Depois de perder 80% do capital inicial em seis meses, encerrou a conta no fim de 2005. Krejčí passou os seis meses seguintes pesquisando e desenvolvendo uma metodologia. Em meados de 2006 sentiu-se confiante de que havia encontrado uma resposta. Abriu outra conta de ações, com 27 mil dólares, incluindo dinheiro que pegou emprestado do irmão. Em pouco mais de um ano, mais que dobrou sua conta e sentiu-se seguro o suficiente para abandonar o emprego de mensageiro.

Krejčí opera apenas comprado em *equities*. Seu histórico de 14 anos dá de goleada em mais de 99% dos gestores profissionais exclusivamente comprados. Aposto que a frase anterior continuaria exata usando 99,9% em vez de 99%, mas não disponho de dados para confirmar.

Durante os primeiros dois anos e meio após o retorno ao trading (de meados de 2006 até 2008), Krejčí obteve um retorno composto médio anual de 48%. Mais impressionante que o nível de retorno médio anual durante esse período é o fato de que ele lucrou 13% em 2008 operando uma estratégia exclusivamente comprada em *equities* – em um ano em que o índice S&P 500 caiu 37%. Infelizmente, para esses anos Krejčí só dispunha dos extratos anuais. Por isso, não pude incluí-los no cálculo de seus números de retorno/risco.

Nos 11 anos e meio subsequentes, o retorno médio anual composto de Krejčí foi de 35% (contra 13,6% do S&P 500), com uma baixa máxima de apenas 13,2% considerando os números diários (7,0% se considerarmos o número de fim de mês). Sua métrica de retorno/risco é notável: um Índice de Sortino ajustado de 3,6%, um Índice Ganho-Perda mensal de 6,7 e um Índice Ganho-Perda diário de 0,81 (veja o Apêndice 2 para definições e interpretações dessas estatísticas). Esses números de retorno/risco são entre três e sete vezes superiores aos níveis equivalentes do S&P 500. A superioridade de Krejčí sobre o índice da Bolsa britânica seria bem maior se seus primeiros anos tivessem sido incluídos nesses cálculos. O desempenho de Krejčí também foi bastante consistente: ele teve retorno positivo em 93% dos trimestres.

Krejčí se distingue por ter, de longe, a menor conta entre todos os magos que entrevistei. Sua carteira de trading varia, em geral, entre 50 mil e 80 mil dólares. Ele só opera ações de volume extremamente alto; portanto, sua metodologia poderia ser aplicada a um portfólio muito maior. Considerando a liquidez das ações que ele negocia e sua performance excepcional, por que sua carteira é tão pequena? A resposta é simples: Krejčí usa os lucros de seu trading para pagar as despesas do dia a dia. Por isso, embora os retornos tenham sido excelentes de forma constante, ele nunca foi capaz de aumentar o tamanho da conta.

Entrevistei Krejčí durante a pandemia de 2020, que me impediu de viajar para um encontro pessoal. Por isso, a entrevista foi feita pelo Zoom.

Como Krejčí foi capaz de atingir uma performance excepcional usando uma estratégia exclusivamente comprada em *equities*? Esse foi o tema principal do nosso bate-papo.

Sei que você parou de estudar ao terminar o ensino médio. Cogitou entrar na universidade?
Não fui um aluno muito aplicado. É curioso agora, mas me lembro de que o professor de economia no ensino médio disse: "Pavel, você nunca vai trabalhar com nada que tenha a ver com economia." O sistema de notas do ensino médio ia de 1 a 5, sendo 1 a melhor nota e 5 a pior. Tirei 3 em economia. Em matemática, o desastre foi maior: tirei 4. Sabia que na universidade não sobreviveria nem um dia. Não acho que a instrução seja importante no trading; bem mais fundamental é a paixão por aprender a operar.

De onde veio a inspiração para começar no trading?
Quando eu trabalhava no hotel, via muitos homens de negócios lendo *The Wall Street Journal* ou *Financial Times*. Pensava: "Que emprego legal ficar só sentado ali lendo o jornal e dando alguns telefonemas para colocar trades." Achava que viver de trading devia ser uma vida espetacular. É claro que não tinha nenhuma experiência e não conhecia nada. Em 2005 abri uma conta de ações para começar a operar.

Você negociava ações americanas?
Desde o começo negociava ações americanas.

O que você lia para adquirir um pouco de conhecimento sobre os mercados e o trading?
Li alguns livros locais sobre análise técnica. Também li seu primeiro livro da série Os Magos do Mercado Financeiro, que foi traduzido para o tcheco.

Qual era seu método de trading no início?
Não tinha método algum. Se tivesse uma intuição de que uma ação iria subir, comprava. Não usava *stops*, o que era meu maior problema.

Qual era o tamanho da conta?
Vinte mil dólares.

O que aconteceu com essa conta?
Perdi metade do dinheiro e parei de operar. Era um mau trader, mas um problema ainda maior era que usava uma corretora local e pagava 10 dólares por cem ações. Quando você paga uma comissão desse nível, é impossível ganhar dinheiro no trading.

Por quanto tempo você parou de operar?
Fiquei um pouco mais de seis meses sem operar. Poupei um dinheirinho para engordar a conta e peguei emprestados 5 mil dólares com meu irmão, para ter dinheiro suficiente para colocar pelo menos três *day trades* por dia.

Você produziu uma metodologia nesse meio-tempo?
Elaborei. Era semelhante ao método que uso hoje. A maior diferença é que, naquela época, eu não prestava atenção alguma no volume ou na liquidez das ações que operava.

Você ainda estava trabalhando como mensageiro?
Ainda. Esperei até ter um ano inteiro de lucratividade no trading para largar o emprego, o que fiz quase no fim de 2007.

Desde então você se sustenta com os lucros do trading?
Sim, e ganhei um pouco de dinheiro com apostas esportivas no início. Não era difícil bater algumas bancas. Mas, quando percebem o que você está fazendo, expulsam você.

Em quais esportes você apostava?
Em todos. O esporte não fazia diferença alguma.

Qual era o seu método de aposta?
É chamado *sure betting*, uma espécie de arbitragem.

Como a banca recebe uma parte, é possível fazer arbitragem?
Você aposta nos dois lados. Digamos que haja um jogo entre Alemanha e Inglaterra. Eu apostava simultaneamente na Alemanha nas casas de apostas inglesas e na Inglaterra nas casas de apostas alemãs.

Você está dizendo que as probabilidades eram diferentes em cada país, dependendo de quem fosse o favorito?
Isso. Como a maioria das pessoas aposta na própria seleção, as casas têm que ajustar as probabilidades um pouco antes do jogo, reduzindo o prêmio da própria seleção e aumentando o prêmio da outra. Existe uma curta janela de tempo em que a arbitragem é possível – em geral, apenas alguns segundos. É preciso ser rápido para pegá-la. O lucro com as apostas era muito pequeno, mas não tinha como perder. Fiz isso durante um ano e meio, até que pararam de aceitar minhas apostas e fecharam minha conta.

Quanto tempo você levou para desenvolver a metodologia de trading?
Pouco mais de um ano. Na época, ainda tinha o emprego em tempo integral. Passava 16 horas por dia entre o emprego, a pesquisa de ações e o trading.

Você testou métodos que depois descartou?
No início, tentei várias abordagens, inclusive o trading de mais longo prazo, mas concluí que não era da minha natureza reter trades.

O que funcionou para você?
Procurava ações que se movessem muito em um único dia. Analisei gráficos de ações desde 1997 e notei que muitas só tinham uma grande movimentação diária específica quatro vezes por ano. Primeiro fiquei pensando por que isso acontecia. Depois descobri que essas movimentações se deviam aos resultados trimestrais. Notei similaridades no movimento de preços das ações no dia seguinte à divulgação dos resultados, remontando aos primeiros dados de que eu dispunha, que eram de 1997.

Como você opera apenas os resultados trimestrais, imagino que a maior parte do trading esteja concentrada em um pequeno número de dias de operação.
Sim, a maioria dos meus trades ocorre no período de mais ou menos um mês de duração em cada trimestre, quando são divulgados os resultados. Alguns são divulgados fora desses períodos. Diria, então, que meu ano é dividido em quatro meses em que faço a maior parte dos trades, três meses de trading mais leve e cinco meses de foco em pesquisa.

Que tipo de pesquisa você faz?
Repasso os trades anteriores, para ver como poderia ter ido melhor. Tento, por exemplo, responder a perguntas como: teria sido mais bem-sucedido se tivesse segurado o trade por mais tempo?

Você faz as pesquisas de trades manualmente?
Sim. Meu trabalho é 95% de analista e 5% de trader. Não sou um trader frequente. Preciso enxergar uma oportunidade de percentual alto antes de fazer uma operação.

Qual é o tamanho do universo de ações que você acompanha?
Entre duzentas e trezentas.

Essas ações compartilham alguma característica em comum?
São ações com um volume diário muito alto. Nos dias posteriores aos resultados trimestrais, quando opero, o volume médio dessas ações fica entre cinco milhões e dez milhões de ações.

Considerando o tamanho mínimo de seu trading, a liquidez não é um problema. Por que o volume é a característica mais importante?
Muitos anos atrás eu achava que um dia seria capaz de operar uma carteira bem maior. Por isso, parei de operar qualquer ação, passando apenas àquelas com liquidez elevada.

Sua motivação era de que, tendo mais sucesso e sendo capaz de atrair ativos para gerir, você continuaria a usar a mesma metodologia?
Exatamente.

Depois dos resultados, você faz trades comprados e vendidos?
Não, sou só comprador. Nunca fico vendido.

Qual é o percentual de seus trades depois de resultados otimistas em oposição a resultados pessimistas?
Diria que 80% dos meus trades e 90% dos meus lucros vêm de ações em tendência de alta a partir de resultados otimistas.

Você já comprou alguma ação com balanço otimista, mas em tendência de queda?
Já, mas esses trades são raros. Posso comprar uma ação em tendência de queda se pertencer a um setor bem forte, porque nesse caso a tendência da ação importa menos.

Suponho que a lógica para comprar depois de um resultado otimista é que os mercados não precificam plenamente o resultado na abertura e, se o timing de entrada for correto, ainda haverá uma oportunidade de lucro. Mas qual a lógica de comprar depois de um resultado pessimista?
Algumas ações em tendência de queda e que estão muito vendidas podem estar tão sobrevendidas que terão uma reação positiva, mesmo que os resultados trimestrais sejam negativos.

Existem quatro combinações de implicação do relatório e tendência da ação:

1. ação em alta, resultado trimestral otimista
2. ação em alta, resultado trimestral pessimista
3. ação em baixa, resultado trimestral otimista
4. ação em baixa, resultado trimestral pessimista

Você disse que 90% de seus lucros vêm da categoria 1. Por que se incomodar com os trades das outras três categorias?
Os trades da categoria 1 têm o maior retorno sobre risco. O problema é que, entre as ações que sigo, nem sempre é possível encontrar um número suficiente de trades em que a ação esteja em tendência de alta e o relatório seja otimista. Por isso, é necessário reforçar os trades da categoria 1 com trades menos frequentes das outras três categorias.

Ao decidir entrar ou não no trade de uma ação depois de um resultado trimestral, o que você procura olhar?
Tenho gráficos da reação pós-resultado das cotações, remontando a 15 anos atrás, de todas as ações que opero. Observo como as ações se comportaram depois do resultado trimestral quando estavam em alta, quando estavam estagnadas ou em baixa. Os melhores trades são aqueles em que o mercado está andando de lado ou caindo e a ação está em tendência de alta com um resultado trimestral otimista. É nesse momento que se vê a robustez da ação por si só, e não apenas um reflexo de um mercado em ascensão.

Existem outros padrões de preço que você busca?
Sim, as melhores situações são aquelas em que a ação está em tendência de alta e há um recuo antes da divulgação trimestral, porque as pessoas estão com medo daquilo que virá. Se esse resultado trimestral for otimista, a tendência é haver muita compra por parte das pessoas que pularam fora antes.

Existe outro padrão que faz de uma ação uma boa candidata a compra depois de um resultado trimestral?
Existe. Se o último resultado foi pessimista, mais investidores comprados vão fechar posição depois da sua divulgação, porque há o receio de uma recorrência. Quando o resultado trimestral é otimista, muitos desses investidores liquidados serão compradores.

Há outra razão pela qual um resultado trimestral pessimista anterior, combinado a uma alta da ação, é um indicador *bullish*. Em essência, essa combinação exige que a ação seja capaz de retomar a tendência de alta depois de um resultado trimestral pessimista. A capacidade da ação de sacudir a poeira descartando notícias ruins é, por si só, um indicador de compra. O que mais você analisa ao decidir se vai fazer um trade a partir de um resultado trimestral?
Levo em conta perguntas como: em quanto superaram a expectativa de ganhos? Qual foi o tamanho do *short interest*? Qual foi o volume pré-abertura? Qual foi a movimentação de preço pré-abertura?

A decisão de operar ou não depende de a ação ter um percentual mínimo de resposta para a demonstração do resultado?
Sim, é exatamente isso.

Você opera todas as ações do mesmo jeito ou há diferenças na forma de operar ações distintas?
Uso o mesmo tipo de análise para todas as ações. Também tenho um *stop* protetor em todo trade que faço.

Quanto você chega a arriscar em um único trade?
Coloco meu *stop* em torno de 4% a 5% abaixo do preço de entrada.

Você entra com o *stop* na mesma hora em que entra com a ordem?
Coloco o *stop* um segundo depois de fazer o trade.

Você opera o trade no pré-mercado depois da divulgação de um resultado ou espera a abertura oficial?
Espero até a abertura. Mas a atividade do pré-mercado em relação àquela ação é uma das coisas mais importantes que observo. Presto atenção especial nos comentários e na revisão das metas dos analistas que acompanham a ação. Tenho um caderno com tudo que os analistas disseram no passado sobre ela. Quais foram as metas de preço anteriores? Como mudaram as metas de preço? O que estão dizendo agora comparado ao que disseram três anos atrás? Como a ação reagiu a revisões de recomendação dos analistas no passado? Diz o ditado que os analistas estão sempre errados. Sim, de modo geral pode ser verdade, mas, no dia seguinte a um resultado, parte das elevações e dos cortes de recomendação pode ser decisiva na atividade dos preços do mercado.

Você entra na abertura?
Sempre coloco minha ordem na primeira meia hora, momento de maior volume.

Por que você espera para entrar depois da abertura?
Porque na abertura e logo depois dela os *spreads bid-ask* [a diferença entre o preço máximo que os compradores estão dispostos a pagar e o preço mínimo a que os vendedores estão dispostos a vender] podem ser extremamente grandes e o preenchimento pode ser muito ruim. Além disso, preciso esperar que o mercado se acalme antes de colocar meu *stop*. Quando compro e coloco meu *stop* nos primeiríssimos minutos de trading, a chance é muito maior de levar um *stop*, mesmo quando o trade é correto.

Você espera uma queda para entrar ou já fica vendido logo depois da abertura?
Depende do padrão histórico da ação. Ações diferentes se comportam de formas diferentes. Algumas tendem a cair depois da abertura, enquanto outras tendem a subir logo. Por exemplo, com ações em que o resultado anterior foi pessimista, fico comprado pouquíssimo tempo depois da abertura, porque espero que a ação se mova de imediato.

Como você decide quando sair?
Depende da atividade do preço. Às vezes acontece um forte salto da ação no começo do dia, sobretudo no caso de ações com alto *short interest*, e então terei lucro. Mas, quando não há uma reação significativa do preço, costumo esperar até o fechamento para sair.

Quais trades se destacaram como sofridos?
Quando eu estava começando, houve um trade em que perdi 30% do meu patrimônio. Comprei uma ação – nem lembro mais o nome dela. No início, ela subiu, mas então começou a cair. Fiquei achando que ia subir de novo, mas nunca subiu. Não tinha nenhum *stop* nesse trade.

Quanto tempo você segurou a ação?
Segurei por várias semanas. Foi meu maior erro. Depois desse trade, nunca mais retive uma ação de um dia para outro.

Esse foi o momento em que você começou a usar *stops* em todo trade?
Foi. Se não usasse *stops*, meu percentual de trades vencedores seria maior e meus retornos poderiam ser muito semelhantes, mas meus *drawdowns* seriam muito maiores.

Qual porcentagem de seus trades é lucrativa?
Por volta de 65%.

Seus ganhadores são maiores que seus perdedores?
Meu ganhador médio é uma vez e meia maior que meu perdedor médio.

Além de não ter *stop* naquele trade que causou o grande prejuízo, você cometeu outros erros de lá para cá?

Diria que meu maior erro foi não ter sido mais agressivo. O método que uso poderia render mais dinheiro se eu não fosse tão avesso a risco. Quando tinha uma baixa de 15% ou 20%, pulava fora do negócio. Três trades perdedores seguidos doem demais em mim.

Você pula fora qualquer que seja seu rendimento no ano e a sua conta fica quase sempre do mesmo tamanho.
Todo o dinheiro que ganho com o trading é gasto para cobrir as despesas cotidianas. É triste ver minha conta mais ou menos do tamanho de dez anos atrás. Mas é a realidade.

O que aconteceria se você tivesse um ano sem ganhar dinheiro algum?
Se não ganhasse dinheiro algum durante um ano, conseguiria sobreviver. Se não ganhasse dinheiro algum durante dois anos, teria que parar. Seria o fim do trading para mim.

Você é feliz como trader?
Sou. Combina bem comigo. Prefiro atuar por minha conta. Não me sinto à vontade em grandes grupos. Fico feliz pescando, fazendo trilha na mata, cuidando do jardim e operando. São atividades que posso fazer sozinho. Tenho consciência de que sou apenas uma pessoa mediana com uma educação mediana. Anos atrás, quando estava pesquisando o que poderia fazer, sabia que queria encontrar algo em que o sucesso ou o fracasso dependessem só de mim, não dos meus colegas, do meu chefe ou de mais ninguém. Se eu ganhar dinheiro, ótimo; se perder, a falha é minha. O trading é ótimo desse modo. Não se encontram muitas outras atividades em que o sucesso ou o fracasso só dependem de você.

Por que você acredita que se tornou um trader bem-sucedido?
Não sei se sou um trader bem-sucedido, mas se tive algum sucesso é porque odeio perder. Sou bastante dedicado quando estou perdendo. E, quando isso acontece, não consigo focar em mais nada, a não ser descobrir como melhorar o que estou fazendo. Assim, meus períodos de prejuízo acabam sendo benéficos ao meu trading futuro.

Talvez a mensagem mais importante desta entrevista é que é possível ser bem-sucedido ainda que você trabalhe sozinho. Considerando o tremendo crescimento na qualificação do trading nas últimas duas décadas, muitos traders individuais se perguntam se conseguiriam ter êxito. De fato, é bastante razoável questionar como um trader solitário pode competir contra uma legião de firmas de gestão com dezenas de PhDs.

É verdade que a maioria dos participantes individuais do mercado não alcançará o sucesso, no sentido de superar o benchmark relevante, como um investimento passivo no índice da Bolsa – e, por esse critério, tampouco a maioria dos gestores profissionais. No entanto, Krejčí demonstra que o sucesso e uma ótima performance ainda são possíveis para o trader individual. Krejčí não passou do ensino médio, não teve mentores nem capital mínimo. Porém elaborou uma metodologia que atingiu características de performance que superam, de longe, mais de 99% dos gestores exclusivamente comprados em *equities* e fundos de hedge. Também conseguiu sobreviver durante 14 anos apenas com os lucros do trading.

Krejčí optou pelo trading como profissão porque buscava um negócio em que fosse o único responsável pelo êxito ou pelo fracasso. A palavra cirúrgica aqui é *responsabilidade*. Traders vencedores compreendem que são responsáveis por seus resultados. Quando perdem dinheiro, vão dar a você uma das seguintes explicações: ou seguiram a própria metodologia, e o trade perdedor estava dentro da porcentagem inevitável, ou cometeram um erro – falha que assumem integralmente. Trades perdedores, por outro lado, sempre terão uma desculpa por terem falhado. Seguiram o conselho errado de alguém; o mercado estava errado; trades de alta frequência distorceram as cotações, etc. Política à parte, aposto que Donald Trump seria um péssimo trader, porque nunca assumiu a responsabilidade por qualquer erro ou fracasso.

Krejčí dá mais um exemplo de trader que acabou tendo sucesso por ter encontrado uma metodologia que se encaixa em sua personalidade. Ele não ficava à vontade retendo posições de um dia para outro – "Não era da minha natureza", diz. Ao focar em operar ações apenas durante o dia e depois da divulgação de resultados, Krejčí criou uma estratégia que gera retornos significativos, com um risco aceitável, em *day trades*. A lição é que, para ter êxito nos mercados, é preciso encontrar uma metodologia com que você se sinta à vontade para operar. Se algo em seu método o incomoda, você precisa descobrir como mudar.

Uma característica compartilhada por vários traders que entrevistei é a forte dedicação ao trabalho. Para elaborar sua metodologia de trading, Krejčí teve que fazer expedientes de 16 horas, entre o emprego normal e a pesquisa de mercado. Embora seu método resulte em quase nenhuma oportunidade de trading durante cinco meses do ano, ele se dedica em tempo integral aos mercados durante esses meses, usando o tempo parado para continuar com suas pesquisas.

Krejčí atribui seu êxito a longo prazo à forma de reagir aos períodos de prejuízo. Sempre que passa por uma baixa, fica obsessivamente focado na pesquisa que pode levá-lo a aprimorar a metodologia.

Um elemento crucial que permitiu a Krejčí atingir sua excepcional performance de retorno/risco foi a rigidez com que coloca os trades. Krejčí só entra em trades que avalia como de alta probabilidade. Muitos traders poderiam melhorar a performance operando menos – deixando passar trades marginais e esperando por momentos de alta probabilidade.

Embora o diferencial de Krejčí venha da seleção de trades e do timing de entrada e saída, é a gestão de risco que possibilitou a ele continuar a lucrar com sua metodologia. Existem dois ingredientes na gestão de risco de Krejčí. Primeiro, seu método evita o risco da retenção de posições *overnight*. Segundo, ele coloca um *stop* em cada trade, limitando assim o prejuízo em trades individuais. Krejčí explica que, sem *stops*, o percentual de trades vencedores seria maior e os retornos aproximadamente os mesmos, mas os períodos de baixa seriam mais profundos. Como *drawdowns* maiores poderiam ter obrigado Krejčí a abandonar o trading, a gestão de risco foi decisiva para seu êxito de longo prazo.

TRÊS ANOS MAIS TARDE

Lembro-me de que você mora em um vilarejo. Fiquei curioso: as pessoas daí sabem que você está no livro?
Não, aqui não. Acho que não sabem nem mesmo o que faço e, se eu contasse, não fariam ideia do que estou falando. Mas consegui muitos contatos pela internet. O livro mudou a minha vida.

De que maneira mudou a sua vida?
Durante 15 anos trabalhei sozinho em casa e não falava de trading com

ninguém. Depois que o livro saiu, fiz contato com gente dos Estados Unidos, da China, da França, do mundo inteiro. A maioria das pessoas me pedia para ajudá-las a operar, o que era muito complicado, porque eu passava tanto tempo respondendo a perguntas que isso interferia em meu trading. Mas alguns desses contatos se transformaram em amizades e outros em negócios ou negócios em potencial.

Por "negócios" você quer dizer gerir dinheiro?
Isso mesmo.

Há duas grandes diferenças entre gerir contas e operar sua própria conta. Primeiro, a operação é muito maior e, segundo, você está gerindo dinheiro de outras pessoas. Você sentiu dificuldade nessas mudanças?
Senti, é difícil assumir uma posição maior em todo trade. Leva algum tempo. Não é algo que dê para fazer logo de cara.

Difícil mentalmente? Porque, considerando a liquidez das ações que você opera, acho que você pode operar o tamanho que bem entender.
Sim, mentalmente. Não é um problema de liquidez, porque as ações que opero têm muita liquidez.

Embora seus prejuízos tenham se mantido muito bem contidos, com a perda máxima em um ano ficando em um só dígito, seus níveis de retorno foram inferiores, com média apenas um pouco acima de 10% durante os últimos três anos desde a nossa entrevista original. Houve alguma razão para esses retornos inferiores?
Não operei durante quase metade do ano em 2021. Tive covid e fui hospitalizado. Fico muito feliz por ter sobrevivido, mas foi um período complicado. Além disso, minha filha nasceu dois anos atrás. A responsabilidade de ser pai mexeu comigo emocionalmente. Fiquei mais cauteloso em relação à tomada de riscos.

Os retornos mais baixos, então, se devem a esses fatores pessoais, e não a mercados mais complicados?
Os mercados também estavam menos favoráveis para a minha estratégia. Ela não funciona tão bem quando os mercados estão extremamente voláteis.

Isso acontece porque ocorrem oscilações fortes do mercado, que podem ter uma influência dominante sobre as ações específicas que você opera?
Exatamente. Existem períodos em que a volatilidade de todas as ações se deve mais a essas influências que às demonstrações financeiras específicas das ações, que é aquilo com que opero.

Houve algum trade particularmente memorável nos últimos anos?
Como sempre, meus trades são muito chatos. Não tive nenhum grande vencedor ou perdedor. Meus prejuízos são contidos, porque só retenho posições ao longo do dia, o que também limita meus lucros.

Você mudou alguma coisa em seu trading nos últimos anos?
Ao longo do último ano comecei a operar vendido em ações, para encontrar mais oportunidades. Antes só assumia posições compradas.

A estratégia para *shorts* é diferente da estratégia para *longs*?
É análoga, no sentido de que os *shorts* também são colocados depois das demonstrações financeiras. Além disso, assim como com os *longs*, coloco o trade na abertura e liquido no mesmo dia. Há diferenças, porém. Não estou à procura de ações fortes. Procuro, em vez disso, ações fracas, com resultados fracos e gestão decepcionante para o trimestre ou o ano seguinte.

Isso significa que, se você opta por ficar vendido, a ação já está em queda. Basicamente, você está vendendo fragilidade antecipando mais fragilidade.
Sim, as ações que vendo costumam estar em queda de 7% ou mais na abertura. Eu só acompanho a tendência.

Como o sucesso das posições vendidas se compara com o das compradas?
Tem havido muito menos trades com posições vendidas, mas o índice de sucesso tem sido ainda melhor que com as compradas. Talvez seja porque sou mais seletivo do lado vendido. Achei um método que parece funcionar bem. Por isso, ficar vendido é algo em que quero ficar mais. Outra vantagem de operar do lado vendido, que é relevante agora que sou gestor de contas, é que a liquidez na abertura é mais alta quando as ações estão caindo, depois de uma demonstração financeira, do que quando estão subindo.

Por que você não operou do lado vendido antes?
Quando comecei a operar, também operava do lado vendido, até 2009, quando os *shorts* pararam de funcionar por conta de uma tendência forte de alta. Parei de pegar trades vendidos porque só perdia dinheiro. Disse a mim mesmo: "Ok, não sei operar vendido. Simplesmente tenho que aceitar isso."

Você está usando um sistema diferente para operar vendido em relação aos seus primeiros tempos como trader?
Sim, na época usava um sistema muito simples. Desenvolvi o sistema que uso agora para operar *shorts* com base naquilo que aprendi operando do lado comprado.

Você fez pesquisa retroativa do método de venda de *shorts* que está usando agora?
Sim, sempre testo tudo que vou operar remontando a pelo menos dez anos. Descobri que meu método de *shorting* funcionaria bem mesmo quando os mercados estavam em tendência de alta, o que me deu confiança para acrescentar essa estratégia vendida ao meu trading.

Qual a sua atual porcentagem de trades vendidos?
Um pouco menos de 30%.

Você coloca seus trades com um limite ou vai de acordo com o mercado?
Uso uma ordem limite na abertura, quando a liquidez é melhor.

Quer dizer que você não executa mais trades antes da abertura, como fazia às vezes na época da nossa entrevista original?
Isso mesmo.

Essa atitude é decorrente de agora você ser um gestor de contas e ter muito mais preocupação com a liquidez?
Sim, e também porque uso a cotação da abertura em meus testes retroativos. Assim posso testar se teria dado certo caso eu tivesse entrado na abertura. Não sei como seriam esses resultados se entrasse na pré-abertura.

Qual é a mais importante lição que você aprendeu no trading?
Como não perder dinheiro.

Como você não perde dinheiro?
Sempre jogo na defensiva, não jogo no ataque. Não acho que isso seja algo que dê para aprender em um livro ou em um curso. Precisa vir com a experiência.

Quais são as coisas que você faz para não perder dinheiro?
A mais importante é ter uma estratégia de saída. Sempre sei a cotação em que vou pular fora.

CONCLUSÃO

46 lições dos magos do mercado financeiro

Este capítulo resume as lições-chave recolhidas ao longo dos capítulos de *Os magos desconhecidos do mercado financeiro*. Embora cada um dos 11 traders aborde os mercados de maneira única, os insights das entrevistas contêm importantes ensinamentos para todo trader.

Os leitores dos livros anteriores dos Magos do Mercado Financeiro perceberão que há importantes interseções com sínteses semelhantes nessas obras. É uma observação que causa pouca surpresa, já que os conselhos dos grandes traders refletem verdades básicas do mercado, que não variam conforme a metodologia ou a época. Algumas das ideias abaixo, porém, são restritas a este livro.

1. Não existe um caminho único

Não há uma fórmula única para ter êxito nos mercados. Os caminhos percorridos pelos traders entrevistados para atingir suas performances excepcionais são múltiplos. São métodos que vão do fundamentalista ao técnico, passando por uma combinação de ambos ou nenhum dos dois. Os períodos de retenção dos trades variam de minutos a meses. O sucesso no trading não é uma questão de achar o método *correto*, e sim o *método correto para você*. Ninguém pode lhe dizer qual método é esse, quem tem que descobri-lo é você.

2. Encontre um método compatível com a sua personalidade

Mesmo as melhores metodologias darão resultados pífios se não forem consistentes com suas crenças e sua zona de conforto. Para ter êxito, o trader precisa encontrar a própria abordagem do mercado. Alguns exemplos:

- Dhaliwal começou usando métodos técnicos. Sentiu-se pouco à vontade com essa abordagem, uma vez que não compreendia por que ela deveria dar certo. Por isso, não tinha nenhuma confiança de que continuaria a ter êxito no futuro. Dhaliwal teve enorme sucesso quando passou a usar os fundamentos – método que dava a ele uma compreensão muito clara de por que as cotações mudavam de patamar.
- Camillo não teve interesse nem pela análise de fundamentos nem pela técnica. Por isso, criou uma terceira categoria de análise do mercado, a arbitragem social – tirando proveito da identificação de transformações sociais ou tendências que impactassem uma ação e ainda não estivessem refletidas no preço da ação.
- Krejčí não se sentia à vontade retendo posições da noite para o dia. Lidou com essa forte aversão pessoal ao risco do *overnight* desenvolvendo uma estratégia que gerasse retornos significativos, com um risco aceitável, em *day trades*.

A lição que se pode tirar até aqui é: para ter êxito nos mercados você precisa encontrar uma metodologia com a qual se sinta confortável para operar.

3. Talvez seja preciso mudar de método até achar o certo

Richard Bargh começou como trader técnico, passou para o método de fundamentos e por fim descobriu que combinar a análise de fundamentos com um *input* técnico funcionava melhor para ele. Se Parker não tivesse a flexibilidade de alterar radicalmente seu método de trading – chegando ao ponto de passar de sistemas de *momentum* para o exato oposto, sistemas de reversão à média –, nunca teria sobrevivido, que dirá continuado a lucrar como trader.

4. Faça um diário de trading

Criar um diário é uma das ferramentas mais eficazes que o trader pode utilizar para evoluir. Um diário tende a proporcionar dois tipos essenciais de informação: o que o trader está fazendo de certo e o que está fazendo de errado.

Vários traders entrevistados (Bargh, Sall, Dhaliwal) ressaltaram o papel decisivo de fazer um diário detalhado para seu aperfeiçoamento. Além de documentar as razões dos trades e as decisões certas e equivocadas a eles associadas, o diário pode ser útil no registro de observações emocionais. Bargh, por exemplo, anota pensamentos e sentimentos diariamente, para identificar pontos fracos em seu mindset e monitorar como muda com o passar do tempo.

5. Classifique os trades

Dividir os trades em categorias, conforme o tipo, pode ser valioso para determinar o que dá certo e o que não dá. Embora os traders sistemáticos possam fazer testes retroativos de tipos de trade definidos, os traders discricionários precisam registrar o tipo de operação e o desfecho tal como ocorreram. Brandt lamenta não ter registrado os resultados por tipo de trade. Ele acredita, por exemplo, que os trades que não estavam em sua lista semanal de monitoramento tiveram, no balanço geral, pior desempenho, mas não tem como saber se essa suposição é real.

6. Conheça seu diferencial

Caso você não saiba qual é seu diferencial, talvez seja porque não tem nenhum. Conhecer seu diferencial é muito importante para identificar os trades em que deve focar. Com a ajuda de seu detalhado diário de trading, Dhaliwal pôde estudar as características de suas maiores vitórias. Descobriu que eram trades que compartilhavam vários denominadores comuns: a presença de um evento inesperado no mercado, a harmonia entre as visões de curto e longo prazos e uma tendência do trade a dar certo de imediato. A conscientização para esse tipo de trade, responsável pelo grosso de seus ganhos – ou seja, o conhecimento de seu diferencial –, foi um ingrediente precioso para a performance brilhante de Dhaliwal. Ele aconselha: "Mantenha-se no âmbito do seu diferencial, jogando o seu jogo, e não o dos outros."

7. Aprenda com os erros

É dessa maneira que o trader se aprimora. Talvez o mais valioso benefício de um diário seja facilitar a identificação de erros de trading. Revisar o diário com regularidade pode servir ao trader como lembrete dos erros passados e, assim, reduzir a repetição deles. Sall usou o diário para identificar um erro que cometia depois de períodos vitoriosos. Percebeu que vinha fazendo seguidos trades inferiores após fases de alta lucratividade. Deu-se conta de que, por ter origem na classe trabalhadora, os trades inferiores eram uma espécie de autossabotagem para "voltar a ter os pés no chão". Tendo reconhecido o problema, Sall foi capaz de evitar que se repetissem.

Dhaliwal percebeu, por meio do diário, que a desarmonia emocional que estava sentindo podia ser rastreada pelos trades que apresentavam um conflito entre suas visões de curto e longo prazos. Quando Dhaliwal tinha um trade de prazo mais longo mas identificava uma oportunidade de trade de curto prazo no sentido oposto, acabava não operando nenhum dos dois de forma eficiente. Ao reconhecer a fonte desse erro, ele resolveu o problema separando os dois trades conflitantes: mantinha o trade de longo prazo e negociava em separado a oportunidade de curto prazo.

8. O poder das estratégias assimétricas

A maioria dos traders entrevistados tem históricos caracterizados por expressivos lucros – às vezes muitíssimo maiores – bem mais frequentes que grandes prejuízos. Esses traders obtiveram perfis de retorno positivamente distorcidos usando estratégias assimétricas de trading. O "rei da assimetria" é Amrit Sall, que teve 34 dias de retorno superior a 15% (três dias superiores a 100%) e apenas um dia com perda de dois dígitos (esse prejuízo foi causado por uma falha do computador). Sall espera trades vinculados a eventos em que ele pode esperar uma mudança de preço imediata e significativa, e sai do trade rapidamente caso a reação esperada do mercado não se concretize. O ganho médio nesses trades é bem maior que o prejuízo médio.

Outro exemplo é Neumann, que se concentra na identificação de oportunidades de trading com potencial para ser o que Peter Lynch batizou de *tenbagger* – investimentos cuja cotação se multiplica por dez. Ele usa *breakouts* de linhas de tendência para entrar no trade e liquida-os de imediato caso não haja continuidade no preço da ação.

9. A gestão de risco é crucial

Não importa quantas vezes você já tenha ouvido falar sobre isso, mas, quando todo trader bem-sucedido ressalta quão crucial a gestão financeira é, é melhor prestar atenção. Claro, a gestão financeira não é tão sexy quanto criar estratégias de entrada nos trades, mas é essencial para sobreviver, e ainda mais para brilhar. Vários elementos de gestão de risco afloraram nas entrevistas:

- **Controle de risco de posições individuais** – É impressionante como vários dos traders entrevistados tiveram o maior prejuízo em decorrência da falta de um *stop* protetor. O prejuízo de Dhaliwal – o trade que ele fez em resposta a uma reportagem equivocada do *Financial Times* – foi tão grande porque ele não tinha um *stop*. O pior prejuízo de Sall, que ocorreu quando seu PC parou de funcionar de repente em um momento crucial, se deveu também à falta de *stop*. Kean aprendeu a importância de limitar o risco em trades individuais no início da carreira, quando ficou vendido em uma ação em alta parabólica sem um plano para o caso de estar errado. O preço da ação quase duplicou em questão de dias, resultando em um impacto de 10% em seu portfólio – o maior prejuízo que já teve. Em todos os três casos, foram experiências que levaram os traders a usar *stops* religiosamente. Eles nunca mais cometeram o mesmo erro. Outro exemplo de transformação de um trader em relação ao controle de risco é Shapiro, que por duas vezes detonou carteiras de mais de meio milhão de dólares e nunca mais entrou em um trade sem uma saída predeterminada.
- **Gestão de risco no nível do portfólio** – Limitar o prejuízo em trades individuais é importante, mas não o bastante para um controle de risco apropriado. O trader precisa se preocupar também com a correlação entre suas posições. Quando posições diferentes têm uma correlação significativa, o risco do portfólio pode ficar elevado de forma inaceitável, ainda que cada posição tenha a proteção de *stop*, porque os diferentes trades tenderão a perder dinheiro juntos. Shapiro lida com o problema do excesso de posições correlacionadas de duas formas: reduz o tamanho das posições individuais e procura agregar trades inversamente correlacionados ao portfólio existente.

A ideia de montar um portfólio de posições não correlacionadas e inversamente correlacionadas é o cerne da filosofia de trading de Kean. Qualquer portfólio comprado com exclusividade em *equities* enfrenta o problema da alta correlação entre a maioria das posições. Cerca de 60% do portfólio de Kean consistem em um componente comprado em *equities*, que, por definição, conterá posições de alto nível correlacionadas entre si. Kean ataca esse problema combinando essa porção do portfólio com uma estratégia de trading que cria um equilíbrio por ser inversamente correlacionada com as *equities* compradas, já que a maioria desses trades é vendido.

⚡ **Gestão de risco com base no patrimônio** – Mesmo quando a gestão de risco é aplicada tanto no nível das posições individuais quanto no nível do portfólio como um todo, períodos de baixa do patrimônio podem exceder níveis aceitáveis. O controle de risco com base no patrimônio é feito cortando o tamanho das posições ou interrompendo o trading quando o *drawdown* atinge limiares específicos. Dhaliwal corta o tamanho de sua posição pela metade quando um *drawdown* ultrapassa 5% e corta de novo pela metade se exceder 8%. Quando a baixa alcança 15%, Dhaliwal para de operar até se sentir pronto para retomar o trading.

Controles de risco com base no patrimônio também podem ser aplicados em termos nominais em vez de percentuais. Embora ambos sejam equivalentes, um limite de risco com base nominal pode ser um conceito mais útil, sobretudo quando se inicia uma carteira nova. Um controle de risco que recomendo ao abrir uma nova conta de trading é quanto você está disposto a perder antes de interromper a operação. Se você abrir uma conta de 100 mil dólares, por exemplo, pode querer arriscar 15 mil dólares antes de liquidar todas as posições e parar de operar. Existem três razões pelas quais esse tipo de atitude em relação ao risco faz sentido:

1. Caso atinja o limite de risco de sua conta, você está fazendo algo que não funciona. Por isso, faz sentido parar de operar e reavaliar a metodologia.
2. Se você está em uma fase perdedora, é melhor dar um tempo e voltar assim que se sentir pronto e inspirado de novo.
3. Antes de começar a operar, você precisa determinar quanto está disposto a perder, porque essa atitude impedirá que você perca

todo o capital de risco em uma tentativa fracassada. Esse método é poderoso porque, no fundo, é uma estratégia assimétrica (cujas vantagens foram discutidas no item 8): você não pode perder nada além da quantia que definiu como linha de corte de risco, enquanto do lado do lucro não há limite.

10. Escolha *stops* que façam sentido

Um importante argumento de Dhaliwal é que os *stops* protetores devem ser colocados em um nível que refute sua hipótese de trading. Não determine o *stop* pelo que você está disposto a perder. Se um ponto de *stop* significativo representa excesso de risco, significa que sua posição é grande demais. Reduza o tamanho da posição de modo a poder colocar o *stop* a um valor a que o mercado não chegue caso sua ideia esteja correta, mas, ao mesmo tempo, limitando a eventual perda desse *stop* a uma quantia dentro da sua tolerância ao risco.

11. Não é preciso esperar que o *stop* seja atingido

O objetivo do *stop* é limitar seu prejuízo máximo a uma soma predeterminada em um trade. No entanto, como aconselha Bargh, não é preciso esperar que o *stop* seja atingido. Quanto mais tempo um trade tiver uma perda aberta, mais você deve cogitar liquidá-lo, ainda que o ponto de *stop* não tenha sido alcançado. Bargh acredita que o dinheiro economizado nesses trades antes do *stop* compensa os lucros desperdiçados quando a ação se recuperar depois.

12. A regra do fechamento às sextas de Brandt

Brandt liquida qualquer trade que apresente um prejuízo aberto no fechamento às sextas. Essa regra é um exemplo da política de Bargh de não esperar que o *stop* seja atingido em trades que ficam para trás (item 11). O raciocínio de Brandt é que o fechamento às sextas é o mais importante da semana, porque é o preço pelo qual todos os detentores de posições se comprometem a assumir o risco de reter uma posição no fim de semana. Ele acredita que um prejuízo aberto em uma posição, no fechamento da sexta-feira, tem consequências negativas para o trade. O trader pode experimentar aplicar (ou simular) a regra de Brandt para observar se, na soma geral, a redução dos prejuízos nos trades afetados compensa os lucros desperdiçados.

13. Não especule com prejuízos

A pior perda de Brandt ocorreu quando ele ficou comprado em petróleo bruto ao estourar a Primeira Guerra do Golfo, assim que o mercado abriu bem abaixo do ponto de *stop* pretendido na manhã seguinte. Quando perguntei se, nesses casos, ele pode retardar a saída, Brandt respondeu: "Quando você especula com um prejuízo para ter menos prejuízo, acaba tendo mais prejuízo." Esse foi de fato o caso nesse trade, pois o mercado continuou naufragando. Não tenho dúvida de que a advertência de Brandt é um bom conselho em geral.

14. Traders vencedores têm uma metodologia específica

O bom trading é a antítese do método "mais rápido no gatilho". Todos os traders entrevistados tinham uma metodologia precisa, que deve se basear no aproveitamento de trades que ganhem com o diferencial (item 6) combinado a uma gestão de risco adequada (item 9).

15. Fique só com os trades definidos por sua metodologia

É comum que os traders caiam na tentação de realizar operações fora da sua esfera de expertise. Um desses exemplos ocorreu quando Kean relaxou na disciplina. Em um ano em que estava faturando alto, e restando apenas um mês para terminar, ele se arriscou a comprar um grupo de ações de empresas de energia porque o setor estava em forte queda. Era um trade que não tinha nada a ver com sua metodologia padrão. Esse movimento impulsivo custou-lhe 7% até que ele resolveu liquidá-lo, duas semanas depois. Evite a tentação de fazer trades que não tenham elo com a sua metodologia.

16. Sua metodologia pode ter que mudar

Os mercados mudam. Com o passar do tempo, até uma metodologia eficiente pode exigir alterações. No início da carreira, Dhaliwal tinha uma estratégia de trading eficaz: uma entrada rápida, acompanhando as manchetes e buscando captar a reação inicial do mercado ao noticiário. No entanto, o surgimento de algoritmos que executam esses trades com mais rapidez que qualquer ser humano acabou por tornar inviável a estratégia. Dhaliwal adaptou-a para fazer praticamente o trade oposto: apostar contra as reações iniciais às notícias. À medida que sua carreira avançou, ele focou em pesquisa de fundamentos e trades de mais longo prazo.

Brandt é outro exemplo de trader que teve que modificar sua estratégia. Ele entrava com base em padrões clássicos de análise de gráficos. No entanto, muitos dos padrões que antes eram confiáveis deixaram de ser. Brandt reagiu reduzindo de maneira significativa o número de padrões gráficos usados como sinalizações de entrada.

17. Caso não esteja à vontade com algum aspecto de sua metodologia, mude-a

Se existe algo em seu método que o incomoda, é preciso descobrir o motivo e mudá-lo. Bargh sentia incômodo com a estratégia de saída porque em alguns momentos tinha que devolver uma parte substancial dos grandes lucros abertos em um trade. Essa sensação de desconforto fez Bargh alterar sua estratégia de saída de modo a evitar esse problema.

18. A forma de implementar uma ideia de trade é decisiva

Um dos trades mais vitoriosos de Bargh foi uma aposta de que o Brexit iria vencer o plebiscito. O trade óbvio para lucrar com uma aprovação surpresa era ficar vendido na libra esterlina. O problema com essa forma direta de expressar uma aposta na vitória do Brexit era que a libra passou a oscilar à medida que os resultados de cada região eram divulgados. Ao ficar vendido na libra, o risco era sofrer um *stop*, com um prejuízo importante caso o timing do trade fosse ligeiramente errado.

Bargh raciocinou que, se o Brexit fosse aprovado, haveria uma mudança da psicologia do mercado sobre operações sem risco, como a compra de títulos do Tesouro americano. A vantagem de ficar comprado em T-bonds contra ficar vendido em libras esterlinas é que os T-bonds eram bem menos voláteis, e portanto, se o trade estivesse correto, sofrer um *stop* seria menos provável; se estivesse errado, o prejuízo seria menor. Essa posição indireta, comprada em T-bonds, era uma maneira de expressar a ideia de trade com um retorno/risco muito melhor. A lição é que nem sempre a forma direta de implementar uma ideia de mercado é a abordagem mais apropriada.

19. Aumente as posições em trades de alta convicção

Não escolha o mesmo tamanho de posição ou o mesmo risco em todo trade. Assumir posições bem maiores em trades de alta convicção é um fator essencial que está por trás dos incríveis retornos atingidos por alguns dos traders entrevistados. Sall, por exemplo, é agressivo no tamanho das posições nos trades que considera combinarem uma elevada assimetria positiva com uma alta probabilidade de êxito. Neumann pisa no acelerador quando tem uma convicção bastante alta em um trade. No caso da AuthenTec, ele tinha mais de um terço de toda a sua carteira nessa única posição.

Para efeito de esclarecimento, o que se está aconselhando é assumir posições maiores em trades de alta convicção, e não assumir posições elevadas (em relação ao patrimônio) que Sall e Neumann aceitam quando enxergam atraentes possibilidades de mercado. Os dois são traders bastante talentosos, que têm uma taxa de sucesso elevada nos trades de forte convicção e são rápidos para liquidar os trades que se movem no sentido oposto ao que esperam.

Para a maioria dos traders comuns, assumir posições elevadas, qualquer que seja o grau de confiança, é arriscado como proposta.

20. Não opere posições tão grandes que tornem o medo um fator dominante

Quando o trade é grande demais, o medo leva a decisões equivocadas. Em seus primeiros anos na área, Bargh achou que deveria operar posições cujo tamanho excedia seu nível de conforto. Em consequência, deixou passar muitas oportunidades boas de trading. Não existe contradição entre este conselho e o conselho do item anterior, que indicava assumir posições maiores que o normal em trades de alta convicção. E, mesmo nesse caso, a posição não pode ser tão grande que faça o medo interferir no processo de decisão.

21. Se estiver "torcendo" pelo êxito do trade, pule fora

Caso se flagre na esperança de que um trade dê certo, você está sofrendo de falta de convicção. No início da carreira, quando Sall fazia trades com base em métodos técnicos, se pegou torcendo para que funcionassem bem. Seu desconforto em relação a esse sentimento convenceu-o de que o trading técnico era o método errado para ele.

Em outro caso, Sall colocou posições máximas em três mercados altamente correlacionados, com base em uma ideia de trading secundária. Quando o gerente de risco perguntou o que estava fazendo, Sall se deu conta de repente de que estava *esperançoso* no êxito da posição tríplice. Relembrando essa experiência, Sall afirmou: "No mesmo segundo em que percebi que estava torcendo e não mais operando, liquidei tudo."

Se estiver torcendo para um trade dar certo, está apostando e não operando.

22. Não opere com base em recomendações alheias

Você precisa operar a partir de sua metodologia e suas próprias decisões. Trades que têm por base recomendação de outros tendem a acabar mal, ainda que o conselho seja correto. Brandt, por exemplo, perdeu dinheiro em um trade recomendado por um operador do pregão para quem o mesmo trade deu bons resultados. Brandt não havia percebido a diferença de períodos de retenção entre ele e o operador. O trade que Camillo mais lamenta foi ter liquidado, com prejuízo, dois terços do que acabaria se mostrando uma excelente posição porque se deixou influenciar por opiniões conflitantes do mercado.

23. Faça a distinção entre decisões e resultados de trade

Muitos operadores avaliam equivocadamente o próprio trading com base apenas no resultado final. Quando lhe pedi para relatar seu pior trade, Bargh descreveu um trade de posição dupla que resultou apenas em um pequeno prejuízo. Ele experimentou uma perda rápida e grande, mas não teve coragem de liquidar as posições. Hesitou e o trade recuperou-se parcialmente. Bargh usou essa reação como oportunidade para liquidar suas posições, saindo apenas com um prejuízo moderado. Logo depois de liquidar, o mercado moveu-se com violência contra suas posições originais. Embora a incapacidade inicial de Bargh de pular fora do trade perdedor tenha sido benéfica, ele percebeu que havia cometido um enorme erro de trading e que tivera apenas sorte. Caso o mercado não tivesse passado por aquela efêmera recuperação, seu grande prejuízo inicial teria se tornado um desastre.

Bargh foi capaz de fazer a distinção entre o resultado – um prejuízo pequeno – e a decisão – uma incapacidade de agir que poderia ter se transformado em uma perda que ameaçaria a existência de sua conta. A questão é que às vezes trades vitoriosos (ou que deram pequeno prejuízo, como foi o caso) podem ser ruins. Da mesma forma, trades perdedores podem ser bons caso o trader tenha sido fiel a uma metodologia que, no balanço geral, é lucrativa com um razoável controle de risco.

24. A taxa de retorno/risco dos trades é dinâmica

Dhaliwal argumenta que os trades são dinâmicos e que os traders precisam se ajustar de acordo com as estratégias de saída. Quando um trader estabelece uma meta de lucro e um *stop* ao iniciar uma operação, e o trade atinge 80% da meta, o retorno/risco nesse momento será bem diferente do que era quando a operação foi implementada. Em situações assim, o plano de saída original deixa de fazer sentido. Quando um trade caminha de forma significativa a seu favor, cogite apertar o *stop* ou realizar lucros parciais, ou ambos.

Brandt deu o nome de "trades-pipoca" às operações em que se chega a ter lucro e se retém a ação até ela voltar ao valor original. Ele evita trades-pipoca combinando a realização de lucros com a adoção de *stops* mais rígidos – método que reconhece e reage à natureza dinâmica dos trades.

25. As emoções humanas são nocivas ao trading

Emoções e impulsos humanos muitas vezes levam os traders a agir de maneira errada. Como disse Brandt, "sou meu pior inimigo". Os três próximos itens detalham diferentes categorias de atitudes com base em emoção que impactam o trading de forma adversa.

26. Proteja-se contra trades impulsivos

São, por definição, emocionais, e trades emocionais tendem a ser perdedores.

Cuidado para não se apaixonar por um trade não planejado. A maior perda de Neumann (em termos percentuais) ocorreu no início da carreira, quando ele se desviou de uma estratégia que estava gerando retornos consistentes para comprar de forma impulsiva uma ação que subia rapidamente com base em uma história otimista. Esse trade isolado resultou em um prejuízo de 30% em um único dia.

27. Trades motivados por ganância costumam acabar mal

Esse desejo faz com que operadores realizem trades marginais ou coloquem posições grandes demais, ou ambos. O pior prejuízo de Bargh no trading foi consequência de ganância. No início ele se posicionou fortemente vendido no euro, com base em comentários de Mario Draghi, presidente do Banco Central Europeu, durante uma entrevista coletiva. Essa posição inicial era compatível com a metodologia de Bargh. Em seguida, porém, ele ficou comprado de modo expressivo nos títulos alemães Bund – posição correlacionada com o trade original, mas que não se justificava, já que os comentários de Draghi só diziam respeito ao euro. Bargh admite que duplicou sua exposição, comprando os Bund por pura influência da ganância. Então ambas as posições se voltaram contra ele. No momento em que liquidou, Bargh havia perdido 12% no dia – o pior prejuízo diário que já sofreu –, sendo que a maior parte da perda veio da posição comprada em Bund adicionada de forma impulsiva.

O trader precisa ter consciência de quando a ganância, e não a aplicação da própria metodologia, é o motivador de um trade. Esse tipo costuma acabar mal.

28. Cuidado com a compulsão a recuperar um prejuízo no mesmo mercado

Quando o trader, sobretudo o iniciante, perde dinheiro em um mercado, tem o instinto de tentar recuperá-lo no mesmo mercado. Esse impulso, motivado talvez por um desejo de vingança ou de compensar o prejuízo do trading anterior, leva a trades induzidos pela emoção, que são vulneráveis a desfechos negativos.

A experiência de John Netto em 17 de março de 2003, quando George W. Bush deu um ultimato para que Saddam Hussein saísse do Iraque, é um exemplo clássico do perigo de tentar recuperar um prejuízo no mesmo mercado. De início, Netto ficou vendido no S&P 500 quando abriu em baixa naquele dia, antevendo uma queda mais forte. Abruptamente, ocorreu uma reviravolta e Netto sofreu um *stop* com uma perda forte em um único trade. Se não tivesse ocorrido mais nada, teria sido apenas um dia ruim como qualquer outro. Porém, como um cachorro que não larga o osso, Netto fez seguidos *shorts* no mercado. Ao fim do dia, havia ficado vendido cinco vezes e sofrido cinco *stops*, quase multiplicando por cinco o prejuízo original e zerando o lucro do ano inteiro.

29. O estrago real de um trade ruim

Muitos traders não se dão conta de que o maior estrago de um trade ruim muitas vezes não é o prejuízo propriamente dito, e sim os lucros desperdiçados em bons trades futuros que deixam de ser realizados por conta do efeito desestabilizador daquele momento ruim. Um dia depois do pior prejuízo que Bargh sofreu em decorrência do trade induzido por ganância detalhado no item 27, o Banco da Inglaterra passou a adotar um viés de alta. Era o tipo de evento que rendia a Bargh as melhores oportunidades de lucro. Porém ele ainda estava muito abalado pelo prejuízo de 12% na véspera para "puxar o gatilho" naquele trade. O mercado fez o grande movimento que Bargh anteviu, mas ele não estava no trade. A lição é que o custo de um erro muitas vezes excede o prejuízo direto do trade realizado – razão a mais para evitar equívocos (perdas decorrentes de quando o trader viola suas próprias regras).

30. Não saia da posição inteira ao atingir a meta de lucro

Com certa frequência, movimentos de preços do mercado se estendem muito além da meta de lucro do trade. Portanto, em vez de liquidar a posição inteira na meta de lucro, o trader precisa pensar em reter um pedaço minoritário da posição, elevando os *stops* protetores. Dessa forma, mantém a oportunidade de lucrar bem mais caso ocorra um movimento de mais longo prazo no sentido do trade, enquanto coloca em risco apenas uma pequena parte do lucro, se houver uma reversão do mercado.

Bargh tem lucros quando o mercado atinge a meta de preço. No entanto, depois de garantir os lucros no trade, ele costuma conservar de 5% a 10% da posição, que pode reter à espera de um movimento de preço mais prolongado. Dessa forma, Bargh pode acrescentar alguns pontos percentuais ao trade com risco mínimo.

31. Euforia ou pânico, liquide ou alivie

Movimentos de preços em parábola, em qualquer direção, tendem a terminar de forma abrupta e aguda. Caso esteja do lado certo de um trade desse tipo, considere realizar os lucros parcial ou totalmente enquanto o mercado caminha quase no sentido vertical a seu favor. A saída de Neumann do trade na Spongetech é uma ilustração perfeita desse princípio.

32. Defenda-se da complacência e do trading desleixado depois de fases vitoriosas

Muitos traders passam pelas piores performances depois de períodos em que se saíram excepcionalmente bem. Por quê? Porque as fases vitoriosas geram acomodação e a acomodação leva ao trading desleixado. Quando a conta atinge novos patamares quase todos os dias e os trades dão certo, o trader tende a ficar menos cuidadoso na execução da metodologia e mais displicente na gestão de risco. Vários traders entrevistados passaram pela experiência de ter uma performance desastrosa logo depois de um bem-sucedido desempenho:

- O primeiro ano de prejuízo de Brandt, a partir do momento em que se tornou trader em tempo integral, ocorreu em seguida a sua melhor temporada no trading.
- Depois de excelentes seis meses iniciais, Sall caiu na armadilha da complacência. Em suas palavras: "Fiquei arrogante e relaxei a disciplina." Nesse período ele colocou posições limítrofes em três mercados com alta correlação em um trade secundário – atitude que poderia ter resultado em um forte prejuízo não fosse pela intervenção rápida do gerente de risco.
- Quando perguntei a Bargh sobre sua baixa performance na primeira metade de 2018, ele explicou: "Tive um 2017 muito bom e entrei em 2018 com o mindset de que podia forçar. Estava correndo risco demais."

Moral da história: quando tudo está indo muito bem, permaneça em alerta.

33. A flexibilidade de mudar de opinião é uma qualidade, e não um defeito

Acho irônico que alguns dos seguidores de Brandt no Twitter o critiquem por mudar de opinião sobre o mercado – coisa que faz com frequência. É um ponto de vista equivocado. A flexibilidade de mudar de visão é essencial para o êxito como trader. Se você for rígido em sua atitude de mercado, precisa errar apenas uma vez para dizimar a carteira. O lema de Brandt é "Opiniões firmes, sustentação frágil". Conclusão: você deve ter uma convicção sólida ao entrar em um trade, mas deve ser rápido ao abandonar essa posição caso o trade se movimente contra você.

34. Trades desperdiçados podem ser mais sofridos e mais dispendiosos que os perdedores

Desperdiçar uma grande oportunidade de lucro pode impactar sua lucratividade no trading tanto quanto múltiplos prejuízos. Bargh deixou escapar uma enorme chance de ter lucro por causa de incumbências bancárias durante o horário de trading. Uma das principais causas de desperdício de trades é o impacto desestabilizador provocado por operações ruins (ver item 29).

35. Qual a melhor atitude a tomar quando estiver fora de sintonia com os mercados?

Quando você estiver em uma fase perdedora e tudo que fizer parecer estar errado, a melhor atitude pode ser parar de operar temporariamente. Prejuízo traz prejuízo. Dar um tempo pode funcionar como um *circuit breaker*. Bargh diz que, quando fica desestabilizado por uma experiência de trading, "tira uma folga, faz exercícios, entra em contato com a natureza, se diverte".

Brandt tem outra resposta sobre o que fazer quando está fora de sintonia com os mercados. Corta o tamanho do trading – medida que limita o *drawdown* durante um período negativo.

O método de Dhaliwal para lidar com períodos perdedores combina as duas abordagens acima. Quando está em um período de baixa que excede 5%, ele corta sua posição pela metade. Quando supera 8%, ele corta pela metade de novo. Quando alcança 15%, ele faz uma pausa por completo no trading.

A ideia subjacente, em todas as abordagens acima, é que, se você está em uma fase perdedora, precisa cortar o risco – seja parando totalmente de operar, seja reduzindo o tamanho da posição.

36. Reações inesperadas do mercado ao noticiário

Uma resposta inesperada do mercado ao noticiário pode ser uma sinalização de trade muito valiosa. É um conceito que surgiu de forma recorrente ao longo das entrevistas. Alguns exemplos:

- Dhaliwal contou a história de um trade com dólar australiano em que sua visão dos fundamentos coincidia com um gráfico de *breakout* para baixo. Um relatório de nível de emprego foi divulgado naquele dia e todos os dados eram bem otimistas. De início, o mercado reagiu da forma esperada. Mas essa reação arrefeceu e os preços caíram abaixo do nível mínimo de um trading de longo prazo. A combinação de um relatório bastante otimista com uma reação do mercado muito pessimista convenceu Dhaliwal que o mercado ia sofrer forte queda, o que de fato aconteceu.
- O pior prejuízo de Brandt ocorreu em um dos exemplos mais radicais de uma reação do mercado contrária à expectativa. Ele estava comprado em petróleo bruto no início da Primeira Guerra do Golfo quando a notícia do estouro da guerra saiu após o fechamento do mercado. O bruto foi negociado entre 2 e 3 dólares mais alto naquela noite no Kerb (mercado *after-hours* em Londres). Na manhã seguinte, porém, o petróleo bruto abriu 7 dólares abaixo do fechamento de Nova York – uma oscilação de 10 dólares em relação ao nível da noite anterior. Essa reação extrema de baixa ao noticiário pessimista serviu de sinalização para uma queda mais prolongada do mercado.
- Os repetidos prejuízos de Netto ficando vendido no S&P 500 no dia em que George W. Bush lançou um ultimato para que Saddam Hussein renunciasse (detalhados no item 28) foram consequência de sua incapacidade de reconhecer o significado da reação inesperada do mercado à notícia.
- Kean ignorou um movimento de preços inesperado clássico em seu maior ativo, a JD.com. Depois do anúncio de um acordo com a Google,

a JD.com reagiu no início, mas logo em seguida houve uma reversão e fechou em forte queda. Kean reteve sua posição apesar do ostensivo movimento dos preços e a ação perderia mais da metade do valor nos meses seguintes. Comentando essa experiência, Kean disse: "O pior erro foi ignorar o movimento do preço naquele dia. Como alguém que vive de trade, eu devia me preparar melhor."

⚡ Na noite da eleição de 2016, à medida que os resultados indicavam uma vitória surpresa de Trump, os índices da Bolsa começaram a cair, como seria de esperar diante de tal evento. Em seguida, porém, o mercado reverteu abruptamente para cima, embora a probabilidade de vitória de Trump só aumentasse. Essa atividade de preço contrária à expectativa marcou o início de uma alta constante das ações durante 14 meses.

37. Ter lucro contra ter razão

O ego e a necessidade de ter razão são nocivos ao trading eficaz. Muitos traders parecem mais preocupados em confirmar suas teorias de mercado e prognósticos do que ter lucro, a única coisa que importa. Como Dhaliwal resume bem, "não é uma questão de ter razão; é uma questão de ganhar dinheiro".

38. A busca de lucratividade constante pode ser contraproducente

Pode parecer uma meta válida, mas tende a ser um tiro no pé. As oportunidades de trade são esporádicas e a busca de ganhos permanentes em períodos de poucas oportunidades pode levar à realização de trades secundários que acabam gerando prejuízo líquido. Embora os chefes de Bargh insistissem para que ele lutasse por constância, ele resistia a esse conselho, sentindo que era incompatível com seu estilo de operar. "Nunca achei que o trading funcionasse assim", disse ele. "É mais ficar um tempo sem ganhar nada e de repente ter um surto de lucro." Sall fez uma observação que chama atenção pela ironia: uma característica comum entre os trades que fracassam é que eles têm como meta lucrar todos os meses.

39. Observe e entre em sintonia com as novas tendências comportamentais

Identificar tendências emergentes, tanto na vida cotidiana quanto nas redes sociais, pode ser uma fonte de descoberta de oportunidades de trading. Detectar precocemente tendências culturais e de consumo é o ingrediente crucial da estratégia empregada por dois traders deste livro: Camillo e Neumann. Camillo identificou trades como a Cheesecake Factory e a P.F. Chang's ao observar a reação da América a essas redes – resposta que sabia que Wall Street não iria enxergar. Muitos dos melhores trades de Neumann envolveram a captação precoce de tendências, como a impressão 3-D e os produtos com canabidiol.

40. Sistemas de trading às vezes param de dar certo

Como Parker vivenciou várias vezes durante a carreira, sistemas podem funcionar durante algum tempo e então perder o diferencial, ou até passar a dar prejuízo líquido consistente. Esse inconveniente faz com que a capacidade de deixar de usar ou alterar radicalmente os sistemas é essencial para o êxito a longo prazo do trader sistemático. Parker usa hoje em dia um *stop* sistêmico. Ele emprega seguimento de tendências aplicado a uma curva de patrimônio do sistema para sinalizar a hora de desativar o sistema. Ele para de operar com um sistema quando a curva de patrimônio cai abaixo da média móvel de duzentos dias.

41. Não é fácil viver de trading

Brandt observa que "mercado não é fundo de previdência". Como demonstração de quão difícil é viver de trading, Parker quase abandonou a atividade no início de 2016, apenas oito meses depois de atingir novos recordes de lucros acumulados e apesar de estar mais de 5 milhões de dólares no azul. Quem aspira a viver de trading precisa ter em mente que não basta que os lucros acumulados continuem subindo. Eles precisam crescer continuamente acima da soma das taxas e dos saques acumulados para as despesas do cotidiano. Outro fator complicador é que a lucratividade do trading é, por natureza, esporádica, enquanto as despesas cotidianas são regulares. Reconhecendo essas questões do mundo real, Parker aconselha aqueles que querem viver de trade a não pedir demissão de seus empregos atuais enquanto for factível.

42. Dedicação ao trabalho

Embora muita gente se sinta atraída pelo trading por achar que é uma maneira fácil de ganhar bastante dinheiro, os traders que se saem melhor tendem a apresentar enorme dedicação ao trabalho. Krejčí é um excelente exemplo disso. Para elaborar sua metodologia de trading, ele deu expedientes de 16 horas entre seu emprego e a pesquisa de mercado. A metodologia dele resulta em praticamente zero oportunidade de trading durante cinco meses do ano. Embora pudesse tirar férias durante esses cinco meses, ele se dedica em tempo integral aos mercados nesse período, usando a fase de baixa do trading para dar prosseguimento à pesquisa de mercado. Outro exemplo (mas nem de longe o único) é Sall, que acredita que sua dedicação foi essencial para o êxito. Ele se recorda de expedientes de 15 a 18 horas nos primeiros anos. "Estou disposto a trabalhar mais que qualquer um", afirma.

43. Assuma a responsabilidade pelos resultados

Krejčí escolheu o trading como profissão porque buscava uma atividade em que pudesse ser responsável pelo próprio sucesso ou fracasso. Essa visão inata é uma característica dos traders vitoriosos. Eles assumem a responsabilidade pelos próprios erros e pelas derrotas. Traders perdedores colocam a culpa do resultado em algo ou alguém.

44. Os dois lados da paciência

Os mercados têm tendência a premiar características difíceis de manter. A paciência é árdua. Exige superar instintos e desejos naturais. É uma característica que encontrei nos grandes traders. A paciência conta com dois aspectos que são fundamentais para o sucesso no mercado:

> ⚡ **Paciência para esperar o trade certo** – As oportunidades são esporádicas. A maioria dos traders tem dificuldade em aguardar a operação que se encaixa em seu critério de oportunidades atraentes e cede à tentação de fazer trades secundários nesse meio-tempo. Realizar trades abaixo do ideal tem duas consequências negativas. Primeiro, tendem a gerar prejuízos na conta final. Segundo, diluem a atenção que deveria

estar em oportunidades autênticas. Pior ainda, o impacto desestabilizador de um trade inadequado, que resulta em forte prejuízo, pode fazer o trader desperdiçar uma grande oportunidade de lucro. Veja, por exemplo, o trade perdido por Bargh descrito no item 29.

Sall é um trader paciente por excelência, que espera pelo momento certo, como sua autodescrição reflete bem: "Meu estilo foi comparado muitas vezes ao de um *sniper*. Estou em constante estado de prontidão, à espera do tiro perfeito." Ele assegura que executar trades mais lucrativos foi a parte fácil. A difícil foi esperar por oportunidades de lucro ideais e evitar trades secundários, que, em suas palavras, "desperdiçam capital mental e financeiro".

⚡ **Paciência para segurar um bom trade** – A paciência também é uma exigência para permanecer em bons trades. Quando um trade é lucrativo, a tentação é de liquidar logo a posição, por medo de que o mercado leve embora os lucros em aberto. Shapiro aprendeu a força da paciência de segurar um bom trade quando as circunstâncias o forçaram a adquirir essa característica favorável. Na época ele estava passando férias na África e sabia que a indisponibilidade de uma estrutura de comunicação tornaria impossível checar os mercados ou operar. Shapiro deu à sua corretora instruções de *stop loss* e não voltou a olhar sua conta até voltar aos Estados Unidos. Descobriu, então, ter ganhado muito mais dinheiro estando longe do que jamais ganhara operando ativamente a conta. A lição foi aprendida e a metodologia que ele acabaria desenvolvendo inclui segurar posições durante meses, se for respaldado por condições adequadas.

45. O jogo interno do trading

Sall acredita que "o estado mental é o fator mais importante para o êxito do trading depois que se tem uma metodologia definida". Para ele, o mindset correto exige ficar calmo e focado. Ele se prepara mentalmente para um evento antecipado de trading recorrendo à meditação e às técnicas de respiração, para atingir o que chama de "estado de agora profundo". Ao escrever um diário e monitorar a conexão entre emoções e prejuízos, Sall aprendeu a importância de sair de qualquer mindset negativo e identificar as emoções que poderiam levá-lo a autossabotar trades.

Bargh atribui a Sall a lição de que ter um bom mindset é essencial para o bom trading. Da mesma forma que Sall, Bargh busca operar em um estado de serenidade, livre de qualquer conflito interior. Ele criou uma planilha em que monitora uma série de fatores emocionais (ego, medo de ficar de fora, avaliação de felicidade, etc.) junto com a atividade de trader. Bargh usa os sentimentos como *inputs* para o trabalho. Quando sente que seu estado emocional não é propício naquele dia, tira uma folga até suas emoções voltarem a se estabilizar. Bargh afirma: "O capital mental é o aspecto crucial do trading. O que mais importa é como você reage quando comete um erro, desperdiça um trade ou sofre um prejuízo significativo. Se você reage mal, irá cometer novos erros."

46. Traders bem-sucedidos amam o que fazem

Ao ler as entrevistas que compõem este livro, você deve ter notado como muitos dos traders sentem amor pelo que fazem. Alguns exemplos:

- Dhaliwal fez uma analogia para descrever o trading: "Para mim, jogar com os mercados é como uma partida de xadrez sem fim. É a partida mais empolgante em que se pode atuar."
- Camillo descreveu a alegria que sente ao identificar ideias de trade: "É uma paixão passar quatro horas todas as noites fazendo análise. Nunca sei quando vou encontrar algo que me levará em direção ao meu próximo grande trade. É a mesma sensação que tinha quando era menino e ia às *garage sales*."
- Netto explicou seu êxito da seguinte maneira: "Sou bem-sucedido porque dou graças a Deus quando é segunda-feira. Quando você ama o que faz, terá sucesso."
- Shapiro passou por uma crise de depressão durante o período em que parou de operar, embora tudo em sua vida pessoal parecesse caminhar bem. Quando perguntei a ele como descobriu a causa da doença, ele respondeu: "Era óbvio. Eu amava o trading."
- Sall lembrou a origem de sua paixão pelo que faz: "[A Universidade de Reading] tinha uma sala de simulação de trading. Ali foi meu primeiro contato com os mercados e o trading e me apaixonei."
- Kean explicou por que o amor é uma característica essencial para o trader: "É preciso adorar o trading para aguentar os momentos difíceis."

⚡ A reação de Brandt ao ver pela primeira vez os traders no pregão de commodities foi: "Uau! É isso que quero fazer." Sua paixão se torna ainda mais evidente quando ele descreve os primeiros dias em que sentia quase uma compulsão pelo trading – entusiasmo que durou bem mais de uma década. Essa dedicação aos poucos arrefeceu e depois de 14 anos na área ele abandonou a carreira de operador. Sobre aquela época, ele diz: "Àquela altura, o trading já havia perdido a graça para mim. Tinha virado, sim, um suplício." Depois de um hiato de 11 anos, a compulsão pelo trade voltou, levando Brandt a uma segunda carreira de sucesso que já dura 13 anos.

Caso você queira ser trader, sua probabilidade de sucesso será maior se estiver motivado por um amor genuíno pela empreitada.

UM CAPÍTULO SOBRE ALGUÉM QUE NÃO É MAGO DO MERCADO FINANCEIRO

Entrevista com Jack Schwager

Depois que passei várias décadas escrevendo os livros da série Os Magos do Mercado Financeiro, meu filho Zachary achou que os leitores teriam interesse em ouvir minha história e sugeriu incluir um capítulo em que ele me entrevistaria. Fiquei relutante e inseguro em relação à ideia de ser entrevistado, já que, por definição, era uma sugestão impossível de avaliar com objetividade. No entanto, quando levei a proposta ao meu editor, Craig Pearce, ele se mostrou entusiasmado. O resultado é este capítulo. Quero deixar claro que sou um cronista de magos do mercado e não um mago de fato. Nunca tive a pretensão de ser. É com esse espírito que recomendo ler a entrevista a seguir.

POR ZACHARY SCHWAGER

Às vezes pegamos um livro que tem o poder de transformar o nosso dia a dia. De vez em quando há um momento ainda mais raro: temos nas mãos um livro que provoca mudanças em nossa perspectiva de vida.

Sempre identifico quem já passou por essa experiência porque a pessoa dá um suspiro quando fica sabendo que sou filho de Jack Schwager, o autor da série Os Magos do Mercado Financeiro. Quase sempre os leitores me fazem mais de uma pergunta para checar se não estou brincando. Então sentem-se à vontade comigo e contam a própria história. Cada narrativa é única, mas todas têm algo em comum: este livro representou um momento decisivo na vida daquele leitor. Às vezes eles me mostram seu exemplar e pedem um autógrafo. Sempre carregam seus livros com amor. Vejo páginas marcadas, trechos sublinhados e até ondulações porque o livro pegou chuva ou passou de mão em mão.

Meu pai nunca diria que é um definidor de tendências – minha mãe muito menos. Quando papai embarcou na jornada de elaboração deste livro, mesmo sem ter ideia de qual seria o formato, de quem iria encontrar, de quantos leitores conseguiria atingir, ele o fez movido por uma convicção. Sem a menor arrogância, ele sabia que este livro seria especial.

Nunca entendi como alguém poderia ser tão motivado por um propósito ainda que o desfecho fosse incerto. Talvez você já tenha visto meu pai pessoalmente, no trabalho ou na televisão, sempre de terno. A primeira impressão que ele passa é de um homem bastante articulado, com opiniões sem igual sobre um tema no qual ele é o único especialista. No entanto, a maioria dos nossos familiares teria dificuldade em imaginar papai usando algo que não fosse uma camisa de flanela e um par de tênis para trilha bem confortáveis. Na maior parte do tempo, ele prefere estar vestido para uma caminhada agradável, e não para uma reunião de negócios. Sua humildade, tranquilidade e natureza inquisidora mascaram seu sucesso. O círculo mais próximo jamais consideraria que ele é autor de um dos livros mais lidos em Wall Street.

Esta semana papai esteve aqui em casa. Reconheci nele o mesmo pai de sempre. Camisa xadrez colorida, calça para trilha e confortáveis tênis *slip on*. Fomos a pé à sinagoga de Boca Raton ouvir uma palestra de Yossi Cohen, ex-chefe do Mossad. Precisei explicar que estávamos indo a uma congregação ortodoxa e emprestar-lhe um quipá. Embora ele seja ótimo em indicar o melhor lugar onde comprar bagel, ficaria a tarde inteira sofrendo para encontrar um quipá. Depois de uma caminhada breve e agradável até a sinagoga, papai me falou sobre algo que havia despertado seu interesse: um documentário na Netflix sobre chimpanzés. Achou fascinante.

Estou contando isso porque, durante a palestra, Yossi ofereceu respostas longas e complexas às perguntas que lhe foram feitas. No entanto, houve uma pergunta que ele respondeu com uma única palavra. O mestre de cerimônias perguntou a Yossi se, ao ser recrutado pelo Mossad aos 22 anos, ele imaginou que um dia poderia chefiar o serviço secreto israelense. A resposta foi: "Sim."

Refletindo a respeito, acredito que esse era o grau de convicção de papai ao escrever a série que lhe trouxe fama. Não havia arrogância, e sim um sentimento instintivo de que algo podia e devia ser feito. Acho que a maioria de nós tem uma sensação de síndrome do impostor, ou de fanfarronice, ao encarar novos desafios, mas alguns eleitos, como Yossi e papai, escolhem o destino e vão atrás dele.

Vou terminar com mais uma história, já que esta é a pergunta número 1 que os leitores de papai me fazem: você já se encontrou com algum dos magos?

Curiosamente, sou o único de três filhos que pode responder sim, e esse é um evento muito interessante que preservo na memória.

No último ano do ensino médio bati na porta do escritório de papai. Era algo raro, porque ele estava sempre concentrado no trabalho e tomávamos o cuidado de não perturbá-lo. Ele trabalhava no porão da nossa casa em Martha's Vineyard. Éramos uma das poucas famílias que viviam o ano inteiro na ilha. Esse lugar de tamanha beleza natural permitia a papai combinar suas duas paixões – o trabalho e os exercícios físicos. Expliquei a ele o que estava pensando: "Estou prestes a ir para a faculdade e nunca fizemos uma viagem de verdade juntos. Quer viajar comigo?"

"Quero, claro", foi a resposta dele.

Algumas semanas depois, ele me contou que havia recebido um convite de um de seus entrevistados, John Bender, que se aposentou do trading e comprou uma área de 2 mil hectares de floresta tropical na Costa Rica para preservar.

Nosso voo aterrissou em San José, na Costa Rica. Era tarde da noite e fomos jantar. Foi a primeira vez que comi palmito, um desses pratos tão gostosos que você tem vontade de comer mais. No dia seguinte dirigimos em meio à floresta durante mais de quatro horas, praticamente só por estradas de terra. A pista tinha a largura suficiente para apenas um carro e não havia mureta de proteção. Não cruzamos com nenhum veículo no caminho, talvez porque a chance de chegar ao destino fosse reduzida. Além de abandonada, a estrada era bem acidentada. Da janela do passageiro, eu via uma descida de mais de 300 metros, mas a estrada era tão estreita que não conseguia ver nada além.

Na chegada, dois homens com rifles automáticos escoltaram nosso carro até um portão que levava a uma clareira. A propriedade era diferente de tudo que eu já tinha visto; é como se saísse de um conto de fadas, impossível de descrever. Havia duas pequenas casas térreas e no alto um casarão com vários andares e cômodos sem paredes. Parecia mais o Museu Guggenheim que uma residência.

Durante a construção da casa principal, John e a esposa, Ann, moraram em uma das edículas. Fomos gentilmente recebidos por John, com um sorriso de orelha a orelha. Era um homem corpulento, vestindo uma camisa social aberta no peito, empapada de suor. Estava usando calça cargo e um enorme par de botas marrom, e para completar o conjunto segurava um facão comprido de caça. Não sei ao certo qual era a minha expectativa para a viagem ou para meu primeiro encontro com um mago, mas claro que não era essa. Ao mesmo tempo, o entorno era tão mágico que tudo parecia um sonho.

Deixamos nossa bagagem e saímos com John para fazer uma trilha. Pensando nisso hoje, não sei ao certo o que tínhamos na cabeça. Entramos confiantes na preservada e intocada floresta tropical da Costa Rica, a mais de quatro horas de distância de qualquer socorro possível. Animados, meu pai e eu seguimos John como se ele fosse um especialista na exploração selvagem, e não um brilhante biofísico e trader de opções. Como não havia uma trilha demarcada, seguimos nosso guia. John estava empolgado com a nossa companhia e em poder compartilhar sua paixão por aquela reserva natural. Tinha enorme orgulho por ter investido seus lucros naqueles bem cuidados 2 mil hectares.

Conseguimos voltar pelo mesmo caminho da ida. Foi um alívio quando chegamos à casa principal, que na época ainda estava na etapa final de construção. Eram vários espaços circulares idênticos, com pisos de granito e varandas de ponta a ponta. Não havia paredes nem janelas separando o interior da floresta. Contemplar a paisagem do topo dessa estrutura foi uma experiência única. Ela ficava no ponto mais alto da mata e dali era possível enxergar o oceano.

Depois do jantar, Ann me ajudou a baixar minhas fotos no computador dela. Eu havia acabado de comprar uma câmera Fuji de 3,2 megapixels, da qual me orgulhava muito. Durante o jantar, John conversou sobre física quântica e mais especificamente sobre o fenômeno do emaranhamento.

No fim do dia, o sol se pôs acima das montanhas. Ficamos sentados em um mirante onde John plantara uma pequena horta. A clareira propiciava a vista perfeita de um pôr do sol que parecia encomendado para a ocasião. Durante essa conversa, John falou de modo apaixonado e veemente sobre trading – para ser mais exato, sobre certo trader. John estava furioso com esse trader, que ele denunciou várias vezes às autoridades, inutilmente. Mesmo rodeado por centenas de quilômetros de paz, ele continuava irritado. Poder dividir uma cerveja com aqueles dois e ouvi-los conversar sobre o mundo do trading, do qual eu não entendia nada na época, me deu a sensação de ser um privilegiado.

Quase sete anos depois, ouvi de novo o nome daquele tal trader e nunca vou me esquecer, porque estava em todos os jornais. Havia sido anunciada a prisão de Bernie Madoff. Eu mal podia acreditar no que estava ouvindo. Lembrei-me com detalhes do dia em que eu era só um menino contemplando o pôr do sol, orgulhoso por estar bebendo uma cerveja Imperial e escutando John contar tudo que vinha fazendo para tentar denunciar as fraudes de Madoff.

John morreu dois anos depois da prisão de Madoff, naquela mesma linda casa, com um perturbador ferimento à bala na cabeça. As circunstâncias daquela morte trágica continuam envoltas em mistério. Tudo que posso dizer é que John e Ann foram os melhores anfitriões que eu poderia pedir. Da mesma forma que os magos dos livros de meu pai transformaram o mundo para tantos leitores, John e Ann mudaram minha vida para melhor de uma maneira que eu nunca serei capaz de agradecer.

A última vez que havia escrito para um livro de meu pai foi no epílogo de *Hedge Funds Market Wizards* [Os magos do mercado dos fundos de hedge]. Não há outro modo de encerrar a introdução deste capítulo a não ser como escrevi então:

> Meses atrás fui a um happy hour com alguns parceiros. Um deles me perguntou: "Você sente pressão, por conta do pai que tem, para estar à altura como trader?" E eu respondi: "Seria bem mais fácil ser bem-sucedido como meu pai no trading do que ser bem-sucedido como ele enquanto ser humano. Meu pai é uma das pessoas mais doces, humildes e generosas que já conheci. Prefiro ser uma pessoa tão incrível quanto ele a ser tão bem-sucedido como ele."

Você se lembra de quando chegou aos Estados Unidos?
Eu tinha 4 anos na época. Não me lembro da viagem, mas recordo que nossa família morou em um único cômodo durante seis meses [em um alojamento fornecido pela HIAS, uma organização de auxílio a refugiados].

Você tem alguma lembrança de como foi aquela experiência?
Lembro-me de como fiquei feliz quando fomos embora. Meu pai arrumou um emprego de garçom e conseguiu alugar um apartamento em East New York, no Brooklyn. Era um pequeno cortiço, mas, em comparação ao lugar de onde viemos, parecia maravilhoso.

Você chegou a conversar com seus pais sobre como eles sobreviveram ao Holocausto?
Sim, mas um dos meus maiores arrependimentos foi não ter tido conversas mais longas com eles sobre aqueles anos na Europa, durante a Segunda Guerra Mundial. Vou contar o que sei.

Minha mãe morava na Bélgica no início da guerra. Ela estava no hospital, dando à luz meu meio-irmão, quando os alemães começaram a fazer operações para prender os judeus. O marido dela foi preso e executado. Portanto, ela e meu irmão não teriam sobrevivido se ela não estivesse em trabalho de parto na época. Minha mãe tinha uma amiga íntima cujo namorado trabalhava na polícia belga. Ela conseguiu documentos falsos graças a esse contato, mas era só uma solução provisória. Tempos depois, fugiu para a Suíça. Quisera eu saber como ela conseguiu tal façanha com um bebê. Quando atravessou a fronteira suíça, foi presa e mandada para um campo de refugiados, onde ficou até o fim da guerra.

Quanto a meu pai, ele escapou de um campo de trabalhos forçados com o irmão. Queria me lembrar de como eles fugiram, mas acho que me contaram a história quando eu era pequeno e não me recordo de mais detalhes. Meu pai, que era alemão, viveu no país até perto do fim da guerra, fazendo-se passar por não judeu. Duas semanas antes do fim da guerra, ele estava passeando com seu pastor-alemão quando foi parado por dois policiais da Gestapo. Um começou a bater boca com o outro, insistindo que meu pai não era judeu e que não era para incomodá-lo, mas a opinião do outro prevaleceu e ele foi preso. Felizmente, já era perto do fim da guerra e ele acabou libertado pouco tempo depois – é outro detalhe de que não me recordo.

Eu me lembro, por ter entrevistado sua mãe para um trabalho que fiz sobre o Holocausto no ensino fundamental, e nunca vou esquecer. Seu pai estava sendo levado, com outros judeus, em um caminhão para um campo. O caminhão foi parado por americanos, e foi assim que seu pai foi libertado.

Quando você foi para a faculdade, sabia o que queria fazer em seguida?
No ensino médio, eu gostava de matemática e achava que queria me formar nessa matéria na faculdade. Havia um curso de cálculo no último ano, mas o horário batia com outra aula que era requisito obrigatório. Tentei conversar com a diretora para resolver o conflito de horário, mas não adiantou. Lembro que fiquei muito frustrado, porque não acompanhar aquela aula seria um obstáculo para a minha meta e não havia nada que eu pudesse fazer. Tentei aprender cálculo sozinho, mas tive dificuldade para compreender a totalidade dessa matéria. Ainda assim, comecei a faculdade de matemática, mas no segundo ano me dei conta de que não era bom o suficiente. Sempre achei que, para escolher uma carreira, teria que ser algo de que gostasse e em que fosse bom também. A matemática preenchia o primeiro requisito, mas não o segundo.

Como calouro, fiz aulas de micro e macroeconomia, ambas lecionadas pelo mesmo professor. O ano de introdução à economia foi administrado em um enorme anfiteatro, com centenas de alunos, o que não era o ideal, mas o instrutor era excelente. Gostei de economia e, no segundo ano, troquei de curso.

Tinha ideia do tipo de trabalho que queria fazer com um diploma de economia?
Não, só imaginei que a economia teria diversas aplicações práticas.

Por que decidiu fazer pós-graduação?
Não foi preciso tomar decisão nenhuma. Era natural, depois da faculdade, fazer uma pós. É semelhante a acordar e escovar os dentes. Você termina a graduação e vai para a pós-graduação.

Isso também aconteceu com seu grupo de amigos?
Aconteceu. Todos fizeram pós, em áreas como ciências biomédicas, nefrologia, gastroenterologia, psicologia e matemática. Não se parava na graduação. Nem se cogitava. E era minha inclinação natural.

Como você escolheu as pós-graduações às quais se candidatou?
Eu me candidatei a dez universidades com programas de economia bem avaliados. Metade delas era inatingível, como Stanford, MIT, Chicago e Brown. Mas fui aceito em Brown, cuja oferta incluía uma bolsa, o que a

tornava ainda mais interessante. Todas as outras faculdades difíceis me rejeitaram. Um comentário à parte: muitos anos depois recebi um modesto cheque de royalties da Universidade de Chicago, por terem usado um trecho de um dos meus livros em um dos cursos. Devo admitir que senti certo prazer ao ver meu livro sendo usado em uma universidade que havia me rejeitado.

Porém eu quase fui impedido de entrar em Brown. Meu último ano de faculdade coincidiu com o primeiro sorteio de convocados para o Vietnã. Aqui, preciso contextualizar um pouco. Nos meus primeiros anos de faculdade, eu era pró-governo, posição que antes de tudo era uma reação contra o SDS [Students for a Democratic Society], um grupo pacifista radical. Eu odiava a tática deles de bloquear faculdades em protesto contra a guerra. No entanto, acompanhava de perto o noticiário e os acontecimentos políticos. Meu ponto de vista mudou quando descobri que o governo mentia em relação a aspectos cruciais da guerra. Passei a achar a guerra um equívoco monumental, pelo qual não valia arriscar a vida. Cheguei a um ponto em que minha atitude era: se correr o bicho pega, se ficar o bicho come. Àquela altura, eu era pacifista. Sabia que não queria arriscar a vida em uma guerra que eu considerava um erro colossal e um desperdício de vidas. Mas fui sorteado, com passagem garantida para o Vietnã.

Você não deveria ter ficado de fora do sorteio por ser estudante?
Na época era possível ter dispensa de estudante na graduação, mas não na pós.

O que você fez?
A Guarda Nacional e os batalhões de reservistas, na época, não eram enviados ao exterior. Meu plano era me alistar em um dos dois. Comecei a ligar para vários batalhões no Brooklyn, procurando um que tivesse vaga. O único que achei era da Guarda Nacional em Bedford-Stuyvesant. Na manhã seguinte, me alistei e prestei juramento. Cinco meses depois, em maio de 1970, fui transferido para Fort Polk, na Louisiana, para treinamento básico e avançado. Foi o pior tempo que já vivi. O local era úmido e quente, fazia mais de 30 graus. Quando saíamos para marchas prolongadas, carregando todo o equipamento, os uniformes verde-claros ficavam verde-escuros, de tanto suor.

Era o mês de maio do seu último ano de faculdade. O treinamento no Exército não batia com o início da pós?
Batia. Por isso eu disse antes que quase fui impedido de entrar na pós. As datas previstas para o meu treinamento militar iam muito além da data de início da pós. Avisei a Brown sobre a minha situação, tentando que abrissem alguma exceção para eu começar no semestre seguinte, mas não foi possível. Se eu não estivesse lá no início do ano letivo, perderia o ano inteiro. Talvez perdesse minha bolsa e qualquer garantia de ser aceito no ano seguinte.

O que você fez, então?
Na base havia um inspetor-geral da Guarda Nacional. Fui falar com ele para explicar meu dilema e pleitear uma dispensa para comparecer à pós no início das aulas. Achava pouco provável que ele consentisse, mas eu não tinha outra opção e nada a perder. Para minha surpresa, ele concordou e me deu a papelada oficial de que eu precisava para obter a dispensa do serviço. Esse evento deixou uma lembrança inesquecível. Depois da reunião com o inspetor-geral, pedi carona em um jipe para retornar ao batalhão. O rádio estava ligado e uma das músicas era de Bob Dylan, "I Shall Be Released" [Serei libertado]. Foi uma grande coincidência que me encheu de entusiasmo. Toda vez que ouço essa canção, penso naquela experiência.

Qual carreira pensava em seguir quando entrou em Brown?
Minha intenção inicial era fazer doutorado, que me daria a possibilidade de me tornar professor, mas eu não tinha um emprego específico em mente. Tinha, sim, uma área de interesse em particular. No meu último ano na Brooklyn College, fiz aulas de econometria. Como projeto de curso, elaborei um modelo econométrico simples da economia americana. Gostava do desafio de criar um modelo tentando prever variáveis-chave da nossa economia e da expectativa de aguardar os resultados no computador para avaliar o desempenho do modelo de previsão. Na época, era preciso digitar o programa em cartões perfurados da IBM e entregá-lo – uma pilha de cartões – ao departamento de informática, para rodar à noite no IBM 360 da faculdade – um enorme computador *mainframe* do tamanho de uma salinha. Se houvesse qualquer erro, como uma vírgula faltando, o programa não rodava; era preciso achar o erro e entregar o programa de novo. Foram necessárias

várias tentativas até o programa rodar com sucesso, mas quando aconteceu a sensação foi incrível.

Na época em que me formei, queria me concentrar em macroeconomia e econometria. Havia feito alguns cursos de macroeconomia na faculdade e pensei que poderia obter uma ampla base da matéria na pós. Meu professor de macroeconomia em Brown era um gênio que havia feito dois anos de física na faculdade e depois decidiu trocar por economia – seu doutorado foi justamente em economia. Ele acabou se tornando uma referência, um economista famoso. Ao longo do curso de um ano em Brown, ele basicamente ensinou sua tese de mestrado. Então, em vez de adquirir uma ampla base de macroeconomia, eu tive um foco aprofundado em uma área diminuta. Se já tivesse essa base sólida de macroeconomia, talvez tivesse valorizado mais o que ele estava ensinando; naquele estado de coisas, porém, foi uma decepção.

No ano em que fui aceito em Brown, a classe de pós em economia era maior que a habitual. As faculdades calculam o número de alunos aceitos com base em uma estimativa do percentual de estudantes que vão recusar o convite e escolher outra escola. Aparentemente, no ano em que entrei em Brown, o número de alunos que aceitaram superou o esperado. Houve rumores de que as bolsas iam ser cortadas no fim do ano. Esses rumores acabaram se revelando verdadeiros. O número de bolsas sofreu um corte drástico e minhas notas não eram boas o bastante para eu manter a minha. Poderia ter continuado sem bolsa, mas decidi parar no nível de mestrado, arrumar um emprego e quem sabe voltar depois para fazer doutorado, já com vários anos de experiência. No fim das contas, comecei uma carreira bem-sucedida e nunca mais voltei a estudar.

O que aconteceu depois que você terminou o mestrado em Brown?

Mandei meu currículo para várias agências de emprego e esperei ser chamado para entrevistas. Não aconteceu quase nada. Só me lembro de ter conseguido uma entrevista para uma vaga de economista do trabalho, com um salário espantosamente baixo. Então resolvi publicar um pequeno anúncio no *The New York Times*: "Mestre em economia, Universidade Brown, procura posição de analista." Recebi 15 respostas, mas apenas uma se revelou uma entrevista de trabalho de verdade.

Quais foram as outras?

Respondi a uma delas. A pessoa ao telefone disse que viu meu anúncio e achou que eu me encaixaria bem na empresa dela. Perguntei qual era o cargo e ela deu uma resposta vaga. Eu quis saber se era para ser vendedor e a resposta foi: "Temos vagas de vendas, mas estamos pensando em você para um cargo gerencial. Na terça à noite haverá uma reunião aqui na empresa e gostaríamos que você viesse."

Quando estava a caminho, notei que o lugar era um pouco esquisito. Era uma área particularmente feia da autoestrada de Nova Jersey. Quando parei o carro, percebi que era um hotel, o que parecia ainda mais estranho. Entrei e vi placas indicando o evento da empresa. Fui recebido por um sujeito com um enorme sorriso, usando um terno chamativo. Ele me conduziu a uma grande sala de reunião, com assentos dispostos para centenas de pessoas. Na parte da frente havia mostruários de produtos de limpeza.

Fiquei chocado e estava quase indo embora, mas ele implorou que eu ficasse. O evento foi aberto com um filme sobre a empresa, narrado por um ator conhecido – Sebastian Cabot, se não me falha a memória –, um lance que obviamente pretendia emprestar credibilidade ao negócio. O filme contava a história da invenção do produto. Incluía uma dramatização em que um químico sofria um acidente ao cair de uma escada. Enquanto estava no leito do hospital, pensou em um jeito de tornar a vida da esposa mais fácil, o que levou à invenção do produto de limpeza. Esse filme inspirador foi seguido de uma palestra em que um homem com jeito de vendedor de carros usados contava como havia ganhado milhares de dólares nas horas vagas e mostrava um slide do vistoso carro esporte que acabara de comprar com os lucros.

Era um esquema de venda em pirâmide, embora na época eu não soubesse nada a respeito desse tipo de operação. Queriam que cada pessoa ali investisse milhares de dólares na compra da linha de produtos deles e então poderiam recrutar outros para vender os produtos e pegar um naco da comissão.

Depois dessa experiência, passei a identificar e rejeitar todas as ligações do gênero. Porém, como eu disse, houve uma ligação para uma entrevista de emprego de verdade. Foi de Irwin Shisko, diretor de pesquisa de commodities da Reynolds Securities. Ele queria me entrevistar para uma vaga de analista de commodities.

Como foi a entrevista?
Eu só me lembro de uma pergunta, porque minha resposta foi constrangedoramente ruim. Shisko me questionou, de forma bastante compreensível, se eu conhecia algo sobre commodities. Naquela época, havia poucos, se é que havia, cursos de investimentos nas universidades, muito menos sobre mercados de commodities. Eu era um completo ignorante. "Não muito. É parecido com ouro?", respondi em um tom que ficou entre uma resposta hesitante e uma pergunta.

Embora eu desconhecesse o assunto, devo ter dito alguma coisa naquela entrevista que o deixou curioso, porque fui convidado a participar da etapa seguinte do processo de recrutamento. Na época, Shisko escrevia uma coluna semanal para a revista *Barron's* que se chamava, não tenho certeza, "Cantinho das Commodities". Ele pediu a cada candidato sendo entrevistado para a vaga que escrevesse uma coluna sobre uma commodity específica, que ele usaria como fonte de material para a coluna dele. Coube a mim o mercado de cobre.

Eu não sabia nada sobre o mercado de cobre, é claro. Como essa experiência aconteceu bem antes da internet, fui à biblioteca para fazer uma pesquisa séria. Passei uma semana na Grand Army Plaza, uma versão no Brooklyn da Biblioteca Pública de Nova York, em Manhattan, lendo tudo que achei sobre o assunto, o que incluía anos e anos de diversos periódicos. Escrevi um artigo de quatro páginas e entreguei. Fiquei com a vaga.

Tempos depois, fiquei sabendo, por um corretor do escritório que se tornou meu amigo íntimo, que havia quatro candidatos, entre eles eu, e que Shisko distribuiu os quatro artigos a todos os corretores do escritório, pedindo uma avaliação. Todos disseram "Pegue esse cara", referindo-se ao meu artigo. Consegui a vaga por escrever bem e assim dei início a uma longa carreira. Muitos anos depois, achei uma cópia desse artigo enquanto limpava a papelada no escritório. Fiquei surpreso. Era bastante decente. Não dava para dizer que havia sido escrito por um iniciante.

Como era essa empresa?
Havia um grande escritório principal onde todos os corretores ficavam sentados diante de um enorme painel de cotações de commodities. O painel fazia um som de clique-claque cada vez que mudava a cotação de uma commodity. Era um ambiente muito animado, por causa da imponência do painel e de

todas as ligações de corretores que aconteciam no mesmo ambiente. Minha sala, que eu compartilhava com Shisko, ficava na lateral, separada do espaço principal por uma divisória de vidro. Da minha mesa dava para ver tanto o painel quanto os corretores.

Como foi seu primeiro dia de trabalho?
Foi curioso. Por uma coincidência incrível, aquele primeiro dia se revelou decisivo para o plantio da semente do primeiro livro da série Os Magos do Mercado Financeiro. O departamento de pesquisa de commodities consistia do diretor, Irwin Shisko, e de dois analistas – um no escritório de Nova York, outro no escritório de Chicago. Fui contratado para substituir o analista de Nova York, que estava saindo para ser trader. Esse analista era Michael Marcus, que posteriormente viria a ser o entrevistado do primeiro capítulo no primeiro livro. Michael me daria o contato de outros traders desse livro de estreia.

Quando cheguei, Michael estava limpando a mesa. Batemos um rápido papo. Mantivemos contato após esse encontro inicial e durante alguns anos, enquanto ele morou em Nova York, almoçávamos juntos de vez em quando.

Qual era a sua função?
Atribuíram a mim quatro mercados de commodities: algodão, açúcar, suínos e gado. Minha principal tarefa era escrever comentários semanais e relatórios especiais sobre esses mercados. Os relatórios eram enviados pelo correio aos clientes e vários corretores os utilizavam em marketing e geração de trades. Lá pela segunda semana, recebi uma ligação do *Los Angeles Times* pedindo um comentário sobre o mercado de açúcar, pedido que atendi. Achei irônico ser citado por um jornal como especialista do mercado, sendo que eu tinha impressionantes duas semanas de experiência.

Ao cobrir os mercados e ver o painel de cotações o dia inteiro na sua frente, você teve vontade de operar por conta própria?
Tive. Acho que é uma inclinação natural. A Reynolds, porém, tinha uma política que proibia os analistas de operar. Falei com Michael e ele me explicou como operava quando ocupava a minha função. Ele tinha uma carteira em outra corretora e, sempre que queria colocar uma ordem, ligava para o corretor dele e usava palavras cifradas – algo como "sol" para comprar, "chuva"

para vender. Michael me deu o contato do corretor e abri uma carteira de 3 mil dólares no nome do meu irmão. Tecnicamente, a carteira era dele, mas o dinheiro era meu, e era eu quem colocava todos os trades.

Você também usava linguagem cifrada para colocar os trades?
Não, eu não me sentia à vontade para ligar da minha sala. Quando queria colocar um trade, descia de elevador até o lobby do prédio e usava um telefone público.

Como você monitorava os trades?
Pelo painel de cotações da minha mesa.

Qual era o seu método de trading?
Análise de fundamentos. Era tão simples, ou simplista, quanto: o mercado deve subir, porque minha análise indica que a cotação está baixa demais; o mercado deve cair, porque minha análise indica que a cotação está alta demais. Eu achava que sabia o que estava fazendo, mas não sabia.

As comissões eram altas naquele tempo, não eram?
Sim, eram em torno de 60 ou 70 dólares por contrato.

Você sabia por quanto tempo seguraria um trade?
Não, não sabia. Não entendia nada de gestão de risco na época. E também não conhecia análise técnica.

Como a carteira se saiu?
Ganhei dinheiro e perdi dinheiro. Mas no fim das contas tive prejuízo. Houve um trade em que me enganei redondamente e detonei a carteira.

Você se lembra do trade que o deixou zerado?
Ah, é claro. Foi um trade no mercado de algodão, um dos que eu cobria. A propósito, esse trade ilustra o contraste marcante entre um ótimo trader e gente como eu, que não entendia nada de trading. Uma das coisas que fiz, como analista de algodão, foi examinar o mercado ano após ano desde o fim da Segunda Guerra. Descobri que em quase todos os anos o determinante do preço do algodão era o programa de crédito do governo, que, como um

empréstimo sem garantia, atuava como subsídio ao preço. Na prática, o mercado caiu até a zona da cotação do empréstimo e permaneceu lá. Houve um ou outro ano em que o mercado operou livremente, com base na oferta e na demanda. Eu sabia que não havia dados suficientes para extrair uma conclusão estatisticamente significativa, mas era tudo que existia como dado relevante disponível.

Um dos anos anteriores havia sido de escassez, em que a oferta excedente do fim da estação tinha sido muito semelhante à do ano em que estávamos. Sem me precaver, fiz uma aposta, supondo que as cotações desses dois anos seriam mais ou menos similares. Como no passado as cotações dos anos de alta foram malsucedidas em algum ponto em torno dos 30 centavos, imaginei que, ao chegar a esse patamar, o algodão atingiria um pico.

Lembro-me de ter discutido o mercado de algodão com Michael durante um de nossos almoços. Eu disse: "O algodão vai subir até o mesmo pico em que a cotação cedeu no último mercado de alta." Ele respondeu: "Não, o preço do algodão vai subir muito mais." Michael não havia feito nenhuma análise como eu, mas tinha uma capacidade sobrenatural de olhar para um mercado com cinquenta fatores diferentes e detectar o único que importava de fato. Aquele foi o primeiro ano em que a China havia se tornado um comprador significativo de algodão americano, e Michael compreendeu que aquele fator se sobreporia a todo o restante.

Fiquei vendido um pouco acima de 30 centavos, tentando adivinhar o pico, e o mercado continuou subindo sem parar. Em algum ponto entre 35 e pouco mais, minha carteira estava zerada. Tive a sorte de não ter muito capital de risco. Do contrário, meu prejuízo teria sido várias vezes maior. O algodão acabaria atingindo um pico de 99 centavos. Michael, é claro, ganhou uma fortuna nesse trade.

Você se lembra de como se sentiu durante esse trade?
Só via o preço do algodão, no painel de cotações, clicando para cima sem parar, o dia inteiro. Foi uma experiência sofrida.

O valor em sua carteira de commodities era todo o dinheiro que você tinha ou havia alguma poupança separada? Você chegou a se preocupar em não ter como pagar o aluguel?
Claro que eu tinha uma conta poupança. Sempre fui conservador, o que é

bom, porque eu não entendia nada de gestão de risco e teria perdido todo o meu dinheiro.

Então você continuou sendo assistente de pesquisa. Não tinha mais carteira de trading. O que aconteceu depois?
Eu ganhava apenas 10 mil dólares por ano, um salário baixo mesmo naquela época. Lembro que ganhava menos que a secretária da seção. Por isso, depois de dois anos pedi um aumento. O chefe do setor de commodities me propôs 20% de aumento, o que, do ponto de vista percentual, parece bom, mas ainda me deixava com um salário relativamente baixo. Resolvi procurar um recrutador de executivos. Em uma semana, ele marcou uma entrevista que rendeu uma oferta de emprego de diretor de pesquisa de commodities da Hornblower Weeks pelo triplo do que eu ganhava na Reynolds.

Você sabe por qual motivo conseguiu o emprego?
Entreguei a eles amostras dos meus relatórios. Havia começado também a escrever artigos para uma revista chamada *Commodities*, o que deu certo reconhecimento ao meu nome. Então, de novo, escrever foi decisivo para impulsionar a minha carreira.

O que aconteceu com seu trading depois que você detonou a primeira carteira?
Nos anos seguintes, tentei operar de novo duas ou três vezes, começando com alguns milhares de dólares. Não me lembro de nenhum detalhe, mas o resultado foi o mesmo da minha primeira carteira. Aliás, embora eu não tivesse a menor ideia de como operar com sucesso, fazia uma coisa certa: arriscava apenas uma pequena quantia a cada trading que começava e, se perdesse meu investimento inicial, parava de operar. Embora nesses primeiros tempos eu não entendesse nada de gestão de risco, esse método de pequeno investimento inicial representava um robusto controle de risco. É o único elemento daquele meu trading que se tornou uma regra para toda a vida: sempre que começo a operar, arrisco uma quantia pequena e, se a perco, paro e só volto tempos depois.

    Essa abordagem é um bom conselho, sobretudo para traders novatos, porque gera uma compensação assimétrica: se a tentativa de trading der errado (a carteira é zerada), o prejuízo é relativamente pequeno. Mas, se der certo, a carteira pode se multiplicar várias vezes mais que o saldo inicial. A criação de compensações assimétricas é um elemento-chave para o sucesso de vários magos do mercado que entrevistei, embora eles façam isso de outra forma.

Quando você passou a obter sucesso no trading e o que mudou?
Como diretor de pesquisa, eu supervisionava uma equipe de analistas. Notei que o único que acertava mais do que errava era o analista técnico, Stephen Chronowitz. Steve e eu compartilhávamos uma sala enorme e nos tornamos amigos íntimos. Na época, eu ainda estava direcionado para a análise de fundamentos. Talvez porque meu histórico acadêmico fosse de economia, eu tinha um viés inerente contra a análise técnica. Achava que fosse papo-furado. Ao ver, porém, que funcionava para Steve, revi meu preconceito.

Conversando com Steve, compreendi que havia uma lógica para a análise técnica embutir informações reais: os preços – insumo central da análise técnica – refletiam todos os fundamentos conhecidos e as ações dos participantes do mercado. Na prática, as cotações eram o resultado líquido da informação do mercado e dos atos de todos eles. Portanto, havia um motivo lógico para a análise técnica funcionar. Por fim, eu disse ao Steve: "Bem, me mostre o que você faz." Steve me ensinou a base da análise de gráficos.

Você começou a usar a análise de gráficos? Como isso impactou seu trading?
Sim, e à medida que adquiri experiência na aplicação da análise de gráficos, minha opinião sobre essa técnica mudou 180 graus em relação ao meu ceticismo original. Descobri que a análise técnica era compatível com a gestão de risco, enquanto o contrário é verdadeiro na análise de fundamentos. Se, por exemplo, eu achasse que o algodão estava superestimado em 33 centavos e os fundamentos não tivessem mudado, era melhor ficar vendido a 38, e ainda melhor a 43 centavos. Portanto, com a análise de fundamentos, quanto mais o mercado vai contra você, melhor é a implícita oportunidade de trade. O que isso quer dizer? Que, na prática, você deve aumentar uma posição perdedora. Na análise técnica, quando o mercado se movimenta contra você, por definição, isso contradiz o raciocínio original que levou ao trade. Então é difícil combinar a gestão de risco com a análise de fundamentos, mas é bastante natural fazer algo similar com a análise técnica.

Depois que troquei o trading com base na análise de fundamentos pela análise técnica, passei de perdedor constante à lucratividade líquida. Quando comecei a usar a análise técnica, incorporei a gestão de risco, e isso fez toda a diferença.

Um dos trades de que mais me lembro foi um perdedor. Eu estava começando a usar uma combinação de análise técnica com gestão de risco. O marco alemão havia passado por uma longa baixa, até que se estabilizou em uma faixa horizontal durante quatro ou cinco meses. Interpretei essa ação de preço como se o mercado estivesse formando uma base. Fiquei comprado nessa consolidação de preços e coloquei um *stop* alguns *ticks* abaixo do piso dessa faixa. Ao longo das semanas seguintes, o mercado continuou se movendo lateralmente, dentro da faixa. De repente, quebrou abaixo da consolidação e meu *stop* foi acionado. No começo, fiquei chateado. Porém, nos dias e nas semanas que se seguiram, o mercado caminhou para baixo, e o melhor de tudo é que eu não estava mais no trade. Acho que foi um de meus melhores trades, porque sofri apenas um pequeno prejuízo, mesmo estando errado em relação ao mercado.

A lição que tiro é que seus melhores trades podem ser perdedores, porque lhe permitem dispor do capital para colocar outros, vencedores. Houve uma época em que me tornei obcecado pelo trading. Olhava gráficos o dia inteiro, ia para casa e checava gráficos a noite toda. De certa forma, era uma obsessão boa, porque eu gostava, mas não era muito saudável, porque consumia muitas horas do meu dia. Como você encontrava tempo para operar e fazer seu trabalho de diretor de pesquisa?
Nunca foi um problema, porque o trading sempre foi uma atividade paralela. Em primeiro lugar, eu só operava esporadicamente. E, mesmo quando estava operando, analisava os gráficos à noite para escolher os tradings; não fazia operações *intraday*.

Por que você só operava de tempos em tempos?
Como disse antes, meu *modus operandi* era sempre começar com uma quantia pequena – a definição de "pequena" foi aumentando com o passar do tempo. Assim, quando eu sofria um prejuízo, perdia pouco e mantinha a cada vez a oportunidade de multiplicar substancialmente meu capital de risco inicial. Se perdesse a aplicação inicial, parava de operar durante meses, às vezes até anos. Mesmo quando multiplicava bastante o investimento inicial, eu parava de operar se houvesse uma baixa significativa. Só retomava o trading quando

tinha o desejo genuíno de fazê-lo e quando dispunha de muito tempo. Por causa desse método, houve períodos em que eu deixava de operar. Isso não me incomodava porque nunca encarei o trading como uma vocação, apenas como um hobby quando tinha vontade e tempo suficiente – o que em geral não era o caso.

Além disso, me dei conta de que não possuía qualquer talento específico para o trading. Ao contrário, algumas das minhas características naturais, como a impaciência, me desencorajavam de ser um trader. Consegui ter lucro líquido no trading em decorrência de meus conhecimentos, e não por ser um bom trader. Moral da história: embora no começo eu achasse que queria ser trader, percebi que não tinha o perfil exigido para me sair bem.

Você acredita que só aqueles que têm talento inato e personalidade adequada podem ser traders de sucesso?
Até certo ponto, é verdade. Qualquer pessoa pode se tornar um trader melhor por meio do conhecimento e da incorporação de princípios-chave, como gestão de risco e aprendizado das coisas certas a fazer e não fazer. Porém, para atingir um êxito fora da curva como trader, é preciso ter alguma habilidade inata. Nem todo mundo pode ser um astro do esporte ou um virtuose da música. É preciso ter alguma vocação de nascença. Por que seria diferente com o trading?

Qual é a história por trás da elaboração de seu primeiro livro?
Mais de quarenta anos atrás, no começo dos anos 1980, um conhecido do setor, Perry Kaufman, estava elaborando um livro chamado *Manual dos mercados futuros*, uma imensa antologia de artigos sobre o assunto. Acho que ele escreveu um ou mais capítulos a respeito de sistemas de trading, a especialidade dele, mas para a maior parte do livro convidou diversos especialistas do setor a formular um capítulo sobre um tópico específico. Ele me pediu um capítulo com base na análise de fundamentos e eu concordei.

Comecei a trabalhar no texto, e a certa altura cheguei a oitenta páginas e não estava nem perto do fim. Percebi que o tema era amplo demais para ser tratado apenas em um capítulo. Pensei que seria loucura escrever uma apresentação tão extensa para o livro de outra pessoa. Então me dei conta de que tinha, sem querer, começado a escrever meu próprio livro. Talvez aquilo fosse um terço de um livro já pronto, e o melhor a fazer era ir até o fim. Meu otimismo foi exagerado. No fim das contas, eu só tinha feito um décimo daquele que viria a ser meu primeiro livro.

A encomenda de Perry foi o catalisador da escrita do livro, mas havia outra motivação. Naquela época eu achava que não existia nenhum livro bom e abrangente sobre análise e trading dos mercados futuros. Acreditei que poderia escrever um que fosse melhor do que tudo que havia disponível. Tirei um ano sabático para terminar o livro que havia inadvertidamente iniciado.

Liguei para Perry e contei que o que eu tinha escrito até ali era extenso demais para ser oferecido como um capítulo. Avisei que havia resolvido escrever meu próprio livro e que um dos capítulos poderia fazer parte de sua obra. Ele compreendeu e concordou com a substituição. Então, como já disse, tirei um ano sabático para trabalhar no livro intitulado *A Complete Guide to the Futures Market* [Um guia completo dos mercados futuros].

Você achou que valia a pena abrir mão de um ano de salário para escrever o livro? Que ganharia bastante dinheiro com ele?
Nunca pensei em termos monetários. Se meu estímulo fosse o dinheiro, eu não teria incluído um extenso texto sobre análise de regressão, que aumentou o tempo necessário para completar o livro. O objetivo era escrever o melhor livro sobre o assunto e consolidar minha reputação.

E qual foi o desempenho do livro?
Um livro de 750 páginas sobre análise de mercado nunca será um best-seller, mas foi razoavelmente bem para um livro técnico. A receptividade positiva foi o catalisador para o primeiro livro do que viria a ser a série Os Magos do Mercado Financeiro.

De que forma?
Um editor de outra editora me convidou para almoçar. Ele me disse que estava impressionado com meu primeiro livro e me propôs escrever uma série, cada volume cobrindo um único mercado ou um grupo de mercados de futuros. Expliquei que não tinha vontade de fazer outro livro técnico. "Se eu escrever outro livro, quero que atinja um público muito maior", respondi. Ele me perguntou se eu tinha algo específico em mente e contei sobre a ideia dos magos. "Ótimo", disse ele. "Pode fazer."

Como você teve a ideia de escrever sobre os magos do mercado e por que não escreveu o livro antes desse almoço?
Não me lembro de quando tive a ideia. Conhecia ótimos traders e achei que o livro seria um projeto divertido e uma boa desculpa para extrair algo da cabeça deles. Não fui atrás de realizar o projeto porque o trabalho como diretor de pesquisa ia muito além do tempo integral. Sabia que seria preciso um horário maluco para dar conta de ambos. Eu precisava daquele empurrãozinho a mais. Escrevi o livro durante as noites e os fins de semana, muitas vezes madrugada adentro.

Era mais fácil ter êxito no trading nos anos 1970 e 1980, quando os traders do primeiro livro estavam na ativa, do que hoje?
Pela lógica, deveria ser, porque havia bem menos traders profissionais na época. E muito menos concorrência. Agora você tem escritórios de trading com cem analistas quantitativos, todos com PhD, e bem mais de 20 mil fundos multimercado no mundo inteiro. No entanto, alguns traders do livro *Os magos desconhecidos do mercado financeiro* têm históricos de desempenho que estão entre os melhores de qualquer trader que já encontrei. Embora haja muito mais concorrência, a oportunidade de brilhar no trading continua a existir, aparentemente.

No esporte, os que brilham são aqueles que têm uma capacidade física excepcional. Mas imagino que um pressuposto análogo não se aplique ao trading. Isto é, os grandes traders não têm necessariamente QI elevadíssimo. É isso mesmo?
Sim, até certo ponto acredito que seja verdade. Ter um QI altíssimo não é um pré-requisito e talvez nem haja correlação com ser um grande trader. Alguns dos magos do mercado que entrevistei, como Ed Thorpe e David Shaw, para citar apenas dois, eram brilhantes. E suponho que a maioria das pessoas que entrevistei tenha QI acima da média. Mas tenho certeza de que muitos traders entrevistados não tinham QIs *excepcionais*.

E o inverso também seria verdadeiro – pessoas com QI elevadíssimo podem ser péssimos traders?
Sim, acredito nisso. Enquanto estiverem sujeitos às mesmas armadilhas emocionais que são naturais para a maioria das pessoas, não serão bons traders.

Os livros da série dos Magos do Mercado Financeiro são únicos em seu formato de entrevista. Não me ocorre nenhum outro livro que tenha lido ou que tenha tido um sucesso notável e sido lido por tanto tempo com esse formato. Quando comecei a trabalhar no que viria a ser o primeiro livro da série, ainda não sabia que estrutura teria. Quando você elabora um livro, a estrutura se define sozinha, afinal. O que parece ter funcionado bem, em cada capítulo sobre um trader, foi a entrevista principal ensanduichada entre uma narrativa inicial e uma conclusão.

Estranhamente, não costumo ler artigos em formato de entrevista porque são muito banais, previsíveis demais, chatos. Não escolhi esse formato por gostar dele; escolhi porque funcionava. É importante que as entrevistas contenham narrativas. Quando você folheia os livros da série, depara com muitas respostas compridas, que são, basicamente, narrativas. Em vários capítulos há trechos que são histórias, um jeito de aprender que as pessoas apreciam muito. Em minhas entrevistas, sempre tento extrair o máximo de histórias que despertem interesse e sejam envolventes, e se possível, embora nem sempre, relacionadas ao trading. Ao editar as entrevistas, o que representa 90% do trabalho, tenho consciência de três objetivos: ser fiel aos comentários dos traders; transmitir ideias de trading; e criar capítulos agradáveis de ler. Acredito que a última dessas metas me ajuda a superar as limitações do formato de entrevista.

Você escreveu o primeiro livro da série na era pré-internet. Como encontrou as pessoas para incluir no livro?
Conhecia pessoalmente parte dos traders do primeiro livro. Já mencionei como conheci Michael Marcus. Michael, quando geria dinheiro para a Commodities Corp, contratou Bruce Kovner, e encontrei Bruce por intermédio de Michael.

Michael, que também foi a fonte para Ed Seykota, sempre foi muito discreto e relutou em dar a entrevista. Um conhecido em comum ajudou a convencê-lo a participar. Fui de avião até a casa dele em Malibu e passamos o dia inteiro conversando sobre vários assuntos, primeiro sentados na sala de estar, depois caminhando na praia e por fim durante um jantar preparado pelo chef pessoal dele. Depois do jantar, Michael empurrou a cadeira para trás e disse: "Essa experiência foi uma catarse. Que bom que concordei em falar. Você deveria entrevistar Ed Seykota." Perguntei quem era Ed Seykota e Michael me respondeu que era o melhor trader que ele conhecia.

Quando você está escrevendo um livro sobre grandes traders e alguém que transformou uma carteira de 30 mil dólares em 80 milhões fala do melhor trader que ele conhece, é óbvio que você fica interessado. Michael ligou para Ed e contou o que eu estava fazendo. Falei com Ed e ele concordou em dar a entrevista. Cancelei o voo de volta para Nova York e voei para Lake Tahoe para conversar com Ed Seykota.

Outros traders do livro eram famosos. Richard Dennis já era uma lenda, por ter transformado um patrimônio inicial de menos de mil dólares em 200 milhões. Jim Rogers havia criado o Quantum Fund com George Soros, corretora de onde ele saiu para gerir o próprio dinheiro. Embora estivesse no início da carreira, Paul Tudor Jones havia consolidado sua reputação como estrela do trade de futuros. Larry Hite tinha fundado a Mint Investment, um dos maiores fundos de futuros da época. Michael Steinhardt apresentava um histórico de mais de vinte anos como um dos fundos de hedge de melhor performance. Marty Schwartz era um trader solitário, que em condições normais seria desconhecido, mas que sempre se inscrevia nos campeonatos públicos de trading e obtinha resultados inacreditáveis.

Depois desses nomes, encontrei traders ao fazer pesquisas. Sempre ouvia falar na corretora BLH como um dos maiores compradores ou vendedores no mercado futuro de títulos. Quando perguntei a fontes do setor quem era a BLH, descobri que era um único trader em Peoria, Illinois. É claro que isso despertou meu interesse.

Quando você percebeu que os traders que estava entrevistando tinham metodologias diferentes?
Eu me dei conta de que cada trader era diferente no primeiro livro da série, e essa constatação se revelou verdadeira em todos os volumes subsequentes. Citando a mim mesmo, "existe um milhão de maneiras de ganhar dinheiro no mercado. A ironia é que todas elas são muito difíceis de descobrir".

Como um trader decide qual é a melhor metodologia?
É, basicamente, uma questão de autodescoberta definir com qual método a pessoa se sente mais à vontade. E ele será diferente para cada um. A abordagem certa precisa ser algo que se encaixe em sua personalidade. Um bom exemplo é Jason Shapiro, entrevistado neste livro. Jason gosta de defender opiniões impopulares. Na descrição dele, quando vai a uma festa em que

a maioria dos convidados é de esquerda, ele defende ideias de direita; se a maior parte for conservadora, ele defende o pensamento liberal. Então, qual método de trading ele vai adotar? Ele é um trader "do contra" – estratégia que cai como uma luva nele. Outro exemplo é Ed Thorp, um matemático brilhante que usou suas habilidades com números para revelar e explorar diversas ineficiências do mercado.

Ao refletir sobre todos os seus entrevistados, até que ponto você acha que o êxito no trading se deve à escolha certa do trade versus gestão apropriada de riscos?
Estou do lado que defende que a gestão de risco é mais importante que todo o restante. A maioria das pessoas, principalmente traders iniciantes, acha que o êxito no trading é só uma questão do ponto de entrada e que a gestão de risco é um complemento, se é que chegam a considerar isso. Os traders bem-sucedidos, porém, compreendem que controlar os riscos é crucial, porque, para vencer, é preciso continuar no jogo. E se você não tiver uma gestão de risco adequada, por mais talentoso que seja na seleção de trades, haverá um trade mais cedo ou mais tarde em que estará completamente errado, e isso pode zerar sua carteira.

Em que momento você soube que o primeiro livro da série seria um sucesso?
Bem no começo. O *The Wall Street Journal* publicou uma resenha positiva assim que o livro foi lançado e na mesma hora ele esgotou. Infelizmente, o editor levou dois meses para repor o estoque, o que foi muito frustrante.

Por que você acha que o livro continua vendendo, mais de trinta anos depois de tê-lo escrito e apesar de todas as transformações que ocorreram desde então?
O mercado é guiado por emoções humanas, que não mudam. Elas eram iguais cem anos atrás e serão iguais daqui a cem anos. Isso significa que existem certos aspectos do mercado, e coisas certas e erradas a fazer no trading, que são atemporais. É por isso que um livro como *Reminiscências de um operador da Bolsa*, que li 65 anos depois de ter sido escrito, ainda me tocou. Muitos trechos relacionados ao trading ainda parecem recentes e pertinentes, mesmo sendo de uma outra época das finanças. Quando escrevi o primeiro livro da série, meu objetivo era fazer uma obra sobre trading que, assim

como *Reminiscências*, captasse verdades essenciais do trading e continuasse relevante 50 ou 75 anos depois. Era a minha meta.

O livro que se destaca como atemporal é *Como fazer amigos e influenciar pessoas*, de Dale Carnegie, publicado em 1936. É tão relevante hoje quanto foi na época porque a essência do que somos não mudou. Existem muitas formas de se comunicar com as pessoas, mas a ideia fundamental de que, para ser interessante, é preciso se interessar por elas não mudou. Os elementos que fazem alguém ser bem-sucedido no trading, ou em qualquer outra área – ter o *éthos* e a mentalidade certa, e não se deixar levar pela emoção –, não mudam, porque as características intrínsecas do ser humano também não. Talvez os livros da série Os Magos do Mercado Financeiro sejam mais sobre psicologia humana do que sobre trading.
Eu mesmo já afirmei isso.

Quais são as três frases que se destacam entre todos os livros que escreveu e entre os seus entrevistados? Vou lhe dizer que há pelo menos uma frase na qual eu penso pelo menos uma vez por semana.
Estou curioso, que frase é essa?

Não vou revelar agora porque queria ouvir sua resposta primeiro.
No topo da lista eu colocaria a frase de Bruce Kovner: "Sei onde vou sair antes mesmo de entrar." Se eu tivesse que me limitar a uma única frase para dar conselhos sobre trading, seria essa. Ela é muito importante porque capta 90% da gestão de risco com uma receita simples. Ao estabelecer o ponto de saída antes de colocar o trade e obedecê-lo, digamos, usando uma ordem de *stop loss,* você limita o prejuízo a um nível predefinido (salvo um gap na cotação além do nível do seu *stop*). Esse conselho também é sábio porque você define onde vai sair em um momento em que ainda tem objetividade total – antes de entrar no trade. Depois que você inicia uma operação, perde essa objetividade.

Uma frase provocadora que reverbera na minha mente é um comentário de Ed Seykota: "Todo mundo consegue o que deseja no mercado." No início, achei essa declaração difícil de aceitar. Claro, muita gente que perde dinheiro no mercado não queria perder. Então passei por uma experiência que me deu um insight para o argumento de Ed. Contei essa história no primeiro capítulo de *The New Market Wizards* e não vou repassar tudo aqui. Eis uma breve descrição, porém.

Eu estava bastante ocupado com meu trabalho como diretor de pesquisa de futuros e com o livro que estava escrevendo. Não queria operar, porque sabia que ia criar uma pressão de tempo ainda maior. Certo dia, vi um trade que me interessava muito. No começo, resisti à tentação de recomeçar a operar, mas depois coloquei a ordem. Como era de esperar, deu certo. Os trades seguintes geraram lucro líquido. A certa altura, meu lucro líquido era suficiente para comprar um carro que eu estava cobiçando. Cogitei resgatar o dinheiro e usar o resultado para pagar o carro, mas então pensei: "Como posso abrir mão da oportunidade de aumentar minha carteira de forma ainda mais substancial?" Pouco tempo depois, cometi uma série de equívocos bem estúpidos que desobedeciam às minhas regras de trading. Meus lucros evaporaram e, quando minha carteira chegou perto de empatar, parei de operar.

Meses depois, tanto eu quanto Ed Seykota fomos palestrantes em um simpósio em São Francisco. Naquela noite, contei a Ed essa história inteira. Ele me perguntou por que não parei de operar e comprei o carro com o lucro, se estava tão apertado de tempo. Expliquei minha lógica. Ed respondeu: "Em outras palavras, a única forma de você parar de operar é dando prejuízo. É isso mesmo?" Era isso. Eu queria operar, e olha o que arrumei.

Em outra ocasião, essa frase de Seykota ecoou em mim, mas não tinha nenhuma relação com o trading e, sim, com sua irmã Samantha. No primeiro ano da faculdade, ela mostrou talento para conseguir a vaga de goleira titular do time de hóquei no gelo, mas ela não gostava da pressão de ser goleira. E não estava contente com o enorme comprometimento de tempo exigido para ser goleira em uma equipe universitária. No segundo ano ela não foi tão bem e no fim da temporada acabou desistindo do esporte. Aparentemente, ela se dedicava tanto quanto, mas os resultados não eram os mesmos. Lembro-me de que naquele ano eu ficava sentado na arquibancada, durante os jogos, pensando na frase de Seykota: "Todo mundo consegue o que deseja." No fundo, ela não queria mais jogar, e foi o que ela conseguiu.

Então a frase de Seykota se aplica de forma mais ampla à vida, não é só uma questão de trading. Muitas vezes as pessoas passam por um resultado decepcionante, mas pode haver razões ocultas que sejam mais convincentes e favoreçam esse desfecho.

Essa é a segunda. E a terceira frase?
Gosto de uma frase de Jim Rogers: "Espero até o dinheiro aparecer na minha frente e tudo que tenho a fazer é ir até ele e pegá-lo. No meio-tempo, não faço nada." É um jeito chamativo de descrever a virtude da paciência de esperar pelo trade certo – característica crucial do trading bem-sucedido.

E você, qual é a frase em que costuma pensar?

Todo mundo que já trabalhou comigo sabe o que vou dizer, porque cito isso o tempo todo. É a mesma frase que você mencionou: "Todo mundo consegue o que deseja." Tornou-se um *éthos* de como vivo o dia a dia. É quase como uma lei do universo. Quando estou falando com uma grande empresa e sinto que ela nunca vai se interessar pelo meu produto e que não me encaixo naquela sala com aquelas pessoas, esse é o resultado que terei. Quando, porém, acredito que nosso produto pode ser útil e que tudo indica que serei bem-sucedido, esse é o resultado que terei.

A três horas de carro de onde estamos conversando agora, em Orlando, está a Disney World, construída em um manguezal. Dá para pensar em um lugar pior que um manguezal para as pessoas terem uma experiência positiva ao ar livre? Em manguezais há mais mosquitos que em qualquer outro lugar. Qualquer pessoa racional diria que é uma péssima ideia construir um enorme parque temático em um manguezal. Mas o engenheiro-chefe [William "Joe" Potter] sabia o que queria e fez acontecer projetando a Disney World de modo que não exista água parada no parque. Até os prédios foram projetados para impedir qualquer acúmulo de água parada. É um exemplo clássico de alguém que consegue o que deseja. Todo mundo diria que aquele projeto era impossível, mas a resposta era simplesmente evitar água parada.

Por isso, em tudo que faço, pergunto: "Estou me colocando em posição de conseguir o que desejo ou sou eu o obstáculo à situação?"

O que você mais gostou em relação à jornada de Os Magos do Mercado Financeiro?

Sinto satisfação por ter escrito livros que tocam tantas pessoas no mundo inteiro. Ao longo dos anos recebi muitos e-mails e telefonemas de leitores expressando gratidão pelo impacto positivo que os livros tiveram sobre o trading e a vida deles. É uma lição de humildade saber que meus livros transformaram a vida de pessoas. Além disso, me permitiram ser palestrante em diversos eventos e viajar a vários países diferentes.

Algo que me impactou muito foi a dedicatória que você fez em um de seus livros antes de eu ir para a faculdade. Foi o conselho mais perfeito que alguém já recebeu.

Não me lembro. O que escrevi?

Coloquei na moldura, bem ali, naquela parede:
Siga seu talento.
Escolha o que lhe interessa.
Não se contente com menos do que o seu melhor.
Seja honesto.
Acredite no que você pode alcançar.

É um bom resumo da minha filosofia.

Essa dedicatória resume tudo aquilo de que falamos hoje. "Siga seu talento" remonta àquilo que você disse sobre todos terem um talento específico. Também está relacionado com o motivo de você ter mudado de curso e ter se concentrado em ser escritor em vez de trader.

"Escolha o que lhe interessa" evoca a sua descrição de Shapiro, o trader do contra, que busca um estilo de trading que reflete quem ele é.

Seu artigo sobre cobre exemplifica de um jeito perfeito "Não se contente com menos do que o seu melhor". Se você tivesse feito menos que o seu melhor, talvez nunca tivesse conseguido o primeiro emprego e toda a carreira que veio depois.

"Seja honesto" é o princípio essencial se você quiser ter relacionamentos duradouros. E tem ligação com o trading, porque é preciso ser honesto com você mesmo.

"Acredite no que você pode alcançar" está relacionado a conseguir aquilo que deseja. Quando não tem essa convicção, não atinge sua meta, porque você vai ser a barreira para conseguir o que deseja.

A honestidade é algo que herdei do meu pai, um homem absolutamente honesto.

Tenho uma lembrança visceral do momento em que me dei conta da importância da honestidade. Devia ter 9 ou 10 anos e morávamos em Goldens Bridge. Você estava me levando de carro para casa. Não sei se você lembra, mas passamos por uma mansão antiga, com colunas na entrada, que ficava em

um terreno enorme e destoava do restante do bairro. Ela foi construída em um local em que havia uma bifurcação na estrada, por onde sempre passávamos a caminho de casa. Você me perguntou se eu havia comido um pacote de biscoitos, eu menti e respondi que não. Você encostou o carro na bifurcação, virou-se para mim e disse: "Zachary, em tudo que fizer na vida, você precisa ser honesto. Essa é a coisa mais importante." Foi um momento que me marcou.

EPÍLOGO

Parafraseando uma piada antiga, dois fiéis de uma sinagoga passaram anos discutindo o mesmo assunto. Dave alegava que os mercados são eficientes e que é impossível derrotá-los a não ser por acaso. Sam afirmava que as oportunidades de trading existem e que é possível superar a performance do mercado. Por fim, depois de anos de picuinha inútil, eles concordaram em deixar o rabino decidir quem tinha razão.

Os dois marcaram um encontro com o rabino e explicaram que ele deveria resolver a disputa. Quando chegaram à casa do rabino, ele avisou que falaria com cada um deles separadamente em seu escritório. Dave foi o primeiro a entrar.

"Espero que não se incomode com a presença da minha esposa", disse o rabino. "Ela toma notas para mim."

Dave garantiu que não haveria problema e começou a explicar seus argumentos: "Acredito na eficiência dos mercados, afirmação sustentada por milhares de artigos acadêmicos. E não é apenas uma alegação teórica. Estudos empíricos demonstram que investidores individuais que fazem *market timing* têm resultado significativamente pior que os fundos passivos atrelados a índices. Mesmo gestores profissionais têm resultados piores que o mercado. À luz de todas essas evidências, o trading é um jogo para otários. Pessoas comuns se saíram muito melhor colocando o dinheiro em fundos indexados."

O rabino, que escutava com atenção, disse apenas: "Tem razão."

Dave deu um sorriso maroto, bastante satisfeito com o resultado da conversa, e saiu do escritório.

Sam foi o próximo a entrar. Depois das mesmas formalidades preliminares, ele apresentou seus argumentos. Sam começou seu discurso com uma explicação prolongada sobre a infinidade de falhas no hipotético mercado eficiente. Ele disse então: "Rabino, o senhor sabe que ganho a vida como trader. Tenho uma casa bonita. Dou conforto à minha família. Minhas generosas contribuições anuais à sinagoga provêm de meus lucros no trading. É bastante possível obter lucros generosos com o trading."

O rabino, que prestou bastante atenção, responde: "Tem razão."

Sam sorriu satisfeito e saiu do escritório.

Uma vez sozinhos, a mulher do rabino vira-se para ele e diz: "Caríssimo esposo, sei que você é um homem sábio, mas como é possível que ambos tenham razão?"

"Tem razão", responde o rabino.

Tanto Dave quanto Sam têm razão, mas em contextos diferentes. O mundo dos traders (ou investidores) pode ser dividido em duas categorias: aqueles que têm uma metodologia com um diferencial e os que não têm. A segunda categoria é bem maior que a primeira. Os participantes do mercado que não têm nenhum talento especial no trading ou no investimento – grupo que inclui a maioria das pessoas – fariam melhor se investissem em fundos indexados em vez de tomar suas próprias decisões de mercado. Portanto, embora eu não creia que a hipótese do mercado eficiente seja válida, considero que a maioria das pessoas se comportaria melhor se a teoria fosse inteiramente exata – conclusão que daria respaldo à ideia de investir nos índices. Nesse contexto, Dave tem razão.

Existe, porém, uma grande diferença entre difícil e impossível. A magnitude com que os traders deste livro suplantaram os benchmarks do mercado em períodos prolongados (em geral, mais de uma década) não pode ser descartada como sorte. Nesse contexto, Sam tem razão.

Se há uma mensagem neste livro a respeito da possibilidade de êxito no trading, ela é: é possível ter sucesso! No entanto, não é uma meta ao alcance da maioria das pessoas. O êxito como trader exige uma combinação entre trabalho árduo, talento inato e características psicológicas distintas (como paciência, disciplina, etc.). Para a minoria dos participantes do mercado capaz de desenvolver uma metodologia com um diferencial comprovado e combiná-la com uma gestão rigorosa dos riscos, o sucesso como trader é uma meta atingível, ainda que desafiadora.

APÊNDICE 1

Para entender o mercado de futuros[1]

O QUE SÃO FUTUROS?

A essência do mercado de futuros reside em seu nome: o trading envolve uma commodity ou um instrumento financeiro com uma data futura de entrega em oposição ao momento presente. Assim, quando um produtor de algodão quer fazer uma venda, ele negocia a colheita no mercado local à vista. Porém, caso queira garantir o preço de uma venda futura prevista (por exemplo, comercializar uma colheita ainda não realizada), ele teria duas opções: poderia localizar um comprador interessado e negociar um contrato, especificando o preço e outros detalhes (quantidade, qualidade, momento e local da entrega) ou vender futuros de algodão, o que proporciona diversas vantagens.

Algumas das principais vantagens dos mercados futuros para o hedger são:

1. O contrato de futuros é padronizado; assim, o fazendeiro não precisa encontrar um comprador específico.
2. A transação pode ser executada de forma quase instantânea on-line.
3. O custo da transação (as comissões) é mínimo se comparado ao custo do contrato futuro individualizado.
4. O fazendeiro pode fazer a compensação da venda em qualquer momento entre a data original da transação e o último dia de trading do contrato.
5. O contrato de futuros é garantido pela Bolsa.

Enquanto o hedger, tal como o produtor de algodão, participa do mercado de futuros para reduzir o risco de um movimento adverso dos preços, o trader faz um esforço para lucrar com as alterações de preço previstas. A maioria dos traders prefere o mercado futuro sobre o similar à vista por uma série de razões (algumas das quais análogas às vantagens listadas para os hedgers):

1. **Contratos padronizados** – Os contratos de futuros são padronizados (em termos de quantidade e qualidade); assim, o trader não precisa procurar um comprador ou vendedor específico a fim de iniciar ou liquidar uma posição.
2. **Liquidez** – Todos os grandes mercados de futuros propiciam excelente liquidez.
3. **Facilidade para ficar vendido** – O mercado de futuros concede a mesma facilidade para ficar vendido ou comprado. O vendedor *short* na Bolsa, por exemplo, precisa primeiro tomar emprestada a ação, o que nem sempre é possível. No mercado de futuros não há esse tipo de empecilho.
4. **Alavancagem** – O mercado de futuros proporciona forte alavancagem. Os requisitos de margem iniciais equivalem, em geral, a 5% a 10% do valor do contrato (o uso do termo "margem" no mercado de futuros é inadequado, porque leva a uma enorme confusão com o conceito de margem nas ações. Nos mercados futuros, margem não significa pagamentos parciais, já que não ocorre transação física efetiva antes da data de vencimento; as margens são depósitos de boa-fé requisitados pelo regulador para permitir que o investidor realize operações alavancadas). Embora uma alavancagem elevada seja uma das vantagens do mercado de futuros para os traders, é preciso ressaltar que a alavancagem é uma faca de dois gumes. Seu uso indisciplinado é a causa individual mais importante de prejuízos nesse mercado. Em geral, o preço dos futuros não tem volatilidade maior que os preços à vista subjacentes, ou mesmo que aqueles da maioria das ações. A reputação de risco elevado dos futuros se deve, em grande parte, ao fator alavancagem.
5. **Baixos custos de transação** – Mercados de futuros proporcionam operações de custo muito baixo. É bem menos dispendioso para um

gestor de portfólio de ações reduzir a exposição no mercado vendendo a quantia equivalente em dólares de contratos de futuros indexados à Bolsa do que vender ações individuais, por exemplo.

6. **Facilidade de compensação** – Uma posição em futuros pode ser compensada a qualquer momento nos horários de mercado, desde que a cotação não esteja paralisada em *limit-up* ou *limit-down*. (Alguns mercados futuros especificam variações máximas diárias da cotação. Nos casos em que as forças do livre mercado buscariam um equilíbrio de preço fora das fronteiras impostas pelos limites de cotação, o mercado vai até o limite e praticamente interrompe as operações.)
7. **Garantia da Bolsa** – O operador de futuros não precisa se preocupar com a estabilidade financeira da pessoa do outro lado do trade. A câmara de compensação da Bolsa garante todas as transações futuras.

NEGOCIANDO FUTUROS

O trader almeja obter lucro pela antecipação das variações de preço. Quando o preço do ouro em dezembro é de 1.550 dólares por onça, por exemplo, o trader que espera um aumento de preço para além de 1.650 dólares/onça fica comprado. Esse trader não tem intenção de receber o ouro em dezembro. Certo ou errado, ele fará a compensação da posição em algum momento antes do vencimento. Se o preço aumentar para 1.675 dólares e o trader decidir realizar o lucro, seu ganho será de 12,5 mil dólares por contrato (100 onças vezes 125 dólares). Se, por outro lado, a previsão do trader estiver errada e o preço cair para 1.475 dólares por onça, com a data de vencimento se aproximando, restará pouca alternativa a não ser liquidar. Nessa situação, o prejuízo será igual a 7,5 mil dólares por contrato. Note que o trader não receberá o ouro nem mesmo se desejar manter a posição comprada até o fim. Nesse caso, ele liquidaria o contrato de dezembro e ficaria comprado em um novo contrato futuro. (Esse tipo de transação é chamado *rollover* e seria implementado com uma ordem de *spread*.) O trader deve evitar esse recebimento, pois pode resultar em custos adicionais substanciais sem qualquer benefício compensatório.

Traders iniciantes devem ter cuidado com a tendência natural dos mercados de ações de operar majoritariamente na ponta comprada. No trading de futuros, não há distinção entre ficar *short* (vendido) e ficar *long* (comprado).[2] Como os preços podem cair ou aumentar, o trader que assume apenas posições compradas eliminará metade das oportunidades potenciais de trading. Também é preciso observar que muitas vezes os futuros carregam um prêmio em relação aos preços atuais; em consequência, o argumento de que a inflação gera uma tendência de se ganhar dinheiro comprado em ativos costuma estar errado.

O trader bem-sucedido precisa adotar algum método de previsão de preços. Os dois métodos analíticos básicos são:

1. **Análise técnica.** O analista técnico baseia suas projeções em dados não econômicos. Os dados de preços são, de longe, o mais importante – e muitas vezes o único – insumo na análise técnica. O pressuposto básico da análise técnica é que os preços apresentam padrões repetitivos e que o reconhecimento desses padrões pode ser usado para identificar oportunidades de trading. Esse tipo de análise também pode incluir outros dados, como volume, *open interest** e mensurações de sentimento.

2. **Análise de fundamentos.** O analista de fundamentos usa dados econômicos (por exemplo, produção, consumo, exportações) para prever cotações. Em essência, o fundamentalista busca descobrir oportunidades de trading identificando possíveis transições para equilíbrios mais amplos ou mais restritos entre oferta e demanda. No caso dos futuros financeiros, os insumos fundamentais incluirão elementos como a política dos bancos centrais, as estatísticas de inflação, os dados de emprego, etc.

As análises técnica e de fundamentos não são abordagens que se invalidam. Muitos traders usam ambas no processo de tomada de decisões ou como elementos de sistemas de trading automatizado.

---

* *Open interest* se refere ao total da exposição dos agentes de mercado em contratos futuros de um determinado ativo. Se muitos investidores estão posicionados para uma alta de preços, obrigatoriamente muitos estarão, na ponta contrária dos negócios, posicionados para a baixa. Nesse caso, o *open interest* do ativo será elevado. (N. do E.)

ENTREGA

Shorts que mantêm suas posições em contratos de entrega futuros depois do último dia de trading são obrigados a entregar a commodity ou o instrumento financeiro contra o contrato. Da mesma forma, *longs* que mantêm suas posições depois do último dia de trading são obrigados a aceitar a entrega. Nos mercados futuros, o número de contratos comprados abertos é sempre igual ao número de contratos vendidos abertos. A maioria dos traders não tem intenção de fazer ou aceitar a entrega, por isso tenta compensar sua posição antes do último dia. Estima-se que menos de 3% dos contratos abertos resultem em entrega efetiva. Alguns contratos futuros (como índices da Bolsa e eurodólar) usam um processo de liquidação financeira em que posições abertas compradas e vendidas são compensadas pelo nível de preço em vigor no vencimento em vez de serem entregues fisicamente.*

O ESCOPO DOS MERCADOS FUTUROS

Até o início dos anos 1970, os mercados futuros restringiam-se a commodities (como trigo, açúcar, cobre, gado). Desde aquela época, o setor expandiu-se para incorporar índices da Bolsa, taxas de juros e moedas (câmbio internacional). Os mesmos princípios básicos se aplicam a esses mercados de futuros financeiros. As cotações representam preços para uma data de vencimento futuro e não preços atuais do mercado. A cotação dos títulos do Tesouro americano com vencimento em dez anos para dezembro sugere o preço específico de um título do Tesouro americano de 100 mil dólares a ser entregue em dezembro. Os mercados financeiros passaram por um crescimento espetacular desde a introdução desses futuros e o volume negociado hoje faz o de commodities parecer minúsculo. No entanto, ainda chamam com frequência, ainda que equivocadamente, o mercado de futuros de mercado de commodities.

---

* No mercado brasileiro, grande parte dos futuros disponíveis para negociação na B3 são contratos de liquidação financeira, que não envolvem a entrega física dos ativos. O mercado de futuros no Brasil tem maior liquidez em instrumentos financeiros como taxas de juros, câmbio e índice Bovespa do que em commodities. (N. do E.)

Considerando que, pela própria estrutura, os futuros estão intimamente vinculados aos mercados subjacentes (a atividade dos arbitradores garante que os desvios sejam relativamente menores e efêmeros), as variações de preço nos futuros terão um forte paralelo com os mercados à vista correspondentes. Tendo em mente que a maior parte da atividade de operação com futuros concentra-se em instrumentos financeiros, muitos operadores de futuros são operadores de ações, títulos e moedas.* Nesse contexto, os comentários dos traders de futuros entrevistados neste livro têm relevância direta até mesmo para investidores que nunca se aventuraram além de ações e títulos.

---

* No Brasil, o mercado de futuros de ações não possui liquidez adequada para operações. Apenas os mercados de índices de ações são suficientemente líquidos para que o trader possa operar. (N. do E.)

APÊNDICE 2

Métricas de performance

Muitos traders e investidores cometem o equívoco de focar quase exclusivamente em retorno. Essa ênfase é um erro porque os níveis de lucro só fazem sentido no contexto do risco assumido para atingir esses resultados. Você quer duplicar seus ganhos? Fácil – é só duplicar o tamanho de todos os seus trades. Isto faz de você um trader melhor? É claro que não – porque você vai duplicar o risco. Focar em retorno, apenas, é tão absurdo quanto supor que ganhos mais elevados por causa de uma posição maior indiquem uma performance melhor. Por esse motivo, eu foco no retorno/risco para avaliar e comparar traders e gestores. O nível de bons resultados, porém, não deixa de ser relevante, porque não faz sentido considerar superior um histórico de baixos retornos, mesmo que o retorno/risco seja muito alto.

As métricas a seguir são mencionadas nos capítulos dos traders neste livro.

RETORNO COMPOSTO MÉDIO ANUAL

Esse valor é o nível de retorno que, quando composto anualmente, gera o ganho acumulado. Embora eu preste mais atenção às métricas de retorno/risco do que de retorno, um recorde de performance pode ter valores mais altos de retorno/risco e um nível de retorno inaceitavelmente baixo. Portanto, continua necessário checar os resultados isoladamente.

ÍNDICE DE SHARPE

É a medida mais utilizada de retorno ajustado pelo risco. É definido como o *retorno excedente* médio dividido pelo desvio padrão. O retorno excedente é o retorno acima do retorno livre de risco (isto é, a taxa dos títulos do Tesouro americano). Se o retorno médio for 8% ao ano e a taxa do Tesouro for 3%, o retorno excedente seria 5%. O desvio padrão é uma medida da variabilidade do retorno. Em essência, o Índice de Sharpe é o retorno excedente médio normalizado pela volatilidade dos retornos.

Existem dois problemas básicos com o Índice de Sharpe:

1. **O retorno é medido com base na média, e não no retorno composto.** O retorno realizado pelo investidor é composto, e não médio. Quanto mais volátil a série de retornos, mais o retorno médio se desviará do real (que significa composto). Pense, por exemplo, em um período de dois anos: houve um ganho de 50% em um ano e uma perda de 50% no outro. Isso representaria um retorno médio de 0%, mas o investidor teria um prejuízo de 25% (150% x 50% = 75%). O retorno composto médio anual de -13,4%, no entanto, refletiria a realidade (86,6% x 86,6% = 75%).

2. **O Índice de Sharpe não faz distinção entre volatilidade para cima ou para baixo.** A medida de risco inerente ao Índice de Sharpe – o desvio padrão – não reflete a forma como os investidores percebem o risco. Traders e investidores se preocupam com prejuízos, e não com volatilidade. São avessos à volatilidade para baixo, mas apreciam a volatilidade para cima. Ainda estou para conhecer um investidor que tenha reclamado porque o gestor ganhou muito dinheiro em um mês. Porém o desvio padrão, e por dedução o Índice de Sharpe, não leva em conta se a volatilidade é ascendente ou descendente. Essa característica pode resultar em rankings que conflitam com percepções e preferências da maioria das pessoas.[1]

ÍNDICE DE SORTINO

Aborda os dois problemas do Índice de Sharpe já citados. Primeiro, usa o retorno composto, que representa aquele realizado durante o período, e não o retorno aritmético. Segundo, e mais importante, foca na definição do risco em termos de desvio para baixo, que é calculado utilizando apenas os ganhos abaixo de um Retorno Mínimo Aceitável (RMA) especificado. Em compensação, o desvio padrão, usado no Índice de Sharpe, inclui todos os desvios, tanto para cima como para baixo. O Índice de Sortino é definido como o retorno composto que excede o RMA dividido pelo desvio para baixo. No Índice de Sortino, o RMA pode ser definido em qualquer patamar, mas em geral usa-se uma das três definições seguintes:

1. **Zero** – Calculam-se os desvios de todos os retornos negativos (definição adotada neste livro).
2. **Retorno livre de risco** – Calculam-se os desvios de todos os retornos abaixo do retorno livre de risco.
3. **Retorno médio** – Calculam-se os desvios de todos os retornos abaixo da média da série analisada. Essa é a formulação mais próxima do desvio padrão, mas só leva em conta os desvios da metade de baixo dos retornos.

Por fazer distinção entre desvios para cima e para baixo, o Índice de Sortino fica mais próximo que o Índice de Sharpe de refletir a performance tal como prefere a maioria, e, nesse sentido, é uma ferramenta melhor para comparar traders. O Índice de Sortino, porém, não pode ser comparado diretamente com o Índice de Sharpe pelos motivos explicados em seguida.

ÍNDICE DE SORTINO AJUSTADO

Com frequência, cita-se o Índice de Sortino maior que o Índice de Sharpe como evidência de que os retornos de um trader têm viés positivo – ou seja, uma tendência a desvios maiores para cima do que para baixo. Esse tipo de comparação e dedução é incorreto. Tal como é formulado, o Índice de Sortino deverá ser quase invariavelmente maior que o Índice de Sharpe, *mesmo no caso de gestores cujas maiores perdas tendem a ser maiores que os maiores ganhos*. A razão desse viés para cima no Índice de Sortino (se comparado ao Índice de Sharpe) é que são calculados os desvios apenas para uma parcela dos retornos – aqueles que ficam abaixo do RMA –, mas é utilizado um divisor com base em *todos* os ganhos para calcular o desvio para baixo.

O Índice de Sortino ajustado é igual ao Índice de Sortino dividido pela raiz quadrada de dois. A razão dessa divisão é explicada na nota técnica abaixo. Prefiro o Índice de Sortino ajustado ao Índice de Sharpe porque ele só pune a volatilidade para baixo, enquanto a medição de risco do Índice de Sharpe não faz distinção entre a volatilidade para cima e para baixo.

Nota técnica: Como a medida do prejuízo no Índice de Sortino se baseia na agregação de um número menor de desvios (isto é, apenas os desvios dos retornos negativos), o Índice de Sortino será invariavelmente maior que o Índice de Sharpe. Para viabilizar a comparação entre o Índice de Sortino e o Índice de Sharpe, multiplicamos a medida de risco do Índice de Sortino pela raiz quadrada de 2 (o que equivale a dividir o Índice de Sortino pela raiz quadrada de 2). Essa multiplicação equaliza as medidas de risco dos Índices de Sharpe e de Sortino quando os desvios para cima e para baixo são iguais, o que faz sentido. A versão ajustada do Índice de Sortino permite comparações diretas entre os Índices de Sharpe e de Sortino. De maneira geral, um Índice de Sortino ajustado mais alto sugere que a distribuição de retornos tem viés para a direita (uma tendência maior de ganhos altos que de perdas altas). De forma semelhante, um Índice de Sortino ajustado inferior sugere que os retornos têm viés para a esquerda (maior propensão a grandes perdas que a grandes ganhos).

ÍNDICE GANHO-PERDA

O Índice Ganho-Perda (IGP) é a soma de todos os retornos mensais dividida pelo valor absoluto da soma de todos os prejuízos mensais.[2] Essa medida de performance indica a proporção de ganho *líquido* acumulado em relação à perda acumulada realizada para atingir aquele ganho. Por exemplo, um IGP de 1,0 indicaria que, na média, o investidor tem uma quantia de prejuízos mensais igual à de ganhos líquidos. Se o retorno médio anual for 12% (aritméticos, e não compostos), a quantia média de prejuízos mensais por ano também somaria 12%. O IGP pune toda perda na proporção do tamanho, e a volatilidade para cima é benéfica, pois impacta apenas a parcela de retorno do índice.

Uma diferença-chave entre o IGP e medições como o Índice de Sharpe e o Índice de Sortino é que o IGP não faz distinção entre cinco prejuízos de 2% e um prejuízo de 10%, enquanto outros índices discutidos até aqui são bem mais impactados pelo prejuízo maior isolado. Essa diferença ocorre porque os cálculos do desvio padrão e do desvio para baixo usados nos outros índices envolvem calcular o quadrado do desvio entre o nível de retorno de referência (isto é, média, zero ou livre de risco) e o prejuízo. Se o retorno de referência for 0%, por exemplo, o quadrado do desvio de um prejuízo de 10% seria cinco vezes maior que o quadrado do desvio de cinco prejuízos de 2% ($10^2 = 100$; $5 \times 2^2 = 20$). No cálculo do IGP, em contrapartida, serão acrescentados 10% ao denominador nos dois casos. Acredito que haja mérito em usar tanto o Índice de Sortino ajustado quanto o IGP na avaliação da performance.

Embora o IGP seja mais voltado para dados mensais, ele também pode ser calculado para outros intervalos de tempo. Quando dados diários estão disponíveis, o IGP pode representar uma medição muito relevante estatisticamente, por causa da grande amostra de dados. Quanto maior o período, maior o IGP, já que muitos dos prejuízos visíveis em um intervalo de tempo menor serão suavizados em um período mais longo. Pela minha experiência, os valores mensais do IGP tendem a ficar de seis a sete vezes maiores que o IGP diário do mesmo trader, embora esse múltiplo possa variar bastante de um trader para outro. Para dados mensais, um IGP superior a 1,0 é muito bom e superior a 2,0 é excelente. Para dados diários, os números aproximados seriam, respectivamente, 0,15 e 0,30.

AGRADECIMENTOS

Para escrever um livro sobre magos do mercado financeiro, o primeiro passo é identificar traders excepcionais. Desse ponto de vista, duas pessoas foram de extrema valia. Steve Goldstein, diretor executivo da Alpha R Cubed, empresa de coaching com sede em Londres, me apresentou a dois dos traders cujas histórias conto neste livro e a vários outros que poderão aparecer em um segundo volume (se houver). Mark Ritchie II, um trader excepcional por direito próprio, recomendou dois outros. Ironicamente, minha intenção era entrevistar o próprio Mark, mas o manuscrito atingiu o tamanho de um livro antes que eu me encontrasse com ele. Talvez ele apareça em um livro futuro. Meu agradecimento póstumo a Bill Dodge, que chamou minha atenção para Jason Shapiro.

O site FundSeeder.com (criado pela FundSeeder Technologies, empresa com a qual tenho vínculo) foi a fonte de três dos traders deste volume. Também utilizei a análise de dados do FundSeeder.com para calcular todas as estatísticas de desempenho citadas aqui.

Sou grato a minha esposa, Jo Ann, que, como em todos os livros da série Os Magos do Mercado Financeiro, atuou como uma inestimável caixa de ressonância, proporcionando críticas construtivas na hora certa e conselhos que segui todas as vezes.

Este livro não existiria sem a boa vontade dos traders entrevistados, que compartilharam suas experiências, sua sabedoria e seus insights. Eles me propiciaram um material de trabalho magnífico.

Obrigado a Marc Niaufre, que revisou as provas de todos os capítulos e conseguiu achar erros que passaram por mim, apesar de várias releituras.

Por fim, gostaria de agradecer a meu editor na Harriman House, Craig Pierce, que tornou a etapa final, de transformação do manuscrito em um produto burilado, um prazer e não um fardo. Ele achou o equilíbrio perfeito entre propor alterações que aprimoraram o texto e evitar mudanças desnecessárias.

NOTAS

CAPÍTULO 1

1. Veja o Apêndice 2, "Métricas de performance", para uma explicação do Índice de Sortino ajustado e em que ele difere do Índice de Sortino calculado de forma convencional.

2. Veja o Apêndice 2 para uma explicação dessa métrica de performance.

3. SCHWAGER, Jack D. *A Complete Guide to the Futures Market*. Nova Jersey: John Wiley and Sons, 2017, pp. 205-31.

4. SCHWAGER, Jack D. *Market Wizards*. Nova Jersey: John Wiley and Sons, Inc., 2012, pp. 9-82.

5. Esse termo é impróprio por dois motivos. Primeiro, a maior parte do trading de futuros se dá em instrumentos financeiros (por exemplo, mercados de taxas de juros, moedas e índices da Bolsa) e não commodities. Segundo, ao contrário do que o nome sugere, CTAs administram ativos em vez de dar consultoria.

6. SCHWAGER, Jack D. *The New Market Wizards*. Nova York: HarperBusiness, 1992, pp. 286-8.

7. SCHWAGER, Jack D. *Market Wizards*. Nova Jersey: John Wiley and Sons, Inc., 2012, p. 171.

8. SCHWAGER, Jack D. *The New Market Wizards*. Nova York: HarperBusiness, 1992, p. 132.

9. SCHWAGER, Jack D. *Market Wizards*. Nova Jersey: John Wiley and Sons, Inc., 2012, p. 275.

10. SCHWAGER, Jack D. *Hedge Fund Market Wizards*. Nova Jersey: John Wiley & Sons, Inc., 2012, p. 476.

CAPÍTULO 2

1 SCHWAGER, Jack D. *The Little Book of Market Wizards*. Nova Jersey: John Wiley and Sons, Inc., 2014, p. 72. [*O pequeno livro dos magos do mercado financeiro*. Rio de Janeiro: Sextante, 2022]

CAPÍTULO 3

1 Veja no Apêndice 2 uma explicação dessas métricas de performance.

CAPÍTULO 4

1 Esse ajuste permite comparar o Índice de Sortino com o Índice de Sharpe (veja uma explicação no Apêndice 2).

CAPÍTULO 6

1 DiNAPOLI, Joe. *DiNapoli Levels: The Practical Application of Fibonacci Analysis to Investment Markets*. Coast Investment Software, Inc., 3ª ed., 1998.

CAPÍTULO 7

1 SCHWAGER, Jack. D. *Hedge Fund Market Wizards*. Nova Jersey: John Wiley & Sons, Inc., 2012, p. 497.

CAPÍTULO 9

1 SCHWAGER, Jack D. *Market Wizards*. Nova Jersey: John Wiley and Sons, Inc., 2012, pp. 151-174.

2 Excluí os dois primeiros anos do histórico de Parker nos cálculos de retorno e de retorno/risco porque esse período incluiu trading arbitrário, que não é representativo da metodologia sistemática que ele adotou e usou no restante da carreira. Além disso, esse período inclui trades em que ele seguiu as operações de outro trader. As estatísticas seriam ainda melhores se esses dois anos tivessem sido incluídos.

3 Para uma explicação dessas estatísticas de performance, veja o Apêndice 2.

4 O leitor pode encontrar uma descrição do método CANSLIM, de O'Neil, em: O'NEIL, William J. *How to Make Money in Stocks*. Nova York, McGraw Hill, 2009. O'Neil também foi um dos entrevistados de *Market Wizards* (pp. 221-238) e descreveu o método CANSLIM em sua entrevista.

5   A discussão sobre otimização foi adaptada de: SCHWAGER, Jack D. *A Complete Guide to the Futures Market*. Nova Jersey: John Wiley and Sons, Inc. 2017, pp. 309-10.

APÊNDICE 1

1   Partes deste apêndice foram adaptados de: SCHWAGER, Jack D. *A Complete Guide to the Futures Market*. Nova Jersey: John Wiley and Sons, Inc., 2017; SCHWAGER, Jack D. *Market Wizards*. Nova Jersey: John Wiley and Sons, Inc., 2012.

2   Alguns principiantes não entendem como é possível um trader vender uma commodity que ele não tem. A resposta reside no fato de que o trader está vendendo um contrato *futuro* e não a commodity à vista. Embora o trader que continua vendido após a data de vencimento deva adquirir a commodity real para cumprir sua obrigação contratual, não há necessidade de tê-la antes disso. Ficar vendido nada mais é que apostar que as cotações vão cair antes do último dia de trading. Certo ou errado, o trader fará a compensação da posição vendida antes desse dia, eliminando qualquer necessidade de posse efetiva da commodity.

APÊNDICE 2

1   Em alguns casos, uma forte volatilidade para cima pode indicar potencial de maior volatilidade para baixo. Nesses casos, o Índice de Sharpe funciona como uma medida apropriada. Porém ele é enganoso para avaliar estratégias projetadas para obter ganhos elevados esporádicos, controlando ao mesmo tempo, de forma rígida, o risco de queda (isto é, estratégias com viés para a direita).

2   O Índice Ganho-Perda (IGP) é uma estatística de performance que uso há muitos anos. Não conheço nenhuma aplicação anterior dessa estatística, embora o termo seja empregado às vezes como referência genérica a mensurações de retorno/risco ou de retorno/*drawdown*. O IGP é semelhante ao "fator de lucro", uma estatística utilizada na avaliação de sistemas de trading. O fator de lucro é definido como a soma de todos os trades lucrativos dividida pelo valor absoluto da soma de todos os trades perdedores. O fator de lucro é aplicado aos trades, enquanto o IGP é aplicado aos retornos intervalados (mensais). Algebricamente, ele pode demonstrar que, se o cálculo do fator lucro fosse aplicado aos retornos mensais, o fator lucro seria igual ao IGP+1 e proporcionaria performance da mesma ordem que o IGP. Para o leitor de viés quantitativo que entenda bem a função Ômega, cumpre observar que esta, quando seu valor é zero, também é igual ao IGP+1.

CONHEÇA OUTROS LIVROS DA EDITORA SEXTANTE

O pequeno livro dos magos do mercado financeiro, de Jack D. Schwager

O rei dos dividendos, de Luiz Barsi Filho

As cartas de Warren Buffett, de Warren Buffett e Lawrence A. Cunningham

Por dentro da mente de Warren Buffett, de Robert G. Hagstrom

O investidor de bom senso, de John C. Bogle

Um passeio aleatório por Wall Street, de Burton G. Malkiel

O caminho simples para a riqueza, de J.L. Collins

Cartas a um jovem investidor, de Gustavo Cerbasi

Para saber mais sobre os títulos e autores da Editora Sextante,
visite o nosso site e siga as nossas redes sociais.
Além de informações sobre os próximos lançamentos,
você terá acesso a conteúdos exclusivos
e poderá participar de promoções e sorteios.

sextante.com.br